片桐一男著

阿蘭陀通詞の研究

吉川弘文館刊行

目次

序説

一　通訳官の存在

異なった言葉を使用する人が出会ったとき、意志の疎通をはかり、用を便ずるためには、どちらかが、相手の言葉を理解し、使用する必要に迫られる。双方が相手の言葉を理解し、使用することができれば、それにこしたことはない。

わが国は四面海に囲まれ、古来、海外の文化を輸入・消化して、独自の文化を育ててきた。そこには、常に言葉の問題が存在した。推古十五年（六〇七）、遣隋使として小野妹子が大唐（＝隋）に遣わされたとき、「鞍作福利を以て通事《おさ》となす」（『日本書紀』）とあることを想起するだけでも明白である。以来、通事（通訳）は常に対外交渉・文化交流の第一線に臨んで重要な役割を果してきた。しかし、遣使・正使らの任務が重く、遺した業績が大きければ大きいほど、通事たちはその蔭にかくれて、苦労の多い役務に従事したにもかかわらず、目立たない存在となってしまった。右の鞍作福利は、翌十六年にも、小野妹子らの使節について大陸へ渡った。その際、遣唐学生として高向玄理が、学問僧として旻や南淵請安が遣わされたことは、やがて、彼らによって、大陸の先進文化がもたらされたことによってよく知られている。しかし、留学生・学問僧一行八人のなかに、「奈羅《ならの》訳語《おさ》恵明」なる人物が加わっていたこと、その人物がいかなる人物であったか、いかなる訳語《おさ》（＝通事）であったか、などということは、ほとんど知られていない。古い時代から存在し、活躍した通事について、まとまった研究は皆無である。通事の存在形態、果した役割などは、時代と交渉相手との関係などによって、異なる点も多い。

本書においては、近世、南蛮人に続いて来日したオランダ人との交渉に当って活躍した阿蘭陀通詞をとりあげてみたい。

二　先人の研究とその特徴

そこでまず、先人の研究とその特徴をみて、本論における研究の目的を明確にしておくこととする。

1　他の問題に関連・付随した調査・研究

阿蘭陀通詞は対外交渉・文化交流の、常に、第一線に立つ役柄であった。したがって、対外交渉史や文化交流史のうえでみられた事件や人物・書物などに関連・付随して調査・研究されることが多かった。例えば、呉秀三博士の大著『シーボルト先生其生涯及功業』（大正十五年）においては、シーボルトの門人および交友として何人かの通詞が紹介されている。同様のことは、長崎の学者古賀十二郎氏の『西洋医術伝来史』（昭和十七年）においても沢山の通詞が調査・紹介されている。その後に出された同氏の『長崎洋学史』上・下・続三巻（昭和四十一〜四十三年）においても同様のことである。岩生成一博士の訳註にかかる「ツユンベリー宛日本人蘭文書翰集」（『ツユンベリー研究資料』昭和二十八年、所収）にはツユンベリーに宛てた通詞数名の手になる書翰が紹介されている。新井白石のシドッチ尋問事件に関係した通詞、蛮社の獄に関係した通詞といったように史的事件に関係して登場する通詞、あるいは太陽中心説の紹介、物理・化学・技術の紹介に関係した通詞などといったように、政治史・科学史の分野でもよく名をあげられ、言及されている。このように、個別に論著を数えあげたら枚挙に暇がない。

これらの調査・研究・紹介は、それぞれ掲げられた事件・人物・書物・技術などの解明に主眼が向けられていて、通詞そのものに関心が向けられたわけではなかった。扱う期間・問題とも限定的である。

2 系譜・伝記的研究

通詞各家の家系・系譜や個別の伝記的調査・研究もしばしば見受けられる。例えば、富士川游博士の「楢林家系譜」(中外医事新報、昭和十年)・「栗崎流系譜」(同誌、昭和九年)・「猪俣家系」(同誌、昭和九年)などや、今村明恒博士の『蘭学の祖今村英生』(昭和十七年)があげられる。渡辺庫輔氏が通詞各家の由緒書等をひろく蒐集されて発表された一連の調査・研究『阿蘭陀通詞本木氏事略』(昭和三十一年)・『阿蘭陀通詞加福氏事略』(昭和三十一年)・『阿蘭陀通詞志筑氏事略』(昭和三十二年)・『崎陽論攷』(昭和三十九年)はその典型といえよう。もっぱら通詞各家の家系・系譜・略歴を個別に整理されたものである。その他、個別の調査・紹介は多い。

3 国語学史的研究

通詞が言葉をもって立ち働く職業人であったから、彼らを通じてみられる外国語と日本語の交流・影響点、はては、近代日本語の成立に関する問題など、言語学・国語学など言葉を研究対象とする研究者の興味を惹く点が多く、研究も、近年、多くなった。斎藤信氏が行なわれた一連の「江戸ハルマ」に関する調査・研究や文法書の研究、板沢武雄博士の「辞書及び文法書の編纂と蘭学の発達」(『史学雑誌』五〇編五号、昭和十四年、のち『日蘭文化交渉史の研究』所収)のあと、沼田次郎・松村明両氏の行なわれたオランダ語文法書の研究・紹介、杉本つとむ氏が精力的に調査・研究されてまとめられた大冊『江戸時代蘭語学の成立と展開』(I〜V、昭和五十一〜五十七年)など、この分野の調査・研究、まことに枚挙に暇ない。

右の諸調査・研究によって、通詞や蘭学者の筆写にかかる辞書や文法書そのものの調査・研究はほぼ網羅的に行なわれたかの感がする。ただし、文法書・会話書などについては、そのもととなったオランダ語原書にまでさかのぼって、比較検討を加えられた研究のきわめて少ないことが痛感される。

4　史的研究

通詞そのものを史的に調査・研究の対象にした論・著は思いのほか少ない。はやくは、高槻未知生氏の「和蘭通詞の蘭学史上の地位と功績」（『歴史地理』四〇巻六号、大正十一年）なる魅力的論題の一篇を有する。通詞の職制と起源、通詞の功績、蘭学発達などを論述されたものであるが、当時、学界における研究段階がいまだきわめて史料不足の状態であったため、幾人かの通詞を中心に概観されたにとどまる。比較的に近くは、沼田次郎氏の「志筑忠雄とその時代」（日本歴史学会編『歴史と人物』昭和三十五年、所収）等があるが、個別研究である。綜合的調査・研究としては、板沢武雄博士の「阿蘭陀通詞の研究――史料の解説を主として――」（『法政大学文学部紀要I　史学（1）』昭和二十九年、のち『日蘭文化交渉史の研究』昭和三十四年に収録）をあげることができる。「序説」において、日・蘭両史料を用い、通詞を史的に概観されたあと、副題にも明記された通り、

(1)　阿蘭陀通詞起請文

(2)　阿蘭陀通詞由緒書

(3)　阿蘭陀通詞勤方書留

(4)　阿蘭陀通詞目付大小通詞並末席稽古通詞内通詞小頭筆者小使勤方帳

(5)　長崎阿蘭陀通詞由緒書

(6)　長崎蘭館長蘭通詞一覧
(7)　蘭館日誌
(8)　其の他

などの諸史料について解説されたものである。これらのうち、(6)は全文の紹介であり、(2)・(3)・(5)の史料は、のち『長崎県史　史料編第四』(昭和四十年) に収録・公刊され、今日では利用が便利になった。

5　外国人による研究

C・R・ボクサー Boxer 氏の The Nagasaki Interpreters and The Study of Dutch in Japan. ("Jan Compagnie in Japan, 1600–1850." The Hague, 1950. second revised edition 収録) と、G・K・グードマン Goodman 氏の The Nagasaki Interpreters and Early Medical and Astronomical Studies ("The Dutch Impact on Japan, 1640–1853." Leiden. 1967. 所収) が代表的である。いずれも、通詞に関しては概説で、板沢武雄博士ほか日本人研究者の論著等によってまとめられているものである。原史料を用いて新研究を開拓したというものではない。

三　本研究の目的

右にみた諸賢によって調査・紹介された史料のうち、古賀十二郎氏の蒐集された史料は長崎県立長崎図書館と九州大学九州文化史研究所の両方にそれぞれ「古賀文庫」として収まり、渡辺庫輔氏の蒐集史料も長崎県立長崎図書館に収まって公開されている。板沢武雄博士紹介の諸史料の多くが公刊されたことはすでに述べた通りである。加えて、オランダ商館日記は日本学士院に全写本があり、東京大学史料編纂所には焼付写真があって利用が可能になっている。

鎖国時代に来日し、出島や参府道中の生活を通じて、当時の日本人、殊に接触の深かった通詞について書き留めているケンペル、ツーンベルグ、シーボルト、ヅーフ、フィッセルらの旅行記などは、はやくから『異国叢書』に収録されて知られている。見たままの記録がそのほとんどで、組織的記述には欠けているが、日常の具体的様子を知るにはこれに過ぎるものはない。これらの日・蘭双方の史料を基本に据え、なお、未刊史料を、長崎県立長崎図書館、長崎市立博物館、九州大学九州文化史研究所、京都大学図書館・言語学研究室、天理図書館、内閣文庫、日本学士院図書室、東洋文庫、静嘉堂文庫、無窮会図書館、東京大学史料編纂所、早稲田大学図書館、慶応義塾大学図書館、大倉精神文化研究所、東北大学図書館、市立函館図書館、江馬家、鷹見家、若林正治氏蔵書等々にもとめ、またオランダの中央文書館、ライデン大学図書館、アムステルダム大学図書館・ライデン民族博物館等から原史料や原書のマイクロフィルム複写の便宜を得て調査・検討を行なってみた。

本研究において、目的とし、心がけたところは、次の諸点である。

1　阿蘭陀通詞全体を組織的に把握したいこと。

2　その阿蘭陀通詞が江戸幕府の機構・制度のなかで、いかなる位置と関係にあったかを知りたいこと。

3　阿蘭陀通詞の発生から終焉まで、ほぼ江戸時代を通じて、見通してみたいこと。

4　いわゆる蘭学発達史のうえで、阿蘭陀通詞の果した役割がいかなるものであったか、具体例を通じて、その大筋を把握してみたいこと。

以上をもって、阿蘭陀通詞を綜合的に究明せんとするものである。

第一章　初期の阿蘭陀通詞

一　南蛮通詞

オランダ東インド会社の商船が、はじめて日本の地に達した一六〇〇年（慶長五）頃のアジアの貿易諸地域には、すでにポルトガル・スペイン両国の貿易活動がみられて久しく、ことにポルトガルの勢力が強かった。したがって、わが貿易港においても、しばらくの間ポルトガル船・スペイン船に加えて、オランダ船・イギリス船が立ち混って来航することになったが、そこでの商業用語はポルトガル語が広く通用していた。

そのため、平戸に来航した初期のオランダ商人はポルトガル語の媒介手段をかりて日本人と貿易交渉を済ませねばならなかった。オランダ人がオランダ語とポルトガル語を混えて貿易を行なった期間は割合に長かったようである。ということは、日蘭貿易交渉初期の日本人の間には、むしろポルトガル語が普及していたことを物語るものであって、このことは当時の平戸イギリス商館長であったリチャード・コックスの日記 The Diary of Richard Cocks, 1613—1623 や、平戸オランダ商館の日記 Dagregister des Comptoirs Firado, 1631—1641 によって知ることができる。

例えば、官職名一つをとっても、オランダ商館長オッパーホーフト Opperhoofd は、ポルトガル貿易時代からの名称カピタン Capitaõ を用い、甲比丹なる文字をあて、次席館員もヘトル Feitor と称えたのであった。したがって、平戸貿易時代の通詞は南蛮通詞と呼ばれるその名の示すごとく、ポルトガル語をもって日蘭貿易事務を処理した通訳官というのが実情であったのである。

平戸時代のオランダ商館長は、後年の商館長のごとく一ヵ年交替などという厳令もなく、比較的長期間にわたって継続滞在する者もあり、館員も同様であったために、彼らの中には語学の才に恵まれた者もあって、難解な日本語を解するようになった者もいた。前後十年余の長きにわたって日本に滞在し、ピーテル・ヌイツ Pieter Nuyts 釈放運動工作の難問題を処理・成功させるべく、東都に上り、将軍家光の心をつかみ、その他貿易成績を上げた商館長フランソア・カロン François Caron などはその中でも最も有能なる人物であった。メルヒオール・ファン・サントフォールト Melchioor van Santvoort, ウイリアム・アダムズ William Adams, ヤン・ヨーステン・ファン・ローデンスタイン Jan Joosten van Lodenstijn, など、いずれも長期間滞日して難解な日本語を修得し、活躍をした商館員であった。右の状態で歳月が進むうちに、やがてわが南蛮通詞の中にもオランダ語を少しずつ解する者が成長していったのであって、次第にポルトガル語とオランダ語が併用されるようになっていった。

ところが、江戸幕府はそのキリスト教禁制の政治的見地から、やがて旧教国イスパニアとポルトガルとの貿易を禁止し、両国船の来航に対して堅くその門戸を閉ざすこととなった。またイギリスが貿易不振を理由に、その商館を閉鎖し、退去してしまうと、オランダ人はヨーロッパ人にして唯一の対日貿易継続の国民となった。

この結果、わが通詞にとって、ポルトガル語よりはむしろオランダ語の能力が要求されることとなって、ここに本格的阿蘭陀語通詞の必要が生ずることとなった。その時期はいうまでもなく、鎖国が完成し、オランダ人の対日貿易独占が現実となった頃、すなわち一六三九年（寛永十六）からオランダ商館の平戸より長崎の出島への移転の厳命が断行された一六四一年（寛永十八）の交である。

二　日本側史料にみえる初期の阿蘭陀通詞

そこで、オランダ商館の出島へ移転した直後の通詞を概観してみることにする。

移転直後の、いわゆる初期の阿蘭陀通詞の名を記す記録は何種類か挙げ得るのであるが、ここでは比較的よく知られた記録を手懸りに阿蘭陀通詞名を拾い出し、当時毎日の実況を報じたオランダ商館日記によって検討を加えてみることにする。

盧千里の『長崎先民伝』(1)には、

高砂長五郎　肝付伯左　石橋荘助　秀島藤左　名村八左

の五名をあげ、

其の始め、平戸に在って、荷蘭之伝語を掌とる。寛永十八年夏四月、官平戸荷蘭館を以て崎港に移す。高砂等、亦訳を以て相従て来る。

と、平戸よりの移転を説明している。

『長崎記』(2)には、

高砂長吉郎　肝付田左衛門　石橋庄助　秀嶋藤左衛門　名村八左衛門

の五名が「平戸ヨリ長崎へ附来通詞」と記されている。

長崎会所に勤務した石本氏の記録『長崎雑記』(3)にも、

高砂長吉郎　石橋庄助　名村八左衛門　肝月白右衛門　秀嶋藤左衛門

第1表　平戸より長崎へ移転通詞一覧

長崎先民伝	長崎記	長崎雑記	崎陽群談	長崎実録大成	長崎実記
高砂長五郎	高砂長吉郎	高砂長吉郎	高砂長吉郎	高砂長五郎	高砂長五郎
肝付伯左	肝付田左衛門	肝月白右衛門	肝月白右衛門	肝付伯左衛門	肝付伯左衛門
石橋荘助	石橋庄助	石橋庄助	石橋庄助	石橋助左衛門	石橋助右衛門
秀島藤左	秀嶋藤左衛門	秀嶋藤左衛門	秀嶋藤左衛門	秀嶋藤左衛門	秀島藤左衛門
名村八左	名村八左衛門	名村八左衛門	名村八左衛門	名村八左衛門	名村八右衛門
				西吉兵衛	
				志筑孫兵衛	志築孫兵衛
				横山又兵衛	横山又右衛門
				横山与三右衛門	横山与三左衛門
				貞方利右衛門	貞方利右衛門
				猪股伝兵衛	猪股伝兵衛
					本木氏祖林某

の五名を数えている。

正徳年間、長崎奉行の任にあった大岡備前守清相の記録『崎陽群談』(4)にも「平戸より当所江附越候通詞」として、

高砂長吉郎　石橋庄助今の八右衛門か祖なり　名村八左衛門今の八左衛門祖なり　肝月白右衛門　秀嶋藤左衛門

と、同じ五名を挙げている。

これに対し、『長崎実録大成』(5)には、

西吉兵衛　名村八左衛門　志筑孫兵衛　横山又兵衛　石橋助左衛門　肝付伯左衛門　横山与三右衛門　高砂長五郎　秀島藤左衛門　貞方利右衛門　猪股伝兵衛

の一一名を挙げている。

高槻未知生氏の引用する『長崎実記』(6)には、

名村八右衛門　志筑孫兵衛　横山又右衛門　石橋助右衛門　肝付伯左衛門　横山与三左衛門　高砂長五郎　秀島藤左衛門　貞方利右衛門　猪股伝兵衛　本木氏祖林某

の一一名を挙げている。

『長崎先民伝』『長崎記』『長崎雑記』『崎陽群談』などはいずれも同じ五名と移転通詞名を挙げている。『長崎実録大成』『長崎実記』などはそれぞれ一一名の移転通詞名を挙げている。これらを一目瞭然たらしめるべく、一覧表に仕立ててみれば第1表の通りである。

三　オランダ側史料にみえる初期の阿蘭陀通詞

以上の日本側の記録に対して、オランダ商館の日記にみえる阿蘭陀通詞を探ってみれば、およそ次の通りである。はやくは、ピーテル・ヌイツとピーテル・ムイゼルの参府日記の一六二七年（寛永四）一〇月二日の条に「通詞利右衛門（貞方）」の名がみえ、以後頻出する。またクーンラート・クラーメルの日記の一六三〇年（寛永七）九月七日の条には「我々の商館の通詞又右衛門殿（横山）」との名もみえる。ウイルレム・ヤンセンの日記一六三一年六月一一日の条には「通詞伯左衛門（肝付）」の名がみえ、以後散見する。同年一二月二八日の条には「通詞吉兵衛（西）」の名もみえる。また翌一六三二年一月二九日の条には「トクエモン殿というポルトガル人附きの通詞」のことがみえている。一六四一年二月二八日以後「荘助（石橋）」の名が、同六月八日以後「通詞八左衛門（名村）」の名もみえる。(7)

次に移転直後の通詞名を拾ってみよう。マクシミリアン・ル・メール Maximilian le Maire が一六四一年（寛永十八）四月に定例の江戸参府を行ない、商館が出島に移転のうえ貿易を許される旨の申し渡しを受けて、平戸に帰着したのは六月八日である。彼は速やかに商館の長崎移転を実行すべく準備を急ぎ、同六月二五日朝出島に移った。ル・メールの日記によれば、はやくも六月二九日の条に「通詞八左衛門」の名がみえており、これは名村八左衛門である。七月一日の条では「正午通詞伯左」の来着を告げ、七月一〇日の条には「通詞伯左」と「通詞藤左衛門」の名を記しているが、特に通詞藤左衛門は病気であると記しており、同一九日の条には通詞藤左衛門が商館長ル・メールにオランダ船二隻の報告を行なっている。右にいう伯左は肝付伯左衛門、藤左衛門は秀島藤左衛門である。

同年七月二〇日の条には、

午後、皇帝あるいは国の通詞三人が会社に使用されるため挨拶に来た。

とある。固有名詞を詳らかにしないが、移転随行の通詞のうち有能な三人の通詞であったはずである。彼らは長崎奉行所に責任をもち、誓約をしている旨の記載がみえるから、長崎奉行支配下の正規の阿蘭陀通詞とみなすことができよう。したがって七月三〇日の条に、

夕食後、奉行は三人の通詞を遣わし云々

と商館長のもとに三通詞の派遣を行なった記事のあるのは右にいう正規の三通詞に相違ない。

しかし、これら三通詞だけですべての弁務が十分に行なわれたわけではなさそうである。すなわち七月二四日の条には、カンボジアのポルトガル人が土着人と中国人を用いて日本通商計画をしている旨を風説として商館長が長崎奉行に報告したが、

奉行はこの報告により長い文書を作り、誓約した通詞三人と会社の通詞二人とが、我らから聞いた風説である旨

を記して署名した。

とある。してみると、この種の貿易・風説関係の重要報告には奉行雇の三通詞のみではなく、阿蘭陀商館が雇ってい る二通詞も加わって書類を作成し、責任の署名をした模様で、平戸時代に商館が雇ったポルトガル通詞の仕組が残存していることが理解できる。

平戸時代の通詞は右の数名に限られたわけでなく、もっと多数かぞえられたに相違ない。それは八月七日の条に、

また通詞約八十人がポルトガル人時代と同様、使用方を奉行平右衛門殿に願出たことを聞いた。

とあるによって、商館の出島移転当時、かつて通詞を職としていた者の数を推測し、移転とともに彼らがその職を失った様子を知り得る。

右の雇用願を申し出た、かつての通詞たちの希望は、そのまま認められたわけではなかったようである。すなわち、八月一〇日朝、商館の移転後の様子を検分するために井上筑後守政重が上使として江戸よりはるばる来島した。オランダ商館は祝砲をもって歓迎の意を表した。一三日になって、

奉行所から、手放される日本人使用人は、前の命令に従い暇を出すよう通達があった。それぞれ長崎にいる二十一人中の十三人を解雇し、通詞二人、書役一人、料理人二人、部屋召使三人のみを留めた。

とあるところから察するに、奉行所側においても、オランダ商館においても移転を契機にして、かなりの人員の整理を断行した模様であることがわかる。

右の措置に追い打ちをかけるかのごとく、次のような変更が行なわれた。すなわち、八月一八日の条に、

ポルトガル語に熟達し、オランダ語も相当できる通詞藤左衛門並に会話及び計算に巧な書役伊左衛門を、少なくとも貿易時期の間留め置く許可を願ったが拒絶され、少しも用いなかった通詞伯左、及び作右衛門を通詞として

引続き使用することを許された。但し彼らは皇帝より俸給を受け、会社は今後支給せぬことになった。

とある。(8) 右のことから明白な点は次の通りである。

1　オランダ商館にとって、有能にして有利な阿蘭陀通詞を選択するの自由を認められなくなったこと。

2　オランダ商館付の阿蘭陀通詞は、従来のオランダ商館の雇用通詞から長崎奉行支配（役料支給）をうけ、派遣されてくる通詞に変更されたこと。

の二点になるかと思われる。

右の措置は、いわゆる鎖国体制の完成を決意して、江戸幕府がこの期に断行した諸改革と、長崎の貿易・外交の現地における幕政の実行機関である長崎奉行が行なった諸改革との一環政策に属するものである。その間には上使としての大目付井上筑後守の、現地における検分行動と判断が大きく作用していることも見逃せない。

このような改革は当然オランダ商館に対して大きな影響を及ぼすものであった。ヨーロッパ人にしてただ一国貿易存続の権利を与えられ、貿易の独占経営を確保し得たこととはいえ、オランダ人にとって、その滞日期間中の生活は実に忍び難い状態に悪化した。

この間のオランダ商館員の忍び難い心情を、『バタビア城日誌』もよく伝えている。すなわち、

日本人下僕等は基督教徒に非らざるか厳しく検べられ、皆引上げられたり。但し通訳三人は他の三人（通訳としてポルトガル人に仕へたる者）と共に貿易上我等の用をなすことを（皇帝の為め）命ぜられたり。彼等は陛下に仕ふる血判をなしたれば、少しも信頼すべからず、多くの事に於ては却て有害にして、其上大なる損失を及ぼせり。我等は盲者の如く座して此通訳等の指図に従はざるべからず、彼等は決して一人にて語ることを許されず、常に二人宛我等と語れるが故に、我等は今一人の友もなく、体裁を重んじて何事も辛抱せざるべからず。是は甚だ苦し

く実に忍び難し。此等不当処置其他多くの些事（ル・メール君其日記に記録せり）に依りて、日本国に於ける会社の状況が商館長フランソア・カロンの出発後全く衰頽悪化せるを見るべく、多数の日本人も其改善は（常に煩累を受け）望むべからずと考ふる程なり。全能なる神、会社の利益を計り給はんことを。(9)

とあって、自由を奪われ、見透しも暗く、全く絶望的である。この項は文中にもすでに註記している通り、ル・メールの日記とよく対応しているのであって、右に述べる「通訳三人は他の三人と共に」とあるうちの、後者の三人は記事の文意からして、先に述べた長崎奉行配下の正規の三通詞に相違ない。したがって、また前者の通訳三人はル・メールの日記の八月一八日の条にみえる奉行所から派遣されて商館付の阿蘭陀通詞となった伯左と作右衛門に当るわけで、三人とあるのは二人の誤りと思われる。

いずれにしても、江戸幕府の強力な政治的見地による鎖国体制の完備と、外交・貿易交渉の現地である長崎の出島におけるオランダ人に対する支配の確立と制度の具現化とを示すものであって、ル・メールが記すこの期の諸種の禁制事項は、いずれも江戸幕府と長崎奉行所が緊密な伝達・連絡のもとに下す一貫した政策の範囲を出るものではなく、阿蘭陀通詞の雇用をめぐる問題においても例外でないことがよく理解できるのである。

さらにしばらく商館日記に散見するその後の阿蘭陀通詞名を拾ってみれば次の通りである。

まず長崎奉行からオランダ商館付に派遣せしめられ、オランダ人側からは「不慣な通詞」として歓迎されなかった二人の通詞についてはどうか。その一人、肝付伯左衛門はその後もずっと名前がみえるから勤務が継続したことと判断される。しかるに他の一人、中山作右衛門は一六四一年中に一回と、翌一六四二年の七月二六日と八月一日に見えて、以後その名のみえないところから、勤務が何らかの事情で続行しなかったものと考えられる。

一六四一年度中にその名のみえる他の通詞は、西吉兵衛が最も頻出し、ついで名村八左衛門・秀島藤左衛門・猪股伝兵衛ら四名である。長崎移転後も引き続き長崎奉行所に採用された面々と判断される。ただし、貞方利右衛門は、すでに同年四月七・八日の条に「会社の前通詞利右衛門」とみえ、一三日の条に「元通詞利右衛門」と記され、移転後の九月一一日の条にも同様「元通詞利右衛門」とみえるから、移転の前後に通詞職を辞したものと思われる。それは、三月一九日の条に「老通詞利右衛門」とみえ、一六三八年五月三日の条に同人の病気のことが報じられていたから、老病による引退かと察せられる。日本側の諸史料のいずれにも移転随行通詞としてその名のみえる高砂長五(吉)郎はオランダ商館日記には一度も名前がみえない。おそらく貞方利右衛門同様、移転と同時に引退もしくは転業したものかと判断される。

同じく日本側史料のいずれにもみえる移転随行通詞の石橋庄助はどうか。移転の一六四一年の商館日記にはその名がみえず、いかなる事情か、翌一六四二年にもみえない。しかし、一六四三年(寛永二十)には急に頻出して、以後はよくその名がみえる。特に一六五〇年(慶安三)一月八日の条には、彼が改名して「助左衛門」と称するようになったことが記してある。日本側の記録のうち、移転通詞として五名を記載する『長崎先民伝』『長崎記』『長崎雑記』『崎陽群談』などのいずれもが「石橋庄助」と記しているのに対して、一一名の移転通詞名を記す『長崎実録大成』『長崎実記』は共に「石橋助左衛門」「石橋助右衛門」と記しているのである。もちろん、助右衛門は助左衛門の間違いであるが、これから判断するに、前記五名を記す諸記録は少なくとも通詞石橋が庄助を称していた頃のことを記録・継承したものと推測され、一一名の通詞名を記す両記録などは改名後の記録に属するかと考えられる。もって両種の記録の記載内容の新旧判別の手懸りともなるかと考えられるところである。

移転通詞秀島藤左衛門は移転直後の一六四一年七月一〇日からその名がみえ、その後も商館日記に登場してくるが、一六四五年(正保二)四月六日ピーテル・アントニスゾーン・オーフェルトワーテル Pieter Anthonisz. Overtwater の

日記に、

正午、かなりオランダ語を話す有能な通詞藤左衛門が切腹し、本日埋葬されたことを聞いた。彼の兄弟二人も前に同じく自殺し、母、姉妹も自縊した由である。

とあって、彼がオランダ語の会話ができる有能な通詞として、その才を惜しまれながら、その死亡の模様が報じられている。前後の関係からキリシタン発覚の類がおよんで一家死滅の悲惨な模様が窺える。したがって、このの阿蘭陀通詞に秀島姓はみられない。

移転通詞で初代名村八左衛門は、移転直後の一六四一年六月二九日以降、連年その名がみえ、勤務の継続状況が確認される。

以上、五名の移転通詞名を記す日本側諸記録に登場する各阿蘭陀通詞の動向をオランダ商館日記によってみてみたが、次に一一名の移転通詞名を記す記録にみえて、右の五名以外の通詞の動向を同様にして探ってみよう。

まず、『長崎実録大成』のみに名のみえる西吉兵衛はオランダ商館日記に、実は最もその名の頻出する通詞であって、移転の一六四一年以降、毎年の日記にその継続勤務の様子がみえる。頻出する記事を総合すると、彼はすでにかなり高齢に達しており、経験も豊富で語学力もあり、事務処理も円滑裡に運びえた模様で、彼我両国人の信頼を集めていた様子であったことが判断される。

志筑氏の祖、志筑孫兵衛は、移転直後のオランダ商館日記にはみえず、一六四四年（正保元）のヤン・ファン・エルセラック Jan van Elseracq の日記の五月七日の条以降、毎年「通詞孫兵衛」としてその名がみえている。もっとも、前年の一六四三年（寛永二十）は、南部に漂着したブレスケンス号 Breskens の乗組員検問のため、急遽江戸へ召され、南部へ派遣させられ、長崎を留守にしていたからオランダ商館日記にその名がみえなかったのである。

猪股伝兵衛の名は、すでに述べた西吉兵衛に次いでオランダ商館日記に頻出する。猪股氏の詳しい家譜・由緒書の類がなくて初期の様子が不明であるが、移転直後から諸種の連絡・交渉事務に携わっているから、やはり平戸時代からの継続勤務と察せられるのである。

『長崎実録大成』に横山又兵衛・横山与三右衛門、『長崎実記』に横山又右衛門・横山与三左衛門とみえる通詞は、『阿蘭陀通詞由緒書』(10)によれば横山氏の初代横山又兵衛と二代目横山与三右衛門のことであって、氏名の表記は『長崎実録大成』の方が正しい。由緒書によれば初代の又兵衛は平戸に生まれ、平戸時代から通詞役を命ぜられ、寛永十八年の移転の際も、引き続き長崎に移って継続勤務をしたようにみえるが、オランダ商館日記にはしばらく彼の名はみえない。二代目横山与三右衛門は、初代又兵衛と一緒に長崎へ移転した旨の由緒書の記載であるが、又兵衛同様オランダ商館日記にはその名はみえない。もっとも、降って明暦二年ようやく小通詞の任命を受けたというから、移転当時、もし仮りに勤務していたとしても責任ある第一級の通詞に成長していたわけではなかろう。

以上、主として日本側の諸記録にみえる長崎へ移転した通詞をオランダ商館日記の記載に対比して、その当初の動向を確認してきたのであるが、オランダ商館日記を検すると、実はこの外にも阿蘭陀通詞の名が若干みえる。すなわち、日本側諸記録から漏れて、その名のみえない通詞の存在したことが確認されるのである。

移転後三年めの一六四三年(寛永二十)八月二日のエルセラックの日記には「通詞小兵衛」の名が登場し、この年は九月三日、一一月二四日、一二月二・四・六・一一・一七・一八・二一日の各日の条に彼の名がみえる。しかし、翌一六四四年三月一〇日の条では彼通詞小兵衛の死亡したことが報じられていて、彼の活躍期間が短かったことが理解される。また小兵衛と同様、一六四三年の一二月八日の条には「通詞伊兵衛」の名がみえる。彼の名はすでに移転直前の一六四一年二月二八日と五月一日の条にみえていたが、一六四四年五月二五日、六月一日、一〇月二二日の各日

の条にもその名がみえて、通詞としての職務を奉じていた様子が窺えるのである。しかし、右の小兵衛・伊兵衛とも
にオランダ商館日記の記載からでは、遺憾ながら彼らの姓を知ることはできないのである。いずれにしても、移転の翌々年から両名の名が散見する点からして、移転後、新たに補充された新採用の通詞かと察せられる。
註

（1）盧千里『長崎先民伝』文政二年刊。家蔵。
（2）長崎県立長崎図書館蔵、写本。
（3）九州大学九州文化史研究所蔵、写本。
（4）内閣文庫蔵、写本。
（5）長崎県立長崎図書館蔵、写本。
（6）高槻未知生「和蘭通詞の蘭学史上の地位と功績」（『歴史地理』第四〇巻第六号、大正十一年）所引。
（7）永積洋子訳『平戸オランダ商館の日記』岩波書店、昭和四十四～五年刊。
（8）一六五四年一〇月までのオランダ商館日記は村上直次郎訳『長崎オランダ商館の日記』岩波書店、昭和三十一～三年刊。一六五四年一一月以降の商館日記については、日本学士院所蔵のオランダ語写本によった。商館日記の原題は長い表題となっているが、以後、本書においては単に Dagregister と略記した。
（9）村上直次郎訳『抄訳バタビヤ城日誌』中巻、日蘭交通史料研究会、昭和十二年、一九三―四頁。
（10）長崎県史編纂委員会編『長崎県史　史料編第四』昭和四十年、吉川弘文館。

第二章　阿蘭陀通詞の組織

第一節　通詞の基本組織

一　平戸時代の様子

阿蘭陀通詞は平戸時代から存在したが、ことばの内容からすればポルトガル語通詞としての色彩が強かった。事実、江戸時代からその職に在り、長崎に移転後も長期にわたって通詞職を勤めた西吉兵衛に関し、『長崎通詞由緒書』[1]は、「権現様御代元和二辰年南蛮大通詞被召抱」と記載している。通詞西家の初代吉兵衛が元和二年すなわち一六一六年に南蛮通詞＝ポルトガル語通詞として採用されたという意味で、これは前にも述べた初期の諸事情から当然あり得ることであった。しかし、「大通詞」として採用されたと記す点については、他に同種・立証の記録があるわけでなく、この平戸時代に大通詞に対する小通詞の存在しなかった点からして、にわかに右の記載通りには受け取り難い。むしろ名村家の由緒書で初代名村八左衛門の条において「其砌者大小通詞之無差別相勤申候」とあるのが平戸時代の実情と思われる。

二　長崎移転直後の組織

オランダ商館の平戸から長崎への移転にともなって、幾人かの通詞も平戸から長崎へ移され、やがて、新しく長崎の地で新採用の通詞のあったこと、その通詞の雇われ方も、平戸時代にはオランダ商館に雇われていたものであったが、長崎においては奉行所に雇われる、ということにかわったこと、これらについてはすでに前章でみた通りである。長崎における通詞の始まりについて、他には見かけない、その頃の様子を伝える史料として『諸書彙』(2)の記載に注目したい。

まず、「阿蘭陀通詞初り」と題する最初の条は次のようにみえる。

阿蘭陀通詞初り

御奉行　馬場三郎左衛門様
　　　　柘植　平右衛門様

一寛永十七辰七月、阿蘭陀人平戸より長崎江引越候節、通詞名村八左衛門并石橋庄助両人平戸ゟ被差添御遣シ被成候、其後両人御増、都合四人ニ而大小之無差別相勤申候

名村　八左衛門
石橋　庄　助
横山与三右衛門
西　　新　吉

右によって、長崎移転当初、まず名村八左衛門と石橋庄助が平戸から引き続いて抱えられた者であることがわかる。この両名はいずれも前述の移転通詞五名のうちに含まれていた通詞である。

その後増員となって加わったとある横山与三右衛門と西新吉の両名については、一寸疑問を生ずる。すなわち、横山・西の両氏は移転通詞五名には含まれておらず、いずれも一一名を記載する史料の方にみえる。ただし、その一一名には西新吉の名はみえず、西吉兵衛とみえる。馬場・柘植両奉行の年は寛永十八年のことであって、かく移転当初のこととせば、初代西吉兵衛であったわけである。二代目西新吉が初代吉兵衛の跡役として、二代目吉兵衛を襲って大通詞に補せられたのは、後述もするように、承応二年（一六五三）のことである。もちろん、大通詞に補せられる以前に採用されていることは十分あり得るわけであるが、移転直後の記事とすれば、初代吉兵衛の名が記載されてしかるべきところである。同様のことが横山についてもいえる。移転通詞一一名には横山又兵衛と横山与三右衛門の名がみえているが、又兵衛が初代で与三右衛門が二代目であってみれば、移転直後の記事とすれば、初代又兵衛の名で記載されてしかるべきものである。思うに、名村・石橋の両名は文面通り当初から抱えられた通詞であろうが、横山・西の両名は文面の「基後両人御増」に当るもので、後年に整理された史料の記載の故に、ともに初代と二代とを取り違えたものと考えられる。

いずれにしても、移転後しばらくの間、「大小の差別なく相勤申候」と記すところは、先に引いた名村家の由緒書の記載と一致し、当時の実情を伝えたものといえよう。

三　大通詞・小通詞の設置

それでは、いつ頃から大小通詞の区別ができたのであろうか。

はやく、荒木周道氏が『幕府時代の長崎』（明治三十六年刊）において、

明暦二年小通詞ヲ置クニ及ビ前任ノ通詞ヲ大通詞ニ進メ云々

といわれ、以後この説がそのまま継承されて今日に至っている。(3)

たしかに『阿蘭陀通詞由緒書』が横山与三右衛門の条において「明暦二申年　厳有院様御代小通詞被　仰付」と記すのが小通詞任命の嚆矢かと思われるが、しかし同条には決してこの時はじめて大通詞を置いたとは記していない。阿蘭陀大通詞を置いた記事は、はやく長崎移転と同時に見出される。すなわち『阿蘭陀通詞由緒書』(4)はその石橋助左衛門の条で、平戸で慶長年中より通詞役を勤め、

寛永十七辰年七月阿蘭陀人長崎江引越候節、附添被　仰付、御当地江罷越申候、馬場三郎左衛門様 柘植平右衛門様　御在勤之節大通詞役蒙　仰

とある。長崎奉行の馬場三郎左衛門・柘植平右衛門在勤の年は寛永十八年（一六四一）であるから、移転と同時に大通詞として採用されたと記しているわけである。阿蘭陀通詞吉雄家の始祖肝附伯左衛門についてもその記載は右と全く同様で、前記西吉兵衛もまた同様「直ニ阿蘭陀大通詞役被　仰付」とある。

右のことは、長崎の地役人にして阿蘭陀通詞と好一対をなす唐通事において、

寛永十七辰年　馬場三郎左衛門様 柘植平右衛門様　御在勤之節、右四人ヲ以大通事ト役名被　仰附、此節林仁兵衛穎川藤左衛門、此二

人ニ始テ小通事被　仰附候

とある箇条とまさに対応するものである。思うに、長崎奉行所において、鎖国の完成、唐・蘭両国に対する貿易の独占的経営体制を確立し得たこの時にあたって、その間の実地の衝に携わり、奉仕の任に当る唐・蘭両通事に対して同種・同程度の職制を下命したものと判断されるところである。

一人唐通事においてのみ大小通事が区別・設置されて、阿蘭陀通詞のみ明暦二年の後年まで放置されたとは受け取り難い。前記石橋助左衛門・肝附伯左衛門・西吉兵衛らが移転直後に大通詞に任ぜられたことが、右の判断を立証するといえよう。

であるが故に、明暦二年（一六五六）に至る以前において、大通詞の肝附伯左衛門が慶安四年（一六五一）に病死すると、その子肝附忠次郎が早速父の跡に大通詞として任命され、明暦元年（一六五五）まで五ヵ年間大通詞の任務を果したのである。また、大通詞西吉兵衛が承応二年（一六五三）に三八ヵ年の通詞職を老齢の故に退き、名も蘇安と改めると、その跡役として忰の新吉が二代目西吉兵衛を襲って大通詞に同年補せられたのであった。

ところで、阿蘭陀通詞の交渉相手ともいうべきオランダ人側の記録はどうであろうか。出島のオランダ商館日記 Joan Boucheljon : Dagregister gehouden in 't Comptoir Nagasackij, Anno 1656.（明暦二年）の一ヵ年を通して検索してみても右の件に関する記事は見出せない。やはり、すでに出島に移転した直後の設置があったために、この年度にその記事が見えないものかと考えられる。

一方、小通詞について、阿蘭陀通詞の側においては、移転直後の当時、小通詞に該当者がいなかったものか、任命記事は見出せない。前掲『諸書彙』には、

一明暦二申年初而小通詞弐人被仰付、都合六人ニ而相勤申候

とあって、前掲横山与三右衛門が明暦二年に小通詞に任命された記事を初見とするとしたことと符合する。このとき都合六人にて相勤めたとあれば、大通詞四名に小通詞二名の六人制になったことを示すもので、さすれば、これ以前に小通詞の任命はなかったということになろう。

ただし、『諸書彙』が伝える、このときの小通詞二名の氏名は、富永仁兵衛と、志筑孫兵衛の二名である。すると、横山与三右衛門と合せ、計三名ということになって、数のうえで疑問を生ずる。富永氏の由緒書は伝わっておらず、にわかに確認をし得ない。また志筑孫兵衛に関しては由緒書が大小通詞任命の記載を欠いているため、これまたにわかに判断し得ない。明暦二年の当初における小通詞二名の氏名確定は後考をまつとして、この明暦二年阿蘭陀通詞の組織において、大小二級の職階が揃ったことのみは判然としたわけである。

なお、小通詞が大通詞同様四人になったのは、『諸書彙』によれば、寛文四年（一六六四）のこととして、

一寛文四辰年小通詞弐人御増、四人ニ相成申候、都合大小通詞八人ニ而相勤申候
加福吉左衛門
本木　庄太夫

とみえる。後述の江戸番通詞の一覧表でも、江戸番大・小通詞が区別して記載されだすのは、この翌年の寛文五年からであるから、その前年の寛文四年に大通詞四人・小通詞四人の八人制になったことと符号し、矛盾しない。

四　オランダ商館日記にみえる大・小通詞の区別

移転と同時に長崎奉行がとった阿蘭陀通詞に対する右のような職階制を相手のオランダ人側においてはただちに十

分理解していたようには見受けられない。ちなみにオランダ商館日記において大小通詞を区別して記載しはじめるのは、かなり年月を経た一六六三年（寛文三）頃からのようである。すなわち、オランダ商館長ウイレム・フォルヘル Wilhem Volger の日記一六六三年（寛文三）一一月四日の条に[5]おいて、はじめて大通詞志筑孫兵衛を指して Oppertolck Mangabe（大通詞孫兵衛）と明記しているのであって、これがオランダ商館日記に大通詞記載の初見である。それまでは日本側が記す大小いずれの通詞に対しても、単に tolck と記すに過ぎなかったのである。このような、日本側が定めた新制度をば、相手側のオランダ人が十分理解して彼らの記録に記載するようになるまで、かなりの年月を経る場合は、他にもあることである。後の章でも述べる年番阿蘭陀通詞の制度なども、制定されてのち、かなりの年月を経てようやくオランダ人側の記録にその記載が見えるから当然あり得ることである。

阿蘭陀通詞のうち、右に述べた大《おー》通詞・小《こ》通詞が後年にいたるまで諸般にわたり中心的存在であった。

五　稽古通詞

『阿蘭陀通詞由緒書』および『長崎通詞由緒書』によれば、明暦二年（一六五六）横山与三右衛門が小通詞に任命された同じ年に、楢林新五兵衛豊重が稽古通詞に任ぜられたとある。これは稽古通詞任命の初見かと思われる。ちなみにこの楢林新五兵衛は、その後寛文六年（一六六六）長崎奉行松平甚三郎・川野権右衛門在勤の節、出島出入の者三〇〇人余に対しオランダ語の吟味がなされた際、

　通弁無滞相勤候ニ付、新五兵衛儀、拾八歳ニ而即時ニ小通詞役被　仰付

とある。してみると新五兵衛が稽古通詞に任命された明暦二年は八歳の少年であったことがわかる。由緒ある通詞の

楢林家において幼少よりオランダ語の口稽古を施していたに相違なく、本人の能力がこれをよく吸収して、早く通詞に成長した好例と思われる。のち彼は貞享三年（一六八六）三十八歳で大通詞に昇任され、元禄十一年（一六九八）五十歳まで一三ヵ年勤め、通算四三ヵ年間の長期にわたって在勤したのであった。

同じく阿蘭陀通詞の家としては古い名村家の例を挙げるならば、二代目名村八左衛門は寛文四年（一六六四）に十六歳で「阿蘭陀口稽古被　仰付」とある。『諸書彙』にも同寛文四年のこととして、

一同年（寛文四）、初而口稽古被仰付、出嶋出入仕候

横山　作兵衛
名村八右（マヽ）衛門
志筑　藤兵衛

とある。名村八左衛門はやがて寛文八年（一六六八）二十歳でただちに小通詞に任ぜられ、父の初代八左衛門が延宝二年（一六七四）の歿後跡職を受け、延宝六年（一六七八）三十歳の時大通詞に昇任した。前記楢林新五兵衛に比べ採用はおくれたが、昇任の速度は速く、その力量が認められたことかと見受けられる。

享保六年（一七二一）には、宝永元年（一七〇四）父の内通詞小頭西善右衛門の退役した跡をうけて、内通詞小頭の任にあった二代目の西善右衛門が稽古通詞格に昇り、三年後の享保九年（一七二四）ようやく稽古通詞に進んだ。稽古通詞格なる段階は多く出て来ないが、稽古通詞の前段階で、時には用いられたことを知り得る。

第二節　職階の分化

一　小通詞並

延享四年（一七四七）には、今村金蔵・今村三兵衛・中山唯八らが稽古通詞からそれぞれ小通詞並に昇任した。これまた「小通詞並」なる名称の初見かと見受けられる。

二　小通詞末席

享保十九年（一七三四）には、右の西善右衛門が稽古通詞より小通詞末席に昇任せられた。「小通詞末席」の名称が出現したはじめかと思われる。元文二年（一七三七）にも茂七郎左衛門が稽古通詞から小通詞末席に昇った。

三　大通詞助役・小通詞助役

また時代が降るにしたがって通詞の職階はますます細分化して、大通詞に準ずる位置に「大通詞助役」の名称がおかれ、これは宝暦元年（一七五一）の『出島通詞幷筆者小役分限帳』(6)に記載する西善三郎の例にみられる。ただし、『長崎通詞由緒書』には宝暦四年（一七五四）と記載している。

『阿蘭陀通詞由緒書』によれば、明和八年（一七七一）には吉雄幸左衛門の弟の作次郎が小通詞助役に在勤しており、また同年今村源右衛門の養子大十郎が小通詞末席見習に在り、安永六年（一七七七）には楢林重兵衛が稽古通詞より小通詞助役に昇り、本木仁太夫も天明二年（一七八二）にそれまでの小通詞並から小通詞助役に昇った。幕末の本木昌造もまた嘉永四年（一八五一）に小通詞並から小通詞助役となった。

本木庄太右衛門（正栄）が「御役儀蒙　仰候以来之儀御尋ニ付申上候書付」(7)において書き留めているところによれば、彼は文化二年（一八〇五）に、

新規ニ大通詞見習被　仰付、小通詞兼勤仕候様（下略）

と命ぜられた。大通詞見習にして小通詞を兼勤させるなどとは、固定した基本定員のなかで昇進を調整した暫定的位置付けのように見受けられる。

四　稽古通詞見習

稽古通詞においても同様である。宝暦十二年（一七六二）に西吉郎平・吉兵衛が稽古通詞見習に任ぜられ、明和元年（一七六四）に稽古通詞に進んだ。明和七年（一七七〇）には三島五郎助が稽古通詞見習に任ぜられ、志筑亀三郎も明和八年（一七七一）現在で稽古通詞見習に在った。

これら細分化して生じた助役・並・末席・見習などは、いつに通詞の定員に関わることと見受けられる。すなわち、貿易交渉のほかに文化的交渉が深まって、蘭学が発達し、また瀕海に異国船が出没して海外事情の調査を要するよう

になって、より多くの通詞を必要としたにもかかわらず、大・小通詞各四名に稽古通詞若干名という基本構成はついに幕末に至るまで改変されなかった。技能職たる通詞を数的に確保するとともに、昇進の遅速等を調整し、また通詞の子孫を救済するためにとられた方法であったようである。

第三節　内通詞と通詞目附

一　内通詞

次に、平戸時代からあり、長崎移転の当初よりあったものに「阿蘭陀内通詞」と称する一群がある。移転直後の商館長マクシミリアン・ル・メールが一六四一年（寛永十八）八月七日の条で、[8]

　また通詞約八十人がポルトガル人時代と同様、使用方を奉行平右衛門殿に願出た。

と記している約八〇人の大部分はこの内通詞に相当するものと思われる。島原市の松平文庫中の『長崎記』[9]の「第十五　阿蘭陀内通詞始り之事」によれば、

　昔年者内通詞とて極而無之、口を存候者ハ阿蘭陀商売乃節、銘々働を以、おらんだ人共に附添、売物買物の口銭を取、渡世を送り候、就夫、於出嶋、毎年附候儀先後を争、不作法に有之、因茲寛文十戌年川野（マヽ）権右衛門支配之節、おらんだ口為存知者百六人方ゟ訴訟を致スニ付、阿蘭陀内通詞ト名付相極ル、此内ゟ拾弐人撰出シ、小頭と定而出嶋乙名・通詞差図を以阿蘭陀人に附、右之うち入替り之儀も通詞・乙名窺之極ル

とあって、その由来を知ることができる。もっともこれよりさき、寛文六年（一六六六）に、唐内通事仲間が成立していたことに影響されて訴訟におよんだ点も少なくない。家格の高い唐通事九家が通事職を独占したので、九家以外の一六八人の者たちが生活の安定を目的として長崎奉行に願い出て、仲間結成の許可を得たものであった。

さて、家格を誇る通詞仲間と内通詞とのあいだには一線が画されており、平内通詞から内通詞小頭へ昇進したとしても、それから先、上位の通詞仲間に入ることはなかった。元禄八年（一六九五）八月十五日に出島のカピタン部屋で奉行所役人とオランダ人列座のもとでオランダ語試験をうけた若者のうち、内通詞小頭の子の今村源右衛門が好成績で及第し、四日後の八月十九日ただちに稽古通詞に任命されたなどという例外がないわけではない。しかし、それらわずかの例は、右のごとく、むしろ特例に属することであった。

さきのル・メールの日記から推測して、出島移転直後頃にはすでに数十人を数え、それが漸次増加して職のうばいあいとなり、『長崎記』が記すごとく寛文十年（一六七〇）にいたって、通常のいわゆる平内通詞の中から内通詞小頭一二人が代表者として選出され、責任ある組織体に編成され、生活の安定化も計られたものである。ちなみに『宝永五子年役料高并諸役人勤方発端年号等』(10)においても「阿蘭陀内通詞小頭寛文十戌年ゟ被　仰付候」とあって、『長崎記』の記載と一致する。

二　阿蘭陀通詞目附

さて、このような幾段階にもわかれた阿蘭陀通詞の職階と多人数からなる通詞仲間を統率するものとして、元禄八年（一六九五）唐通事目附を置くと併せて、阿蘭陀通詞目附が通詞の中から選ばれて置かれることとなった。後年のことに属するが、福地源一郎が『長崎三百年間』のなかで書き留めているところによれば、幕末期にはおよそ一四〇人の通詞がいたとしている。(11) この数字には内通詞の数も含まれている。文政年間来日のシーボルトは五〇人からなる通詞団が長崎にあったとしている。(12) これには内通詞が含まれていない。

初代の阿蘭陀通詞目附には、それまで三二ヵ年勤続し、この年大通詞役の引退を願い出た本木庄太夫と、西家三代目通詞西助次郎の両名に対し、十一月次のごとく新規に通詞目附の下命があったのである。

元録(マヽ)八亥年迄三拾二ケ年相勤、同年宮城越前守様 近藤備中守様 丹羽遠江守様御在勤之節、庄太夫儀、大通詞役御暇奉願候処、同年十一月被召出、新規ニ通詞目附被　仰付候、其節、剃髪之儀奉願候処、御赦免被成下、良意与名を改申候、同十二月　御役所式日之御礼御奥之間ニ掛リ相勤候様被　仰付

とあり、西助次郎の項でも、

元禄八亥年十一月宮城越前守様 近藤備中守様 丹羽遠江守様安禅寺御屋舗御対座之御上、西助次郎被召出、新規ニ通詞目付役被　仰付候、且於長崎通詞目付役之最初ニ而御座候

とある。(13) すなわち、日常の諸事務は他の大小通詞に譲り、特に本木庄太夫の場合は良意と改名し、身も剃髪を許されたのであって、江戸時代の他の諸目附役と同様、通詞仲間の目附役として式日の役所の席も一段と上位を許されたことを知り得るのである。長崎に遊学の機を得て阿蘭陀通詞の社会をみた大槻玄沢の筆写にかかる『長崎記録』(14)に「第十四　出嶋乙名并通詞目付之叓」なる一項目があり、その通詞目付に関する記事には、

一おらんだ詞通用又は和物の吟味為目付、元和(禄)八亥年奉行宮城越前守近藤備中守丹羽遠江守時に、本木良意西助次郎通詞目付申付ル

とある。特に「おらんだ詞《ことば》通用又は和物《やわらげもの》の吟味為目付」とその職務について明記しているところは重要である。

阿蘭陀通詞目附は阿蘭陀通詞仲間において上位の新規重要役職であったために、オランダ商館側でもただちにこのことについての通知を受けて十分理解していた模様である。すなわち、商館長コルネリス・ファン・オウトホールン Cornelis van Outhoorn は彼の日記一六九五年（元禄八）一二月一三日の条[15]において、この日、大通詞楢林新五兵衛の報告として、年番大通詞の本木庄太夫が願いによりその職務を免じられ、あらためて出島におけるすべてのことについて、主として彼の同僚が自今以後行なうことについて、監督者 dwarskijkers 通詞目附あるいは密告者、告発人としての新たな役務に就くべく命ぜられ、また彼が良意なる名に改め、あるいは宗教人となったことなどを記しているのである。

この阿蘭陀通詞目附はその後、通常二名、時には三名でその任に当り、幕末にまでおよんだ。また時には文政九年（一八二六）の西義十郎[16]、天保九年（一八三八）の本木昌左衛門[17]のように、最初「通詞目附助」として任命を受け、のち正規の通詞目附となったものもあった。

第四節　職階一覧と通詞の姓・家数

一　通詞の職階一覧

以上述べてきたところの阿蘭陀通詞の職階を整理してみれば、およそ次のごとくなろう。

阿蘭陀通詞目附

阿蘭陀通詞目附助
阿蘭陀大通詞
阿蘭陀大通詞助役
阿蘭陀小通詞
阿蘭陀小通詞助役
阿蘭陀小通詞並
阿蘭陀小通詞末席
阿蘭陀小通詞末席見習
阿蘭陀稽古通詞
阿蘭陀稽古通詞見習
阿蘭陀内通詞小頭
阿蘭陀内通詞

右に列挙した職階のうちでも、その基本構成は、通詞目附・大通詞・小通詞・稽古通詞からなるもので、その下に内通詞の一団があったわけである。

二　各通詞のオランダ語表記

この細分化した職階を、交渉の相手側である出島のオランダ人たちに阿蘭陀通詞自身がどのように表現して伝えていたであろうか。当時このような職階の名称は彼我双方のいずれの辞書にもみえない名称であったから、わが阿蘭陀通詞とオランダ人との間で新規に工夫・案出して表現を確定する必要があった。

このような必要から生まれたのが、いわゆる辞書にみえない言葉の単語帳である。われわれは、幸いにも阿蘭陀通詞たちが彼我交渉の実際上の必要から作成して常に携帯のうえ、活用していたこの種の単語帳を多数見ることができる。それらは実地に役立てる必要があったから、いずれも小型の仮綴の簡便なものが多い。

阿蘭陀通詞が作成し、越後の蘭方医森田千庵が筆録した単語帳『Nederduitsche Taalen 西語名寄』(18)から阿蘭陀通詞に関する部分を次に掲げてみれば、

hollands tolk	阿蘭陀通詞
dwars kijker	目　　附
oppertolk	大　通　詞
ondertolk	小　通　詞
vies ondertolk	小通詞並
provisseneer ondertolk	小通詞末席
leerling	稽古通詞
leerling secunde	稽古通詞見習
particulier tolk	内通詞組頭

の通りである。これらの名称と表記はオランダ側の諸記録・諸史料にも頻出しているのであって、実地に十分通用していたことが理解できるのである。

三　通詞の姓・家数

さて、次に、このような阿蘭陀通詞の任についた各家を列挙してみよう。すでに初期の阿蘭陀通詞を検討した際にも一〇余家の阿蘭陀通詞家をみてきたが、ここでは便宜上、由緒書の残っている阿蘭陀通詞の各家を中心に、その他の史料を引いてその家名を紹介するにとどめる。個別の詳細については他日稿を改めて論述・紹介することとしたい。

阿蘭陀通詞の由緒書のまとまっているものとしては三種伝存している。それは、

1　阿蘭陀通詞由緒書　明和八年書上

2　阿蘭陀通詞由緒書　享和二年書上

3　長崎通詞由緒書

（内容は明治八年の記事まで含まれている）

の三種であって、『長崎県史』の「史料編第四」に全文収録されている。ここでは右の三種の由緒書にみえる各阿蘭陀通詞家を対照して一覧表を整理してみる。順序は明和八年書上げの由緒書の順序を基準にして他の二書で追加されるべき各家を順次追加すれば第2表のごとくなる。

右によってみると、一五姓二三家を数える。同姓が八家あるが、いずれも途中から別家独立したものである。

三種の由緒書に漏れた阿蘭陀通詞家を諸記録より拾ってみれば次の通りとなる。

『阿蘭陀通詞起請文[19]』に署名している三五名から、右の姓以外の通詞をあげれば、

馬場　岩瀬　末永　小川　森山　荒木

の六姓を加えることができる。さらに『奉行蘭館長蘭通詞控』[20]によって別姓をあげれば、

富永　中島　立石　品川

の四姓を加えることができる。板沢博士が採訪されたシーボルトの Japansche Handel の原稿中にある通詞名から拾えば、

Siwoya（塩谷）　Woeyemoera（植村）　Inomata（猪股）　Inabe（稲部）　Matsmoera（松村）

の五姓を加えることができる。その他、幕末期の諸記録から眼にしたものとしては、

田中　北村

の二姓もみうけられる。

以上は内通詞以下を含まない、大・小・稽古通詞の各家から整理してみたところである。平戸時代からの通詞で長崎に来てから退職あるいは絶家となった、

高砂　貞方　秀島

らの諸姓を加えれば、総計三五姓を数えることができる。しかし、三種の由緒書や『阿蘭陀通詞起請文』『奉行蘭館長蘭通詞控』などにみえる二五姓の各家くらいが由緒ある阿蘭陀通詞の家柄ということができようかと思う。他はいずれも、

第2表　主要通詞の姓・家数一覧

	阿蘭陀通詞由緒書（明和八）	阿蘭陀通詞由緒書（享和二）	長崎通詞由緒書
1	今村		
2	石橋	石橋	
3	名村		
4	吉雄（元肝附）		
5	楢林		楢林
6	今村		
7	堀		
8	名村	名村	
9	吉雄		
10	西		
11	楢林		
12	茂		
13	加福	加福	
14	本木	本木	本木
15	志筑		
16	馬田		
17	西		西
18		三島	
19		中山	
20		今村	
21		横山	
22			名村
23			志筑

ごく幕末期にようやくその名のみえる諸姓・諸家である。

阿蘭陀通詞の諸姓・諸家の増加については、時代の推移、長崎地役人全体の増員、別家独立、役株譲渡など複雑な要素と様相がみうけられるところであるが、あまりにも煩雑に過ぎるので、ここでは深入りしない。

第五節　維新と通詞

——その終焉をめぐって——

さて、このような職務と組織をもった阿蘭陀通詞はその職名とともにいつまで続いたものであろうか。通詞職の終焉については、従来、ほとんど言及されることもなく、明確ではなかった。後述するごとく、また後掲の年番通詞一覧や江戸番通詞一覧などをみても判然とするように、幕末までその職名・組織体は存続していた。では、政治的にも社会的にも一大変革をとげて、機構改革の激しかった明治維新において、この特殊職業集団はいかなる変革の波を蒙ったであろうか。ここでは、あまり深入りをせず、ひとまず、その職名の存否・推移にのみ視点をあて概観するにとどめたいと思う。

長崎奉行所が諸種の「申渡」をしたことを書き留めた記録の一つとして『申渡留』がある。[21] その「辰(慶応四年)二月十五日直達」と端書のある一通は、次のようにみえる。

高木作右衛門江

此度御復古ニ相成、訖度御改革被仰付候ニ付、是迄之役名不残相廃候、向〻事務一日も不可欠儀ニ付、追而御沙

汰被仰出候迠之間、勤向越方之通可相心得候事

辰二月

これによれば、前年の十二月九日に朝廷において王政復古の宣言が出され、ついで、新年の一月一五日、新政府が王政復古を各国に通告、外国との和親を国内に布告、同一七日、七科を太政官に置いたものである。

長崎においては、その翌二月十五日に長崎代官の高木作右衛門に右の「申渡」が「直達」されたのであって、同文のものが長崎会所の調役である薬師寺久左衛門にも渡された。文面によれば、それまでの役名は一切廃止されることとなったが、日常の事務は従来通り勤めよという内容であることが判明する。したがって「阿蘭陀通詞」も例外ではなく、ここにおいて名称は廃止をみたわけである。当然、各職階名、加役名なども同断のことであったと考えられる。江戸時代に育ち、永らく特殊分野に数々の足跡をのこした技能職集団「阿蘭陀通詞」はここに、ようやく、ひとまず終焉をみたわけである。

ただし、日常の事務は一日も欠くことなく続けられたわけで、殊に開国後輻輳する対外関係事務の処理には通詞でなければ出来ない仕事が山積していたわけである。

ここにおいて、この旧技能職集団であった阿蘭陀通詞たちが、いかなる新職名をもって、改めて組織だてられていったか、もしくは新機構のなかに組み込まれていったかが問題となる。

『申渡留』の、前条に続く二月の記事中に、次のような記事をみることができる。

平井義十郎

右当分之内通弁役頭取被仰付候事

但、勤役中米五拾俵三人扶持金弐百両被立下候事

とあり、また、

荒木八之進
外十一人
右当分之内通弁役被仰付候事
但、勤役中五人扶持金百三拾両被立下候事

ともある。また、

川原又兵衛
外九人
右当分之内通弁役被仰付候事
但、勤役中五人扶持金百両被立下候事

とある。また、

平野栄三郎
外弐拾五人
右当分之内通弁役被仰付候事
但、勤役中五人扶持金七拾五両被立下候事

また、

神代　時次
外弐拾人

右当分之内通弁役被仰付候事

但、勤役中五人扶持金三拾両被立下候事

また、

西　熊次

外五人

右当分之内通弁役被仰付候事

但、勤役中五人扶持金七両被立下候事

また、

今村忠太郎

外三拾八人

右当分之内通弁役被仰付候事

但、勤役中五人扶持被立下候事

また、次に、

諸岡栄之助

外五人

右当分之内通弁役見習被仰付候事

但、勤役中栄之助は金拾五両別段金三拾両、昌三は金拾弐両別段金三拾両、安之丞は金八両、儀八郎は金七両、

敬太郎・六次郎は金四両宛被立下候事

とみえ、また、

中山　太郎
外六人
右当分之内通弁役見習被仰付候事

とみえる。右によって、職名が「通詞」から「通弁役」と変更されていることが判明する。いま、右にみえた分を試みに集計してみればおよそ次の通りとなる。

通弁役頭取	一名
通弁役	一一四名
通弁役見習	一三名
計	一二八名

右のうち通弁役においては役料に差がみられるから、旧大通詞・小通詞などの職階による役料差の尾を引いていることかとも思われる。また通弁役が断然多く、この職業集団の主要なる構成員であったと見受けられるが、そこにみえる氏名からして、荒木八之進外一一名、西熊次外五人、今村忠太郎外三八人らは阿蘭陀通詞系の通弁役であり、川原又兵衛外九人、平野栄三郎外二五人、神代時次外二〇人らは唐通事系の通弁役であったかと察せられる。同様にして、諸岡栄之助外五人は唐通事系の通弁役見習であり、中山太郎外六人は阿蘭陀通詞系の通弁役見習と察せられる。

同じ『申渡留』をみてゆくと、次のような記事が眼にとまった。

奉願口上覚

一元私共同役志筑竜三郎儀、心得違ニ而、出郷仕候、過失を以て御暇相成候処、同人儀は仏蘭兼学ニ而相応御用

ニ相立候間、今般
御大赦且御撰挙被
仰出候廉を以、御試技之上、元〻之通り通弁役御召抱被下置候ハヽ、重畳難有奉存候、此段以書付奉願候、以
上

辰二月十九日

通弁役惣代
品川藤十郎　印
横山又之丞　印
三嶋末太郎　印

右によれば、由緒ある阿蘭陀通詞志筑家の竜三郎に何か心得違いの事があって出郷し、過失を理由に御暇となっていたらしい。しかし同人は「仏・蘭兼学」の有能なる人物であったとみえ、今は通弁役惣代を勤める元阿蘭陀通詞の品川藤十郎・横山又之丞・三嶋末太郎から再び通弁役として採用方が出願されたわけである。「通弁役惣代」なる役がこの時期に存在したことも注目させられる。

さて、右出願の結果はどうなったか。「辰二月廿一日申渡」として次のようにみえる。

右当分之内通弁役被　仰付候事
志筑竜三郎

但、勤役中五人扶持被立下候事

すなわち、出願のわずか二日後に、ひとたびは「御暇」を申し付けた人物を、いともあっさりと採用許可しているのである。これにはいささか裏もありそうな気もするが、文面のみからは、もちろん、判然としない。いずれにしても、

開国間もない日本が直面した対外交渉の諸相を考えた場合、二ヵ国語に通じた人物であってみれば、捨てては置かれない存在であったものと察せられる。

「辰二月晦日相達」によれば、次のような追加採用が行なわれた。

荒木卯十郎
外弐人

右当分之内通弁役見習御雇被仰付候事

但、勤役中卯十郎は金三拾五両、銕三は金拾両、永太郎は金三拾両被立下候事

辰二月

まったく、この時期、通弁役の需要は大きかったのである。ついで三月に入ると、「辰三月廿二日申渡」として次のような記事をみることができる。

元通詞志筑禎之助、上滝東三郎儀、此度神戸表ニおひて通弁御用相勤罷在候ニ付、通弁役並之通御扶持方被下候様仕度、依之被仰渡案相添、此段申上候、以上

辰三月廿一日

御用所掛(印)

すなわち、開市・開港場の一つたる神戸で通弁役の必要をみたのであろう、元通詞の志筑禎之助と上滝東三郎の両名が抱えられることとなったものである。両名へは次のごとく申渡された。

志筑禎之助
上滝東三郎

右は神戸表ニ而通弁御用相勤候ニ付、勤役中並之通五人扶持被立下候事

但、御手当金之義は神戸表ニ而被下候事

辰三月

すなわち、両名は通弁役並の待遇で神戸に雇われることとなったのである。このように、各地の開市・開港場で通弁役の採用が続き、長崎の元通詞にして、現通弁役も採用されてゆく例が続出したのである。

新時代を迎えて、通訳官が活躍した実態の追求は稿を改めて論じなければならないことであるから、ここでは深追いはさけることとする。

註

（1）長崎県史編纂委員会編『長崎県史　史料編第四』昭和四十年、吉川弘文館、所収。
（2）長崎市立博物館蔵、写本。
（3）荒木周道『幕府時代の長崎』明治三十六年、長崎市役所。下巻、一六六頁。
（4）註（1）参照。
（5）Wilhem Volger : Dagregister gehouden in 't Comptoir Nagasackij, 1663—1664.
（6）九州大学九州文化史研究所蔵、元山文庫所収、写本。
（7）長崎県立長崎図書館蔵、渡辺文庫所収、写本。
（8）Maximiliaen le Maire . Dagregister gehouden in 't Comptoir Nagasakij, 1640—1641. 村上直次郎訳『長崎オランダ商館の日記』第一輯、七八頁。
（9）島原市公民館松平文庫蔵、写本。
（10）長崎市立博物館蔵、写本。
（11）福地源一郎『長崎三百年間』明治三十五年、博文館、二一四頁。
（12）呉秀三訳『シーボルト日本交通貿易史』昭和四十一年、雄松堂書店、二三八頁。
（13）「阿蘭陀通詞由緒書」註（1）参照。

(14) 早稲田大学附属図書館、洋学文庫、所収、写本。
(15) Cornelis van Outhoorn : Dagregister gehouden in 't Comptoir Nagasakij, 1695—1696.
(16) 「長崎通詞由緒書」註(1)参照。
(17) 本木昌左衛門書上「由緒書」(長崎県立長崎図書館蔵、渡辺文庫、所収)。
(18) 森田千庵筆写「Nederduitsche Taalen 西語名寄」(片桐一男「阿蘭陀通詞・蘭学者の使用せる単語帳について」(『文献』一〇・一一号、昭和四十・四十一年)所収)。
(19) 長崎県立長崎図書館蔵、原本。
(20) 長崎県立長崎図書館蔵、写本。
(21) 長崎県立長崎図書館蔵、写本。

第三章　阿蘭陀通詞の基本的職務

一　史料にみえる職務内容

阿蘭陀通詞の身分は、『長崎諸役人帳』とか『長崎地役人分限帳』あるいは『町役人々名帳』といった諸史料にその年の通詞名が多数記載されているごとく、基本的には長崎の町人として、長崎奉行所に奉仕する町役人であったわけである。鎖国時代を通じて唯一の貿易都市長崎において、長崎奉行と出島のオランダ商館とに対して奉仕の任をもった彼ら通詞仲間は他の諸都市にはみられない特異な役人団であった。

総じて、長崎奉行とオランダ商館との外交・貿易交渉の事務を弁ずる通訳官兼貿易官であったが、先にも列挙した阿蘭陀通詞の各職階について個別にいま少しその職務内容を概観してみることにしよう。

まず、『宝永五子年役料高并諸役人勤方発端年号等』(1)が職務の基本をきわめて簡潔に記述しているから次に示す。

阿蘭陀通詞目付　弐人

右勤方之儀、阿蘭陀船致入津、風説并人別積荷物書付和ケ、両御屋敷江差上、荷役ゟ出帆迄之間、商売方ニ付、立合申候、阿蘭陀出嶋ゟ外ニ出候度々召出申候、尤年中不絶阿蘭陀用事之節相詰申候

阿蘭陀大通詞　四人

右大通詞之内壱人江戸登雑用

右勤方之儀、阿蘭陀船致入津候得者、目付立合、風説・人別・積荷物書付和ケ、両御屋舗江差上、其外商売之節出嶋江毎日罷出、一切請払勘定仕候、壱ケ年代リ壱人宛江戸行阿蘭陀人召連参上仕候、惣而阿蘭陀人江戸行幷囲ゟ外江出候度々召出申候、尤在留之阿蘭陀人、諸用事之節、年中毎度出嶋江罷出申候

阿蘭陀小通詞　四人

右小通詞之内壱人江戸登雑用

右勤方之儀、大通詞同前ニ相勤申候

阿蘭陀稽古通詞　拾壱人

右勤方之儀、大小通詞ニ附添、諸事相勤申候

阿蘭陀内通詞小頭　拾弐人

右勤方之儀、阿蘭陀船荷役相初り候日ゟ、出嶋江相詰、商売方等、大小通詞差図を請相勤申候、尤阿蘭陀人買物誂物其外諸用事、出船迄之間相勤申候

右によって、その大概を知ることができるが、さらに阿蘭陀通詞たちが果した多方面にわたる職務内容のうちから重要にして主要なる職務をもとめれば、次のごとく列挙することができる。

1　語学修業
2　入港蘭船臨検
3　阿蘭陀風説書和解
4　人別改・乗船人名簿和解

5　積荷目録和解
6　貿易事務
7　蘭人諸雑務
8　出島勤務
9　諸加役

二　語学修業

阿蘭陀通詞が通訳官として存在する要件は、なんといっても語学力のあることである。ことに交渉の実地に臨んで即座に通弁をせねばならない職務から、会話が重要視されたのは当然である。

しかるに、阿蘭陀通詞のオランダ語の学習について、はやく、杉田玄白が『蘭学事始』のなかで、鎖国以来、横文字の読み書きは一切禁止され、「通詞の家にて一切の御用向取扱ふに、かの文字といふものを知らず、ただ暗記の詞《ことば》のみを以て通弁し、入組みたる数多の御用をかつかつに弁じて勤め居る」状態なので「かの国の人に偽り欺かるゝこともありても、これを糺明するの便りもなき」ため、八代将軍吉宗のときにいたり、通詞の西善三郎・吉雄幸左衛門と今一人何某との三人が横文字学習を幕府へ願い出て聞き届けられた旨を記し、「これぞ和蘭渡来ありてのち百年にして横文字学ぶことの初めなるよしなり」といっている。しかし、一〇〇年以上もの長期間、読み書きのできないままで応接の実務が果せたとは常識からしても考え得られないことで、『蘭学事始』所伝がそのまま信じ難いことは、すでに早くは古賀十二郎氏が『長崎と海外文化』のなかで指摘され、板沢武雄博士も『蘭学の発達』において論証されたところである。

右のことは、西・吉雄両通詞の「由緒書」に関連の記載なく、それどころか、このときをさかのぼる寛文十一年（一六七一）九月晦日附阿蘭陀通詞の「起請文前書」[2]に、中山作左衛門・名村八左衛門・立石左兵衛・本木庄太夫・中島清左衛門・楢林新右衛門・富永市郎兵衛・加福吉左衛門の諸通詞が連署して「弥無油断阿蘭陀詞稽古可仕候」「阿蘭陀文字・南蛮文字、書面の通り何様にても無繕、有体に和解可申上候事」と誓っている。くだって、正徳五年（一七一五）六月に長崎奉行大岡備前守清相が出した「阿蘭陀通事法度書」[3]においては、

口の通弁能、阿蘭陀文字の読書等も精出し、相勧て鍛練の者於有之者、其年齢に無差別、可有褒美候事

と奨励策を図っているほどである。

長崎奉行は、右のように、通詞仲間に対して奨励策をとるとともに、一方、オランダ商館にもこの問題に関して依頼するところがあった。一七六八年（明和五）一一月二九日、ヤン・クランス Jan Crans が記すところによれば[4]、長崎奉行石谷備後守は商館長に対して通詞のオランダ語の力を絶えず注意して、随時報告せられたい旨を申し入れた。長崎奉行・オランダ商館員がともに貿易交渉の実務に役立ち得る語学力を備えた阿蘭陀通詞を養成すべく配慮をおこたらなかったようすを察知することができる。

事実、この問題に関して、彼我双方が払った努力の状況は、断片的ながら、かなり確認できる記録がある。

一七七八年（安永七）二月一七日、商館長アレント・ウィルレム・フェイト Arend Willem Feith が江戸参府中、留守を預る次席館員のヘルマン・ケイレル Herman Köhler の記すところによれば、

午前、稽古通詞達が十一時少し前に再び出島の乙名の住いに出頭し、予は簿記役のファン・フリッシンゲン den Boekhouder van Vlissingen をして彼等に対する教授に奉仕せしめた。

とあり、同じく二月一九日の条には、

今日、全稽古通詞と内通詞らが役所において、オランダ語における彼らの進歩がわかるための試験をした。

ともある。さらにまた二月二五日水曜日の条には、

稽古通詞と内通詞たちが再び出島に現われ、予は補助役のフルーネンベルグ Groenenberg をして彼らに対する教授に当らせた。

ともみえる。同様、二月二八日の条にも、

稽古通詞と内通詞たちが今日再び学習を受けに来た。

などとみえるのである。(5)

天明八年（一七八八）、崎陽に画筆を携えて赴いた司馬江漢はその『西遊日記』の中で、

長崎の蘭通詞吉雄幸作の妾腹の子、四歳位の小童が、蘭語を能く覚えて、牛肉をクウベイスと云ひ、馬をパールドと云ひ、薩摩芋を遣ればレッケル・レッケルとて食ひけり、今幸作の後に此童なり、レッケルは美味の事。

とも記している。また長崎遊学を果した江戸の蘭学者大槻玄沢は自著『蘭学階梯』の「修学」の項において、

長崎ノ訳家《ツウジ》、業ヲ受クルノ初メ、皆先ツ此ノ文字ノ読法・書法並ニ綴リヨウ・読ヨウヲ合点シテ、後ハ「サーメンスプラーカ」トテ平常ノ談話ヲ集タル書アリテコレヲ云ヒ習ハスナリ、是其通弁ヲ習フノ始メニシテ訳家ノ先務トスル所ナリ、是ヲ理会シテ後ハ「ヲップステルレン」トテ其文章ヲ書キ習ヒ先輩ニ問ヒ朋友ニ索《モト》メ、或ハ和蘭人ニモ正シ、其功ヲ積テ合点スルトキハ自在ニ通詞《ツウベン》モナルナリ。

と、阿蘭陀通詞のオランダ語学習の方法と段階を伝え、これが長崎における「本式ノ教ヘヨウ」であると明記している。

以上によって、阿蘭陀通詞らのうち、稽古通詞をはじめ、内通詞の多くが出島に赴いて、オランダ人からオランダ語の直接指導を受け、ときには奉行所役人列座のもとでその進歩・実績の試験を課せられている状況を知るとともに、通詞の家庭では幼少よりオランダ語の口稽古をすすめていた情景をも知ることができ、学習方法とその段階をも知ることができる。

このようなオランダ人に直接指導を受ける学習方法は年々盛んになっていった模様で、歴代の商館長をはじめとし、商館員の多くが、この種のことに携わっている様子を伝える記事を散見する。幕末に近く、オランダ語学、ことに会話力において天才といわれた阿蘭陀通詞馬場佐十郎も伯兄為八郎の影響、中野柳圃の指導を受けるとともに商館長ヘンドリック・ヅーフ Hendrik Doeff に師事し、またヤン・コック・ブロムホフ Jan Cock Blomhoff から語学指導を受けて成長したのであった。

右のような状況であったから、通詞の個人差は当然あるとしても、有能な通詞の語学・会話力の進歩はめざましく、後年シーボルトの来朝に際し、ドイツ人である彼のオランダ語の発音や、いいまわし方のぎこちなさをあやしむ通詞さえも出てきたのであって、当然ありうることであったのである。

三　入港蘭船臨検

鎖国時代の長崎はオランダ船や中国船の来航によって活気づいた。阿蘭陀通詞たちの仕事はオランダ船の帆影が視界に入ったときから忙しくなる。来航の船が貿易を許可されているオランダ船か、許されていない他のヨーロッパ船かを区別し、これを臨検することから、彼らの仕事は始まる。

鎖国後、長崎来航のオランダ船に対して義務づけられた入港手続きの制度は、長崎奉行が派遣する検使船が来航のオランダ船に対し長崎港の小瀬戸近辺で旗合せを行ない、オランダ船と確認のうえ、ただちにオランダ風説書・積荷目録・乗船人名簿と書翰・文書等の重要書類を受け取り、入津せしめるといったものであった。

文化五年（一八〇八）夏の英艦フェートン H. M. S. Phaeton 号事件以後、その入港手続きは、視界に来航船の帆影を認めると検使船が来航船に向け派遣され、オランダ語とフランス語で書かれた「一ノ印」なる横文字を来航船に見せ、かつ長崎奉行派遣の検使およびオランダ商館派遣員二名に検問せしめ、「一ノ印」書類の回答としての「略風説書」をとり、ついで「二ノ印横文字」なる命令書を携行させ、来船に提示して質人二人を受け取り、かつ検問してオランダ船の確認ないしは異国船の糺問をする。一方派遣の検使は伊王島より中海に入って高鉾島まできた来船に対し旗合せを行ない、オランダ船たることを確認する。そのうえで入津の許可を与える。入津後はただちに人別改を行ない、積荷目録を受け取り、乗船人名簿により点呼、諸注意を与え、出島のオランダ商館長室でオランダ人風説を聞き、かつ書き留め、翻訳をする、というものであった(6)。

右の来航船に対する臨検には阿蘭陀通詞が必ず随行していた。このような役に当った通詞を沖出役通詞と呼んでいる。そのことは鎖国当初から一貫して実行されたことである。すなわち、ヤン・ファン・エルセラックの日記一六四二年七月三一日の条に「夕刻、奉行は今後船を認めた時は、オランダ人は通詞らとともに自由に港外に出て船の入港を手伝うこと」と記し、また一〇月一一日の条には「夕刻、オランダ船が港外に見えるとの知らせがあり、夜半奉行よりの許可を得て、オランダ人二名、通詞二名を港の入口に出した」とも記している(7)。この種の記事は連年の商館日記に散見できるのであって、通詞が必ず臨検に出向いていたことがわかる。検問に際して阿蘭陀通詞の会話力が必要であったから当然のことと判断される。

四　阿蘭陀風説書和解

オランダ船の入港に際して、来朝の新オランダ商館長あるいは船長からわが官憲に対して提出される四種類の重要書類のことはすでに列挙した。そのうちでも、阿蘭陀風説書は鎖国下の日本にもたらされた貴重な海外情報であって、幕府が必要視していたものであったから、長崎奉行もこれが扱いについては迅速にして慎重なる態度で臨んだ。

オランダ商館もしくは船長から提出された風説書のオランダ語原文は封印のまま年番阿蘭陀通詞の手によって奉行所に届けられた。奉行所で開封され、通詞に翻訳（和解）の命が下る。年番通詞は出島に持ち帰り、カピタン部屋で新旧商館長・へとる・船長の面前で、乙名・通詞目附・大小通詞立合いのもとで読み、風説の趣をオランダ人よりも聴取して、和解をする。風説書の下書きができたところで中清書のうえ、年番通詞が奉行所へ持参し、奉行の内見に入れる。内見がすみ、差支えなければ、清書を命ぜられる。年番通詞は再び出島へ持ち帰り、清書をし、新・旧カピタン、通詞目附、年番大・小通詞らが署名・捺印して再び年番通詞が役所へ提出する。この際、年番通詞を勤めた馬場為八郎が書き留めた『万記帳』(8)によれば、

薄手小奉書　清書　弐通　連印

宮紙　竪帳　三冊　連印

右のごとく調製された模様である。この清書された風説書を長崎奉行は着船の翌日のうちに宿次便（宿次証文には刻限付）で江戸の老中宛に送付する定めであった。

阿蘭陀風説書の内容は、初期においては、鎖国日本にとってキリスト教取締りのために、主としてポルトガル・イ

スパニヤの情勢、それからポルトガル・イスパニヤ両国と他の諸国との国際関係を知って、万一に備えんがためのものであったが、幕末にいたるとヨーロッパ、インドそれに中国の情勢を中心にしながらも世界情勢の聴取に目的が拡大されていったものである。阿蘭陀通詞たちはこの風説書を蘭船入港の当日中に翻訳・清書・提出の事務と、万般にわたって行なったのであって、きわめて急を要する仕事であった。ただし、年月を経るにしたがい、風説書は形式化し、簡略となっていった。しかし、幕末にアヘン戦争の情報がもたらされたことが契機となって、それ以後、通常の風説書に追加して別段風説書と称する詳細な情報が提出されることとなったが、この翻訳は分量もよほど多いこともあって、一週間から、一〇日くらい、ときには一ヵ月以上もかかることもあった。いずれにしても、阿蘭陀通詞たちがこの風説書の翻訳に尽したことは事実である。(9)

五　人別改・乗船人名簿和解

オランダ船が入津すると、その船に乗船している人員を点呼し、密貿易の厳禁と、滞在中守るべき諸規定とを伝達・掲示する定めであった。点呼の際、拠りどころとなる乗船人名簿を和解することも、阿蘭陀通詞に課された重要なる職務であった。

したがって、阿蘭陀通詞が翻訳した蘭人の名歳記録を、まま見受けるのであるが、一、二の例をあげれば次の通りである。

第一例は一八三三年七月二一日（天保四年六月五日）長崎入港のフレガット船プリンセス・マリアンヌ de Prinses Marianne 号の乗船人名簿の通詞訳である。本例は最も整った基本例に属し、全乗船人の役名・氏名・出身地・年齢を完全に把握することができる好例でもある。これは通詞名村三四郎の書き留めにかかる(10)。

幸いなことに、この乗船人名簿のオランダ語原文をハーグの中央古文書館に所蔵されている日本商館文書のなかに見出すことができる(11)。訳文の残存例が少なく、殊に、原文・訳文のよく合っている例の稀なことから煩をいとわず掲げてみる。

原文と訳文を逐条対比・検討して判明したことを列挙してみれば、およそ次の通りである。

まず、原文の表題が「プリンセス・マリアンヌ号の船員名簿」とあるのを訳文に「阿蘭陀人乗組人数名歳」としたのは、おそらく通詞の翻訳業務の仕来りによったものと思われる。人名は、いずれもファースト・ネームの頭文字のオランダ語読みと姓を連続して読み、そのまま仮名表記したものが通詞の訳文であることが判明する。したがって、訳文から原名を翻字することはきわめて困難である。この例からして、他に訳文のみ残存している場合でも原名を翻字・判読することはおそらく不可能に近いであろう。訳文に原文が揃ってはじめて調査・研究が緒につくといった感を深くする。原文では、ドクトル以下の商館員を船員と区別して「船客」としているが、訳文ではその区別なく、続けて記載している。職階名の訳に注目したい。「阿蘭陀名目語」「和蘭称謂(12)」等にみえる訳と共通しており、それらの書が訳司必要の書であったことが、ここでも再確認できる。人名の順序は一ヵ所前後しているほかはよく一致している。やがて商館長となるニーマンの名が原文では J.E. Niemann と略記されているのに、訳文ではフルネーム Johann Erdewin Niemann の仮名表記となっている。これなどは、蘭船の入津に際して奉行所から検使船が仕立てられ、高鉾島（Papenberg パーペンベルフ）の所定位置で臨検が行なわれる際、役掛りの者の有無を問い質しているような留意点のあることからして、点呼の際にフルネームで確認していることの証左と思われて注目に値する。ニーマンの肩書きは、原文では単に「職員」となっているが、訳文では「へとる」としている。次席館員として赴任したからであろう。

ちなみに、ニーマンはこの秋バタビアに帰り、翌年再び来日、その一二月一日から一八三八年一一月一七日まで商館長として在職した。出身地名・歳は特に問題はなさそうである。その他、人名・地名の表記や書き落ちでやや気になるところがまま見受けられるが、当時、通詞の読みくせが読みとれるようで参考になる。原文に、水夫の J. Eijkenduin の欄に「死亡」と追記されていて、訳文にその注記のないのは、点呼後の死去によるものであろう(13)。

第二例は文化十四年七月四日にフラウ・アハタ De Vrouwe Agatha 号とカントン Canton 号二隻の入港をみたときのものである。その一番船アハタ号には新商館長が妻子を伴って来た。外国婦人の入国禁止下にあって、これは異例のこととして、特にその家族一同の名歳が調べられたことは著名のことである。それでこのことが次のごとく書き留められている(14)。

アハタ号の乗船人数は、人数五三人のうち四六人がオランダ人、七人が黒坊というものであったが、特にこの家族分は当時小通詞末席の猪股伝次右衛門から奉行所に別途報告が行なわれたものと考えられる。

第一例

阿蘭陀人乗組人数名歳

一船頭	いあとみらある	ロットルダム	歳三十八
一上按針役	うゑていむめるまんす	同	同二十七
一下按針役	はあぷうると	同	同二十四
一水夫頭	へいはんとるめいる	マールスロイス	同四十六
一大工	いゝはんてるふゑるてん	フラーアルジンケン	同二十七
一帆縫	せゑいゝたむひゆるすほふ	ロットルダム	歳二十一

一下大工　へいこうへる　同　同二十二
一料理人　てろうりすきりんげ　同　同二十九
一台所役　てまると　ミッドルヒルグ　同二十五
一下料理人　うへへれてるめいき　ロットルタム　同　十六
一水夫　うへをるてん　同　同二十五
一同　はあぺいでぶうる　ホーゲサント　同二十一
一同　せいではあん　サブメール　同二十一
一同　いいでがらふ　フラールデンゲン　同二十六
一同　うえをるでんびゆるぐ　ロットルタム　同二十三
一水夫　あゝはんでいき　歳三十六
一同　いゝふいする　同三十四
一同　はんてるめい　同三十八
一同　いゝげえとうつ　同二十九
一同　ほんねへえふるすへえめいす　同三十八
一同　べえゑるろうんすたら　ヘルゲン　同三十四
一同　げえまるそん　ドルデユルフト　同二十五
一同　ゑるめえまでる　ヘーンタム　同二十八
一同　ぺえばあるす　ドルデユルフト　同二十五

一同　いいへいけんでいん
一水夫　はゝけかれすと
一同　いいもむまあす
一同　いいせえへんりつす
一同　てえやんす
一同　ぺいいいろうすまん
一同　げえろす
一同　あゝしゆるくす
一同　べあどみらある
一同　ていまつていせん
一同　でとろいん
一水夫　ゐすきつけると
一同　あゐふうえよりいあゝんせ
一同　いはんでるわある
一外科　けはあふるたむ
一へとる　よはんねすゐるでういんにいまん
一筆者　あるへるとまにゐる
一同　かるれすひふへるとてね

アムストルタム　同三十七
アムストルタム　歳二十四
シーリツキゼイ　同　十九
ロットルダム　同　十八
ヲウデヘケラー　同二十一
ヘーンタム　同二十一
ミットルビルグ　同　十八
ロットルタム　同　十七
同　同　十七
フリツスシンゲン　同　十五
ロットルタム　同　十六
フラーアルデインケン　歳　十六
ロットルタム　同　十五
同　同二十五
モイデン　同三十二
アムストルタム　同三十七
ベレン　同三十四
カラーヘンハアゲ　同三十三

一黒坊	みんかる	ジャカタラ	同　二十
一同	ていぱ	同	同二十五
一同	しいでやん	同	同二十六
一黒坊	らあき	ジャカタラ	歳　二十
一同	まき	同	同　二十
一同	かあれる	同	同　四十
一同	はるさん	同	同三十二

〆　四十九人内　四十二人　阿蘭陀人
　　　　　　　　七　　人　黒坊

Monsterrol
van het Schip Prinses Marianne.

Qualiteit	Namen	Oud jaren	Geboorte plaats
Kapitein	J. Admiraal	38	Rotterdam
1e Stuurman	W. Timmermans	27	dº
2e dº	H. Poort	24	dº
Bootsman	P. van der Meer	46	Maassluis
1e Timmerman	J. van der Velden	27	Vlaardingen
2e dº	P. Kobel	22	Rotterdam
Zeilemaker	C. J. Dam Hulshoff	21	dº
Kok	Floris Kleinge	39	dº
Hofmeester	F. Mast	25	Middelburg

Koksmaat	W. Bletterswijk	16	Rotterdam
Matroos	W. Oldendorp	25	d°
d°	H. P. de Beer	31	Hoogezand
d°	C. C. de Haan	21	Sapmeer
d°	J. de Graaf	26	Vlaardingen
d°	W. Oldenburg	23	Rotterdam
d°	A. van Dijk	36	Vlaardingen
d°	J. Visser	34	Eil^{d} Rozenburg
d°		38	Zierikzee
d°	J. G. Doets	29	Middelie
d°	Bonne B. Posthumas	38	Franeker
d°	B. R. Boonstra	34	Bergen
d°	G. Marson	25	Dordrecht
d°	R. Mulder	28	Veendam
d°	P. Baan	25	Dordrecht
d°	J. Eijkenduin	Overleden 37	Amsterdam
d°	H. G. Carst	24	d°
d°	J. Mommaas	19	Zierikzee
d°	J. C. Henricks	18	Rotterdam
d°	F. Jans	21	Oude Pekelaa
d°	P. J. Zoutman	21	Veendam
d°	J. Ros	18	Middelburg
d°	A. Sirks	17	Rotterdam
d°	P. Admiraal	14	d°
d°	F. J. Matthijsen	15	Vlissingen
d°	D. Florijn	16	Rotterdam

dº	S. Kikkert	16	Vlaardingen
dº	A. V. W. Jurriaanse	15	Rotterdam
dº	J. van der Waal	25	dº
dº		25	dº
	Passagiers		
Doctor	G. H. Verdam	32	Muiden
Ambtenaar	J. E. Niemann	37	Amsterdam
dº	A. Manuel	36	Bern
dº	C. H. de Villeneuve	34	's Gravenhage
Jongen	Minkar	20	Batavia
dº	Dipa	25	dº
dº	Sidja	26	dº
dº	Lagi	20	dº
dº	Maki	20	dº
dº	Carel	40	dº
dº	Hassan	32	dº

Desima, 23 julij 1833.

第二例

此節渡来仕候加比丹并婦人之名歳

かひたん　ヤンコックフロムホーフ　三十八歳

かひたん妻　テイツタヘルクスマ　三十一歳

かひたん悴　ヨハン子スコウリフロムホフ　二歳

但し壱ケ年と五ケ月ニ相成申候

乳母下婢　フレトロ子ルラシユレツ　二十三歳
下婢　ヤマーハヒイキ　十九歳
同　マラテイ　三十九歳
右之通奉申上候　猪股伝次右衛門

六　積荷目録和解

鎖国下に来航したオランダ船は貿易を主要目的としていた。舶載の荷物について、オランダ船は「送り状（factuur）」を携行してきて、前述のごとく、入港時に提出する重要四種類の書類の一つとしてわが官憲に提出した。年番通詞や直組方通詞たちは、カピタン部屋で風説書の翻訳に引き続いてこの書類の翻訳に従事し、「積荷目録」として役所に提出したものである。ただし、この「送り状」には「会社の荷物（本方荷物 Compagnie goederen）」の記載はしてあるが、商館員や船員の私貿易品たる「脇荷物（カンバン荷物 Cambang goederen）」の記載はない。そこで、一八二六年（文政九）より一八三〇年（文政十三）にかけて滞日し、オランダ商館長の職にあったメイラン Germain Felix Meijlan によれば、脇荷物の品目・数量は「送り状」がカピタン部屋で翻訳されるときに、商館長から別途に日本側へ提出されることになっていたという。[15] 日本の役人は、「送り状」と脇荷物の品目・数量等をそれぞれ翻訳のうえ、各半紙帳一冊を作成したようである。

巳紅毛船壱艘本方荷物帳[16]

辰紅毛船弐艘脇荷物帳[17]

などと題する帳面の散見するのは、右の二種類の帳面に当るものであろう。したがって、いわゆる「積荷目録」と称するものは、右の「本方荷物帳」と「脇荷物帳」の内容をまとめて記載した書類ということができよう。幕末期のものには幕府・諸役人の注文品銘も書き加えられていて、該船舶載品を一目瞭然たらしめている。その実況を弘化四年（一八四七）を例にとって見てみたい。

弘化四年の夏に来航したスヘルトーヘンボッシュ 's Hertogenbosch 号の場合の積荷目録に関しては、さいわいにも原文の写と通詞の訳文とが揃って伝わっているので比較検討の好史料かと考えられる。[18]

まず、本方荷物については次のごとく記載されている。通詞の訳がオランダ語原文によく対応しているので上下に組み合せて紹介してみる。

Factuur van goederen welke gezonden zijn met het Nederlandsche Schip 's Hertogenbosch gezagvoerder J. F. Matthijsen.

未六月晦日於かひたん部屋差出和解ニ有之
本方荷物差出シ

55	stukken	Laken diverse kleuren.	一色大羅紗	五拾五端
15	〃	Lakenrassen.	一同小羅紗	拾五端
15	〃	Kroonrassen.	一同羅脊板	拾五端
17	〃	Casemier.	一同ふらた	拾七端
18	〃	Greinen.	一同呉羅服連	拾八端
12	〃	Gewaterde greinen.	一同夲織呉羅服連	拾弐端
12	〃	Gedrukte Trijpen.	一同毛紋天鵞絨	拾弐端

1,100	stukken	Taffachelassen.	一奥嶋類	千百端
150	〃	Europesche Sitsen.	一上更紗	百五拾端
700	〃	Patna Sitsen.	一皿　紗	七百端
172	〃	Patona Sitsen, zeer lang.	一尺長更紗	百七拾弐端
120	〃	Perpetuanen.	一色へるへとわん	百弐拾端
5,000	Katjes	Kruidnagelen.	一丁　子	五千斤程
10,000	〃	Peper.	一胡　椒	壱万斤程
500,000	Katjes	Zuiker, 1e Soort.	一白砂糖	五拾万斤程
36,000	〃	Tin.	一錫	三万六千斤程
31,000	〃	Lood in blokken.	一鉛	三万千斤程
1,800	〃	Olifants tanden 1e en 2e soort.	一壱番弐番象牙	千八百斤程
160,000	〃	Sapanhout.	一蘇　木	拾六万斤程
3,500	stuks	Zilveren munten.	一荷包鉛	数三千五百
2,000	Katjes	Platlood uit de Manifactuur kisten.	一人頭銭	
		Voor den Aparten handel	別段商法	
5,000	Katjes	Kaliatoer hout	一紫　檀	五千斤程
500	〃	kwik zilver	一水　銀	五百斤程
1,200	〃	Olifants tanden 3e soort.	一三番象牙	千弐百斤程

一蘇　木　三万斤程
一肉豆蔻　六百斤程
一人　参　七百斤程
一茴　香　六千斤程
別段持渡
一蘇　木　壱万九百拾斤程
〆
御用御誂其外向々御誂幷誂之品
一色海黄　九拾八端
一新織奥嶋　百端
一黒手奥嶋　百端
一白金巾　百端
一航海家暦　壱冊
一咬𠺕吧暦　壱冊
一鈒付筒　百八拾挺但小道具添
一短　筒　弐拾挺但右同断
一火打石　数弐万三千
一火打石切道具　弐揃

30,000 〃 Sapanhout.
600 Katjes Muskaat Noten
700 〃 Genzing
6,000 〃 Staranijs
Apart aangebragt
10,910 Katjes Sapanhout

Voor Z.M. den Keizer en andere Rijksgrooten.
98 stuks Armozijnen
100 〃 Taffachelassen Extsafijn
100 〃 Taffachelassen ordinair
100 〃 Witte Hamans
1 〃 Zeemans Almanak 1848
1 〃 Bataviasche Almanak 1847
180 〃 Infanterie Geweren, met toebehooren
20 〃 Kavallerie Pistolen, met toebehooren
23,000 〃 Vuursteenen
2 〃 Werktuigen om Vuursteenen te kappen

30 stellen Toebehooren voor Infanterie Geweren
1 kattie Zee Ajuin
2 〃 Verzoet Salpeterzuur
2 〃 Myrrhe
3 〃 Bladen van Hiosiamus
1/2 〃 Zoutzure-Zwavel aarde
1/4 〃 China Zout
1/2 katje Olie van jenever bessen
1/4 〃 Aether Sulphuricum
1/16 〃 Jodium
2 〃 Olijf olie
1/2 〃 Salpeter Zure bismuth
1/2 〃 Muras firzé Ammoniakalie
1 stuk Gehoor werktuig

一釼付筒之小道具類　三拾揃
一ゼーアユイン　壱斤
一フルスーテサルペートルシュール　弐斤
一メルラ　弐斤
一フラーテンファンヒヨシヤムス　三斤
一ソウトシュールズハーフルアールデ　半斤
一キナソウト　弐合五夕
一オーリーファンセ子ーフルベスセン　半斤
一エートルシュフュリキュム　弐合五夕
一ヨーティユム　量目拾匁
一オレイフォーリー　弐斤
一サルペートルシュールビュスシュツト　半斤
一ミユリヤスフヱリーアモニヤカーリ　半斤
一ゲホールウヱルキトイグ　壱
〆

品代商法差出シ
一類違皿紗類　千反程
一花毛氈　四拾七枚程

一アラヒヤゴム　　八百斤程

〆

次に脇荷物についての目録が続いているが、この分は原文に対して、通詞の訳は同種類の品目をある程度まとめて概括的に記載している。原文をはじめに掲げ、ついで通詞の訳文を紹介しよう。

Aangifte der Cambang goederen die voor dit handels jaar zijn medegebragt, en dewelken den ondergeteekenden verzoekt op Cambang te Verkopen.

43	Kisten	Glas & Cristalwerk		
2	d⁰	Kramerij-en & horologien		
1	d⁰	Kommen & schotertjes		
1	d⁰	Swoon Lantaarnen		
3	d⁰	Klapper olij	218	flessen
21	d⁰	Zoet olij	252	d⁰
5	d⁰	d⁰ in kleine flessies	144	d⁰
1	d⁰	Kajaepoetje Olij	100	d⁰
5	fusten	Tamarinde		
1	kist	fijne schapen Vellen & dikke koevellen		
1	d⁰	Verlakt Leder		
6	d⁰	Goud leder		

300	Kistjes	bruin Zeep	1e soort
18	do	Witte Zeep	1e soort
10	do	do do	2e soort
1	Kist	Bengaalsche Zeep	
1	Kist	fijne reuk zeep	
1	do	do reuk Water	
3	Kistjes	glazen ruiten	
20	do	blikke bladen	
2	Kistjes	Indigo	
1	do	Liquur	
8	manden	Borden	
6,000	Kattjes	Sandelhout	
50,000	do	Botting	
9,400	do	Buffel hoorn	
1,200	do	Buffel pooten	
146	do	Saffraan	
400	stuks	Klapper nooten	
41	Kisten	Medesijnen inhouden	
535	Katjes	Yslandsche mos	

1,200	d°	Pokhout poeder
825	d°	Kina bass
830	d°	Arab Gom
248	d°	Magnesia
330	Katjes	Kreeft oogen
1,000	d°	Drop
250	d°	Salep
119	d°	herba Digitales
83	d°	Wijnsteen Zuur
250	d°	Gom amoniac
125	d°	Manna
330	d°	Duivels drek
412	d°	Zeeajuin in blikke dozen
125	d°	Semin Cina
360	d°	Kamille bloem
125	d°	Sene Bladen
25	d°	Salpeter
83	d°	Sasaflas
42	d°	Sulph : Sodae

21	d°	althea wortel
42	d°	Jalappa
42	d°	Anijs drop
83	d°	Arnica wortel
83	d°	Arnica bloem
83	d°	Radis Colombo
10	d°	Borax in 12 flesjes
21	d°	herba Belladone
42	d°	herba hijosianus
42	d°	herba menthe Crispi
125	d°	Lijnzaad
	20 onlen	kina zout in 40 flesjes
	1 〃	Lapis informalis 1 d°
400	bossen	Theriac
83	Katjes	hofmansdroppels in 100 flessen
21	d°	Ipecucuanha 〃 25 d°
83	d°	Spir : nitre : duleis. 100 d°
2	d°	pepermentolij 〃 1 d°
42	d°	ossen gal 〃 100 d°

21	d°	Extr : Cientae	〃	50	d°
42	d°	Extr : Hiosciame	〃	100	d°
4 80/121	d°	Extr : Belladone	〃	12	d°
13	d°	Chetas olumbi	〃	15	d°
7	d°	ammandel olij	〃	16	d°
8½	d°	Spritas Salamiaen		20	d°
1½	Katjes	Pulv : Doveri in		4	flesjes
3½	d°	Salpolijchrest	〃	1	d°
83	d°	Venit : Terpentijn			
83	d°	Crementars			
20	d°	Vitrioololij			
	20 oncen	Calomel			
	10 d° olij	Crotone			
83	Katjes	Kaaps alaes			
42	d°	Vlierbloem			
42	d°	Gentianwortel			
25	flessen	extracts van digitalis			
1	Katje	melissaolij			
20	flessen	Sago			

100	d°	Terpentijn olij
100	d°	Balsum Copaha
175	flessen	Lolig, van de Safraan

Desima 9 augustus 1847

de Nederlandsche Kambang Commissaris

J.C. Delprat.

脇荷物差出シ

一硝子器	四十三箱
一細物類	弐箱
一焼物類	八籠ト壱箱
一硝子板	三箱
一油　類	三拾箱
一皮　類	八箱
一フリッキ板	弐拾箱
一薬種類	四十三箱
一タマリンラ	五桶
一サポン	三百弐拾九箱
一サフラン	百四十六斤

一椰　子　　数四百
一水牛角　　九千四百斤
一同　爪　　千弐百斤
一白　檀　　六千斤
一藤　　五万斤
〆

七　貿易事務

オランダ船に対する入港手続きがすむと、いよいよ貿易が開始されるわけである。貿易期間中は、出島における人の出入り、貿易品の積卸し、運搬、直組みの交渉や検査などに関し、阿蘭陀通詞の通弁や立ち合いを必要とする事務が山積していた。その主要なるものを列挙すればおよそ次のようなものである。

○オランダ船より積荷を卸す荷役作業には、検使をはじめとする諸役人にまじって、諸通詞も出勤して、本方荷揚・銀銭卸・持帰りの銀銭の良悪区別、禁制品の改めなどに立ち合う。

○公儀献上御進物品を撰別する仕事に立ち合う。

○鮫・薬種・はるしや革等の御用品を撰ぶ仕事に立ち合う。

○大改と称して、荷役が半分ほどすんだ段階で、本方荷物・脇荷物をそれぞれ役所へ持参して、見分を受ける仕事に立ち合う。

○「売荷物看板和解」と称して、新旧両商館長・ヘトル・乙名・通詞目附・大小通詞が立ち合い、商館長がいう商売品名を写し取り、長崎会所へ提出する。
○本方幷脇荷物の諸品を各種の目利に見分せしめる際に立ち合う。
○本方幷脇荷物の商品を五ヵ所の商人に見分せしめる際に立ち合う。
○奉行御覧の品を役所へ持参する際の立ち合い。
○将軍家御用品や諸役人の誂品を会所へ渡す際の立ち合い。
○直組みの事務。カピタン部屋で諸役人とともに商館長へ直組方通詞が聞き合せ、交渉のうえ決定して直組帳に記入する。
○売荷物を会所で商人に入札せしめる際に立ち合う。
○落札商品を落札商人に渡す際の諸事務に立ち合う。
○商館長が八朔進物を役所へ持参するに際しては掛りの諸役人とともに付き添い通弁に当る。
○銅を出島へ持ち入り、銅を掛改めてオランダ人に渡す際に立ち合い、通弁に当る。
○樟脳を出島へ持ち入り、掛改めて渡すことも前項と同様。
○オランダ船へ荷積みの際は出役の諸役人とともに立ち合う。
○持戻物の荷積みも同前である。
○御用生類・代り物の船積みも同様である。
○買渡金を会所より請取り、船積みする手続き・立ち合いをする。
○出帆の許可手続き・出帆見届のことに出役。

○本方決算引き合せのことはオランダ船の出帆前に会所の諸役人が致すことに立ち合い、会所役人とオランダ人とが引合決算を行なう。双方の決算書類を和訳・蘭訳する。

○脇荷物に関する仕払い銀についても、出島出入りの商人とオランダ人との間にたって決算に立ち合い、双方の決算書類の和訳・蘭訳に当る。(19)

八　蘭人諸雑務

在留のオランダ人に対し、あるいは在津中のオランダ船乗組員に対して、何かと細かな用事が多い。ここでも、一ヵ年間を通じて、その主たるものを列挙するにとどめたい。

○かひたん年始御礼の事

御役所へ商館長の口上祝儀を年番通詞が申上げる。

○江戸参府に関する事

「江戸番通詞の研究」の章にゆずる。

○だんべい見分・修覆の事

出島の中の諸建物について、ことに屛やオランダ人の住居・倉庫等の修繕についての見分とその世話であるが、これには年番通詞が連絡に当ることはもちろん、諸役人とともに通詞目附・大小通詞・稽古通詞・内通詞小頭が出勤する。

○オランダ人市中寺社幷通筋見世物の事

オランダ人が寺社見物等で市中へ外出するような際は、前もって年番通詞を通じて役所から許可を要する。当日は付添いあるいは見廻りとして役所付の下役人とともに小通詞末席・稽古通詞・内通詞小頭まで出役。模様により年番通詞も見廻りに筆者・小使を召連れて出役。

○蘭船在津中、蘭船へ水・野菜など当用品を積み込む際は年番通詞を通じて役所から許可を得、稽古通詞が出役。

○出島のオランダ人が諸色売込人から買い調える樽物などを出島へ持ち入れるに際しては、その改めの際、稽古通詞が立ち合う。

○オランダ人の手廻り改めの事。これには改方通詞・稽古通詞・内通詞小頭らが立ち合う。

○蘭船が買い付けた品物を船積みして、沖の停泊位置に滞船している期間中に、必要な連絡や水積み・諸帳面・野菜・肴・その他の品を沖の船へ運ぶには、年番通詞が役所より許可を受け、船掛稽古通詞が主として出役に当る。

○オランダ人が病死の際は、年番通詞から役所へ届け、検使出役見届けのうえ、稲佐の悟真寺に葬るわけであるが、稽古通詞・内通詞小頭が出勤する。

○長崎の市中に出火のあった際には通詞目附・大小通詞並末席・稽古通詞・内通詞小頭まで出島へ詰める。鎮火後、年番通詞より出島の無事を役所へ届ける定めであった。[20]

九　出島勤務

日本に滞在中のオランダ人の生活の場所は三九六九坪余の出島である。長崎の町から出島橋を渡り、出島の門を入って、カピタン部屋の前を通り右端の一番奥に達すると、そこに「通詞部屋」と称する一棟がある。この位置はまた来航のオランダ船からオランダ人が上陸し、諸荷物を陸揚げする水門を入ったすぐ右手にも当っている。人や積荷の乗せ卸しには、つねに立ち合う通詞の詰所としては最も便利な位置であったわけである。

貿易期間中の荷役の始まった日からオランダ船が出航するまで、出島には乙名以下諸役人の泊番が行なわれるが、通詞も二名ずつこれに加わる。

文化初年の例であるが、平日は年番通詞のほか、通詞目附、大・小通詞のうち一人ずつ泊番をして、引き続き翌日当番を勤め、これに小通詞並が一人加番することになっていたが、近来は前晩泊番の者は小通詞並と交替して帰宅する。通詞目附は翌日見廻りに当る、と規定している。ただし、オランダ船の在津中は、通詞目附・御内用方通詞・年番通詞は泊番からはずされる、としているのは、この三者がこの期間ことのほか忙殺される実情を調整したものと察せられる。したがって、小通詞並一人が泊番に当った際は、翌日も引き続き当番を勤めることとしている。なお、大・小通詞、小通詞並も平日折々見廻りとして出勤すべきこととしている。

幕末期には通詞目附と年番通詞は泊番からはずされている。

また、オランダ船の在津中は内通詞小頭、そのほか乙名小役の者どもが毎夜立ち合って、出島の人別改をし、火の用心の夜廻りをする。(21)

以上は出島における通詞の勤務について、規定などにみえる基本を列挙してみたものである。もともと通詞の出島勤務は、既述の風説書・乗船人名簿・積荷目録等の和解や、貿易事務、オランダ人諸雑務などをも包含する広範・多岐にわたる雑々たるものである。したがって、通詞の主たる勤務場所である出島における勤務については、その勤務内容を分類・整理して手際よく把握しておきたいところである。ところが、案に相違して、これは思いのほか煩雑にして忍耐を要する零細な史料の蒐集とその整理を必要とするためか、従来、まとまった紹介・論述をみないでいる。

史料としては、もちろん、オランダ商館日記が通詞の出島における勤務振りの様子について豊富な記事を提供しているわけである。しかし、それは、具体的ではあるが、あまりにも日常の断片的な描写・記述に過ぎるきらいがあり、永い年月にわたる記述で、煩にも過ぎ、紹介の紙幅も許さない。

そこで、本項においては、最も日本人と接触の密であった商館長の一人であるヤン・コック・ブロムホフ Jan Cock Blomhoff と接触のあった通詞たちを例にとり、彼らがブロムホフに宛てたオランダ語文の手紙や連絡メモのなかに通詞の出島での勤務振りの様子を具体的に探ってみたいと思う。

文書には、出島内における即日の身近な連絡要件であったためか、発信年月日を欠いているものが多い。ブロムホフの滞日は、荷倉役として滞在した一八〇九年（文化六）夏から一八一三年（文化十）秋までの四ヵ年と、商館長として滞在した一八一七年（文化十四）夏から一八二三年（文政六）秋までの六ヵ年の計一〇ヵ年にわたる。みるところ、文書は両期間のものがあるが、後者の方が多いように見受けられる。

以下、要件により大別、拙訳を披露して若干の考察を加えてみたいと思う。[22]

〔語 学 学 習〕

1　尊敬せるブロムホフ様

私は貴下の健康を望みます。そして、明朝、私がいる間によい便りがありますよう希望しています。今晩、参りますには遅く、明朝教習に参りますので、これから持たせますこのバナナの花をみて、楽しんで下さい。

敬　具

貴下の僕　伝　之　進

ここに、いくらかの缶入ビールとハムかあるいはベーコンを下さいますと有難く存じます。

2　尊敬せるブロムホフ様

ここに桂皮付きの魚をお受け取り下さって、快く召し上っていただきたく、かつ、御都合がよろしかったら、明朝、勉強とお話しをしに参りたく存じます。

敬具

いとも尊敬せる貴下の僕　本木庄左衛門

右の二通は、いずれも、わずかばかりの贈物を使いの者に持たせて明朝の訪問・学習を願った内容である。

伝之進はこのころ通詞目附に在職していた茂伝之進である。植物を愛好した通詞であったと伝えられている。「明朝、私がいる間に」などといっているところをみると、この晩の伝之進は出島の通詞部屋に泊った宿直の当夜であったと見受けられる。それにしても、バナナの花を贈って、缶入ビールとハムかベーコンを欲している。してみると、宿直の晩に通詞部屋で通詞らが舶載の缶入ビールやハム・ベーコンなどを賞味したこともあったのであろう。

本木庄左衛門は『諳厄利亜興学小筌』『諳厄利亜語林大成』『仏朗察辞範』『和仏蘭対訳語林』などの輝かしい業績をもつ本木正栄である。彼は文化十二年（一八一五）に病気により退役を願い出ているから、この一通はブロムホムの荷倉役時代のものとみた方がよさそうである。さすれば、文化六年（一八〇九）、二月、通詞中の俊秀六人に英語学習の命があって、英語を解するブロムホフから学習を受けることとなったが、同年九月正栄はその諳厄利亜語開業世話役を命ぜられて従事したものであるが、その頃の勤務振りの一端を示しているものかと思われる。

3　尊敬せるブロムホフ様

明朝、例によって、英語の勉強のために貴下のもとに参ります。

貴下の僕　伝次右衛門

権　之　助

文化七年（一八一〇）三月、小通詞並ら四人を選んでブロムホフについて英語の学習を受けるよう命ぜられたが、伝次右衛門はその内の一人である猪股伝次右衛門であり、同様権之助もその内の一人である吉雄権之助（六次郎）のことである。右の一通には学習内容が「英語の勉強」と明記されており、「例によって」とあるから、その学習が継続的にしばしば行なわれていたことを読みとることができる。

〔宿直・夜勤〕

4　尊敬せるブロムホフ様

私が貴下に心からお願いしますことは、今晩、通詞会所には沢山の蚊がいて眠ることができませんので、もし貴下が蚊帳を持っておられたならば、どうぞ貸して下さい。明日、お返し致しますから。

敬具

貴下の僕　伝之進

5　ブロムホム様

どうぞ、貴下が料理した青豆を喜んで味わわれんことを。

どうか、通詞会所で当番をしている私の御馳走のために、いくらかの砂糖をこのコーヒーに入れて下さい。

敬具

尊敬せる貴下の僕　庄左衛門

6　尊敬せる方へ

心からお願いしますことは、いくらかのパンと他においしいものを寄こして下さると有難いのです。何故ならば、我々は通詞会所で除き物についての夜業をしておりますので、よろしく。

貴下の僕　為八郎

甚左衛門

右にみえる伝之進は茂伝之進、庄左衛門は本木庄左衛門で前記の通りである。為八郎と甚左衛門の両名は、文化六年に魯語・英語の兼修を命ぜられた通詞に入っていた小通詞の末永甚左衛門と小通詞格の馬場為八郎である。三通とも通詞会所（通詞部屋）における、宿直・当番・夜勤の一端を示している。ことに6は貿易業務の一つである除き物についての仕事を通詞が、夜、実際に行なっていることがわかる。当直の通詞がオランダ商館員より砂糖の入ったコーヒーやパンなどを御馳走になったこともしばしばであったものと察せられる。

〔諸連絡〕

7　ブロムホフ様

私は貴下の御健康と今晩快くお過しになることを望みます。お玄関まで参りましたとき、皆様方はカードで遊んでおられましたので戻りました。そして、今日、江戸から郵便が来ましたことをお知らせしたいと思います。三時間ほど前には、私のところに甚左衛門の手紙がつきました。そこで、貴下に、明日、二つの手紙をもって参りますことを約束いたします。

今朝予約をした中国の Tam と中国の Sopei がここにあります。どうぞ説明して下さい。

貴下の僕　伝之進

右は、通詞目附の茂伝之進が江戸からの便りと、通詞の末永甚左衛門の手紙が来たことを報じ、明朝、二通の手紙を届けることを約束した連絡の手紙である。末永甚左衛門が江戸番で東上の途次に発信した手紙の到着ということになれば、文政五年（一八二二）に江戸番大通詞として出府した際のものであると考えられる。

8　尊敬せるブロムホフ様

此の者にお尋ねになりました、その絵描きは、例のごとく、貴下のもとに参ってもよろしいです。

貴下の僕　吉雄権之助

右は、文面からして、ブロムホフから問い合せのあったことに対する回答であって、絵師派遣の許可手続を済ませて回答したものであろう。ここにみえる絵師は「例のごとく」というところをみると、しばしば出島へ赴いた様子であるから、恐らくはブロムホフにも依頼された絵画を沢山提供した出島絵師の川原慶賀その人ではあるまいかと思われる。

9　いとも尊敬すべき商館長殿

本状によって下名の者は以下のことをお知らせ申し上げます。私を通じて貴下に除き物について問い合せている町年寄は碩次郎殿であります。

貴下の僕　忠次郎

右は、除き物商品について問い合せている町年寄の名を問い合せたブロムホフに対して、通詞の吉雄忠次郎が町年寄久松碩次郎の名を回答したものである。

10　その石は、もう、ここにもたらされています。誰もが忘れることができません。私は珍しい石と思いました。貴下のために、化石となった木を入手しませんでしたので、これはまたの機会に差し上げましょう。

伝之進

これは、ブロムホフから珍しい石や化石の注文があって、その周旋に当り、取り敢えずの連絡を茂伝之進がとったものであろう。いまライデン市の鉱物博物館 Rijksmuseum van Geologie en Mineralogie, Leiden. にはシーボルトやブロムホフの蒐集にかかる鉱物標本が沢山保存されているが、あるいは、このように植物愛好家の通詞目附茂伝之進の斡旋にかかるものも含まれているのではあるまいか。

11　ブロムホフ様
貴下のところへ参ります。
貴下の僕　本木庄左衛門

12　ブロムホフ様
この手紙によってお尋ねいたしますことは、私が例によって貴下のもとに参ってもよろしいかということです。
貴下の僕にして友　吉雄権之助

右二例のような簡単な連絡文もある。

〔貿易品をめぐって〕

13　いとも尊敬せる商館長殿
下名の者は、貴下に、ティーセット・蓋付の鉢、植木鉢とインキ壺を早く「リリー蔵」から出して来て下さることを、心からお願いいたします。何となれば、毎日、町年寄から催促されていますので。
いとも尊敬せる貴下の僕　忠　次　郎

注意　貴下に心からお願いするのですが、赤ブドー酒とオートミールとを下さいますように。私は貴下にしばしばお願いいたしますが、私の病気に必要ですので、よろしく。

右をみると、通詞の吉雄忠次郎が、町年寄の依頼・催促をうけて、商館長のブロムホフに船載の珍品の蔵出しを早くしてくれるよう連絡をとったものであることがわかる。「リリー蔵」とは日本側文書に「い蔵」とみえるオランダ商館の使用に供されている出島の倉庫である。それにしても、吉雄忠次郎が病身で、その健康のために赤ブドー酒やオートミールなどをもらっていたなどという事実は、従来、全く知られていなかった新事実である。

14　いとも尊敬せる商館長殿

貴下がお知らせになった品物について、私は町年寄からしばしば尋ねられています。それで、私は私自身のために貴下にその品を早くお渡し下さるようお願いする必要に迫られています。しかし、もしその品がそんなに早くお渡しできないならば、彼がいま受け取ることの出来るような他の品を私が届けることができるようにしていただきたく存じます。わずかなものでもよいのです。そしてまた、一組の磨かれたクリスタル細頸瓶か瓶を私にお渡し下さることを貴下にお願いいたします。それと一緒に何かガラス入製品もまた。

貴下の僕　忠　次　郎

注記　私は、貴下が私のために ijpij をもう仕終えられたことを医師殿より伺いました。どうぞ、その値段を知らせて下さい。

右は吉雄忠次郎が町年寄と商館長の間に立って、品物の受け渡しをめぐって苦慮している様子の察せられる一通である。追って書きにみえる ijpij とは、Adolphus Ypey の著書を指すのであろうが、どの著書を指すのか書名を詳らかにし得ないのは遺憾である。ただし、年代からして、Sijstematisch Handboek der Beschouwende en Werkdaadige Scheikunde. Amsterdam. 1804-1812. あたりではあるまいか。

15　いとも尊敬すべき商館長殿

私はKより、最近、貴下が Capittels Kleine Groot とガラス板（ruit glas）と鉢（Common）を三〇テールで譲るということを聞き、それで、私は彼にもう話しました。だから、いま私は変更することはできません。しかし、もし、値段が三三テールと知らされるならば、私が貴下に三テールの値段のある品物を差し上げましょう。だから、私は貴下に表向き三三テールにしておいて下さるよう頼みます。

いとも尊敬せる貴下の僕　忠次郎

注記　蓋物鉢は二つでなければなりません。指輪は受け取りました。

右によって、通詞吉雄忠次郎が船載品の譲り受け、値段の交渉に苦心している様子が如実に窺える。ここにみえる「彼」とは、おそらく町年寄あたりであろう。値段の交渉をめぐって、通詞は彼我両者に対して、表向きと内実との、交渉を展開し、顔をもって臨んだこともしばしばであったのではあるまいか、と察せられる好例の一通といわなければならない。

16　いとも尊敬せるブロムホフ様

下名の者は心から貴下にお願い申します。よろしかったらドクトルから薬をいただきたいのです。といいますのは、今夜、大変喘息で、息づかいが悪いのです。

いとも尊敬せる貴下の僕　忠次郎

注記　もし出来ましたら、今夜薬をいただけますと有難いのです。

右の一通は、直接勤務内容を示すものではない。しかし、通詞吉雄忠次郎が持病に苦しみながら勤務している様子を伝える手紙が他にも何点か見受けられるのであって、その持病が喘息であったことがはっきりするので紹介してみたわけである。通詞の勤務もなかなか大変そうであるが、蘭医の恩恵を一番受けやすかったのも通詞であったわけである。

以上は、通詞の雑々たる勤務内容の具体的な一端であり、彼らの生活の一面でもある。類似の手紙や連絡メモは他にも多く、単なる新年の挨拶や贈物についてのものなども多い。とても列挙・紹介し尽せる紙幅の余裕はない。全体の紹介は他日を期し、ここでは通詞の出島勤務の一端を瞥見したことだけに止めたいと思う。

註

（1） 長崎市立博物館蔵、写本。
（2） 『阿蘭陀小通詞助起請文』一通、原本（長崎県立長崎図書館蔵）。
（3） 『正徳五乙未年六月、阿蘭陀方通事法度書』（『通航一覧』巻百四十八、刊本第六冊一八三頁）。
（4） Jan Crans : Dagregister gehouden in 't Comptoir Nagasackij, 1768-1769.
（5） Dagelijkse Aanteekening, gehouden door den ondercoopman Herman Köhler van 't merkwaardigst voorgevallene zeedert den 11 Feburary, dat het Opperhoofd, den oppercoopman Arend Willem Feith na Jedo is vertrokken, tot Zijn Ed. terugkomst op den 16 Meij Aº 1778.
（6） 片桐一男校訂・解説『鎖国時代対外応接関係史料』昭和四十七年、近藤出版社。
（7） 村上直次郎『長崎オランダ商館の日記』第一輯、昭和三十一年、岩波書店。
（8） 片桐一男・服部匡延校訂『年番阿蘭陀通詞史料』昭和五十二年、近藤出版社、所収。
（9） 片桐一男「和蘭風説書の研究」（日蘭学会・法政蘭学研究会編『和蘭風説書集成』上巻、昭和五十二年、吉川弘文館）所収。
（10） 『阿蘭陀船乗組人数名歳并諸荷物書留』（鹿児島大学付属図書館蔵、春藪文庫）、写本。
（11） Factorij Japan No. 1454 B (Algemeen Rijksarchief te 's-Gravenhage)
（12） 片桐一男「阿蘭陀通詞・蘭学者の使用せる単語帳」（『国語と国文学』第四四巻第四号、昭和四十二年四月）。
（13） 片桐一男「蘭船の乗船員名簿と阿蘭陀通詞」（『日本歴史』第四二三号、昭和五十八年八月）。
（14） 『文化十四丑七月四日長崎入津阿蘭陀風説書積荷目録并同所御奉行金沢大蔵小輔殿ゟ御番方之儀言上状々之写』（九州大学九州文化史研究所蔵）。
（15） G. F. Meijlan : Geschiedkundig overzigt van den handel der Europezen op Japan. 1833. p. 357.,『紅毛通詞年番行事』（『年番阿蘭陀通詞史料』所収）、山脇悌二郎「スタト・ティール号の積荷――江戸時代後期における出島貿易品の研究――」（『長崎談叢』第四九輯）。
（16）（17） 九州大学九州文化史研究所蔵、松木文庫。
（18） 長崎市立博物館蔵、『諸書留』所収。Factorij Japan. No. 1752 によって補訂。

(19)『阿蘭陀通詞勤方書留』(『長崎県史　史料編第四』)、『阿蘭陀船入津ゟ出帆迄行事帳』(片桐一男校訂『鎖国時代対外応接関係史料』所収)。

(20)『阿蘭陀通詞勤方書留』等参照。

(21)註(19)および『蘭人雑記』参照。

(22)以下紹介の一六通は全て Algemeen Rijksarchief が所蔵する Stukken afkomstig van Jan Cock Blomhoff の4、Hollandsche brieven van Japaneezen aan J. Cock Blomhoff, opperhoofd van de Nederlandsche factorij op Decima, 1822-1826. (Meerendeels ongedateerd) 111 stukken. に含まれているものである。

第四章　阿蘭陀通詞の加役

第一節　年番通詞について

一　加　役

阿蘭陀通詞は出島移転以来、年々の彼らの任務を分担・処理し、長崎奉行・オランダ商館長に対して奉仕した。外交事務・貿易方法が制度化し、複雑化して年を経るにしたがい、人数も次第に増加され、職階や役料の内容も複雑化していった。

右のような趨勢は、単に通詞職内のことではなく、天領にして鎖国時代唯一の外交・貿易場としての長崎全体の発展にも深く関連するところである。

阿蘭陀通詞においても他の諸役人と同様、年を経るにしたがい加役(兼役)も増え、多人数の同役内における年番制も行なわれるようになった。町年寄たちの中から一年交替に当番が決められて、年番町年寄の制度が生じたと同様に、阿蘭陀通詞仲間からも年々当番が決められるようになった。

阿蘭陀通詞団（仲間）の中でも、その主要メンバーは大通詞・小通詞である。したがって、この大・小通詞が通詞職の主要なる任務を分担勤務したわけである。阿蘭陀通詞における最も重要な加役は年番通詞と江戸番通詞の二種類であると私は思う。阿蘭陀通詞における二大加役制度ともいうべきものである。この年番通詞・江戸番通詞も大通詞と小通詞がその加役の任に当り、稽古通詞以下はその任に当らなかった。

年番通詞と江戸番通詞の加役制度を調査すると、前者からは長崎の貿易・外交の現地における主要交渉事務の実況を観察することができ、後者からは鎖国時代長崎に入った海外知識・文化が江戸をはじめとする全国へ伝播する契機・人的媒体を把握することができる。これらの点において、年番通詞・江戸番通詞の二大加役制度の研究は阿蘭陀通詞の研究上、ひいては文化史上見逃すことのできない好材料・問題点であると思われる。

二　名称・発端・構成・任命・職務規定など

年番通詞はオランダ語でラポルテルトルク Rapporteurtolk と表記され、年々大通詞と小通詞より各一名ずつ当番としてその任に当った。年番大通詞はオッペルラポルテルトルク Opperrapporteurtolk といい、年番小通詞はオンデルラポルテルトルク Onderrapporteurtolk と呼ばれている。

阿蘭陀大通詞にして年番を何回か勤めた中山作三郎の手控えであった『奉行蘭館長蘭通詞控』[1]によれば、寛文八年（一六六八）から年番通詞の名が記されており、特に翌寛文九年の条には「年番初ル」と註記してあって、年番開始の時期がわかる。

年番通詞について、『阿蘭陀通詞勤方書留』[2]には、

年番通詞者　御用向次第平日ニも日々出勤仕候儀も御座候

と記し、『長崎唐蘭船交易覚書』(3)が収録する元禄三年（一六九〇）二月七日付の書類においては、

年番之通詞は用事次第幾度も可相越事

と彼らの義務を記しているごとく、日々何回となく出島の通詞部屋に詰め、所用のあり次第オランダ商館長のもとに出向き、また長崎奉行のもとにも出頭したのであった。このような、彼我連絡・交渉の仲だちとなった年番通詞の様子は、オランダ商館日記に関係記事が頻出し、長崎奉行所や通詞関係の各種書類にその名が見えていて、彼らが足繁く往来した模様を観察することができるのである。

年番通詞に当った一ヵ年はことのほか責任重大で、かつ繁忙な毎日であって、阿蘭陀通詞たちに課される主要なる職務のほとんどすべてに関与した。

三　史　料

それら山積した職務をとどこおりなく果すべく、年番通詞に当った通詞がその一ヵ年の主要なる用務と諸行事を日付順に整理のうえ、順次備忘・伝達して職務の遂行上遺漏なきを期した模様であって、幸いにも、その種の記録をみることができる。『万記帳』『年番行事』および『紅毛通詞年番行事』の三史料がそれである。

1　『万記帳』

『万記帳』と題する一本は早稲田大学附属図書館の所蔵にかかるもので、年番阿蘭陀通詞が記した文化十一年（一八

一四）一ヵ年間の記録である。本書の記録者と考えられる裏表紙にその記載がみえる名村八右衛門と馬場為八郎の両名は、正月二日の条にみえるごとく、この一ヵ年、年番通詞を勤めた。名村八右衛門は八月朔日の条によっても判明するごとく大通詞の一人であり、馬場為八郎は大通詞見習であった。馬場為八郎は年番小通詞役の代りとして勤務についていたものと考えられる。商館長ヅーフのごときはその日記に den onder rapporteur Tamihatsiro と年番小通詞扱いで記している。

本書の内容は、年番通詞がこの一ヵ年の勤務の次第を日を追って逐条具体的に記し置いたものであって、職務日誌というべきものである。これが単なる私的な日記でないことは、本書の正月六日の条において明らかである。すなわち、この日、御役場で「帳綴」の儀が行なわれ、定式通り祈禱が行なわれてのち、通詞たちが祝盃をあげたのであるが、その際の「帳綴」には「万記帳」を筆頭に「諸願帳」「入津人数帳」「荷物差出帳」「船之役人付帳」という五種類の重要な帳面があげられている。かく、通詞が綴るべき重要なる帳面として「万記帳」が第一にあげられているところをみると、「万記帳」を書き継ぐことは通詞の重要な職務の一つであったわけで、当年の年番通詞が記していることによって、これが特に年番通詞の職務に属していたことがわかる。『年番行事』『紅毛通詞年番行事』においても「正月九日又ハ十一日」に「御役場帳綴」が行なわれることが明記されており、その際の案内状の書式や行事の次第、年番通詞たちが祝盃をする際の膳部の品数、諏訪社家中園和泉に対する「御初穂」「御酒料」の慣例にいたるまで、細部にわたって示されている。

2　『年番行事』『紅毛通詞年番行事』

長崎県立長崎図書館に所蔵されている渡辺文庫の『年番行事』と九州大学九州文化史研究所に所蔵されている古賀

文庫の『紅毛通詞年番行事』とは密接な関係がある。

『年番行事』の成立ならびに写本の年度を明示する記載は見受けられない。ただし、記載内容は、長崎会所調役が二名となった文政十二年(一八二九)よりもさかのぼるものではあり得ない。また、「元山文庫」の印を有し、本文の筆蹟とは手を異にして「年番行事　一帙一冊　長崎大通詞楢林氏手記」と註記しているところをみると、代々阿蘭陀通詞職にあって、年番もたびたび勤めた楢林氏の誰かの記録にかかるものと考えられる。同じ註記が続けて「紙の裏面は阿蘭陀輸入品明細記録及蘭文書簡あり、裏面の記録甚貴重なり」と記しているように、日蘭貿易交渉の事務に携わり、貿易品名・数量や書翰文を控えた紙の裏を利用して綴ったものであるから、出島における日蘭貿易当時の筆写にかかることは動かない。

その内容は年番通詞が一ヵ年間に取り行なう行事・職務を月日を追って具体的にその要点を書き留めたものである。年間の行事として、換言すれば、一つの制度として、毎年の年番通詞が実行した職務内容で、新しく年番につく通詞にとっては勤務上のよき必携書であったであろうと考えられる。このような勤務上の必携書がいつ頃から作成されたか、にわかに知り得ない。しかし、帳簿として『万記帳』の作成が毎年交替する年番通詞の手によってなされることが定めとなっていたことから推して、年番通詞の制度が始まってから、その必要にしたがって、この種の必携書が存外早くから作成されていたのではあるまいか。

『紅毛通詞年番行事』は『年番行事』を忠実に筆写した新写本と判断される。用箋も新しいもので、数ヵ所に「玉記」「玉識」「玉云」などと記した註記のあるところからみて、玉園古賀十二郎氏の手になる筆写本かと見受けられる。しかし、ところどころ、袋綴の間に補足的内容を記した文書の断片が挿入されており、その筆蹟は新写本の筆とは全く別である。むしろ『年番行事』の筆蹟と一致し、紙質や紙背文書の筆蹟も『年番行事』のそれに一致するものも認められる。思うに、古賀氏が写本を作成した際に、『年番行事』の筆者がその記録の間に挿入しておいた文書の断片を抜き取って新写本の袋綴の間に移したものと推測される。このようなことが起り得る可能性は、古賀十二郎氏と渡辺庫輔氏とが共に同じ長崎の研究者で、扱った史料も関係の深い間柄にあった古賀・渡辺両文庫の性質からして十分あり得ることと思われる。なお、本書の内題は「年番行事」とあって渡辺本『年番行事』と一致している。しかし、外題が、あえて、「紅毛通詞年番行事」と付けられているのは、唐通事の年番行事と区別するための古賀氏の配慮によるところかと察せられる。同様、本書には、『年番行事』にない、短い頭註が随所に付けられているが、これも古賀氏によるものと考えられる。しこうして、この頭註は史料本文中に注目すべき内容が見受けられる箇所ごとに、その文中の文言を生かしつつ、簡にして要を得た註記を施されたもので、けだし内容の小見出しの役割をも果していて至便である。

以上によって、『年番行事』と『紅毛通詞年番行事』の二本は両者間に、若干の出入りはあるにしても、史料的には同一視して差支えない性質のものと認められる。

四　『紅毛通詞年番行事』『万記帳』『オランダ商館日記』比較表

『年番行事』『紅毛通詞年番行事』の記載が年番通詞の一ヵ年間の職務内容を、諸行事を中心に、制度的にまとめた記録とするならば、『万記帳』は文化十一年の一ヵ年間に年番通詞名村八右衛門・馬場為八郎が行なった実践記録ということができる。したがって、すでに制度化された年番通詞の職務が如何に実行されていたかを検分してみる材料としても、『紅毛通詞年番行事』と『万記帳』との比較は興味がもたれる。

さらに、年番通詞たちは、根本的には幕府の鎖国政策にのっとり、直接的には長崎奉行の支配下で、諸の制規にしたがって勤務したのであるから、そのことを交渉の相手であるオランダ商館が如何に理解し、受け留めていたかを検することは、これまたいろいろな意味において意義のあることである。そのためには『オランダ商館日記』と対比してみることが最も便利である。と同時に、毎年の『オランダ商館日記』は毎日の雑多な出来事を順次記録し続けているだけで、日本側の諸役人、例えば年番通詞の職務内容などをまとめて、組織的に記録しているわけではないから、かえって『オランダ商館日記』の判読・理解のためにも『紅毛通詞年番行事』や『万記帳』の記事とその比較は参考となる。

『万記帳』の記載と対応する文化十一年の『オランダ商館日記』は Japans dagregisters: gehouden en gesloten door den Wel Edel Achtbaare Heer Hendrik Doeff, opperkoopman en opperhoofd van den Handel in Japan, behelsende het merkwaardige geduurende desselfs bestier voorgevallen. Beginnende den 16, November Aº 1813, en eijndigende den 13, November Aº 1814. およびそれに続く、同人の Beginnende den 13 November Aº 1814 en eindigt den 22 October Aº 1815. においてみることができる。制度的記載の『紅毛通詞年番行事』と実地記録たる『万記帳』とを対比し、さらに同年の『オランダ商館日記』とも対比して、その職務が忠実に実行されていた様子をみるべく、『紅毛通詞年番行事』『万記帳』『オランダ商館日記』の比較表を作成してみた次第である。

第3表 『紅毛通詞年番行事』『万記帳』『オランダ商館日記』比較表

紅毛通詞年番行事 月日	紅毛通詞年番行事 記事	万記帳 月日	万記帳 記事	オランダ商館日記 月日	オランダ商館日記 記事
正月　元旦	一、年頭御礼廻勤の事務。	正月　元旦	一、年頭御礼廻勤の事務。	2月20日	●日本の新年。
正月　二日	一、大小通詞加役交代届出の事務（役所へ提出する書式あり）。	正月　二日	一、大小通詞加役交代届出の事務（役所へ提出した書類の控あり）。出島のカピタンへも交代の旨を通知。		
	一、オランダカピタン年頭御礼代理の事務（手札書式あり）。		一、カピタン年頭御礼の手札を役所へ提出の事務（手札の控あり）。		
	一、安禅寺へ灯明料（白銀三枚）差出しの取扱い事務（書式あり）。		一、安禅寺へ灯明料（白銀三枚）差出しの取扱い事務（目録の控あり）。		
	一、諸向廻勤後、年番大通詞宅にて年番小通詞が祝膳を受ける。				
正月　初旬	一、手伝加役割を年番小通詞が御役所御広間・年行司部屋・御調役・御勘定御用辺部屋・添御年番へ届ける。		一、年番町年寄福田十郎右衛門殿へ末席以下の加役割を年番交代御届の節、馬場為八郎より提出。		
正月　二日	一、古年番より目録を添え	正月　五日	一、今夕名村八右衛門宅に		

	新年番へ引継事務。それにつき通詞一同祝宴（献立あり）。		おいて目付大小通詞並祝盃。		
正月　五日	一、七日の人日祝儀取扱い事務。	正月六〜八日	一、カピタン江戸参府準備事務（江戸行の筆者以下の誓詞、江戸番通詞の誓詞・請状読聞せ、手廻り荷造り下調子、関係諸帳面仕立）。	2月26日	●携帯用品・参府の荷物を点検。荷倉役ホゼマン Dirk Goseman に留守中の指図を与える。十二ヶ条よりなる。
五月　八日	一、カピタンの出府準備事務。				
正月　九日	一、紅毛参府出立見届事務。桜馬場の威福寺における離盃の用意を年番大通詞が前日に致しおく。	正月　九日	一、江戸参上阿蘭陀人出立見届事務（出立跡人別改、留守役蘭人へ心得を申付、役所へ報告）。	2月28日	●商館長 Hendrik Doeff 出島出立。同行者 Provisioneel scriba Jan Pieter Pogedt, doctor Jan Frederik Feilke, 通詞は Soekisaijmon（石橋助次右衛門）、Sinsaijmon（末永甚左衛門）、Soekiezuro（石橋助十郎、助左衛門の息子）、上検使 Hanai Tsoenero, 下検使 Kijoedajoe, Monsjemon, Zennemon 等。
正月　九日又ハ十一日	一、御役場で帳祝いの事務。	正月　六日	一、御役場で帳綴事務（万記帳、諸願帳、入津人数帳、荷物差出帳、船之役人付帳）。		

紅毛通詞年番行事	
月日	記事
正月十三日	一、正月十五日御礼の廻文提出の事務。
正月十四日	一、献上進物、出島付出し取扱い事務。年番小通詞出島へ出役。
正月十七・八日	一、当年の出島大工棟梁・火用心番に誓詞せしめる手続を乙名方へ伺いの事務。
正月廿四日	一、三月四月分拝借米請取証文、二月付で代官所へ提出の事務（この際、代官所よりの廻状に年番訳司の印を捺す）。
正月　末頃	一、下ノ関より参府一行の書状到来の節は役所へ持参。年番通詞への書状は開封のうえ廻状を添え目付大小通詞中へ小使に持ち廻らせる（日吉丸〔御用船〕の水主共の誓詞が

万記帳	
月日	記事
正月十五日	一、御礼として立山御役所へ目付大小通詞並末席稽古通詞まで罷り出て御礼言上、廻勤。
正月　三日	一、当年大工棟梁下働名前書付を乙名方へ小使に持参せしむ。
正月廿三日	一、代官所より当三月四月分拝借米証文を廿七日限り提出との通知により廻文を乙名方へ届ける。廿七日提出。
正月十一日	一、諫早より石橋助次右衛門・末永甚左衛門の書状到来、献上品幷蘭人三人別条なく諫早着のこと故、年番馬場為八郎が役所へ届。正月十六日牛津より同前の書状到来。

オランダ商館日記	
月日	記事
3月5日	●小倉より出島宛発信。
3月8日	●商館長宛発信。
3月13日	●旅中の商館長より出島に着信。

	到来したら年番所へ提出）。
正月　末頃	一、当年の火用心番・大工棟梁、誓詞せしめられることの問合せがあったら立合として年番は年番所へ出役。
同	一、相続退役幷病気故障は月々届引替帳を月末ごとに会所へ小使をもって提出。
正月廿八日	一、御礼日の廻文事務。
二月　朔日	一、火用心番交代の事務。
二月　朔日	一、三月四月分扶持米請取証文二通役所へ提出事務。
	二十一日、小倉よりの飛脚到来。二十八日、小倉より書状到来。二十九日に馬場為八郎が役所へ届（十五日乗船、廿日出帆）。
正月廿七日	一、当年の手代り火用心番（船大工町の林助）名前書付を乙名方へ小使貞五郎をもって届ける。
正月　晦日	一、御手附行方八郎死去を目付大小並まで廻状提出。
正月廿八日	一、御礼日に付、立山役所へ目付大小通詞並末席稽古通詞まで出頭、御礼言上、廻勤。
二月　朔日	一、御礼、廻勤。 一、当年の火用心番林助・通詞部屋下働利助誓詞のため吉雄忠次郎立合、乙名方よりは筆者出役。
二月十一日	一、年行司より扶持方証文支給の廻文来り、役所へ馬場為八郎出頭のうえ扶

紅毛通詞年番行事 月日	紅毛通詞年番行事 記事	万記帳 月日	万記帳 記事	オランダ商館日記 月日	オランダ商館日記 記事
			持方証文四通請取り、小使をもって代官所へ裏書頂戴のため届ける。		
二月　初旬	一、拝借米支給の取扱い事務（代官所よりの廻状に年番訳司の印を捺す）。	二月　十日	一、北瀬崎において拝借米支給につき、西甚三郎請取証文持参、筆者小使罷出て請取り、向々へ渡す。		
二月　初旬	一、出勤星高調子事務（御届帳ニ書入、月初毎に年番所へ提出）。	二月十七日	一、年番所へ出勤星高帳二冊請書添え品川兵三郎の持参で提出。		
二月　六日	一、瓊雲院殿御祥当に関する事務。				
二月　中旬	一、会所払方年番より渡切雑用銀の受取事務。				
二月十三日	一、十五日御礼日の廻文事務。	二月十四日	一、年番所からの通知により、明十五日御礼の廻文を出す。		
二月　中旬	一、扶持米請取証文を年行司より受取事務。				
二月廿日頃	一、献上附添宛書状送るに際し留守宅へ知らせ、諸向の書状取り揃えの世話	二月十七日	一、江戸行中へ油紙包書状、上田嘉助方使をもって差登す。		

	（賃銭は雑用銀より支出）。				
二月　下旬	一、受用銀壱歩支給の節、手札をもって御礼言上の事務。	二月廿三日	一、年番所より切紙をもって受用銀歩通支給についての御礼の通知あるにより、例の通り手札をもって役所へ馬場為八郎出頭御礼言上。		
二月廿六日	一、二十八日御礼の廻文事務。				
二月　末頃	一、代官所より扶持米支給の通知があったら向々へ廻文を出す。	二月廿三日	一、代官所より廻文で明二十四日五ツ半時南瀬崎の御蔵所にて扶持米支給の通知があったので、廻文は異国通詞へ継ぎ、向々へ触れる。二十四日に支給。		
二月　末	一、受用銀壱歩支給の通知があったら、年番の印を筆者・小使にもたせ受取り、向々へ支給する。	二月廿九日	一、二十八日会所払方年番より通知あり、今日壱歩通支給につき、馬場伝之助立合で請取り、向々へ渡す。		
三月　三日	一、上巳ノ節句に付、御礼、年始と同断。右につき、出島の神棚へ供物取扱い事務。	三月　三日	一、上巳ノ祝儀、立山役所へ目付大小通詞並末席稽古通詞内通詞小頭迄御礼、のち岩原代官所・年	4月22日	●日本の雛祭（Japansch poppetjes-feest）。

紅毛通詞年番行事

月日	記事
三月初旬	一、京都より書状到来の節は役所へ届け、のち目付大小通詞へ廻達。
三月十三日	一、十五日御礼の廻文事務。
三月中旬	一、献上附添の向宛の京都よりの請状を向々留守宅へ知らせ、揃ったところで飛脚により発送の事務（賃銀は雑用銀より支出）。
三月廿四・五日	一、五月六月分拝借米請取証文、四月付で代官所へ提出の事務。
三月末	一、目付大小通詞の夏足袋着用願を年番所へ提出の事務。
三月廿八日	一、四月朔日御礼の廻文事務。

万記帳

月日	記事
	寄衆中へ廻勤。
三月四日	一、京都より当七日出の書状到来、役所へ馬場為八郎届ける。
三月十三日	一、年番所より、十五日御巡見につき御礼中止の通知あり、向々へ回達。
三月十八日	一、拝借米証文、代官所へ楢林鉄之助が持参提出。四月十日に支給。
三月廿四日	一、年番所へ夏足袋願、医師の添書を揃えて堀秀五郎持参提出。晦日に許可の通知あり。向々へ回達。
三月廿九日	一、年番所より、来る朔日御祝儀は御能につき中止の通知。向々へ回達。

オランダ商館日記

月日	記事
4月18日	●商館長・ポヘット・フェイルケの書状、ホゼマンへ到来。
4月26日	●留守役ホゼマンより商館長、ポヘット・フェイルケ宛書状発信。

四月中旬頃	一、献上物無事相済、江戸出立の書状到来の節は役所へ届け、目付大小通詞へ廻達。
四月十三日	一、一義院殿御祥当事務。
四月十三日	一、十五日御礼の廻文事務。
四月十七日	一、安禅寺祭礼につき、目付大小通詞拝参、初穂取り集め事務。
四月　中旬	一、年行司より扶持米支給通知があったら同前の手続事務。
	一、勘定普請役方諸場所引継に付、出勤。
四月　中旬	一、受用銀壱歩支給の通知あらば役所へ御礼言上の手札提出の事務。

四月　朔日	一、諏訪社御祝儀御能、目付大小通詞並末席まで拝見。
四月　十日 十二日	一、江戸行より三月十七日出の書状到来、役所へ馬場為八郎届け。その外向向へ達す。
四月　五日	一、本蓮寺より、七日に一義院殿御祥当の通知あり、目付大小通詞迄廻文出す。
四月十五日	一、当日の御礼・廻勤。目付大小通詞並末席稽古通詞まで。
四月十七日	一、安禅寺祭礼、目付大小通詞並まで仲ケ宿へ相揃い参、御神酒頂戴。
四月十九日	一、年行司より扶持証文下附、馬場為八郎出頭請取り、代官所へ届ける。
四月廿四日	一、受用銀歩通り支給の通知あり、役所へ名村八右衛門、手札をもって御礼

5月20日	●商館長よりの書状到来。一行二月二十一日江戸着、二十八日拝礼、三月二日暇乞、三月十日過に帰路の途につく旨。

紅毛通詞年番行事		万記帳		オランダ商館日記	
月日	記事	月日	記事	月日	記事
			言上。二十九日支給、松村猪之助他立合。		
四月　下旬	一、樟脳買渡願。横文字幷和解幷添書、都合五通提出事務。				
四月廿六日	一、二十八日御礼の廻文事務。	四月廿八日	一、当日の御礼。例の通り。		
四月　下旬	一、参府帰路の先触が小倉より到来の節、役所へ届け出の事務。目付大小通詞へも廻達。	四月十五日	一、小倉より書状到来、役所へ馬場為八郎届け、其外向々へ配達。（四月八日兵庫出船、同十日下ノ関着船、十二日下ノ関渡海、同日小倉着、同十八日長崎着）十七日に先触来る。役所へ届け。	5月26日	●商館長帰着予定の通知。
	一、献上物附添の者帰着の節、前日より拝領物附込仕役の許可を請けておく。当日帰着後、役所へ報告。蘭人参府帰着の節は留守蘭人が桜馬場まで出迎えのため出役。	四月十七日～十八日	一、明十八日参府蘭人帰着につき、先例により検使幷江戸行大小通詞へ書状を差越す。附込の手続もする。仕役伺帳を役所へ提出許可を受けおく。桜馬場辺までオランダ人		

			出迎、見届け。		
	一、参府蘭人帰着ノ前日、祝状を小使へ持たせ矢上へ差遣す事務。	四月十七日	一、日雇頭手当を申し付ける事。矢上行・出島・出迎え。		
	一、参府蘭人帰着御礼の手続事務。	四月十八日	一、一行出迎。江戸番石橋助次右衛門末永甚左衛門旅服のまま役所へ帰着報告に出頭。翌日両名御目見。廿八日カピタン帰着御礼、諸通詞も出勤。		
	一、日吉丸着船届、荷揚仕役伺い事務。目付大小通詞へも廻達。	四月　廿日	一、蘭人乗船の日吉丸廻着の報告を船頭新吉より受ける。二十三日に荷揚仕役伺い、同許可。二十四日荷役。	6月12日	●参府の一行帰着、饗応。
				6月16日	●商館長ヅーフは荷倉役ホゼマンと大通詞名村多吉郎に伴われ、奉行へ御礼言上。
	一、カピタンより拝領時服の許可手続、配分取扱い事務。	五月廿七日	一、拝領時服、支給通知。		
四月　下旬	一、会所より受用銀支給の通知があったら同前の手続。	四月廿八日	一、会所払方年番より、明二十九日受用銀支給の通知あり、向々へ廻達。		
	一、代官所より扶持米支給	四月廿二日	一、代官所より明日南瀬崎		

紅毛通詞年番行事 月日	紅毛通詞年番行事 記事	万記帳 月日	万記帳 記事	オランダ商館日記 月日	オランダ商館日記 記事
	の通知あらば同前の手続事務。		で扶持米支給の通知あり。向々へ廻文出す。二十三日支給。		
四月廿八日	一、五月朔日御礼の廻文事務。	五月　朔日	一、巡見につき御礼中止。		
五月　初旬	一、会所より通船賃縄代支払の通知のあった節は年番印形を小使に持たせ請取り、各本人へ配分事務。	四月廿八日	一、会所より、番船賃、通い船賃、ぱん幷縄代支給の通知あり、向々へ触れる。		
五月　初旬	一、役所へ出頭、昨年提出しておいた、来航船に対する検問の書翰横文字十通の下附を願い、カピタンに認め替させ、例年の通り一二ノ印、イロノ印都合十二通にして和解四通、宮紙御控帳一冊、旗印四枚、年番のうち持参して用人へ提出。				
	一、沖出役、其外の手割帳面用意の事務。	五月廿四日	一、会所雑用懸より、出役船減方に関する調査方の通知あり。六月十一日、		

	一、通詞部屋修覆所取り調べ、普請掛へ届出事務。		沖出役増手割書付提出。		
五月　五日	一、端午御礼事務（年始と同断、出島の神棚に御鏡餅壱重・御神酒を備える）。	五月　五日	一、端午の御祝儀として役所へ目付大小通詞並末席稽古通詞内通詞小頭まで出頭、御礼言上、例により廻勤。	6月22日	●端午の祭（Vlagge-feest)。
五月十三日	一、十五日御礼の廻文事務。	五月十五日	一、当日の御礼、廻勤。		
五月　中旬	一、蘭船入津のうえ荷揚の節、場所において手廻りの日用品を申請けることについての申請手続。				
	一、荷揚中、改場立合掛の名前伺書を取締掛へ提出事務。				
五月廿四・五日	一、六月七月分拝借米請取証文を代官所へ提出事務。	五月廿七日	一、代官所より七月八月分拝借米請取証文提出方の通知あり。五月二十八日提出。		
五月　下旬	一、会所より雑用銀支給の通知があったら小使に年番印形を持たせ請取り、通帳に元入する事務。				
	一、取締掛より改場立合掛				

紅毛通詞年番行事 月日	紅毛通詞年番行事 記事	万記帳 月日	万記帳 記事	オランダ商館日記 月日	オランダ商館日記 記事
	名前の向出頭の通知があったら、向々へ廻達し、出頭の節は付添う。				
五月　下旬	一、役場帳綴、案内事務。				
梅雨過	一、通詞部屋掃除の際、手当事務。	五月	一、出島の諸部屋掃除。		
五月　下旬	一、諏訪社にて蘭船洋中安全の祈禱事務。				
五月廿八日	一、六月朔日御礼の廻文事務。	六月　朔日	一、当日の御礼。廻勤。		
六月　朔日	一、七月八月分扶持証文提出事務。	六月十二日	一、扶持方証文下附の通知により馬場為八郎出頭受取りのうえ、代官所へ楢林鉄之助持参。廿日支給。		
六月　初旬	一、代官所より拝借米支給の通知のあった節は同前の手続事務。	六月　十日	一、代官所より明十一日北瀬崎で拝借米支給の通知。向々へ伝達。十一日支給。		
		六月十五日	一、当日の御礼。廻勤。		
	一、白帆注進次第、出勤、挽船手当、役場諸帳面出島へ持運び等の事務。	六月廿二日（8月8日に当る）	一、午上刻、小瀬戸より白帆注進、合図の石火矢、諸場所出役。役所・出島等へ連絡。挽船手当、通詞会所は沖出役準備。	8月8日	●午後零時半頃、野母番所より蘭船来航の報。次に小瀬戸に停泊。検問書類(de verpraaij brief)によりカッサ氏 Heer Cas-

一、旗合せオランダ人の世話。		一、検使御用船安穂丸出船、その他の番船も同様、旗合せオランダ人ホウケット、カウチャン両人沖へ連れ出る。		sa が商館長として来たりしこと、船名はシャルロッタ Charlotta, 船長フォールマン den Capitein Voorman と大尉 Huffenruiter が質人 Pandelingen として岸壁に来てのち、船は入港した。
一、来航船に対する検問書類の取扱い事務。	六月廿三日	一、沖本船より一ノ印横文字返書あり。馬場為八郎直ちに役所へ持参報告。直ちに返され、和解。原文はカピタンへ見せる。 一、沖本船へ二ノ印横文字持たせてやる。質オランダ人二人つれ戻り、水門より上陸、糺問、調書を馬場為八郎が役所へ持参報告。	8月8日	●カッサ氏は旗合せオランダ人の荷倉役ホゼマンと簿記役グラチャンを連れて上陸後、ジャバ総督の書翰を披露。
一、質オランダ人を糺問の報告事務。				
一、通門小札取扱い事務。				
一、小通詞並以下蔵并場所々々掛伺い事務。				
一、雇入日雇頭、誓詞取扱い事務。	六月廿四日	一、年番所・荷漕船舟頭・雇入日雇頭、通詞部屋で誓詞せしめ、許可を受けて出島勤務。		

紅毛通詞年番行事 月日	紅毛通詞年番行事 記事	万記帳 月日	万記帳 記事	オランダ商館日記 月日	オランダ商館日記 記事
	一、オランダ船入津後、玉薬卸仕役幷船頭其外役掛の者の上陸伺いの事務。	六月廿四日	一、入津夜に入ったので、明日玉薬卸し。人別改。蘭人上陸の世話。		
	一、阿蘭陀風説、相糺、和解、中清書、役所への内見に入れてのち清書、提出事務。	六月廿三日	一、カピタン部屋で乙名目付大小通詞立合新旧両カピタン幷船頭オランダ人風説を聞き書きし、和解。下書を役所へ内見に入れ、済んで清書する。		
	一、蘭船入津ノ上、番太へ祝儀取扱い事務。				
	一、夜分出島出入の届出事務。				
	一、在津中の諸仕役関係の届出事務。				
	一、蘭人の当用品取扱い事務。	六月廿五日	一、酒食手廻り卸し、生類卸し、蘭人卸し、七月三日蘭人台所遣用白砂糖四籠卸し。		
	一、本方差出和解及び報告事務。		一、積荷物差出の和解を命ぜらる。和解提出。代官所・両調役・両年番所へ提出。		

	一、荷揚中、出島詰の役人へ茶菓持込み事務。	六月	一、本船荷揚初日、出役。	8月12日（六月廿七日）	●荷役開始。
	一、本方差出半紙帳一冊ずつ代官・調役・両年番へ提出事務。				
	一、別段商法書類取計い事務。				
	一、人別改事務。	六月廿七日	一、人別改、カピタン乗船、家老諸通詞出役。		
	一、目印旗取扱い事務。				
	一、日雇頭并荷漕船頭共へ申渡の際、年番小通詞立合の事。				
六月十三日	一、十五日御礼の廻文事務。				
	一、銀銭御関係事務。				
六月　中旬	一、拝借米石高帳を代官所へ提出事務。				
	一、年行司より扶持証文下付の通知あらば請取、代官へ届出事務。				
	一、脇荷物差出、書類和解。	七月　朔日	一、脇荷物差出、会所へ届け。		
	一、軽荷銅積請願事務。	六月廿八日	一、軽荷銅三十万斤積請度願三通、会所詰所より許可。		

紅毛通詞年番行事		万記帳		オランダ商館日記	
月日	記事	月日	記事	月日	記事
	一、銅掛渡場取掛の名前届出事務。	七月　九日	一、新地において掛置の銅を船積。七月十三・十四・十八日も同断。	8月21・22・23日	●銅を量り、献上品を改める。
六月　下旬	一、八朔銀引取方事務。			8月26日	●銅、船積み。ラシャ卸し。
	一、樟脳外桶代の内、取替渡の事務。		一、砂糖手当願、銅・樟脳買渡願、横文字添会所詰所へ西甚三郎持参で提出。	8月28日	●銅、船積み。砂糖卸し。
六月廿八日	一、七月朔日御礼の廻文事務。				
	一、扶持米支給の通知あらば、同前の取計い事務。				
七月　初旬	一、年番所より受用銀支給の通知あらば、同前の手続事務。	七月十二日	一、会所払方年番より受用銀支給の通知あり。十三日支給。立合として稽古通詞筆者小役出頭請取り、向々へ配当。		
七月　七日	一、七夕御礼（年始と同様）。	七月　七日	一、七夕御礼。仕役中により手分けして相勤る。		
	一、小役幷日雇への貰砂糖の配当事務。				

	一、大改事務。 一、荷揚済の届を役所・両調役・両年番へ報告事務。
七月十五日	一、中元御礼事務。 一、八朔御礼帳仕立。 一、風袋砂糖蔵鬮事務。 一、軽荷銅事務。 一、手本樟脳、薩州産物方へ掛合事務。
七月廿六日	一、二十八日御礼の廻文事務。 一、本方直組事務。

七月廿一日	一、大改荷物下調子済。二十三日、大改荷物役へ持参。蘭人立合。	9月4日	●献上品改め、脇荷物取り揃え。
七月　廿日	一、本船荷揚終りにつき、カピタン船頭、本船へ罷越し、例の通り、荷箇改め済のうえ、武具幷書物箱封印、筆者より武具は塩硝蔵ニ置く。後、調役・年番所へ報告御礼。		
七月　晦日	一、八朔御礼の代礼の書付仕立て提出。		
七月廿五日	一、乙名部屋において風袋砂糖蔵鬮、宿老・出島乙名・年番通詞両人立合で鬮入の結果五番蔵に当る。	9月8日	●脇荷物役、本方荷物商人見せ初日。
八月十一日	一、会所詰所より本方直組、明日よりの通知、十二日より直組（直組帳）。	9月25日（八月十二日）	●本方荷物直組正午より始まる。

紅毛通詞年番行事		万記帳		オランダ商館日記	
月日	記事	月日	記事	月日	記事
	一、本方幷脇荷当用願の事務。				
	一、大小通詞願請物願の事務。	八月十七〜十九日	一、御調幷願請の品引分会所渡し。	9月19日	●脇荷物見せ。
	一、八朔銀引取方事務。				
七月廿八日	一、八朔御礼につき廻文事務。				
七月廿九日	一、八朔御礼につき、役場で銀目銀・銀仕分事務。				
八月朔日	一、八朔御礼事務。	八月朔日	一、八朔御礼、立山役所へ目付大小通詞並末席稽古通詞内通詞小頭筆者小頭出勤御礼、代官所・年寄衆へ廻勤。		
		八月二日	一、遠山左衛門尉様へ八朔御礼銀、年行司田口惣次右衛門方へ稽古通詞筆者持参して納む。		
	一、拝借米支給の通知あらば、同前の手続事務。	八月十日	一、新地において拝借米請取り、向々へ渡す。		
	一、奉行下向ニ付、小使飛脚として小倉表へ差立願の事務。	八月十六日	一、奉行迎えの飛脚小使栄助出立。		

八月十三日	一、十五日御礼の廻文事務。 一、翌年献上物附添順番名前伺書提出事務。
八月　下旬	一、蘭人の神事踊見物願事務。
同	一、定例百籠の送砂糖願事務。 一、樟脳掛請取ノ件、薩州方へ掛合の取計い事務。 一、代官所より扶持米支給の通知あらば、同前の手続事務。 一、小倉へ罷越した飛脚帰着の報告事務。 一、奉行ニ付、通詞、桜馬場へ出迎。後、両役所へ報告事務。
九月　初旬	一、神事御桟敷前御礼勤ノ件ニ付、年行司へ返答事務。
九月　初旬	一、献上組合帳提出事務。 一、八朔添物事務。 一、献上物附添人任命事

八月十三日	一、扶持米証文下附通知。馬場為八郎出頭。八月二十六日、南瀬崎より支給。
九月　朔日	一、奉行迎えとして小倉表まで罷越の飛脚栄助帰着、月番へ報告。
八月廿七日	一、奉行着ニ付、矢上へ出迎えのこと。九月六日、遠山左衛門尉到着。
九月四・五日	一、神事踊見物願。横文字并和解添え、会所詰所へ提出。八日に許可。

紅毛通詞年番行事		万記帳		オランダ商館日記	
月日	記事	月日	記事	月日	記事
	務。 一、年番引継前に差出す帳簿作成提出事務。 一、翌年の本方別段商法幷脇荷物注文帳、会所へ問合せ、決り次第、翻訳の事務。				
九月　九日	一、重陽の御礼（紅毛人と通詞）事務。	九月　九日	一、神事御供幷重陽の御礼、勤務（蘭人と目付大小通詞並末席）。		
	一、奉行交代中、出島及び蘭船巡見事務。	九月　十日	一、本船巡見。巡見帳記載。奉行帰館後、年番馬場為八郎手札をもって御礼言上。	10月22日（九月十日）	●奉行蘭船を巡見。
九月十一日	一、諏訪社御神事の踊見物に関する事務。	九月　九日	一、カピタン他蘭人、踊見物として大波戸桟敷へ出、後、市中通り筋見せ寺社見物に関する世話。	10月21日	●祭りの第一日。
九月十三日	一、右神事後、御能奉納の節、両奉行への御機嫌伺の事務。	九月　九日	一、右神事踊見物後、御輿御供後、西役所御桟敷前で重陽の御礼。	10月23日	●祭りの第二日。町を見物。
	一、九月九日十一日御神事幷十三日御能桟敷料そ				

	の外諸雑用等割合の事務。				
	一、十五日、阿蘭陀八朔に付、御礼御流の廻文事務。	九月十四日	一、十五日カヒタン八朔御礼についての通知。月並の御礼中止の廻文事務。	10月27日（九月十五日）	●八朔献上の習慣にしたがって行く。
九月十四日 十五日	一、八朔御礼に関する取扱い事務。	九月十五日	一、カピタン、ヘンデレキドウフ八朔御礼、案内事務。		
九月十六日	一、伊勢宮より案内の節、御初穂差上の事務。	九月十五日	一、安禅寺より御宮祭礼の通知により廻状を出す。		
九月十七日	一、十八日、帰帆御暇伺帳取扱い事務。	九月十七日	一、明十八日カピタン帰帆御暇につき、仕役伺帳、手伝に持たせ役所へ伺う。		
九月十八日	一、カピタンの帰帆御暇伺の世話、取扱い事務（船仕舞、湊下、本登ノ年の御意、御請取計い事務）。	九月十八日	一、カピタン帰帆御暇挨拶の案内。	10月30日（九月十八日）	●暇乞。
九月十八日	一、翌年の合図旗に関する取扱い事務。 一、右の件につき、蘭人より横文字提出せしめ、和解を添え年番所へ提出の事務。				
九月十九日	一、仕役伺帳取計い事務。	九月十九日	一、明日出帆につき、仕役伺帳、手伝をして持参提出（役所・代官所）。		

紅毛通詞年番行事 月日	紅毛通詞年番行事 記事	万記帳 月日	万記帳 記事	オランダ商館日記 月日	オランダ商館日記 記事
九月二十日	一、出帆につき、目印旗と合図旗取扱い事務。	九月二十日	一、蘭船出帆、カピタン・船頭その他蘭人乗せ卸し。検使出張人別改。	11月1日（九月二十日）	●蘭船出帆、パーペンベルグ Papenberg（高鉾島）のところで停泊。
同　日	一、役所へ出帆報告事務。	九月二十日	一、出帆報告を立山并西御役所へする。調役・諸立合・両年番へも報告。	11月9日	●会社商売を閉じて、キャプティン・ブラウン Captain Brown 本船へ移乗。
九月二十日	一、紅毛船出帆ニ付、祝盃の事務。			11月13日	●十二時頃、カッサ氏、キャプティン・フォールマン・簿記役グラチァン乗船。荷倉役ホゼマンとスクリパのポヘットが見送る。
九月二十日	一、出船祝盃ニ紅毛人案内、カピタンよりの進物取扱い事務。				
九月二十日	一、表門新番所へ祝儀の世話事務。				
同　日	一、出島のオランダ人部屋の丸山遊女に祝盃・他の詰所へも祝儀の世話事				

	務。
	一、港出帆に付、番太・女非人共へ祝儀分配事務。
	一、奉行発駕につき、カピタン・通詞の挨拶取計い事務。
九月廿五日	一、十一月十二月分拝借米請取証文を代官所へ提出事務。
出帆の頃	一、本方決算引合事務。
	一、受用銀壱歩支給の通知があったら、同前の手続事務。
	一、蘭船乗切済の報告事務。
	一、在留蘭人人別改、明部屋改の事務。
九月廿八日	一、十月朔御礼の廻文事務。
九月　下旬	一、残品商売願の取計い事務。

九月廿二日	一、牧野大和守発駕。矢上通り、見送りとして一統桜馬場仲ケ宿まで出て挨拶。		
九月廿四日	一、代官所より拝借米証文廿七日限りで提出の通知。十月七日に明日新地拝借米支給の通知。		
十二月六日	一、本方決算引合。		
十月　二日	一、年番所へ蘭船乗切済の報告。六日小瀬戸の番所より蘭船帆影見隠の報告。	11月16日 （十月五日） 17日	●蘭船出帆。 ●蘭船出帆、帆影見隠の報告あり。
十月　三日	一、明部屋改幷人別改。		
十月　朔日	一、月並の御礼、廻勤。		
十一月七日	一、元方年番より、明八日本方脇荷追売目利商人仕		

紅毛通詞年番行事 月日	紅毛通詞年番行事 記事	万記帳 月日	万記帳 記事	オランダ商館日記 月日	オランダ商館日記 記事
			役の問合せ、直ちに仕役伺帳役所へ提出許可を受く。八日に追完。		
十月　朔日	一、十一月十二月分扶持米証文、役所へ提出事務。				
十月　初旬	一、樟脳外桶代残りの支出方、樽屋の願書に裏書して会所へ提出の事務。				
	一、会所払方年番より受用銀壱歩支給の通知あり次第、例によって手続事務。	十月廿五日	一、会所払方より明日受用銀歩通り支給の通知。		
	一、御褒美銀取扱い事務。	十月廿八日	一、会所払方より定式褒美銀下附の通知。		
	一、拝借米支給の通知あり次第、例により手続事務。	十月十五日	一、年行司より扶持方証文下附の通知により、馬場為八郎出頭受取り、代官所へ届。		
十月十三日	一、十五日御礼の廻文事務。	十月十五日	一、当日の御礼、廻勤。		
十月　中旬	一、扶持証文受領手続事務。		一、代官所より、明日扶持米支給の通知。廿日支給。		

十月廿八日	一、十一月朔日御礼の廻文事務。
	一、十一月十二月分扶持米支給の通知が、代官所よりあり次第、例によって手続事務。
十一月初旬	一、別段商法掛手付筆者共、御褒美願の取計い事務。
十一月初旬	一、脇荷掛同前。
	一、役場雑用銀取扱い事務。
	一、六月渡より十月渡までの拝借米請取石高帳、調子、年番訳司の捺印のうえ代官所へ提出の事務。
十一月十三日	一、十五日御礼の廻文事務。
十一月廿五日	一、翌正月二月拝借米請取証文提出の事務。
十一月下旬	一、土交砂糖屑蘇木荷包鉛元代の内、筆者小使共へ支給の銀、取替下附願い事務。
十一月廿八日	一、十二月朔日御礼の廻文事務。
十二月三日	一、代官所より廻文で、六月渡より十月渡迄の報告を当五日まで提出方の通知あり。
十一月十五日	一、当日の御礼、廻勤。
十二月朔日	一、当日の御礼、廻勤。

紅毛通詞年番行事 月日	紅毛通詞年番行事 記事	万記帳 月日	万記帳 記事	オランダ商館日記 月日	オランダ商館日記 記事
十二月朔日	一、翌正月二月分扶持米証文提出事務。				
十二月初旬	一、拝借米支給の通知が代官所よりあったら、例の通りの処理事務。 一、受用銀支給の通知あり次第、例により請取、御礼の事務。				
十二月十三日	一、十五日御礼の廻文事務。 一、扶持米証文下附の通知があったら、例の通り請取事務。		一、当日の御礼、廻勤。		
十二月廿四日	一、大小通詞並加役伺書を年番所へ提出の事務。	十二月十五日	一、来亥年、大小通詞並加役割伺書、年番所へ提出。		
十二月末	一、扶持米支給の通知が代官所より来たら、例の通り処理事務。 一、会所払方年番より元払銀支払の通知あり次第、向々へ廻達事務。				
十二月下旬	一、蔵払銀并雑用銀支払を				

	払方より問合せてきたら年番印形を小使に持たせ請取の事務。				
	一、別段商法掛り手付并脇荷掛手付筆者共が御掛所へ呼び出され褒美下付の際立合い事務。				
	一、翌年加役命令の伝達事務。	十二月廿九日	一、来亥年加役割下命あり。役所へ出勤、御請、御礼言上、廻勤。	1815年2月7日（文化十一年十二月廿九日）	●den oppertolk Soekisaijmon 大通詞の石橋助次右衛門、ondertolk Saijemon 小通詞今村才右衛門が年番通詞に任命された旨の報告あり。
十二月廿六日	一、二十八日御礼の廻文事務。	十二月廿九日	一、歳暮の御祝儀、御役所へ目付大小通詞出勤。		
十二月廿八日	一、翌正月二日年番請取につき案内状回達事務。				
十二月廿九日	一、出島の通詞会所掃除方取計い事務。				
	一、人事移動に伴う回礼事務。				
	一、西ノ坊への初穂取計い事務。				
	一、北西坊への初穂取計い事務。				

紅毛通詞年番行事		万記帳		オランダ商館日記	
月日	記事	月日	記事	月日	記事
	一、八百屋町御礼仲宿礼の取計い事務。 一、桜馬場一ノ瀬仲宿礼の取計い事務。 一、役所表小使共、大通詞年番宅へ歳暮祝儀に参る際、雑用銀の内より心付取計い事務。				

五　職務内容

例月の定期的要務としては、十五日と二十八日に「御礼日」として奉行所に出頭するほか、通詞一同の扶持米請取に関する手続き事務一切、および通詞仲間としての受用銀受領手続きから御礼に及ぶまでの一切の事務などがあった。このうち、扶持米請取に関する書類には「年番訳司」の印を用いてその責任を明らかにすることとなっていた。

このように、加役として年番に当った大・小通詞二名は、その年の長崎奉行所、オランダ商館双方の連絡・交渉の任に当り、特に貿易期間はオランダ船の入津から出帆まで、貿易交渉事務をめぐって繁忙な毎日を過ごした様子である。それ以外の通常の日々であっても、蘭人の江戸参府に関する交渉や蘭人の出島外遊歩、社寺参詣、病気、死亡届け、埋葬などオランダ人に対する監視・管理上の事務、あるいは邦人の出島訪問、文物の発注、オランダ人との交流など、万般にわたって関与した様子である。

大・小年番通詞が処理した重要事務で書類を作成した場合には、通詞目附とともに責任を表明する署名をなし、ときには「年番訳司」の印を用いて通詞仲間 't Collegie を代表して、長崎奉行をはじめ公儀方面とオランダ商館に対して責任をもっていた。

六　年番通詞一覧

右のように、日々の重要事務の多くに関与し、それを処理した通詞が年番通詞であったから、「年番訳司」の印を管理・使用したこととともに、年番通詞は年々の阿蘭陀通詞の代表者であったわけである。その実務を代表し、責任を履行するうえには、十分なるオランダ語の学力・会話力が要求されたことは当然のことである。また微妙な彼我の貿易・外交交渉上の責務を果し得る貿易・外交官的手腕も要求されるところであった。

右のような諸点から、毎年の年番通詞名を把握することは、とりもなおさず名実共に通詞の代表、換言すれば阿蘭陀通詞団の中の実力ある者を抽出することとなるわけである。この実力を有する主要通詞を中心にして阿蘭陀通詞団の活躍が展開しているわけで、彼らの任務と行動が、幕府の鎖国体制維持存続基本方針の現地における発現行為に密接に連なっていることに重要な意義があるわけである。そこで、『オランダ商館日記』をはじめ『奉行蘭館長蘭通詞控』(4)その他、諸種の通詞関係史料によって考証を加えつつ可能な限り各年度の年番通詞名を把握することに努めてみた。

『オランダ商館日記』に年番通詞の記事がみえるのは寛文十一年（一六七一）からで、その後しばらく継続的記載はみられないが、天和三年（一六八三）以降は毎年の商館長が年番通詞名を記録している。日本側が制度としたことがオランダ商館側にただちに十分理解されなかったため継続的記録が遅れて始まったものと解せられる。また幕末期の『オランダ商館日記』は記事が簡略となっているため年番通詞名を欠いている場合が少なくない。実地に認められた各種の文書によって極力補充してみたが、なお博捜の手をゆるめることはできない。

以上の史料と、一覧表の作成とによって、通詞のなかでも、最も多忙にして中心的存在であった年番通詞の職務内容のほぼ全貌を通覧することができ、かつ、毎年の年番通詞名すなわち年度別通詞の代表者名を把握することができたわけである。

第4表　年番通詞一覧

日本年号	西暦	年番大通詞	年番小通詞	史料・備考
寛文　八	一六六八	富永市郎兵衛	楢林新右衛門	『奉行蘭館長蘭通詞控』以下「蘭通詞控」と略称。新右衛門を新左衛門と誤記。
〃　九	一六六九	本木庄太夫	名村八左衛門	蘭通詞控
〃　十	一六七〇	加福吉左衛門	中島清左衛門	蘭通詞控
〃　十一	一六七一	Itsierobe 富永市郎兵衛	Zackzeemon 中山作左衛門	Martinus Caesar: Dagregister. 蘭通詞控
〃　十二	一六七二	Taffioije 立石太兵衛	Sinnemon 楢林新右衛門	Joans Camphuijs: Dagregister. 蘭通詞控は新右衛門を新左衛門と誤記。

延宝　元	一六七三	本木庄太夫	名村八左衛門	蘭通詞控
〃　二	一六七四	加福吉左衛門	中島清左衛門	蘭通詞控
〃　三	一六七五	富永市郎兵衛	中山作左衛門	蘭通詞控
〃　四	一六七六	本木庄太夫	楢林新右衛門	蘭通詞控は新右衛門を新左衛門と誤記。
〃　五	一六七七	本木庄太夫	名村八左衛門	蘭通詞控
〃　六	一六七八	Kitsisemon 加福吉左衛門	中山六左衛門	Dircq d'Haas: Dagregister. 蘭通詞控
〃　七	一六七九	名村八左衛門	中山六左衛門	蘭通詞控
〃　八	一六八〇	Brasman 横山与三右衛門	Sinnemon 楢林新右衛門	Albert Brevincq: Dagregister. 蘭通詞控は新右衛門を大通詞とし、与三右衛門を小通詞としているが逆である。また新右衛門を新左衛門と誤記。
天和　元	一六八一	本木庄太夫	石橋庄九郎	蘭通詞控
〃　二	一六八二	加福吉左衛門	石橋助左衛門	蘭通詞控
〃　三	一六八三	Brasman 横山与三右衛門	Taroyemon 本木太郎右衛門	Andries Cleijer: Dagregister. 横山与三右衛門は蘭名を Brasman といっていた。
貞享　元	一六八四	Kitziesejmon 加福吉左衛門	Sinnemon 楢林新右衛門	Constantin Ranst de Jonge: Dagregister. 蘭通詞控は新右衛門を新左衛門と誤記。
〃　二	一六八五	Sioudaijo 本木庄太夫	Siocro 石橋庄九郎	Hendrick van Buijtenhem: Dagregister. 蘭通詞控は庄九郎を助左衛門に作っている。

日本年号	西暦	年番大通詞	年番小通詞	史料・備考
貞享 三	一六八六	Sinnemon 楢林 新右衛門	Rockzeijmon 中山 六左衛門	Andreas Cleijer : Dagregister. 蘭通詞控。当初大通詞は Fatsizeijmon（名村八左衛門）であったが二月二三日死亡により、八月一五日より新右衛門が任命された。
〃 四	一六八七	Josoijemon alias Brasman 横山与三右衛門	Taroijemon 本木太郎右衛門	Constantin Ranst de Jonge : Dagregister. 蘭通詞控では与三右衛門を与兵衛に作り、太郎右衛門を太郎左衛門と誤記。
元禄 元	一六八八	Kitsizeijmon 加福 吉左衛門	Mattaijemon 横山又次右衛門	Hendrick van Buijtenhem : Dagregister. 蘭通詞控は又次右衛門を文次衛門に作っている。
〃 二	一六八九	Sjodaja 本木 庄太夫	Schisaijmon 石橋 助左衛門	Cornelis van Outhoorn : Dagregister. 蘭通詞控は楢林新五兵衛と横山文次衛門を記しているが誤り。
〃 三	一六九〇	Sckisemon 石橋 助左衛門	Siembe 加福 善兵衛	Balthasar Sweers : Dagregister. 蘭通詞控
〃 四	一六九一	Soudaijo 本木 庄太夫	Rocksaijmon 中山 六左衛門	Hendrik van Buijtenhem : Dagregister. 蘭通詞控
〃 五	一六九二	Cinnemon 楢林 新右衛門	Sijmbe 加福 善兵衛	Cornelis van Outhoorn : Dagregister. 蘭通詞控は新右衛門を新五兵衛に作っている。
〃 六	一六九三	Mattazijmon 横山又次右衛門	Gompats 名村 権八	Hendrik van Buijtenhem : Dagregister. 蘭通詞控は又次右衛門を文次衛門に作っている。

〃七	一六九四	Croseijmon 馬田九郎左衛門	Tarraijmon 本木太郎右衛門	Gerrit de Heere: Dagregister. 蘭通詞控は本木太郎右衛門を名村権八と誤記している。
〃八	一六九五	Sjodaijo 本木庄太夫 Zingobe 楢林新五兵衛	Rockseijmon 中山六左衛門	Hendrik Dijkman: Dagregister. 蘭通詞控 Hendrik Dijkman: Dagregister. 本木庄太夫が通詞目附に昇進したので一二月一三日より。
〃九	一六九六	Mattaseijmon 横山又次右衛門	Taijkits 森山太吉郎	Cornelis van Outhoorn: Dagregister. 蘭通詞控は又次右衛門を文次衛門に作っている。
〃十	一六九七	Nammoera Gompats 名村権八	Imamorach Ginnemon 今村源右衛門	Hendrik Dijkman: Dagregister. 蘭通詞控
〃十一	一六九八	Itsirobe 馬田市郎兵衛	Tockebe 岩瀬徳兵衛	Pieter de Vos: Dagregister. 蘭通詞控
〃十二	一六九九	Mattaseijmon 横山又次右衛門	Magoskij 志筑孫助	Hendrik Dijkman: Dagregister. 蘭通詞控は又次右衛門を文次衛門と作っている。
〃十三	一七〇〇	Tockebe 岩瀬徳兵衛	Bonsemon 立石千左衛門	Pieter de Vos: Dagregister. 蘭通詞控
〃十四	一七〇一	Nammera Gompats 名村権八	Imamorach Ginnemon 今村源右衛門	Hendrik Dijkman: Dagregister. 蘭通詞控

日本年号	西暦	年番大通詞	年番小通詞	史料・備考
元禄十五	一七〇二	Itsirobe 馬田市郎兵衛	Riojemon 楢林量右衛門	Abraham Donglas: Dagregister. (Jasabro alias Riojemon) 蘭通詞控
〃 十六	一七〇三	Brasman alias Mattazemon 横山又次右衛門	Magove 志筑孫平	Ferdinand de Groot: Dagregister. 蘭通詞控は又次右衛門を文次衛門に作っている。
宝永 元	一七〇四	Tockebe 岩瀬徳兵衛	Chenzemon 立石千左衛門	Gideon Tant: Dagregister. 蘭通詞控
〃 二	一七〇五	Fattisemon 名村八左衛門	Ginnemon 今村源右衛門	Ferdinand de Groot: Dagregister. 蘭通詞控
〃 三	一七〇六	Badda Itserobe 馬田市郎兵衛	Reoijemon 楢林量右衛門	Hermanus Mensingh: Dagregister. 蘭通詞控
〃 四	一七〇七	Mattasemon 横山又次右衛門	Kiesemon 中山喜左衛門	Ferdinand de Groot: Dagregister. 蘭通詞控は大通詞小通詞を入れ替えて誤記。かつ又次右衛門を文次衛門に作っている。
〃 五	一七〇八	Magove 志筑孫平	Ginnemon 今村源右衛門	Hermanus Mensingh: Dagregister.
〃 六	一七〇九	Fatsizemon 名村八左衛門	Jaijkits 岩瀬徳兵衛	Jasper van Mansdale: Dagregister. 蘭通詞控
〃 七	一七一〇	Roijemon 楢林量右衛門	Kitsdaijo 西吉太夫	Hermanus Menssingh: Dagregister. 蘭通詞控

正徳元	一七一一	Ginnemon 今村源右衛門	Gienemon 名村吟右衛門	Nicolaas Joan van Hoorn : Dagregister. 蘭通詞控
〃二	一七一二	Kisemon 中山喜左衛門	Kisits 加福喜七郎	Cornelis Lardijn : Dagregister. 蘭通詞控
〃三	一七一三	Fatsizeijmon 名村八左衛門	Tockebe 岩瀬徳兵衛	Nicolaas Joan van Hoorn : Dagregister. 蘭通詞控
〃四	一七一四	Roijemon 楢林量右衛門	Nies Kitsdaijo 西吉太夫	Cornelis Lardijn : Dagregister. 蘭通詞控
〃五	一七一五	Ginnemon 今村源右衛門	Gofe 名村五兵衛	Nicolaas Joan van Hoorn : Dagregister. 蘭通詞控
享保元	一七一六	Kizemon 中山喜左衛門	Kizits 加福喜七郎	Gideom Boudaen : Dagregister. 蘭通詞控
〃二	一七一七	Fatsizemon 名村八左衛門	Tockebe 岩瀬徳兵衛	Joan Aouwer : Dagregister. 蘭通詞控
〃三	一七一八	Roijemon 楢林量右衛門	Kitsdaijo 西吉太夫	Christiaen van Vrijberghe : Dagregister. 蘭通詞控
〃四	一七一九	Ginnemon 今村源右衛門	Tsoeijemon 馬田忠右衛門	Joan Aouwer : Dagregister.
〃五	一七二〇	Kizemon 中山喜左衛門	Kizits 加福喜七郎	Joan Aouwer : Dagregister. 蘭通詞控

日本年号	西暦	年番大通詞	年番小通詞	史料・備考
享保六	一七二一	Fatsizemon 名村八左衛門	Tockebe 岩瀬徳兵衛	Roeloff Diodati: Dagregister. 蘭通詞控
〃　七	一七二二	Kiesits 加福喜七郎	Sjoe-Imon 馬田忠右衛門	Hendrik Durven: Dagregister. 蘭通詞控は忠右衛門を忠左衛門と誤記している。
〃　八	一七二三	Ginnemon 今村市兵衛	Gofee 名村五兵衛	Hendrik Durven: Dagregister. 蘭通詞控。市兵衛は源右衛門の改名。
〃　九	一七二四	Kisemon 中山喜左衛門	Tokdaijo 森山徳太夫	Johannes Thedens: Dagregister. 蘭通詞控
〃　十	一七二五	Gofee 名村五兵衛	Jofij 品川与兵衛	Johannes Thedens: Dagregister. 蘭通詞控
〃　十一	一七二六	Kiezits 加福喜七郎	Brasma 横山又次右衛門	Joan de Hartogh: Dagregister. 蘭通詞控は喜七郎を新左衛門、又次右衛門は又左衛門に作っている。
〃　十二	一七二七	Genemon 今村市兵衛	Catsi-Emon 名村勝右衛門	Pieter Boockesteijn: Dagregister. 蘭通詞控。Genemon は市兵衛の前名。
〃　十三	一七二八	Kizemon 中山喜左衛門	Tocdaijo 森山徳太夫 Tsojemon 馬田忠右衛門	Abraham Minnendonk: Dagregister. 蘭通詞控 Abraham Minnendonk: Dagregister. 徳太夫が六月一一日に大通詞となったので六月二一日忠右衛門が後任となる。

〃 十四	一七二九	Hatsi Emon (Gofée) 名村八左衛門	Jofi 品川与兵衛	Pieter Boockesteijn: Dagregister. 蘭通詞控。八左衛門の前名は五兵衛。
〃 十五	一七三〇	Kisits 加福喜七郎	Brasma 横山又次右衛門	Abraham Minnendonk: Dagregister. 蘭通詞控は喜七郎を新左衛門、又次右衛門は又次衛門に作っている。
〃 十六	一七三一	Tokdaaij 森山徳太夫	Soijemon 中山惣右衛門	Pieter Boockesteijn: Dagregister. 蘭通詞控
〃 十七	一七三二	Fatzizajemon 名村八左衛門	Tsosero 吉雄忠次郎	Pieter Boockesteijn: Dagregister. 蘭通詞控
〃 十八	一七三三	Gofje 名村八左衛門	Mansjero 加福万次郎	Hendrik van der Bel: Dagregister. 蘭通詞控。Gofje 五兵衛は八左衛門の前名。
〃 十九	一七三四	Matthazemon 横山又次右衛門	Zeesemon 本木清次右衛門	Rogier de Laver: Dagregister. 蘭通詞控は又次右衛門を又次衛門と誤記。又、清次右衛門を清左衛門と誤記。
〃 二十	一七三五	Tokdaaij 森山徳太夫	Zoojemon 中山惣右衛門	David Drinkman: Dagregister. 蘭通詞控
元文 元	一七三六	Fatsisaijemon 名村八左衛門	Tsiosero 吉雄忠次郎	Bernardus Coop a Groen: Dagregister. 蘭通詞控は忠次郎を伯左衛門に作っている。
〃 二	一七三七	Kisemon 中山喜左衛門	Mansjero 加福万次郎	Jan van der Cruijsse: Dagregister. 蘭通詞控
〃 三	一七三八	Brasman 横山又次右衛門	Toksemon 末永徳左衛門	Gerardus Bernardus Visscher: Dagregister. 蘭通詞控は又次右衛門を又次衛門と誤記。

日本年号	西暦	年番大通詞	年番小通詞	史料・備考
元文　四	一七三九	Tokdaijo 森山徳太夫	Gennemon 今村源右衛門	Gerardus Bernardus Visscher: Dagregister. 蘭通詞控
〃　五	一七四〇	Tosabro 吉雄藤三郎	Simpats 名村進八	Thomas van Rhee: Dagregister. 蘭通詞控
寛保　元	一七四一	Kisemon 中山喜左衛門	Jukfe 茂七郎左衛門	Jacob van der Waeijen: Dagregister. 蘭通詞控。Jukfe の和名表記は未詳。
〃　二	一七四二	Mansjero 加福万次郎	Tokkasemon 末永徳左衛門 Zadaisiro 吉雄定次郎	Thomas van Rhee: Dagregister. 蘭通詞控は万次郎を喜蔵に作り、末永徳左衛門を吉雄定次郎と記している。Dagregister によれば一〇月四日徳左衛門の大通詞昇進に伴って、定次郎が年番小通詞になった。
〃　三	一七四三	Gennemon 今村源右衛門	Boenpas	Jacob van der Waeijen: Dagregister. 蘭通詞控は小通詞に西吉太夫をあてている。
延享　元	一七四四	Tokkesemon 末永徳左衛門	Zuijemon 楢林重右衛門	David Brouwer: Dagregister. 蘭通詞控
〃　二	一七四五	Simpatsi 名村進八	Jukfe 茂七郎左衛門	Jacob van der Waeijen: Dagregister. 蘭通詞控。Jukfe の和名表記は未詳。
〃　三	一七四六	Kiso 加福喜蔵	Sadaijsro 吉雄定次郎	Joan Louis De Win: Dagregister. 蘭通詞控は定次郎を改名後の幸左衛門に作っている。
〃　四	一七四七	Gennemon 今村源右衛門	Kitsdaijo 西吉太夫	Jacob Balde: Dagregister. 蘭通詞控

寛延 元	一七四八	Jukfe 茂七郎左衛門 Kosemon 吉雄幸左衛門	Sjouaijemon 楢林重右衛門	Jan Louis De Win : Dagregister. 八月二五日に Jukfe 死亡により、八月二九日に Kosemon 大通詞に昇進して直ちに年番を勤む。 蘭通詞控は単に吉雄幸左衛門のみをあげている。
〃 二	一七四九	Katsjemon 名村勝右衛門	Sensabro 西善三郎	Jacob Balde : Dagregister. 蘭通詞控
〃 三	一七五〇	Gennemon 今村源右衛門	Danoskij 森山金左衛門	Hendrik van Homoed : Dagregister. 蘭通詞控。Danoskij の和名表記は未詳。
宝暦 元	一七五一	Sadijziro 吉雄定次郎	Sandajo 名村三太夫	Abraham van Suchtelen : Dagregister. 蘭通詞控は楢林重右衛門・西善三郎を記載しているが誤記。
〃 二	一七五二	Sojemon 楢林重右衛門	Sensabro 西善三郎	Hendrik van Homoed : Dagregister. 蘭通詞控
〃 三	一七五三	Katsabro Sensabro 西善三郎	Danoskij 森山金左衛門	David Boelen : Dagregister. Sensabro 西善三郎は七月四日に年番大通詞に再任。蘭通詞控は単に西善三郎・森山金左衛門のみを掲ぐ。Katsabro, Danoskij の和名表記は未詳。
〃 四	一七五四	Catchemon 名村勝右衛門	Sandaju 名村三太夫	Hendrik van Homoed : Dagregister. 蘭通詞控
〃 五	一七五五	Gennemon 今村源右衛門	Siuemon 楢林重右衛門	David Boelen : Dagregister. 蘭通詞控
〃 六	一七五六	Kosajemon 吉雄幸左衛門	Danoskie 森山金左衛門	Herbert Vermeulen : Dagregister. 蘭通詞控。Danoskie の和名表記は未詳。

日本年号	西暦	年番大通詞	年番小通詞	史料・備考
宝暦 七	一七五七	Sensabro 西　善三郎	Sandaju 名村三太夫	David Boelen : Dagregister. 蘭通詞控
〃 八	一七五八	Katsjemon 名村勝右衛門	Sojemon 楢林重右衛門	Herbert Vermeulen : Dagregister. 蘭通詞控
〃 九	一七五九	Gennemon 今村源右衛門	Danoskij 森山金左衛門	Johannes Reijnouts : Dagregister. 蘭通詞控。Danoskij の和名表記は未詳。
〃 十	一七六〇	Cosemon 吉雄幸左衛門	Sandaju 名村三太夫	Johannes Reijnouts : Dagregister. 蘭通詞控
〃 十一	一七六一	Sensabro 西　善三郎	Sjoejemon 楢林重右衛門	Marten Huijsvoorn : Dagregister. 蘭通詞控
〃 十二	一七六二	Catsjemon 名村勝右衛門	Danoskij 森山金左衛門	Johannes Reijnouts : Dagregister. 蘭通詞控。Danoskij の和名表記は未詳。
〃 十三	一七六三	Gennemon 今村源右衛門	Soejemon 楢林重右衛門	Fredrik Willem Wineke : Dagregister. 蘭通詞控
明和 元	一七六四	Koesajemon 吉雄幸左衛門	Kinso 今村金蔵	Jan Crans : Dagregister. 蘭通詞控
〃 二	一七六五	Sensabro 西　善三郎	Dannoskij 森山金左衛門	Fredrik Willem Wineke : Dagregister. 蘭通詞控。Dannoskij の和名表記は未詳。
〃 三	一七六六	Katsjemon 名村勝右衛門	Sujemon 楢林重右衛門	Jan Crans : Dagregister. 蘭通詞控

〃　四	一七六七	Gennemon 今村源右衛門	Kinso 今村金蔵	Herman Christiaan Kastens : Dagregister. 蘭通詞控
〃　五	一七六八	Koessajemon 吉雄幸左衛門	Tatefats 中山唯八	Jan Crans : Dagregister. 蘭通詞控
〃　六	一七六九	Soejemon 楢林重右衛門	Gisabro 堀儀左衛門	Jan Crans : Dagregister. 蘭通詞控。Gisabro は儀三郎と書き、儀左衛門の前名か。
〃　七	一七七〇	Katsiemon 名村勝右衛門	Kinso 今村金蔵	Olphert Elias : Dagregister. 蘭通詞控は勝右衛門を初左衛門に作る。
〃　八	一七七一	Imamora Gennemon 今村源右衛門	Namera Mathuisero 名村元次郎	Daniel Armenault : Dagregister. 蘭通詞控
安永　元	一七七二	Kosajemon 吉雄幸左衛門	Jacusiro 吉雄作次郎	Arend Willem Feith : Dagregister. 蘭通詞控
〃　二	一七七三	Soejemon 楢林重右衛門	Gisabro 堀儀左衛門	Daniel Armenault : Dagregister. 蘭通詞控。Gisabro は儀三郎と書き儀左衛門の前名か。
〃　三	一七七四	Katsjemon 名村勝右衛門	Saccusero 吉雄作次郎	Arend Willem Feith : Dagregister. 蘭通詞控は勝右衛門を初左衛門に作っている。
〃　四	一七七五	Imamoerae Kinsi 今村源右衛門	Namura Mothoisero 名村元次郎	Daniel Armenault : Dagregister. 蘭通詞控。Kinsi の和名表記は金蔵か。
〃　五	一七七六	Koozemon 吉雄幸左衛門	Daijsero 今村大十郎	Arend Willem Feith : Dagregister. 蘭通詞控
〃　六	一七七七	Soejemon 楢林重右衛門	Gisabro 堀儀左衛門	Hendrik Godfried Duurkoop : Dagregister. 蘭通詞控は大通詞堀儀左衛門、小通詞西敬左衛門と誤記。

日本年号	西暦	年番大通詞	年番小通詞	史料・備考
安永 七	一七七八	Katsemon 名村勝右衛門	Daijsilo 今村大十郎	Arend Willem Feith: Dagregister. 蘭通詞控は勝右衛門を初左衛門に作っている。
〃 八	一七七九	Mathuijsero 名村元次郎	Jezaijmon 楢林栄左衛門	Arend Willem Feith: Dagregister. 蘭通詞控
〃 九	一七八〇	Kosac 吉雄幸作	Sesnoskij 茂節右衛門	Isaac Titsingh: Dagregister. 蘭通詞控。Sesnoskij は節右衛門の前名で節之助か。
天明 元	一七八一	Gisabro 堀儀左衛門	Kijemon 西敬右衛門	Arend Willem Feith: Dagregister. 蘭通詞控は敬右衛門を敬左衛門と誤記。Gisabro は儀三郎と書き儀左衛門の前名か。
〃 二	一七八二	Katsemon 名村勝右衛門	Siubij 楢林重兵衛	Isaac Titsingh: Dagregister. 蘭通詞控は勝右衛門を初左衛門に作っている。
〃 三	一七八三	Matthuijsero 名村元次郎	Simbij 楢林重兵衛 Monsero 堀門十郎	Isaac Titsingh: Dagregister. Simbij は三月三〇日に大通詞に昇進したので Monsero が小通詞となり、直ちに年番を勤務す。蘭通詞控は堀門十郎の方を記載している。
〃 四	一七八四	Kozak 吉雄幸作	Enozin 本木栄之進	Hendrik Casper Romberg: Dagregister. 蘭通詞控
〃 五	一七八五	Simbij 楢林重兵衛	Sisnoskij 茂節右衛門	Hendrik Casper Romberg: Dagregister. 蘭通詞控は重兵衛を栄左衛門に作る。Sisnoskij は節右衛門の前名、節之助か。

〃 六	一七八六	Katsemon 名村勝右衛門	Sinbij 楢林重兵衛	Johan Fredrik Baron van Reede tot de Parkeler : Dagregister. 蘭通詞控は勝右衛門を初左衛門に作っている。
〃 七	一七八七	Mathuijsero 名村元次郎	Mansero 堀門十郎	Hendrik Casper Romberg : Dagregister. 蘭通詞控は堀門十郎を本木栄之進と誤記。
〃 八	一七八八	Kosak 吉雄幸作	Jassisero 加福安次郎	Johan Fredrik Baron van Reede tot de Parkeler : Dagregister. 蘭通詞控
寛政 元	一七八九	Monsuro 堀門十郎	Saksabro 中山作三郎	Hendrik Casper Romberg : Dagregister. 蘭通詞控は堀門十郎を本木仁太夫と誤記。
〃 二	一七九〇	Sijubij 楢林重兵衛	Kisbe 西吉兵衛	Hendrik Casper Romberg : Dagregister. 蘭通詞控
〃 三	一七九一	Jasisero 加福安次郎	Sasitsro 吉雄左七郎	Petrus Theodorus Chassé : Dagregister. 蘭通詞控
〃 四	一七九二	Saksabro 中山作三郎	Kimbe 今村金兵衛	Petrus Theodorus Chassé : Dagregister. 蘭通詞控
〃 五	一七九三	Nidaijo 本木仁太夫	Dinnosin 堀伝之丞	Gijsbert Hemmij : Dagregister. 蘭通詞控
〃 六	一七九四	Skisajemon 石橋助左衛門	Takkiets 名村多吉郎	Gijsbert Hemmij : Dagregister. 蘭通詞控
〃 七	一七九五	Jassisero 加福安次郎	Genkiets 本木庄左衛門	Gijsbert Hemmij : Dagregister. 蘭通詞控は加福安次郎を中山作三郎に誤記。Genkiets の和名表記は未詳。

日本年号	西暦	年番大通詞	年番小通詞	史料・備考
寛政八	一七九六	Saksabro 中山作三郎	Kimbe 今村金兵衛	Gijsbert Hemmij : Dagregister. 蘭通詞控は金兵衛を重兵衛と誤記。
〃 九	一七九七	Takiets 名村多吉郎	Sosaijmon 本木庄左衛門	Gijsbert Hemmij : Dagregister. 蘭通詞控
〃 十	一七九八	Soekezaijmon 石橋助左衛門	Katsnosio 横山勝之丞	Scriba, Leopold Willem Ras : Dagregister. 蘭通詞控
〃 十一	一七九九	Jassisero 加福安次郎	Seijemon 今村才右衛門	Leopold Willem Ras : Dagregister. 蘭通詞控
〃 十二	一八〇〇	Saksabro 中山作三郎	Tamehats 馬場為八郎	Leopold Willem Ras : Dagregister. 蘭通詞控
享和元	一八〇一	Takitiero 名村多吉郎	Kimbij 今村金兵衛	Willem Wardenaar : Dagregister. 蘭通詞控
〃 二	一八〇二	Jassisero 加福安次郎	Siosaijmon 本木庄左衛門	Willem Wardenaar : Dagregister. 蘭通詞控
〃 三	一八〇三	Soeksaijmon 石橋助左衛門	Katsinosio 横山勝之丞	Willem Wardenaar : Dagregister. 蘭通詞控
文化元	一八〇四	中山作三郎	今村才右衛門	蘭通詞控
〃 二	一八〇五	Takitiero 名村多吉郎	Tamifatiro 馬場為八郎	Hendrik Doeff : Dagregister.

〃 三	一八〇六	Soekesaijmon 石橋助左衛門	Kimbij 今村金兵衛	Hendrik Doeff: Dagregister.
〃 四	一八〇七	Jasisero 加福安次郎	Siosaijmon 本木庄左衛門	Hendrik Doeff: Dagregister.
〃 五	一八〇八	Saksabro 中山作三郎	Katsnosio 横山勝之丞	Hendrik Doeff: Dagregister.
〃 六	一八〇九	Takitiero 名村多吉郎		Hendrik Doeff: Dagregister.
〃 七	一八一〇	Soekisaijmon 石橋助左衛門	Saijemon 今村才右衛門	Hendrik Doeff: Dagregister.
〃 八	一八一一		末永甚左衛門	乍恐口上書
〃 十	一八一三	Sijosemon 本木庄左衛門	Katsnosijo 横山勝之丞	Hendrik Doeff: Dagregister. 万記帳
〃 十一	一八一四	Takitiro 名村八右衛門(多吉郎)	Tamihatsiro 馬場為八郎	Hendrik Doeff: Dagregister. 万記帳。多吉郎は八右衛門の前名と考えられる。
〃 十二	一八一五	Soekisaijmon 石橋助次右衛門	Soijemon 今村市兵衛	Hendrik Doeff: Dagregister. 万記帳。Soijemon の和名表記は未詳。
〃 十四	一八一七	Soekisaijmon 石橋助次右衛門	Katsnozio 横山勝之丞	Hendrik Doeff: Dagregister. 万記帳
文政 元	一八一八	Katsnozio 横山勝之丞	Sinsaijmon 末永甚左衛門	Jan Cock Blomhoff: Dagregister.

日本年号	西暦	年番大通詞	年番小通詞	史料・備考
文政二	一八一九	今村金兵衛	吉雄権之助	紅毛人風説書
〃六	一八二三	馬場為八郎《Tamifatiro》	石橋助十郎《Soekizuro》	Jan Cock Blomhoff : Dagregister.
〃七	一八二四	石橋助左衛門《Soekizaijmon》	中山作三郎《Saksabro》	John Willem de Sturler : Dagregister.
〃八	一八二五	末永甚左衛門《Sinzeimon》	岩瀬弥十郎《Jaisuro》	John Willem de Sturler : Dagregister.
〃九	一八二六		吉雄権之助《Gonoske》	John Willem de Sturler : Dagregister.
天保二	一八三一		楢林鉄之助《Tetsnoskie》	Germain Felix Meijlan : Dagregister.
〃三	一八三二	岩瀬弥十郎《Jazuro》	名村元次郎《Motoziro》	J. W. F. van Citters : Dagregister.
〃四	一八三三	中山作三郎《Sakfsabro》		J. W. F. van Citters : Dagregister.
〃六	一八三五	楢林栄左衛門	森山源左衛門	「阿蘭陀通詞目付同大小通詞」
〃七	一八三六	中山作三郎	石橋助五郎	「阿蘭陀通詞目付同大小通詞」
〃八	一八三七	加福新右衛門	植村作七郎	九州文化史研究所文書
〃十三	一八四二	岩瀬弥十郎		天保十三年壬寅十月廿七日受用銀三貫目小通詞並相続被仰付候節進物帳

弘化	元	一八四四	森山源左衛門		「年番通詞名前書」
〃	二	一八四五	森山源左衛門	森山栄之助	紅毛告密
〃	三	一八四六	小川慶右衛門 Keijemon	岩瀬弥七郎 Jositsiro	Joseph Henrij Levijssohn : Dagregister.
〃	四	一八四七	楢林鉄之助 Tesnoské	志筑龍太 Liota	Joseph Henrij Levijssohn : Dagregister.
嘉永	二	一八四九	植村作七郎 Satsitsiro	名村貞五郎 Sadagoro	Joseph Henrij Levijssohn : Dagregister. 紅毛告密は年番大通詞を西吉兵衛としている。
〃	五	一八五二	西吉兵衛	森山栄之助	紅毛告密
〃	六	一八五三	岩瀬弥七郎	横山又次右衛門	「大小通詞加役申談取極書」
安政	元	一八五四	小川慶右衛門	楢林定一郎	「大小通詞加役申談取極書」
〃	二	一八五五	志筑龍太	品川藤兵衛	「大小通詞加役申談取極書」
〃	三	一八五六	西吉兵衛	名村貞五郎	「大小通詞加役申談取極書」
〃	四	一八五七	岩瀬弥七郎	荒木熊八	「大小通詞加役申談取極書」
〃	七	一八六〇	楢林量一郎	稲部禎次郎	万記帳
万延	二	一八六一	荒木八之進	品川藤十郎	万記帳
文久	二	一八六二	西慶太郎	名村常之助	万記帳
〃	三	一八六三	稲部禎次郎	岩瀬弥四郎	万記帳
慶応	元	一八六五	荒木八之進	植村直五郎	万記帳

第二節　江戸番通詞の研究

序

「江戸番通詞」とはオランダ商館長一行が毎春（寛政二年から五年めごと、四年に一回）江戸参府をする際に、付き添って東上した阿蘭陀通詞をいう。板沢武雄博士はこの通詞を「附添の阿蘭陀通詞」あるいは「附添通詞」と呼ばれ、歴代商館長の江戸参府記事からその通詞名を多数抽出・採録された。(5) ところが、通詞自身が書き留めた『阿蘭陀通詞勤方書留』(6) において、「江戸行大小通詞」との呼び方もみえるが、「江戸番大小通詞」の名称が多く、それぞれ単独でも「江戸番大通詞」「江戸番小通詞」と頻出している。さらに、オランダ人の処遇に関して、その制度をまとめて整理・記録した『蘭人雑記』(7) は行事の内容にしたがって通詞の勤務方法にも触れている点が多く参考となる史料であるが、それには「江戸番通詞」と明記してある。

この江戸番通詞について、従来、まとまった研究はない。よって、本節においては、存在した期間・人数、その職務などを具体的に追究し、彼らの活動が蘭学発達史上いかなる貢献をなし、影響をおよぼしたかを検討してみたい。さらに、内外の史料によって全期間の江戸番通詞名を把握することに努めてみたい。

なお、江戸番通詞に関するまとまった史料はない。オランダ人の旅行記・参府紀行は日本人役人の組織や勤務規定などの詳細について眼が届いていない。日本人の参府付添日記も無いではないが、全行程を洩れなく記したものは稀で、しかも通詞自身の記したものにそのようなものはない。したがって部分的・断片的史料を生かして再構成のうえ考察してみなければならないかと思う。

一　江戸番通詞の存在期間・構成・任命など

江戸番通詞の東上はオランダ商館長の江戸参府の際に付き添って東上したものであったから、その発端は江戸参府と軌を一にしているわけである。江戸参府は、オランダ商館長が通商免許の御礼のために江戸に上って将軍に拝礼を行なって方物を献上したことをいい、御礼参りとか参礼・拝礼ともいわれ、オランダ語ではホーフレース Hoofreis (De Hoofreis naar Jedo) と呼ばれている。また一行が江戸に上ったことから江戸参礼とか、たんに参府ともいわれている。商館長はこの機会に幕府高官にも会って貿易上の請願を行なうことを慣例とした。慶長十四年(一六〇九)に東上拝礼が許され、毎年恒例となったのは寛永十年(一六三三)からである。寛政二年(一七九〇)からは四年に一回(五年目ごと)と改定され、安政五年(一八五八)まで継続された。

江戸参府が制度化される以前の、平戸にオランダ商館が設置された慶長十四年(一六〇九)から寛永九年にいたるまでにも何回かオランダ人が江戸へ参府したことはあった。そのたびごとに日本人も随行したわけで、一行のなかには通詞もいた。しかし、いわゆる平戸時代は史料的制約もあって、日本人通詞の名を把握することは困難である。というのも、この時期のオランダ商館員のなかには継続して長期間日本に滞在する者も多く、さらにそのなかには日本語を覚えて活躍する者も見られた。その蔭にかくれて日本人通詞の名が、記録上に残り得なかった事情もあったわけである。メルヒオール・ファン・サントフォールト Melchioor van Santvoort, ウィリアム・アダムズ William Adams, ヤン・ヨーステン・ファン・ローデンスタイン Jan Joosten van Lodenstijn, フランソア・カロン François Caron などは、いずれも長期間滞日して難解な日本語を修得し、活躍をした商館員であった。

したがって、寛永十年（一六三三）以後、毎年参府が行なわれるようになっても、右のような事情は尾をひいており、通詞名が伝わっていない年度さえ一、二年ある。

ところが、商館が平戸から長崎の出島に移転せしめられ、鎖国体制が完備し、オランダ商館長が継続して滞日できなくなって、館員の交替も頻々となるにおよび、彼我交渉上の通弁は、必然的にわが阿蘭陀通詞において勤めざるを得なくなっていった。阿蘭陀通詞の必要性が高まるにつれて、毎年のオランダ商館長の江戸参府日記にも通詞名が頻出するようになる。江戸番通詞が大通詞一名、小通詞一名の計二名より成っていたことは後掲の江戸番通詞一覧でもわかる通り、毎年度分の内外の史料が示す通りである。もっとも、その大小の別が明記されだすのは寛文五年（一六六五）からで、それ以前は、大小の別が記されることもなく毎年一、二名の通詞名が見える。大・小二名の江戸番通詞以外に稽古通詞が随行したことは、きわめて少ない。しかし、文化年間から小通詞並や小通詞末席あたりから一名ずつ随行したことは、まま見受けられる。海外事情が不穏の度を加え、多事となり、江戸における蘭学者たちの活動が公的にも増大したことと深い関係があると認められる。幕末期のオランダ商館日記は簡略となっているため、小通詞名の記載を欠く年度が多い。なんといっても老練な大通詞が責任ある働きぶりをしたため、その名が日記に自然頻出することとなったに相違なく、小通詞が大通詞の補助であった様子が如実に窺えるところである。

天保五年（一八三四）の江戸参府について、従来、その有無が不明であった。板沢博士も、

天保五年（一八三四）は参府の年に当っているが、商館長（Jan Willem Frederik van Citters）の日誌および徳川実紀共に闕けていて、参府の有無も明らかでないから暫く回数から除いておく。(8)

といわれ、参府回数から除かれた。しかし、のち老中となった土井大炊頭利位の蘭癖家老であった泉石鷹見十郎左衛門が書き留めた『蘭人訳官出府名簿』[9]の天保五年の条をみると、次のようにみえる。

天保五午年

二月廿八日着

かひたん

はん　しつとるす　歳四十九

右之者、天保元寅年渡海在留仕、当春初而　御江戸江参上仕候

役人

ろういす　ごろのひゆす　歳二十五

右之者、文政十二丑年渡海仕、天保二卯年帰帆、翌辰年再渡在留仕、当春初而　御江戸参上仕候

（中略）

一　三月十五日拝礼、同十六日皆様廻勤、同十七日間部下総守、此方様、柳原主殿頭、土屋相模守廻勤、同十八日御暇

登　城　　三月廿三日出立

十七日廻勤はんしっとるす計、役人ろういすごろのひゆすハ風邪之由、不参

大通詞　中　山　作三郎

宿　長崎屋源右衛門
長崎町使　杉　山　鷹　二
尾　上　藤之助
小　通　詞　茂　　土岐次郎
右かひたん附副罷越候
右風邪ニ付不参候旨、長崎屋源右衛門申聞候

右により、天保五年（一八三四）は規定通り五年目に参府が実行されたことがわかり、参府回数も加算されねばならない。なお、泉石は右の記事の上欄空白に、

Jan Willem Frederik van Citters.
Jan Louis Gronovius.

とオランダ人両名のフルネームを書き付けている。江戸番大・小通詞名も明記されている。

最後の安政五年（一八五八）の参府の件は見過ごされやすい。興津宿の本陣の家、市川家に遺る『御大名様御休泊帳』(10)によって確認することができる。すでに商館長は領事官と名が改まり、ドンケル・クルチウス Donker Curtius が東上したもので、ヴェテランの大通詞中山作三郎も江戸番を勤めたとみえている。

江戸参府のオランダ商館長以下一行の顔触れは、毎春参府が実行されるに先だって、前年の秋にはすでに決定される。すなわち、出島における日蘭貿易事務が終了し、その年のオランダ船が積荷を終ってバタビヤへ向け出帆するのが通常九月中旬である。出島の商館に在留することになった新来の商館長以下諸館員、通詞そのほか関係者一同、ほっと一段落して、九月の下旬頃、翌春の江戸参府一行の人員の届出が命ぜられ、その許可がおりて、いよいよ江戸参

府の準備にとりかかるわけである。同じ頃、通詞のうちで翌春江戸行の順番に当っている大・小通詞の名前書も、通詞目附と年番通詞から年番町年寄へ届け出る規定になっていた。『阿蘭陀通詞勤方書留』によれば、

一江戸行阿蘭陀人名歳書付之事

例年九月下旬頃、右書付弐通、御役所江翌春江戸番大小通詞ゟ差上申候

但翌春江戸行順番ニ相当候大小通詞名前書も、其頃通詞目付・年番通詞ゟ年番町年寄方江差出申候

と明記されている。参府のオランダ人の名歳書を翌春相当の江戸番大・小通詞から役所へ届けるというのであるから、その大・小通詞名の年番町年寄への提出が参府蘭人名歳書の提出より早いはずである。

翌春に東上する、いわば予定江戸番大・小通詞というものがどのような参府蘭人名歳書を実際に提出していたであろうか。幸い文政元年（一八一八）に参府を行なったヤン・コック・ブロムホフ Jan Cock Blomhoff の場合がわかるので次に示す。江戸番に当った通詞は大通詞の馬場為八郎と小通詞の加福新右衛門であった。

覚

かひたん　やんこつくぶろむほふ　歳三十八

役　人　へんでれきけらるとえんげれん　同二十一

外　科　けるりっとれえんでるとはあげん　同二十一

右阿蘭陀人、先例之通、来寅春江戸参上仕度、乍恐かひたん奉願候

御下知次第、正月初旬、出立仕度旨申出候、依之此度以書付申上候、以上

丑

九月

馬場　為八郎

加福新右衛門(11)

右により、「江戸行阿蘭陀人名歳書付」の形式もわかると同時に、前年の九月に規定通り届け出されていること、ならびに江戸番大・小通詞が連名で届け出ていることからして、これに先立って、両名の名前書が年番町年寄に届け出されていたことも明白であろう。ついで、「江戸参上之儀、かひたん江被　仰渡候事」として、長崎奉行より命があるので、江戸番大・小通詞が役所へ出頭のうえ、その事の命を請け、早速出島へ赴き、出島に在留の商館長にその旨を伝達する。商館長の受諾の旨をまた役所へ出頭のうえ「御請御礼」申し上げる定めであった。また、同日、江戸番大・小通詞へも「阿蘭陀人附添、江戸参上之儀被　仰渡」れる。そこで、江戸番大・小通詞は「直ゝ」に「御請御礼」申し上げる。ここにおいて江戸番通詞としての加役が正式に確定するのである。

二　江戸番通詞の職務

江戸番加役の命を請けた江戸番通詞大・小二名は以後、長崎において年番通詞と連絡をとりながら参府の準備を行ない、長い旅を経て、江戸に滞在、重責を果して帰路につき、また長い旅のすえ、長崎に帰着、報告事務を済ませて任務を終了するわけである。その間の責任の重さと忙しさとは大変なものであった。そこで、その様子を、長崎における準備、参府の往復道中における任務、江戸滞在中における任務、長崎帰着後の報告事務に分けて、具体的にみてみよう。

1　長崎における準備

江戸番通詞が出発まえに、長崎において行なわなければならないことは、通詞目附の出役をまって、商館長一行に随従する筆者・料理人・雇之者・日雇頭・水主などを年番町年寄のもとに出頭せしめ、誓紙を認めさせるなど諸準備があるが、なかで最も大事なことは、将軍への献上品と幕府高官への御進物品とに関する一連の準備である。

献上・進物端物二階卸　このことを天保七年現在の状況を記した『阿蘭陀通詞勤方書留』において簡潔に示している。まず、

一献上幷御進物端物二階卸之事
　前広御役所江江戸番大小通詞之内参上、警固御検使を以、御伺申上、当日御検使出嶋江御出之上、御封之蔵二階ゟ端物を卸、逸〻引合、翌日御手本為御覧之夫〻長持ニ入合置申候[12]

とみえる。この規定とほぼ同文のものが『紅毛通詞幷筆者小役勤方書留』[13]にみえる。ただし、「御封之蔵二階ゟ端物を卸」の箇所は、「蔵御封解明、右二階ゟ端物を卸」となっている。この方が具体的でわかりよい。さらにこれより少しまえの文政二年（一八一九）の『献上端物御覧書留』にも、もう少し詳しい記述がみえる。

　献上幷御進物端物二階卸
一献上幷御進物端物二階卸之儀、伺出候上、当日献上物掛り御給人壱人、外ニ御壱人、都合御両人出嶋江御出役、反物類蔵出し之上、出嶋乙名・組頭・通詞方江御渡被置候、其節御覧ニ相成候献上手本端物者、別ニ引分、箱ニ入、出役之御検使御封印御附被置、是又出嶋方江御渡被置候、右献上幷御進物端物不残出嶋方江御渡被置候儀者、反物耳裁、其外裁切糸かけ等いたし候ニ付、御渡被置候事

右二階卸仕役之儀者、前日献上物掛り御給人江附添通詞ゟ御伺申上、御差支無之趣承知いたし候上、御広間江伺出候事(14)

右のそれぞれの記述は精粗あるが、基本的には前後に変化なく、相補い得て、手順の様子を具体的に知ることができる。すなわち、その規定では、江戸番大・小通詞のうちどちらかが奉行所へ参上し、参府に警固として同行する御検使（給人が勤める）を通じて献上ならびに御進物の端物二階卸について広間へ御伺いをする（事前に給人の都合をたしかめ内諾を得たうえで）。蔵卸の当日は、御検使の出島出張を待ち、その立合いを得て、封印のしてある蔵をあけ、二階から端物を卸し、いちいち引き合せる。終って、品は出嶋乙名・組頭・通詞へあずけられる。翌日御手本御覧のための献上手本端物は別に引き分け、それぞれ長持に入れ、出役の検使がまた封印をして、出島方へ渡され、保管される、というものである。右の規定が、実際にどのように実行されていたか。

明和六年（一七六九）の江戸番通詞は前年の十一月十八日に大通詞の吉雄幸左衛門と小通詞の中山唯八が任命されていた。献上反物の二階卸は十二月六日の五ツ半時から行なわれた。そこで吉雄・中山の両人は当日、御番所に出頭、古橋新左衛門・鈴木兵蔵両検使の出役を待って、付き添って出嶋へ赴き、献上反物、二階卸を行なった。反数が改められ、オランダ人へ渡された。二階に残った反物は戸棚に入れられ、検使によって封がされた。そのほかには反物も荒物などもないので上下階とも明け渡しとなった。ちなみに、この日、献上反物二階卸に関係・出役した役人たちの顔触れをみておこう。両検使・両江戸番通詞のほか、御番所関係では、役割元の三浦伝内をはじめ種田小野七・村井順平、小頭の塩平円平と平足軽三人、このほか、御役所附の野口勘平、唐人番の古屋豊之進（平八）、船番の牛嶋正次右衛門、町使の伴雲平・溝江嘉兵衛、散使の本庄円右衛門であった。

出島関係の役人としては、何といっても通詞が主体である。出役の通詞は、目附の石橋助次右衛門、大通詞の吉雄幸左衛門・名村勝右衛門、小通詞の中山唯八である。そのほかの通詞としては名村元次郎・楢林栄左衛門・本木栄之進・馬田清吉・猪俣伝次右衛門・植村林右衛門らが出勤し、御検使のお迎え通詞を勤めたのは楢林長次郎であった。通詞以外では、乙名の清田佐吉、組頭の紅粉屋吉右衛門、表門には吉村成助・山口唯八・豊田春蔵が勤め、探番は左吉と甚右衛門の両名であった。(15)

もう一例、天明八年（一七八八）の場合をみてみよう。前年の十二月二日に江戸番通詞として大通詞の名村元次郎と小通詞の本木栄之進が任命された。同月十七日、まれにみる雪の日に五ツ時から「献上物幷御進物反物二階卸」は行なわれた。手順は、出島の蔵の前に一同控えているところへ検使が到着、「御封解明」の許可があって、蔵は開封される。出役の諸役人は二階（上蔵）と一階（下蔵）に手分けして配置につく。下蔵には検使場が設けられる。役人たちは検使より「反物員数桁書」すなわち反物の数量が箇条書きになっている書付をもらって、二階（上蔵）から卸してきた現物（反物）と「引合」せ、「相改」め、通詞付筆者が帳面に引き合せる。そのうえで、改め済みの反物は残らずオランダ人へ渡される。通詞はオランダ人から請取書をとって検使へ差し上げる。終って、検使帰還の際は一同表門前にお見送りをして引き取る、というものであった。蔵の二階に残りの反物があるときは二階に封を付け、下蔵はオランダ人へ渡し切にして封はしないのである。この年の献上幷御進物は次のような物と数とであった。

覚

一	猩〻緋	拾八反	一 花色同	七反
一	黒大羅紗	拾弐反	一 薄黄（同）	拾弐反
一	茶色同	四反	一 白　同	七反
一	黄　同	七反	一 紫　同	七反

一　桔梗色同　四反
一　緋小羅紗　壱反
一　緋羅背板　五反
一　黒　同　六反
一　緋へるへとわん　拾反
一　薄黄同　五反
一　黒　同　七反
一　だあれす嶋　九反
一　しゅくしや嶋　三十反
一　丁　子　拾六斤八合
〆

一　鳶色同　四反
一　黒　同　七反
一　薄黄同　拾反
一　花色同　拾反
一　花色同　五反
一　紫　同　九反
一　尺長大海黄　廿反
一　しゅくたす嶋　拾反
一　弐番皿紗　七拾八反

この日出役の役人たちは、年番通詞の名村元次郎・本木栄之進両名に田中次郎三郎をはじめとして、御役所付井原俊左衛門、唐人番国木原与一右衛門、船番大木隆平、町使杉山三左衛門・矢次関治、散使小原七左衛門、通詞目附西敬右衛門、大通詞堀門十郎、小通詞並西吉郎平、同末席横山勝之允、同見習三嶋五郎助、稽古通詞堀伝之丞、同本木源吉、同名村多吉郎、同茂伝之進、同小川猪之助、内通詞小頭植村倫右衛門らで、このほか、長崎会所請払役見習の伊藤甚之丞と探番は作次と八平次であった。(16)

献上手本端物御覧　次の仕事は右の献上反物の見本を奉行所へ持参し、長崎奉行の御覧に入れることである。文政二年と天保七年と、両年度現在の規定をまずかかげてみる。

献上手本端物御覧

一阿蘭陀人献上物ニ限、御代官御取扱被成候ニ付、手本端物御覧之儀、附添通詞ゟ献上反物組合代銀帳・御進物組合代銀帳御代官江差出、御覧ニ被為成候而茂差支無之旨申上候得者、御代官ゟ御用人方を以御伺被成、御聞届之上、明幾日何時御覧可被為成旨御代官ゟ附添通詞江御達有之候ニ付、二階卸之節、出役之御検使御封印御附、出嶋方江御渡被置候桁ゝ拵出方之儀、出嶋乙名・年番通詞ゟ書付を以、御広間江伺出、御聞済之上、右書面江月番之御給人壱人御広間御当番之御給人ゟ御裏書被成、通詞江御渡被成候

但、右手本端物御覧之儀、御勘定方江も御代官所ゟ御達有之候事

一当日献上物附添御役所附壱人、外ニ御役所付壱人、都合弐人出嶋江罷越、手本反物ニ附添、其外両組之もの附添、出嶋表門江前日御渡被置候御裏印書附通詞ゟ差出、表門相通、御役所附両組之もの途中警固いたし、御役所江持越、御門江者献上物持入候段通詞ゟ口達ニ而相断御門差通、直ニ御用場江持出、献上物掛り御給人御立合、附添御役所附触頭・御役所附茂罷出、御封印ハ通詞ゟ解明ヶ、通詞并江戸行之筆者ゟ夫ゝ餝附、相済候上、献上物掛り御給人ゟ御案内御用人方江被仰上、御用人御先立ニ而
御前御用場江御出座御覧有之、其節御代官・御勘定方侍席、其外出嶋乙名・通詞目附・付添大小通詞并大小通詞・並・末席・稽古通詞・内通詞小頭・附添御役所附触頭・御役所附罷出

但出嶋乙名已下役ゝ御披露無之、いづれ茂帯劔ニ而相詰、御役所附触頭・御役所附者紋羽織着用いたし候事(17)

一献上端物御手本御覧之事

前広　献上御進物端物組合帳御代官所江差出、右帳面於御役所御覧相済候様子承合、江戸番大小通詞之内ゟ御

伺申上、右日限御差図を請、相決申候、当日途中警固御役所附出嶋江相見候上、献上端物長持ニ入付置候を、出嶋持出入之御裏印申請、御役所江持参、於御用場御覧相済候上、出嶋江持入、元之通蔵ニ入置申候

但右端物入長持御封印之儘出嶋持出入仕候ニ付、御封者御役所附持参仕候、御覧相済候得者、従御広間御封申請、出嶋江持入候上、右御封解明、御役所附江相渡申候

（下ケ札）

「此桁当時御役所江持出候以前、御検使出嶋江御出役ニ相成、御役所ゟ出嶋江持帰候迄御待被成候ニ付、出嶋江持帰、蔵入之上、解明御封御検使江相納申候(18)

右によれば、オランダ人の献上物に限って代官扱になっているので、「献上反物組合代銀帳」「御進物端物組合代銀帳」もしくは、この両者を合せた「献上御進物端物組合帳」というものが江戸番通詞より代官所へ提出される。代官より用人をもって奉行御覧の日時が奉行所に問い合され、やがてその帳面が奉行所で見分済みとなる頃を見計って、江戸番通詞のうちから都合を伺い、日限の指図をうけ、その準備をしておく。その当日は途中警固としての御役所附、両組の役人らが出島に出向くと、すでに前日献上端物手本を入れ置いた長持を出島から持ち出すための裏印をもらっておいた書付をもって、出島表門を通って運び出し、奉行所へ持ち運ぶ。役所の御門では通詞が口頭で断って通り、ただちに御用場に持ち出し、給人・触頭・御役所附らが立合い、通詞が封印をあけ、餝り付け、奉行の御覧をうける。その節は代官・勘定方・出島乙名・通詞一同・内通詞小頭・附添御役所附・触頭・御役所附らも侍席する。御覧済みとなると、また出島に持ち帰り、元の通り蔵に入れ置く、というものである。この際、反物入の長持は封印のまま出島から持ち出されるので、御封は御役所附が奉行所へ持参する。御覧済みとなり、御広間で御封をもらい、再び長持を出島に持ち帰り、封を解き明け、御封は御役所附に返されるというものである。ただし、「下ケ札」のつけられた天保七年の当時においては、手本入の長持を出島から持ち出すまえに検使が出島に出役し、そのまま、手本入長持が

役所へ運ばれ、御覧済みとなって出島に持ち帰られるまで待機されているので、御封は長持が出島に返って解き明けられてから検使に返納する、というのである。

封の持ち運びはともかく、右の規定が実際にどのように実行されていたか。まず、前項同様、明和六年参府の場合をみると、前年の十二月十三日、六ツ半時より「献上反物御覧ニ付出嶋蔵出シ」は行なわれた。この日、検使の出島出役はなく、足軽小頭の井磧忠兵衛と新井新助、御役所附の吉村幸兵衛、船番の諸方幸太夫、町使の伴雲平と溝江嘉兵衛らが出島に出役した。

手本は長持六棹に入れ合せてあった。御封は、前日江戸番小通詞の中山唯八がすでにもらいうけてあった。そこで、この六棹は蔵から出され、反数が改められ、検使の古橋新左衛門によって封がされた。ついで六棹は役所へ運ばれ、御用場において古橋新左衛門・田中彦四郎の立合いのもと、封は解き明けられ、御前で反数が改められた。終って反数を目録に引き合せながら反物は再び長持に入れられて、御広間御当番の昌岡勇助・田中台四郎両名によって封がされ、出島へ持ち帰られ、蔵入りの際、組頭によって封は明けられ、反物はオランダ人へ渡されて、この日の仕事は終了したのである。

この日の出役の役人は前記のほかに、御番所当番野田佐次助・溝江重大夫・米原宇治衛門、加番近藤音右衛門・牧形大夫・松本源太夫、両組当番吉村用左衛門・松下幾次、御用番塚原由右衛門・山本物右衛門・松下安兵衛・三原嘉助、探番甚右衛門であり、出役の通詞としては、名村勝右衛門・石橋助次右衛門・今村源右衛門・吉雄幸左衛門・中山只八《(マヽ)》・楢林重右衛門・今村金蔵・本木栄之進・中山安之助の面々であった。

天明七年十二月の場合は十九日の五ツ時から行なわれた。手順はほぼ明和五年十二月の場合と同じである。違っているところは、この年の場合は長持は四棹であった。「ろノ蔵」から持ち出され、また持ち込まれて、蔵の名前がはっきりとわかっている。御封の数は出島から持ち出すとき四ツと役所から出嶋へ持ち帰るとき四ツの都合八ツ使用されたことが明記されている。長持一棹に一つずつ封は使用された。この年の四棹の長持の中味は、

壱番長持
猩々緋壱反　黒大羅紗壱反　薄黄同壱反

弐番長持
花色大羅紗壱反　茶色同壱反　白同壱反

三番長持
黄大羅紗壱反　紫同壱反　鳶色同壱反

四番長持
緋小羅紗壱反　黒羅背板壱反　薄黄同壱反　紫へるへとわん壱反　花色同壱反　尺長大海黄三反　しゅくしや嶋三反　しゅくたす嶋三反　弐番皿紗三反

であった。献上進物品の全ての種目の見本が御覧に入れられたわけでないことがこれでわかる。しかし、主要品目の見本として一反ないしは三反が御覧に入れられたことが判明する。

「献上端物御手本御覧出役」の顔触れは、江戸番通詞名村元次郎・本木栄之進、田中次郎三郎らをはじめ、御役所附近藤儀三太、船番加藤龍四郎、町使杉山三左衛門、矢次関治、通詞目附西敬右衛門、大通詞吉雄幸作、同堀門十郎、小通詞並西吉郎平、同末席今村郡十郎、稽古通詞本木元吉、同西勝十郎、同茂伝之進、同見習品川友三郎、同三嶋良吉、内通詞小頭松村直次らであった。

献上・進物端物荷造　次は、いよいよ出立を控えて献上幷御進物反物の荷造りをする仕事である。『阿蘭陀通詞勤方書

留』には次のようにみえる。

一　献上并御進物端物荷造之事
前日下調子仕置、長持并皮籠ニ入付、目録并帳面等相仕立させ、江戸番大小通詞ゟ御役所江御伺申上置、当日
御検使出嶋江御出之上、荷造仕、相済候上、御封申請、長持逸〻貫目相改申候

『紅毛通詞并筆者小役勤方書留』も同文である。

　荷造りの前日に下調べをし、荷物を長持や皮籠に入れ、目録や帳面を作っておき、江戸番大・小通詞が役所へ伺う。当日は検使の出島出役をまって荷造りのうえ、封印をしてもらい、長持の重量を量っておく、というものである。

　右の実際例として、明和五年十二月の場合は、十七日に行なわれた。五ツ時から検使古橋新左衛門、殿木亙両人の出役のもと、諸役人出役、通詞は両江戸番通詞をはじめ、石橋助次右衛門、今村金蔵ほか通詞大勢が出勤し、蔵の内と外とで宰領・日雇頭どもが箱詰を終った。荷物は、

一　献上反物入　拾弐棹
一　同皮籠　六拾七箇
　外ニ
一　珍陀蒲(葡)萄酒　五指
一　丁子入長持　三指
一　同小箱　壱ツ

の計八八箇で、それぞれ封がされたので御封は八八使用ということであった。

　天明七年十二月の場合はどうか。よく晴れた同月二十五日、五ツ時から、検使岩本定右衛門と合検使古塚円次郎の

出島に出役を待って、検使場で行なわれた。

手順は、献上物何反と読み上げられ、帳面に引き合せられ、蔵の外へ運び出され、役人立合いのもとで荷造りが行なわれ、封印された。献上物は長持、御進物は皮籠入り、長持には錠がかけられ、二重の封印、皮籠は十文字に縄からげされ一重の封印、酒箱も四棹造られ、改めのうえ錠がかけられ、これにも封印がつけられた。荷造り総計は、

一　献上幷進物入長持　拾八棹（御封内外三十六）

一　御進物入皮籠　四拾三箇（御封四拾三）

一　酒箱　四指（御封四ツ）

で、「献上幷御進物荷造り帳横帳壱冊」が作られ、この帳面は江戸まで持って行かれ、献上物点検の際には逸々これによって引き合せられることとなった。右が終って、また蔵に入れ、通詞から預り証文が提出されてすべてが終った。

この日の出役たちは、御役所附松下忠次、唐人番吉田九郎左衛門、船番高松紋助、町使杉山三左衛門、同矢次関治、散使中川万之進、通詞目附西敬右衛門、大通詞吉雄幸作、同堀門十郎、小通詞茂節右衛門、小通詞並吉雄定之助、同末席今村邦十郎、稽古通詞堀伝之丞、同本木元吉、同西勝十郎、同名村多吉郎、同茂伝之進、同品川友三郎、内通詞小頭植村倫右衛門、請払役並船本悦次郎らで、もちろん名村元次郎、本木栄之進の両江戸番通詞は出勤していた。

以上で出立まえの主たる準備は済んだわけである。しかし、このあとも右の荷物を船積みし、出立の当日まで年番通詞と連絡をとりながら奉行所とオランダ商館の間の細かな用事をなにくれとなくせねばならない。

船積　明和五年の場合でいえば、それは十二月二十四日に行なわれた。両江戸番通詞が前日のうちに町使と連絡をとり、当日検使らの出役を待って船積みは行なわれた。船は日吉丸。船の見分、荷物の荷掛け、荷改めが終って船積み。終って出島のカピタン部屋で吸物と盃が出され労をねぎらわれる。それがすむと、水門のところで、来春付き添

って東上する者一同へ御条目が読み聞かされる。終って御条目は町使に預けられるが、横目録は江戸番大通詞に預けられる。吉雄幸左衛門が受け取った。検使の日吉丸見分はこのあと帰りがけに行なわれた。

天明七年十二月の場合は、二十七日に行なわれた。船は同じく日吉丸。本年の記録によれば船頭に水主一八人とある。積荷目録によって蔵で荷を改め、水門へ運び出し、船積み。終って、御検使場海手の方において検使より東上の者一同に御条目が読み聞かされ、御条目は町使の杉山三左衛門に、横目録は江戸番大通詞の名村元次郎へ預けられた。その後、カピタン部屋で酒肴のもてなしで労をねぎらわれ、検使の日吉丸見分は帰りがけに行なわれた。

カピタン御暇乞　明和六年、年が明けて、いよいよ出立が近付く。正月七日にカピタンと他一人が奉行所へ御暇乞いに出向いた。前日に江戸番通詞は御番所に詰める町使にその旨を通知しておく。当日はオランダ人に付き添って出頭。検使を勤めた古橋新左衛門から御意の趣がオランダ人たちに伝えられて終る。

天明八年の場合も、一月六日の晩に江戸番大・小通詞は明日のことを町使に通知した。当日オランダ人はカピタンと留守詰紅毛人の二人であった。カピタンと留守詰のオランダ人が暇乞いに出たことは『蘭人雑記』にも「かひたん、留守居阿蘭陀」とみえる。したがって、明和六年の場合の「他一人」も留守詰の次席館員であったものと推察される。奉行所の御広間でオランダ人は暇乞いを言上する。このとき出島乙名、大・小通詞、目附、稽古通詞共が役名にて披露され、特に江戸番通詞の名村・本木の名が披露され、ついで同行の町使たち役人の名も披露されたのである。奉行からは御意があり、一同一たん年行司部屋へ引き取り、再び御広間へ罷り出て御目見のうえ御礼を言上する、といった手順であった。あと、主立った役人に挨拶をして終る。

オランダ人手廻荷造　明和六年の場合は正月十三日に行なわれた。これも検使の出役をまって、ほぼ献上・進物荷造りと同様に行なわれた。もちろん年番通詞・江戸番通詞は立ち合っている。荷物は筆者部屋荷物・外科部屋荷物・こんはんや道具・カピタン部屋荷物合せて三〇箇となり、これらにもそれぞれ封がされた。

天明八年の場合は正月十二日に明十三日に行なうべき許可があり、年番通詞の吉雄幸作と加福安次郎から町使へ知らされた。当日は検使以下諸役人出役。カピタン部屋で、荷物改め、帳面引合せのうえ、長持・挾箱に入れ封が付けられた。この日封印を付けられた荷物は五三箇であった。

『蘭人雑記』には「御検使附、御役所付、唐人番、船番、町使、散使、出嶋乙名、通詞目附、大小通詞、稽古通詞」らの出役がみえ、ほかに「通詞筆者、同小使、日雇頭、阿蘭陀人雇之者」も出ると記している。

出　立　明和六年の場合正月十五日が出立の日であった。六ツ半時から江戸番通詞両名の案内で付添いの諸役人一同出島に赴く。カピタン部屋・外科部屋・筆者部屋で、それぞれ手廻夜具類に封がされた。全部で一二箇。検使の見分を得て出立。町使が役所へ紅毛人出立の報告をなし、戻って検使に報告のうえ一行に合流。桜馬場威福寺でオランダ人以下一同、見送りの人々と盃を交して別れる。

天明八年は、手廻荷造りの翌々十五日に出立であった。通詞の案内で諸役人がカピタン部屋に赴き、この日なおまた手廻荷物一三箇が作られ、封印がされた。明和六年の場合と同じく、手廻夜具類をさすのであろう。奉行所への報告や桜馬場威福寺における作法は明和六年の場合と同断である。ただ、この年の記録で判明することは、参府一行の駕籠順である。一番は御下役の斎藤仲右衛門、二番は町使の矢次関治、三番は江戸番小通詞の本木栄之進、四番・五番・六番は紅毛人、七番は江戸番大通詞の名村元次郎、八番は町使の杉山三左衛門、少し間を置いて御検使の岩本定右衛門、このうち四番・五番・六番の駕籠に乗っている紅毛人とは、カピタン Johan Frederik Baron van Rheede tot de Parkeler, 随員筆者 Coenraad Jonas, 上外科 J.A. Stutzer である。(19)

2　参府道中における任務

参府の道中で江戸番通詞が心得、勤めるべきことについて、既刊の『阿蘭陀通詞勤方書留』には、

一旅役之事

右勤方桁ゞ御座候ニ付、此帳ニ者書載不仕候

と断っていてわからない。

断りの文面からして、旅役の勤方について箇条書にまとめた記録があった筈である。しかし、従来、そのような記録があると紹介されたこともないし、内容について触れられたこともなかった。

右のような記録が失われて見ることができないとなれば、明和六年の『紅毛人附添日記』および天明八年の『江府参上阿蘭陀人付添日記　上』などによって、実際の道中の模様をみていくのも一方法とは思われる。しかし、毎日の細々としたことの記事を追っては、あまりにも繁雑に過ぎ、かえって要点がわかりづらく、かつ、記録者が両者とも付き添って道中を共にした者とはいえ町使であるため、江戸番通詞の任務内容をみるうえには物足りない点が多い。

ところが、幸いにも、江戸番通詞自身が参府旅行の直後長崎奉行の下問に答えてまとめた参府道中の報告を見出すことができた。享和二年（一八〇二）に江戸番大通詞として東上した石橋助左衛門の書留である。江戸番通詞が参府の道中において心得ておくべき職務の要点ともいうべき事柄が箇条書にまとめられていて至便である。おそらくは、『阿蘭陀通詞勤方書留』が別にあるとして省略した「勤方桁ゞ」の内容もこのようなものではなかったかと思われる。

よって、ここでは、この『石橋助左衛門出府之節書留写シ』(20)に従って、適宜他の史料と比較し、補足しながら参府道中における江戸番通詞の勤務内容の要点を把握してみよう。

検使との連絡　まず道中の総責任者である検使との連絡については、

一惣而於道中御検使江御談申儀者、不依何事ニ、大通詞江申談、大通詞ゟ御検使江御談申候心得之事

とあって、一切大通詞を経て行なわれる定めであった。

宿々発着　各宿々における発着に際してされるべき準備・心得などについては次のようにみえる。

一於道中ニ下宿取候節、致心得違候而、勘定方幷荷宰領共宿重ニ致し、小通詞宿甚不手都合之事有之候節は、少々手間取候ニ不拘、其時々宿替之儀、賄方之者江急度申付候事

一宿々泊リ之節は、本陣着之上、御下役・町使・大小通詞一同玄関江相待、御検使御着之上、かひたん江申聞、御案内申上、かひたん居間江一同御供申、翌日出立刻限御談相済、宿所引取之上、銘々届ニ罷出ル

右六ケ所は、着之上、御下役・町使方江銘々罷出、着之祝儀申述、彼方ゟ茂銘々宿所江被参候

但

諫早　小倉　下ノ関

大坂　京都　江戸

一毎朝宿所出立之節は、刻限前本陣江罷出、部屋附之者共江手廻シ之儀申付、町使部屋江相扣、出立用意宜候ハヽ、大小通詞之内壱人御検使宿江罷出、只今用意宜御座候ニ付、阿蘭陀人出立仕候段御届申上、引取、直ニ一同出立致ス

一昼休之節茂右同断

各宿では、火災等の事故がない限り本陣が定宿とされていた。本陣には検使はじめオランダ人たちと大通詞らが泊り、本陣一軒で収容しきれない大きさのところでは小通詞・諸役人らは下宿に分宿する定めであった。宿割りから、宿に着いて翌日の予定を打ち合せ、出立時の用意・点呼・検使との連絡、昼食時の連絡・世話など、万般にわたって通詞

が主軸となって働いている様子がわかる。

道中領主より進物　宿次に旅を続けてゆく道中、その所々の領主からオランダ使節への贈物がもたらされることがあって、その受領方の世話については次のようにみえる。

道中御領主様方ゟ御使者拝領物被下候式

一大村ニ而大村信濃守様ゟ御使者被下、御検使宿江被参候ニ付、賄方之者案内致、大小通詞は御検使宿玄関出迎致案内、御検使居間江被通　御口上御進物等御検使引合相済、大小通詞江御同前被申聞候ニ付、直ニ御請御礼申上ル、御請之口上

今般阿蘭陀人附添通行仕候ニ付、不相替蒙御意、御目録之通拝領被仰付、難有頂戴仕候、御請之儀は御引請、何分宜奉願候

同所休泊、彼杵浩は長途ニ茂有之、御使者被参候事茂隙取候ニ付、阿蘭陀人ゟ出立催促致候節ハ、御内分御検使江申上、大通詞壱人御検使宿江一同ニ相揃、御下役町使小通詞は阿蘭陀人江附添、一同ニ致出立候、尤小通詞御請之儀茂大通詞引取、御使者江申述ル、此例は毎ミ有之候得共、去未年、大河原源吾殿警固御検使之節、右之通致ス近例有之候ニ付認置候

一牛津ニ而松平肥前守様ゟ御使者附廻り之衆同道ニ而御検使宿江被参、出迎、敷台送り、御請等之儀は、大村之節同様、尤近年御断ニ而、御同人方ゟ御手紙ニ而御進物御検使銘ミ宿所江持来候儀茂有之、其節は自銘ミも手紙ニ而御請御礼申上候

一田代ニ而宗猪三郎様ゟ御検使江御使者御進物有之、於本陣御対面有之候、銘ミ江は被下物無之候得共、迎送之儀は、外場所同前ニ相済候而御検使宿江御引取被成候

一山家ニ而松平雅之助様ゟ御使者右同断、銘〻茂拝領物有之候ニ付、御請御礼之儀同断
一太宰府参詣等仕度節は、前夜ゟ申上、同所昼休支度相急、参詣致候得共、夜ニ入田代宿江着也、尤帰路之節弁利宜候ニ付、前広御検使江相願置事
一小倉ニ而小笠原左京太輔様ゟ御使者御進物等有之、御検使取次は賄方之者相勤候、右相済候而、銘〻止宿江茂被参、拝領物品不定有之、御請之儀同断
一同所着之上、出嶋留主居江書状遣候哉之儀、相尋、若遣候ハヽ、出来之上、おらんだ人ゟ請取、御検使江致持参、書状大意申上、勘定方之者相扣、御検使江申上、大意和解之通書留させ候事
一同所出立内、里休・船仕廻之間、御検使御下役町使銘〻打込、酒吸物等出ス、右相済、御検使江大通詞町使壱人乗組、阿蘭陀方江は下役町使小通詞乗組、渡海致ス

大村信濃守、牛津で松平肥前守、田代で宗猪三郎、山家で松平雅之助、小倉で小笠原左京太輔と、それぞれから使者をもって進物が届けられる。各宿で、検使の宿に届けられるので江戸番大・小通詞が検使宿の玄関まで使者を出迎え、検使の居間まで案内する。使者からは口上がのべられ、検使は進物を目録と引き合せたうえ通詞へ伝える。通詞はただちに御請・御礼を申し上げる定めであった。通詞がオランダ人になりかわって一切の受領手続きをしていることがわかる。もちろん、オランダ人へは通詞が事の次第を報告する。

この間、太宰府ではオランダ人が天満宮に参詣を希望すれば検使の許可を得てさせるわけで、その世話一切である。

小倉の宿からは、オランダ人が出島の留守オランダ人へ書状を出すことが例になっていた。事実、出島勤務の年番通詞が書き留めた職務日記である『万記帳』に「小倉より之飛脚到来」「小倉より書状到来」などとみえること[21]によっても、また年々のオランダ商館長の参府日記にも該当記事がしきりにみえていて、定例となっていた様子を窺い知

ることができる。天明八年の場合「惣御封数百三拾六」とみえるから、道中に書きためておいたものをここから送ったものと察せられる。

長崎下関間ははじめ海路で船道中であったが、万治二年（一六五九）からはその大部分を陸路にかえた。これをオランダ人は短陸路 de kort landweg といった。享和二年の右史料では、長崎から小倉まで陸路、小倉の宿で一献くみ交したあと、検使船には江戸番大通詞と町使一人が乗り組み、オランダ人方へは下役町使と小通詞らが乗り組んで下関へ渡海したとみえる。

下関逗留　下関では、次の兵庫までの船旅にそなえて船の準備の世話があった。その風待ちの間を利用してオランダ人たちが所々の見物を申し出ると、検使の許可を得て、それに付き添ってやったものである。下関の阿弥陀寺にはよく参詣したようである。天明八年の場合には阿弥陀寺と亀山八幡宮へ参詣している。下関における心得の規定は次の通りである。

下関ニ而
一下関逗留中所〻見物之儀、阿蘭陀人申出候ハヽ、御検使江申上、御聞済之上、当日、御検使宿江大小通詞之内御案内ニ罷出、本陣江御供申、かひたん外阿蘭陀人被召連候、為案内伊東（マヽ）助太夫・佐甲伝次・河野藤作附添罷出ル

一日吉丸乗船之節も、御検使本陣江御出被召連候ニ付、御案内同断

一日吉丸水主共誓詞、長崎表ニ而不相済候節者、於同所致させ候ニ付、銘〻立合、於本陣勘定方之者読聞セ候

一船繋場所伺相済居候所ニ而、阿蘭陀人上陸御願申上候節は、御検使江申上、御同道ニ而上陸被成候、左も無之場所ニ而滞船致候ハヽ、勘定方を始、末〻小者ニ至迄、猥ニ上陸仕間敷、若調物等有之上陸致候ハヽ、其旨相届候上陸（マヽ）致候様、精〻申渡ス事、是は急ニ順風ニ相成出帆之節、乗渡し不申様、兼而行届候様申付置候事

下関での定宿は伊藤と佐甲の二家であった。享和二年当時、参府の海路に使用した船は長崎奉行所の備船である日吉丸であった。出島から荷積みしてここまで廻航されている定めであった。水主たちには、長崎出帆に先立って誓詞をさせる定めであったが、もしそれが済んでいない場合にはこの下関でさせる定めであったことがわかる。船に乗り込み、順風を待つ間はみだりに上陸させないことであった。風次第で帆をあげたからであろう。下関から兵庫までの海路をオランダ人は水路 de waterreis といった（室より上陸して陸路大坂に至ることもあった）。

兵庫着船・西宮泊　兵庫に着船すると次の通りの定めであった。

一兵庫着船、夜九ツ迠候ハヽ、西宮泊りニ罷越候様取計ひ候事、大通詞大坂両御番所江御届として前夜ゟ致出立候ニ付、西宮阿蘭陀人出立ハ小通詞乗物をかひたん跡へ立申候、惣而大通詞行列ニ漏候節者小通詞乗物を大通詞場江立させ候事

兵庫着船が夜の九ツまでの場合には西宮で泊るよう取り計う定めであったことがわかる。ここでは江戸番大通詞が大坂の両番所へあらかじめ一行の到着を届け出るため前夜より一足先に出立する。したがって、西宮から翌朝一行出立に際しては、カピタンの乗物のあとへは小通詞の乗物が続くことになる。これは、すべて大通詞が行列に漏れたとき小通詞が大通詞の場所へ立つという原則によるわけである。兵庫から大坂――京都を経て東海道で江戸に至る道中をオランダ人は大陸路 de groote landweg と称した。

大　坂　大坂では東西両町奉行に対する御礼をし、銅座との事務がある。規定は次の通り。

大坂
一両御番所御礼之節者、阿蘭陀人三人大小通詞、次ニ為川辰吉相並、御奉行様御逢之節者、大通詞御直ニかひたん口上申上候ニ付、小通詞者相扣居ル

一同所ニ而銅器物秋眺江注文之品かひたん江聞合、会所役人詰合之者江以書付申談置候事

一道中調銅鋼等、帰路之節掛改、請取候節は、大小通詞之内壱人秤元立合請取候、尤銅座役場ニ而掛改候ニ付、
　此方ゟ茂勘定方之者召連罷出ル

一住吉天王寺浮瀬、其外芝居等見物ニ罷出候儀、若かひたん毎度罷出候ものは外阿蘭陀人計差出、自分は留主致
　候節は、御検使町使小通詞附添罷出ル、御下役大通詞は留主致ス

右の第一項目にみえる為川辰吉とは『万記帳』に「大坂銅座為川辰吉」「大坂銅座為川辰吉方[22]」とみえる。文化十一年（一八一四）の場合、「船中延着」の事情があって「阿蘭陀人旅中遣用之品」である酒が不足したので「阿蘭陀酒弐拾徳利」を出島から追加、取り寄せるべく江戸番通詞の名村八右衛門・馬場為八郎の両名が書状を出して交渉に当っているが、その品の届け先を右の「大坂銅座為川辰吉方」と指定し、帰路に受け取るといっている。また、天明八年の『江府参上阿蘭陀人付添日記　上』には「大坂本陣為川辰吉」とみえ、同年の場合は二月四日にカピタン以下宿泊している。さらに、年度は未詳なれど、『長崎諸役人帳[23]』には「阿蘭陀宿」として「大坂長崎屋辰吉」ともみえている。これらを綜合判断するに、為川辰吉は大坂銅座の責任者であると同時に大坂の本陣として参府のオランダ人一行の定宿に指定されていた長崎屋辰吉でもあったことが判明する。

さて、大坂の両町奉行所へカピタン以下のオランダ人一行が「御礼」の挨拶に赴く。そのときは江戸番大・小通詞に為川辰吉が同道、出頭する。ことに奉行が直々にお会いになるときは、カピタンの口上は大通詞が申し上げ、小通詞は控えているという定めであった[24]。

銅座では「銅器物」「銅鋼等」の注文品を誂える。その書類（注文書）を会所（銅座）に詰めている役人へ提出しておき、帰路に調達された品を「掛改め」「請取る」のである。銅座役場で掛改め・請取りの際、勘定方の者を連れて大・小通詞のうち一人が「秤元」に立ち合うということになっていた。

大坂には二、三日逗留し、その間、オランダ人一行は「住吉天王寺浮瀬、其外芝居等見物」に出掛けることが許されたが、その世話も一切江戸番通詞のするところであった。

京　都　京都での逗留は諸事大坂の場合と同じ規定であった。

京都
一御所司両御奉行所御礼之節も大坂之通相心得候事

とある。京都所司代・両町奉行への御礼・社寺参詣などの世話は大坂の場合と同じであった。一寸、大坂と異なる点は、京都所司代よりこれから先、江戸までの「紅毛人先触」をもらい受けることであろう。すなわち、享和二年の場合も、「御所司代様被下置候御証文之写弐通」(25)というのが伝えられている。

一　人足　　　七拾人程
一　馬　　　　四拾弐疋程
一　宝仙寺駕籠　拾挺程
一　宿駕籠　　五挺程
右之通無間違用意可有之候、此先触宿〻無遅滞被継送、品川宿ゟ江戸本石町三丁目御用阿蘭陀宿長崎屋源右衛門方江可被相届候、以上

二月九日

嶋山　東十郎　印
藤井伝左衛門　印
木村　辰次郎　印
北村　正十郎　印

従大津ゟ品川迄
宿々　問屋役人中
同所々　船川渡役人中

阿蘭陀人往来之路次中、人馬無滞如先例可出者也

戌二月　大炊　御印

従京都江戸迄道中
年寄
肝煎

阿蘭陀人往来之路次中、船川渡之所々、如先例可肝煎者也

享和二戌二月　大炊　御印

従京都江戸迄船川渡之所々
年寄
肝煎

東海道

一桑名渡海之節者、内里同様御検使船江大通詞町使、阿蘭陀人方江御下役町使小通詞乗組候

一新居御番所罷通候節者（マヽ）は、同所着之上、本陣船用意宜段案内之上、御検使御番所江御上り、御会釈有之、かひたん召連大通詞御番所江罷出、御船御貸被下候御礼申上候ニ付、小通詞外阿蘭陀両人召連、辞儀なしニ罷通り、

船場江相侍候、尤御船江は御検使阿蘭陀三人大通詞町使壱人乗組、御下役町使壱人小通詞は別船ニ乗組、渡海致ス

右により、桑名渡海の際は検使・大通詞乗船と、オランダ人・下役・小通詞らの乗船と、計二隻に乗り分けていたことがわかり、新居の番所通過の際には、検使と、大通詞に伴われたカピタンが番所で貸船に対する挨拶をしたことがわかる。渡海は前同様で、他の各宿々も、長崎街道と同じであったのであろう。

3　江戸における任務

一行が江戸に到着すると、江戸番通詞は一段と多忙になる。

宿所は日本橋の本石町三丁目の長崎屋源右衛門方で『長崎諸役人帳』などに「阿蘭陀宿江戸長崎屋源右衛門」とみえる定宿である。商館長以下一同長崎屋に入って旅装を解く。それからが江戸番通詞は忙しい。

江戸着・御届・廻勤

一江戸着当日は、大通詞所〻御届致廻勤候故、代り御検使かひたん江御対面等之節は、小通詞相勤、翌日小通詞は長崎御奉行御弐ケ所・宗門奉行御弐ケ所・御勘定御奉行長崎掛り之御方罷出、御玄関江上り候得は、御取次衆案内ニ而使者之間江通り候様被申聞候ニ付、罷通り、口上殿様益御機嫌能被為遊御座恐悦奉存候、今般阿蘭陀人道中無滞昨日到着仕候ニ付、御届として罷出候段申述ル、取次衆被承、暫相扣可申、御用人方江可被仰旨御申、奥ニ被入候而、用人共、追付懸御目候段被仰聞、其後、御用人方御出之節、口上前文同様申上候節、其段可被仰上旨御挨拶有之候上退出致、或は取次衆直ニ被聞置候節も有之候

右廻勤之節者、初而ニ候ハヽ、源右衛門同道ケ、又者源右衛門手代之内事馴候もの召連相廻候事、長崎御奉行御留主宅ニ罷出候而は

若殿様益御機嫌能、大殿様於長崎表ニ御機嫌能被成御座恐悦奉存候旨申述候

江戸到着の当日は、大通詞は所々へ御届け、廻勤に出掛ける。したがって、検使らがカピタンに面談等の用が生じた場合には小通詞が通弁を勤める。かく大・小通詞は手分けして仕事に従事することとなる。江戸番通詞は江戸滞在中、役向きにより、江戸在府の長崎奉行・宗門奉行 Commissariessen der Vreemdelingen・勘定奉行長崎掛りの指図を受けた。したがって、右規定にも長崎奉行二ヵ所、宗門奉行二ヵ所、勘定奉行長崎掛りへ小通詞が廻勤の仕来たりを示している。廻勤に際して、初めての場合は長崎屋源右衛門か手代が同道してくれることになっていた。それにしても、廻勤先の主人の在・不在によって異なる口上までもその雛型を示してあるなど、通詞が型通りの口上を述べる様子がみえるようである。

なお、江戸の定宿長崎屋の警固は、出入りが頻々とあったこともあって殊に厳しいものであった。到着の二、三日まえより、町奉行所同心らによって昼夜詰切りで警護されていた(26)。

登城　オランダ商館長らに対する拝礼の許可があると登城・拝礼の世話をするわけであるが、まずその登城の規定は次の通りである。

一拝礼之節、在府御奉行様ゟ被差出候御検使源右衛門宅江御出、座敷江御扣被成候節、罷出、御挨拶申上、警固御検使も御対面有之、阿蘭陀支度宜候節、御案内申上、被召連御登城被成候、百人御番所江相扣候内、御番頭様かひたん并銘ゝ江御目被渡、御挨拶有之候、尤前広御番方之衆ゟ為知有之候、且又於御同所宗門奉行様御両人・在府長崎御奉行様御出被遊、阿蘭陀人并銘ゝニ御逢、追付宜敷時分登城可仕旨被仰渡、御三人様御同道ニ

而御登城被遊候

但、相扣居候内、同心衆心得ニ而、たはこ盆被差出候、阿蘭陀人も御検使江そと申上、きせるたはこ等取寄、又者酒杯も取寄遣ス、小用等ニ参度節詰合之同心衆江相頼候得は、手水場案内被致候

一阿蘭陀人登城之節は、御玄関ゟ上り、天井間次ニ相扣ル

まず、拝礼登城の当日になると、在府の長崎奉行が宿所長崎屋におもむく。座敷で奉行がオランダ人の支度を待つ間に通詞は挨拶に出る。奉行は警固検使にも会われる。オランダ人の支度が整うと通詞が案内を告げ、奉行は蘭人を従えて江戸城に向かう。百人番所でしばし控えている間に、番頭よりカピタンそのほか銘々へ挨拶がある。同所には両宗門奉行・在府長崎奉行も出役され、オランダ人ほか銘々に逢われ、時宜をみて三人同道にて登城となる。百人番所で控えの時間には、同心の心得でタバコ盆が出される。オランダ人も検使へ「そと」申しあげ、キセル・タバコ・酒杯などを取り寄せ、また同心の案内を得て小用もたしておく仕来りであった。オランダ人登城の節、通詞は玄関よりあがり、天井間の次に控える。

拝礼の式　オランダカピタンが拝礼を行なう儀式に関して江戸番通詞の心得ておく規定は次の通りである。

一拝礼之式、阿蘭陀人稽古之間者小通詞茂大広間御椽側ニ大通詞一同罷出見習申候、御検使外阿蘭陀人両人源右衛門は天井間次ニ扣、相待、稽古相済

出御之節は、かひたん大通詞計御椽側ニ罷出、小通詞は首実検之間ニ角より透見仕候、尤小通詞ニ茂見習セ候様、御奉行様ゟ御坊主衆江御沙汰被成置候由ニ御座候得共、猶又自身ゟ茂相頼候事

但、長崎掛り御坊主組頭河嶋円節は数年功者ニ付、御同人江前広進物等厚いたし相頼置候得共、待合之間ニ御間内拝見等出来候ニ付、此儀心得之事

右によれば、拝礼は商館長（カピタン）一人が大通詞の介添えを得て大広間で行なう。その間、他の随員オランダ人・長崎屋源右衛門は天井間次に控えている。小通詞はカピタンらが式の稽古をし、また拝礼の式を行なうことの一切を見習う。ことに、式のときは「首実検之間に角《すみ》より透見」して見習うというものであった。これらの稽古・式・見習が無事に、円滑に取り運ばれるには、何につけても坊主衆の世話を受けねばならない。したがって、事前に在府長崎奉行からの口添えもされるが、通詞自身からも頼むのであると。特に享和二年当時の「長崎掛り御坊主組頭河嶋円節」は「数年功者」の者であるから、「進物」を厚くして頼むことであると、特別の注意書きがついている。したがって、この人物、なかなかうるさい存在であったらしい。江戸番通詞は「此儀心得之事」として、しっかり胸にたたみ込んでおかなければならない重要事項であったことがわかる。

右の規定が、同じ享和二年には、実際どのように行なわれたか。二月二十八日、大広間における拝礼の様子だけをみてみよう。

宗門奉行が会釈で合図をすると、当年在府の長崎奉行肥田豊後守は大広間落椽に罷り出、すでに落椽の上より三本目の柱のところに控えさせておいたカピタンを大広間へ引き上げ、進んで、一本目柱より二枚目の板のところで平伏する。カピタンは奉行の左の方で平伏する。このとき、奏者衆より例の通り「オーランダのカピターン」と披露される。これを聞いて後、ただちに奉行はカピタンの燕尾服の裾を引いて合図をし、退出させる。奉行も後から退出し、ただちに奉行は御拭椽の同役衆が並居る席へ着座し、カピタンはそれより落椽を通り天井之間へ退出する。大通詞は落椽の上より三本目の柱のところのカピタンが控えていたところまで付き添っていたのであるが、拝礼が終った頃には落椽の末迄引き退って控えており、ついで退出のカピタンとともに退出する。一同、次に西丸へ習礼のためまわるのである。この年のカピタンはウイルレム・ワルデナール Willem Wardenaar 四十一歳で、拝礼に先立ち、例によって式の稽古をしたものであるが、その直前に、長崎奉行肥田豊後守から、係の御用番へそっと、「カピタン殊の外肥満にて、拝礼の節、立居不自由、御目障りの儀もこれあるべき旨」漏らされていた。よほどのものであったらしい。

享和二年の場合、西丸拝礼は宗門奉行がカピタン一行に同道して、「台所部屋下埋御門」を通って西丸へ越し、芙蓉の間で控え、やがて同じく宗門奉行の指図で長崎奉行が殿上の間に案内して稽古をさせ、程なく三ノ間「御拭板之角」へカピタンを出し、平伏させる。このとき、長崎奉行は四ノ間の宗門奉行の脇に並び居るのである。長崎奉行はカピタンを平伏させたのちただちに立たせ、一緒に時計の間へ引く。別に用もなく、退出ということになる。ただし、表向きは「御用無之」ということであったが、退出の節「極御内ゝ、山里ゟ御覧有之」ということで、少々退出を見合せるよう長崎奉行はいい含められていて、そのように取り計らった[27]。

廻　勤　拝礼後の廻勤次第は次の通りである。

一御老中様・若御年寄様・御側御用人様・寺社御奉行様・両町御奉行様廻勤例之通相勤候、座次は大坂之通相並候、宗門御奉行様・長崎御奉行様方は、例、於御城御自分御屋敷ニは罷出候ニ不及候段御挨拶御座候ニ付、右之御方ニは不罷出候

老中・若年寄・側用人・寺社奉行・両町奉行それぞれの屋敷に廻勤する。拝礼登城に同道した宗門奉行・長崎奉行からは城中において屋敷まで廻勤の要なしと挨拶があるから略す。

長崎屋での対談

一御医老衆幷天文方御対談之節は、前広懸合有之、当日源右衛門座敷江被相揃候上、かひたん江申聞、用意宜敷候ハヽ、御検使御下役衆ニ茂致案内、阿蘭陀部屋向ゝ相揃候上、源右衛門手代を以御対談衆江御案内申候、通弁之儀は大小通詞打交セ相勤候、座並之儀は毛氈之上、対談衆・夫ゟ御検使・御下役・町使一並、向座かひた

ん外阿蘭陀両人・大小通詞相並候

登城拝礼がとどこおりなく終って一段落したあと、暇乞いの日までは定宿長崎屋に宿泊する。江戸滞在は前後半月から一ヵ月間にも及ぶ場合があった。この期間にいろいろな訪問客が押しかけて、カピタンや随行の蘭医をはじめ阿蘭陀通詞は多忙な日を送ることになる。蘭癖の諸大名・諸有司をはじめとし、官医や天文方の面々が足繁く訪れ、陪臣の医師や民間の学者も縁故をたよって長崎屋へ昼夜を分かたず押しかけた。オランダ人も執拗な難問・珍問責めにあって、ほとほと困惑・当惑してしまい、疲労したものとみえ、その日記にはしばしば、これら訪問客を指して「わずらわしい訪問客 lastig bezoek」と書き記している。江戸番通詞もその都度主客の問答の通弁に努めた。さらにはオランダ人をさておき、通詞をのみ目的とした訪問客も多くあったので、江戸滞在中の江戸番大・小通詞はことのほか多忙な毎日を送った模様である。

規定にみえる「前広懸合有之」というのは、『西賓対晤』[28]のはじめにみえる官医桂川甫周が同学の者とともにオランダ人一行との対談について願書を提出し、許可を得ている一連の手続きを指している。『阿蘭陀人参上一件手覚』によれば、享和二年にも同様の手続きをとっている。長崎屋二階の「阿蘭陀部屋」における「座並之儀」もこれでわかる。この部屋には毛氈が敷かれており、対談者・検使・下役・町使らが片側に並び、向い側にカピタン以下随員のオランダ人両名（書記と外科医のことが多い）に江戸番大・小通詞が並び、対談を行なったことがわかる。

暇　乞　やがて暇乞いの許可があって、再び登城する当日は、前記拝礼登城の際に準じて行なわれ、江戸番通詞も付き添う。大広間四之間に老中列座、宗門奉行が条目をカピタンに読み聞かせ、通詞がこれを通弁する。御請の儀も通弁言上する。終って将軍および西丸よりカピタンに時服三〇ずつがくだされる。再び廻礼前記のようにして、江戸における公的行事が終了する。江戸番大・小通詞もこのときは付き添い通弁の労を賞されるのである。

享和二年の規定では、大広間入口における通詞の位置、御坊主河嶋円節老の差図を受けることなどがみえる。また、暇乞いの御謁が済んだのち、大通詞はカピタンの代礼として御銀を拝領し、その御礼として各役人・奉行衆宅へ廻礼する。そのため、各役人・奉行宅から返礼の使者が長崎屋まで遣わされるが、その際の通弁は小通詞が努めた。その機会に使者たちが対談するときの通弁や接待の慣例も示されている。江戸番として心得ておかねばならない事柄であったことがわかる。

一御暇之節、かひたん江被仰渡幷拝領物頂戴御礼等之式は、大広間入口杉戸囲之外ニ而透見仕候、右杉戸は右方ニ立附有之、左ノ方柱際ゟ筋違ニ透見仕候、是等も御坊主河嶋円節老差図有之候

一右御謁相済、御城退出之節、大通詞儀はかひたん代礼幷御銀拝領仕候、為御礼御暇乞御役人様幷御奉行方相廻候ニ付、御使者通弁は多く小通詞相勤申候、御使者御対談之節も座並対談之節之通

但、此式

御使者阿蘭陀二階はしこ御上り之節案内いたし、着座之上御検使江挨拶有之、其後大小通詞之内御使者側江摺寄候節御使者口上

誰使者を以申入候、拝礼無滞相済珍重被存候、殊ニ拙宅江茂御出ニ預り、不相替目録之通被差送過分ニ思召候、随而従是茂目録之通り進上候段、何ノ守被申付候段被申聞、御目録口上書被相渡候節、請取かひたん江申聞、目録相渡候得者、頂戴致候而御請御礼申上候ニ付、致通弁相済、銘酒・蜜漬等差〔出〕饗応致候、退出之節、蜜漬壱壺・阿蘭陀きせる二本・同たはこ一包宛差送候先例也、外阿蘭陀大小通詞は階子際迄送出申候

売上端物引合

一御使者相済候ハヽ、不差置売上端物引合致候事肝要也、是は差引ニゟ阿蘭陀人調物差操(繰)之勘弁ニ相成候故、相

成丈手廻し致、早メニ相仕廻候事、尤引合之式は勘定方元〆共呑込居候ニ付、得と相糺候上申聞候事

右の規定は、老中以下の幕府役人たちから返礼として贈られた進物と出島から持参した端物類とを売り払って、カピタン以下のオランダ人が江戸その他での調物《ととのいもの》（買い物）の代金と参府費用の一部に充当する勘定をめぐって、江戸番通詞が心得ておらねばならない事項なのである。実際この享和二年に、カピタン一行は老中・若年寄・宗門奉行らに花色大羅紗・色ごろふくれん・紅飛毛紋天鵝絨・黒ふらた・丁子などの諸品を売り、進物と端物の一部を長崎屋にも買わせ、残りの品々は、帰路、京・大坂・小倉の阿蘭陀宿に買わせる許可もとっている。(29) 江戸番通詞は江戸やその他主要な逗留地におけるオランダ商館長一行のこのような商売の世話をもしたのである。売り立ての許可願い、品物と金銭の受け渡し、その引合せ勘定と、なかなか気骨の折れる仕事であって、これは通詞が通訳官兼貿易官の両役を兼ねていたといわれることの一好例であろう。それにしても、参府の機会にオランダ人が幕府の許可を得て公然と商売をしていたなどという事実は従来あまり知られてはいないことであった。数値を挙げて詳論したいところであるが、ここでは深入りしないで、一切別稿「蘭人による献上・進物残品の販売と阿蘭陀通詞」（『青山史学』第八号）に譲る。

長崎奉行からの慰労

一長崎御奉行様御弐ケ所ニおいて御料理被下候ニ付、大小通詞代り合両度罷出候、初而之節は宿源右衛門致同道候方宜候、右御番所ニ而御料理相済拝領物有之、退出候節は、御門迄罷出、又〻引返シ御礼申上、御家中廻り致引取候、若暮ニおよひ候歟、大酒等致シ候節者御広間御当番江御断申上、御家中廻リ不仕候ニ付、宜奉頼候段申上置引取候

江戸出立に先だって、両長崎奉行から江戸番通詞に対する慰労がなされた。大・小通詞は代り合って、両奉行邸へ両度伺い、酒肴のもてなしを受け、拝領物を貰って帰ったものであるが、右はその際の心得である。

帰路出立準備

一阿蘭陀人荷造り、何れも立合候筈ニ候得共、出立前私用多御座候ニ付、立合候分ニ而部屋附之者取計ひ候

一出立前日、宗門御奉行御弐ケ所・長崎御奉行御弐ケ所御暇乞ニ罷出候

右は帰路出立の準備としてオランダ人の荷造り立合いと、両宗門奉行邸と両長崎奉行邸への暇乞いに伺うことの規定である。

人参座替為請取

一人参座御替セ請取候節は、在府御奉行様御用人御壱人・御給人御壱人御立合ニ而、源右衛門座敷ニおいて、源右衛門并同人同役石倉金取調子、大小通詞之内壱人勘定方元〆召連金子請取申候

右は、カピタン一行が「帰路道中不足銀拝借」を願い出、それが許可されて受領する際の手続規定である。実際、享和二年には江戸番大・小通詞連名で願いの書類を作り、請取書も書いている。四〇〇両願い出て許可になっている。(30) 返済は長崎帰着後長崎会所に返納する定めであった。人参座は長崎屋にあって、このような金融機関の役割もはたしていたようで、これもこのたび知り得た新事実であるから、後日再論したい。

4　帰路道中における任務

帰路の各宿々における江戸番通詞の心得は、往路の場合にすべて準じているわけであるが、若干の特記事項もないわけではない。規定に次のようにみえる。

一江戸出立之節、別之子細無之、帰路道中筋往返共同様

一帰路之節、藤沢駅ニ而阿蘭陀人三人とも御検使・御下役・町使・小通詞宿ニ而振舞致来候得共、是は阿蘭陀人

相断候歟、御検使ゟ御差留候歟、相止候節は、肴等かひたん江送遣ス、御検使は御内分御入之節茂有之候、是は其時〻ニ随ひ取計ひ可申事

一大坂出立之節、阿蘭陀人名歳書付壱通用意致候事、是は瀬〻通行之節、彼方役人衆問屋場役人を以御頼ニ付差遣ス例

一於所〻ニ御領主様方ゟ拝領物有之候時〻、御検使江御蔭を以不相替私共迄何之拝領被仰付難有奉存候御会釈申上ル、是は一合〻之心得ニは候得共、先年ゟ阿蘭陀人長崎表帰着之上、御奉行様ゟ向〻御領主様方江御状ニ而、通詞共江茂被下物有之候御礼を被仰遣候ニ付、其時〻御検使江御会釈申上候

一下道中筋宿〻ニおゐて、見物人多有之、駕籠通り兼候事間〻有之、或ハ駕籠すたれなとを引明ケ候様之儀有之、泊り宿などニ而ハ、到而群集いたし、甚混雑、自然怪我等有之候儀も難計、阿蘭陀人共大ニ難渋仕候間、已来は矢上宿ニおゐて佐嘉附廻り役人衆江放逸等無之様申談置、尚又宿〻ニおいても宿役人江茂急度申付候事

附リ、善之丞・辰五郎献上物ニ附添、おらんた人よりハ先ニ出立いたし候間、右之者共ゟも於宿〻ニ放逸無之様急度申談置候叓

右によれば、藤沢駅で小通詞宿における「振舞」とは、一切の公的行事を終り、江戸を離れ、ほっとしたところで一行が内輪の慰労会といった雰囲気である。宴を設けるときもあれば、しないときもあったようだ。

道中所々の領主から通詞へも進物が届けられたようで、長崎奉行がそれぞれの領主に礼状を出したとあれば、通詞がかなり重要視されていた様子を察することができる。諸侯がもしオランダ人と好《よし》みを通じたいとなれば、すべてにわたって通詞の語学力に頼らねばならなかったからであろう。長崎奉行においても同じことがいえたわけである。こんな点において通詞がいかにも技能職であるという実感を与えさせられる。

5　帰着御礼・後始末

無事参府旅行を終えて出島に着いたら、検使の出役を得て帰着荷物の出島への搬入手続をし、荷物を持ち入れる。済んでただちに江戸番大・小通詞は奉行所へ出頭して帰着届けをする。進物・残り端物等があった場合も、改めをうけて蔵入れをする。拝領の時服・夜具・手廻品・食事道具、そのほか差当りの日用品などは、当日に改めをうけ、オランダ人に引き渡す。

帰着当日、江戸番大・小通詞は奉行所へ参上、通詞へ御銀拝領仰せつけられたことに対する御礼を申し上げる。そのあと用人へ添触れを返納し、終って、家老・用人・警固検使・給人まで廻勤するのが例であった。

カピタンが奉行所へ帰着御礼に出頭する際の手続き、通弁を一切勤める。

会計上の決算を済ませることはもちろん必要なことであった(31)。

三　江戸蘭学界への貢献

オランダ商館長が将軍に謁見を許され、貿易の御礼言上、方物献上を済ませ、やがて暇乞いを許されて帰路につくまで、約半月から一ヵ月くらい江戸に滞在した。この間、江戸番大・小通詞も定宿の長崎屋源右衛門方に逗留した。

この一行滞在期間中、江戸の蘭学者たちは長崎屋に心奪われるものがあった。官医で蘭方に傾倒している者、幕府の天文方や訳員などをはじめ、陪臣の蘭方医・蘭学者たちは積疑氷解の機を得べく、また斯業有益の情報を得んものと、伝《つて》を求めて押し掛けたものである。幕府高官・諸侯の訪問もあった。

蘭学者が長崎でオランダ人と対談の際、重要な役割を果したのが江戸番通詞であった。というよりは、江戸番通詞の助力なしには不可能であった。さらには、対談通弁に隔靴掻痒の感を懐き、通詞その人が知識を持てる人と認めると、オランダ人はさて措き、通詞のみに面談の機を求めて訪れる者も増えていったものである。そんな様子のそれぞれの一斑を以下に実例をもって具体的に示してみたいと思う。

1 対談通弁

一七一二年(正徳二)四月三日、新井白石が商館長コルネリス・ラルダイン Cornelis Lardijn に地図を示してオランダの国情を問うた際に、通弁を勤めた年番大通詞はかの今村源右衛門であり、その年の年番小通詞は名村五兵衛であった。[32] 白石の長崎屋訪問は一七一六年(正徳六)の三月一九日と同二五日にも行なわれ、上外科医のワーヘナール Wagenaar に種々問うところがあったが、その際の江戸番通詞もまた前記の今村源右衛門と名村五兵衛両人であった。[33]

一七二四年(享保九)参府した商館長ヨハネス・ティデンス Johannes Thedens が幕府の有司からと思われる質問に答えた記録が『和蘭問答』[34]の表題でのこっている。このときもまた通弁に当ったのは今村源右衛門・名村五兵衛両人で、彼らが組んで江戸番に当ったときである。[35]

蘭学者大槻玄沢の手記『西賓対語』は長崎屋でオランダ人との対談のいきさつ、雰囲気を最もよく伝える史料として周知のものである。すなわち、寛政六年(一七九四)から文化十一年(一八一四)にかけて、六回の江戸参府でオランダ人一行が長崎屋に滞在したとき、玄沢ら江戸の蘭学者が一行を訪問して行なった詳細なる対談記事である。いまその六ヵ年度に通弁を勤めた江戸番通詞の名を列挙すれば次の通りである。

1　寛政 六　一七九四　○加福　安次郎　○今村　金兵衛

2	寛政十	一七九八	中山　作三郎	○本木庄左衛門	
3	享和二	一八〇二	石橋助左衛門	○横山　勝之丞	
4	文化三	一八〇六	名村　多吉郎	○今村才右衛門	
5	〃七	一八一〇	中山　作三郎	○馬場　為八郎	
6	〃十一	一八一四	石橋助次右衛門	末永甚左衛門	石橋　助十郎

右の表のうち、○印を付した通詞が対談当日実際に通弁に当ったことのわかる通詞である。[36] 小通詞の活躍が目立つ。城中などにおける公式通弁は大通詞が担当し、宿所に帰ってからのかかる対談通弁には専ら小通詞が勤めさせられていたものかと思われる。なお、文化七年度には、当時天文台に詰めていた稽古通詞の馬場佐十郎が「此節通弁見習被仰渡由」ということで出席していた。会話力にすぐれた馬場佐十郎のこのときの見習通弁がよほどうまくいったせいか、次の文化十一年度には、

当年ゟ、以来長崎ゟ差添候通詞共御用多ニも可有之候間、罷出候ニ不及、紅毛人手透之節、時日ニ不拘、時〻罷越、馬場佐十郎通弁を以対談仕度奉存候

と、天文方の高橋作左衛門から、あらかじめ通弁に馬場佐十郎を起用したい旨の願いが出されたほどである。結果は、

其方并大槻玄沢・宇田川玄真とも、馬場佐十郎通弁を以、時〻対話之儀、可為願之通候、通詞立合無之対談之儀ハ難成候（下略）

と「御附紙」をもって回答され、ヴェテラン馬場佐十郎による通弁は実現したが、それはあくまでも江戸番通詞同席立合いの下で行なわれることとなったものである。

いずれにしても、右六回の対談の機を通じて益を受けた官医・天文方をはじめ陪臣の医師たち、蘭学者の顔触れを

列挙すれば次の通りである（記録に見える名を全て挙げる）。

栗本瑞見、桂川甫周、桂川甫謙、渋江長伯、土岐寛庵、堀本好益、吉田快庵、杉浦玄徳、石川玄徳（以上官医）

高橋作左衛門、佐々木、山路（以上天文方）

森島甫斎、宇田川玄随、大槻玄沢、松延玄之、鈴木祐甫、杉田伯元、宇田川玄真、岡田甫説、知神甫仙、大槻玄幹、杉田立卿（以上陪臣の医師たち随行者）

文政五年（一八二二）、商館長ブロムホフ Jan Cock Blomhoff が書記のフィッセル Jan Frederik Overmeer Fisscher と外科医のチュリング Nicolaas Tullingh をしたがえて参府した際の[37]、二月二十三日（四月一四日）に幕府天文方の山路諧孝以下吉田属篠原その他の属官が対話のために長崎屋を訪れた。そのときなされた天文方の質問に対するオランダ人の回答は、渋川景佑が『暦学聞見録』巻四の中に「紅毛商客対話[38]」と題して書き留めている。職業柄、天文暦算術に関するかなりつっこんだ質問が発せられ、オランダ人一行のうちに天文学の専門家が居なかったためか、「予其職ニアラザレバ得テ知ル事ナシ」とか「予知ラズ、星学書中に従フテ求ムベシ」などとやや心許ない答えも散見されるが、フィッセルなどは「予は自分の学識よりも、寧ろ携来りたる二、三の書物に依りて、多少彼等を満足せしむることを得たり」と述べているごとく、書物によってまずまず回答を与えていたようである[39]。この年の江戸番通詞は大通詞が末永甚左衛門、小通詞が中山作三郎で、稽古通詞の茂士岐次郎もついて来ていた。この対談の当日は、

小通詞中山作三郎、稽古通詞茂《シゲ》土岐次郎通弁ス、但初二三ノ対話ハ土岐次郎通詞シ、其他皆作三郎通ス、但甲比丹疾ト称シテ面セズ、

とみえるから、主として小通詞の中山作三郎が天文方の質疑、フィッセルの回答を通弁したことがわかる。オランダ人に専門知識の不足があったところへ、仲介役の通詞自身も天文学の専門家でなかったため、理解し得ない内容にし

ばしばぶつかったとみえて、景佑は「是答通詞詳ニ解スアタワズシテ通弁聞取難シ」とも書き付けている。

のち、杉田玄白は『蘭学事始』において、

専ら官医の志ある方々は年々対話といふことを願ひてかの客屋へゆき、療術方薬のことを聞き給ひ、また天文家の人も同じくその家業のことを問ひ給へり、当時はその人々の門人なれば同道し給へることも自由なり(40)

と伝えている。官医・天文方をはじめ、その同学の伝《つて》を求めて多くの蘭学者たちが毎春長崎屋を訪れた。「年々の対話」には「年々の江戸番通詞」が頼みの綱とされていたのである。

2　対談通弁、翻訳・教授

訪問者が対談におよんだ際の通弁だけでなく、ある程度まとまった分量の内容を翻訳して与えたり、すすんでは独自に教授したりした場合の例をみてみよう。

実学の奨励をはかった八代将軍吉宗の命を受けて、長年にわたり長崎屋を訪問のうえ、オランダ語を学んだ人として昆陽青木文蔵は有名である。

昆陽が実際に長崎屋を訪れてオランダ人に対談におよんだことは、一七四二年(寛保二)に参府をしたトーマス・ファン・レー Thomas van Rhee の日記の三月三一日の条に een tweede Student van Zijn Majesteit, genaamt Aoki Boenzo Samma の訪問記事がみえ、四月五日の条にもその名がみえ(41)、一七四五年(延享二)参府のヤコブ・ファン・デル・ワーイエン Jacob van der Waeijen の参府日記の三月二七日の条に Studend Boenzo が古い薬草の本を持って質問に来たなどとある記事(42)によってわかるが、寛保二年の江戸番通詞は中山喜左衛門と茂七郎右衛門の両名、延享二年の場合は末永徳左衛門と楢林重右衛門の両名であった。

昆陽が最も長い歳月を費やしてまとめたオランダ語学書は『和蘭文訳』全十集である。その成立を調べると、毎春一集ずつ一〇年間の歳月がかけられた成果であることがわかる。内容は蘭日単語集で、寛延二年（一七四九）三月十五日の第一集成立から第十集成立の宝暦八年（一七五八）三月十八日にまでおよんでいる。本書成立にいたる詳細なる検討は付録論文[43]に譲るが、江戸番通詞の関与した点のみをみればおよそ次の通りである。

全十集の『和蘭文訳』に収録された単語数はおよそ一一〇〇余語におよび、各単語の読み、綴り、訳語を仔細に検討してみて判明したことは、この収録語はオランダの教科書であったB, Hakvoord: Oprecht Onderwys van de Letter-konst. の第二章音節の説明例語として収載されている全一二〇六語の単語に由来し、昆陽が通詞から訳してもらって筆記した点が多く、その通詞を介してオランダ人に教示を受けた点もみられる。

第5表　『和蘭文訳』加功江戸番通詞一覧

集	年	江戸番大通詞	江戸番小通詞
一	一七四九	吉雄幸左衛門	
二	一七五〇	名村勝右衛門	西　善三郎
三	一七五一	今村源右衛門	森山金左衛門
(四)	一七五二	吉雄幸左衛門	名村　三太夫
(五)	一七五三	楢林重右衛門	西　善三郎
六	一七五四	西　善三郎	森山金左衛門
(七)	一七五五	名村勝右衛門	名村　三太夫
八	一七五六	今村源右衛門	
九	一七五七	吉雄幸左衛門	森山金左衛門
十	一七五八	西　善三郎	名村　三太夫

また、すでに通詞の手許にあったハッカホールド文法書によって作成された単語集（帖）をも利用させてもらったり、別に通詞から一、二の単語の教示を得て追加したりしていることが判明した。その一〇年間、毎江戸番の機会に昆陽に通弁・翻訳・教授の労をとって『和蘭文訳』成立に貢献した江戸番通詞の名を一表にまとめて示せば第5表の通りである。

昆陽とともに命をうけて長崎屋におもむき教示をうけた人は本草学者の野呂元丈であった。

元丈の『阿蘭陀禽獣蟲魚図和解』『阿蘭陀本草和解』[44]も昆陽の学習方法と同じ方法で成ったことは、いまに遺っている各巻末尾の記載によって容易に知ることができる。

『阿蘭陀禽獣蟲魚図和解』はヨンストンスの書Jan Jonstons: Nauwkeurige Beschryving van de Natuur der Viervoetige Dieren, Vissen en Bloedlooze Water-Dieren, Vogelen, Kronkel-Dieren, Slangen en Draken. Amsterdam, 1660. の1部を通詞から抄訳してもらったものであることは、巻末に、

対談ノ阿蘭陀人
加比旦　ヤアコップハンテンワーイ
書　記　ハン　デン　ブリイル
外　科　ヒリップピイトルムスクルス
大通事　吉雄　藤三郎
寛保元年辛酉三月　野呂　元丈

とあることによってわかる。オランダ人三名の名は、Jacob van den Waijen. Jan van der Briel. Philip Pieter Musculus. である。[45]

『阿蘭陀本草和解』はドドネウス Rembertus Dodonaeus: Cruydt-Boeck. Antwerp, 1644. を抄訳してもらったもので、右のヨンストンスを訳してもらった寛保元年（一七四一）より始められ、寛延三年（一七五〇）におよんでいる。これまた一〇年がかりの仕事であったことがわかる。いま各年分の書名とそれぞれの巻末の記載から年番通詞のかかわった様子をみれば次の通りである。

「辛酉阿蘭陀本草之内御用ニ付承合候和解」の巻末には、

右者阿蘭陀本草書面之通外科ひゐりつぷひいとるむすくるす申候趣和解仕候、以上

辛酉三月　　　　　　　　　　吉雄　藤三郎

とあり、翌年からは次の通りである。

「壬戌阿蘭陀本草和解」

寛保二年壬戌三月　　　　　　野呂元丈和解

阿蘭外科　ムスクルス

大通詞　中山喜左衛門

小通詞　茂七郎左衛門

「阿蘭陀本草和解書付」

右外科むすくるすニ相尋書面之通和解差上申候、以上

戌三月　　　　　　　　　　　中山喜左衛門

茂七郎左衛門

「癸亥阿蘭陀本草和解」

寛保三癸亥年三月　　　　　　野呂元丈和解

阿蘭陀外科ムスクルス

大通事　加福　喜蔵

小通事　吉雄　定次郎

「甲子阿蘭陀本草和解」

延享元年甲子三月　　　　　　野呂元丈和解

阿蘭陀外科ムスクルス
大通詞　今村源右衛門

「乙丑阿蘭陀本草和解」
延享二年乙丑三月　野呂元丈和解
阿蘭陀外科ムスクルス
大通事　末永徳左衛門
小通事　楢林重右衛門

「丙寅阿蘭陀本草和解」
延享三丙寅三月　野呂元丈和解
阿蘭陀外科ムスクルス
大通事　名村勝右衛門
小通事　西　吉太夫

「丁卯阿蘭陀本草和解」
延享四年丁卯三月　野呂元丈和解
阿蘭陀外科ムスクルス
大通事　嘉福（マヽ）　喜蔵
小通事　吉雄幸左衛門

「戊辰阿蘭陀本草和解」

延享五戊辰年三月

野呂元丈和解

阿蘭陀外科ドードヱーフルス

大通詞　今村源右衛門

小通詞　名村　三太夫

小通詞格　森山金左衛門

「阿蘭陀本草和解」

寛延三年庚午三月

野呂元丈和解

阿蘭陀外科　ドヲデヱ、ブルス

大通詞　名村勝右衛門

小通詞　西　善三郎

右によって「御用」として長崎屋を訪問した野呂元丈が、江戸番大・小通詞を介して、オランダ商館付外科医のPhilip Pieter Musculus のちには Doede Everts から原書の説明をしてもらい、通詞から訳してもらっている様子が判明する。殊にその翻訳はまったく通詞にたよっている様子が窺える。

くだって、天保九年（一八三八）商館長ニーマン Johannes Erdewin Niemann が書記 F. de Vries をしたがえて参府をした際、渡辺崋山は他の人々と対談にのぞみ、その模様を『鴃舌小記・鴃舌或問』(46)と題して書き留めていることは有名である。渡辺崋山はもとよりオランダ語の出来る人でなかったから、この対談内容の西洋事情・医学関係・天文関係記事は江戸番通詞に頼ってまとめられたであろうことは疑いもなく、崋山自身「大通詞岩瀬弥十郎、小通詞森源左衛門」と明記している。ただし、小通詞の森源左衛門はもちろん森山源左衛門を誤記したものである。

3　文物交換

江戸番通詞が江戸滞在中、オランダ人との対談に訪れる蘭学者たちに通弁の労をとり、すすんでは翻訳・教授を行なって貢献したものであるが、同時にこの機会を通じて多数の文物の交換がなされたことも注目に値する。なかでも蘭学者が求め、珍重したものは書籍・器具・薬品などであって、これらが江戸の蘭学発達に直接・間接にわたって多大の影響を及ぼしたことは看過できない。そして、その斡旋の労もまた江戸番通詞の手を借りずして出来得るものではなかった。二、三の例示をしてみたい。

明和六年（一七六九）春、参府の商館長はヤン・クランス Jan Crans, 江戸番大通詞は吉雄幸左衛門であった。その滞在中、かの杉田玄白はよく長崎屋へ出向いたものである。『蘭学事始』の中で玄白が伝える一話が想起される。

その頃、翁（＝玄白）、年若く、元気は強し、滞留中は怠慢なく客館へ往来せしに、幸左衛門一珍書を出し示せり。これは去年初めて持ち渡りしヘーステル人名のシュルゼイン外科治術といふ書なりと。われ深く懇望して境樽二十挺を以て交易したりと語れり。これを披き見るに、その書説は一字一行も読むこと能はざれども、その諸図を見るに、和漢の書とはその趣き大いに異にして、図の精妙なるを見ても心地開くべき趣きもあり。よりて暫くその書をかり受け、せめて図ばかりも摸し置くべきと、昼夜写しかゝりて、かれ在留中にその業を卒へたり。これによりて或は夜をこめて鶏鳴に及びしこともありき。

精緻な解剖図に魅せられて、滞在中借覧、鶏鳴に及ぶまで写図に励んだヘーステルのシュルゼイン Laurens Heister: Heelkundige Onderwijzingen, 1755. を玄白にもたらしてくれたのは実に江戸番大通詞の吉雄幸左衛門であった。玄白はのちにこのヘーステルの外科書の翻訳を試み、一部を訳し、続訳・完成を門弟の大槻玄沢に託した。玄沢また本書の読訳を期して長崎へ遊学、通詞本木仁太夫良永について学んだことは有名である。[47]

江戸における本格的蘭学発達の出発点となった『解体新書』は、明和八年（一七七一）参府のオランダ人一行の一人が譲ってくれた『ターヘル・アナトミア』を訳出したものである。このとき長崎屋を訪問した玄白の同僚中川淳庵らに通弁の労をとってくれたのは江戸番大通詞の名村勝右衛門であろうことは、商館長ダニエル・アルメノー Daniel Armenault の参府日記に Den Oppertolk Katsemon（大通詞勝右衛門）としてその名が頻出していることによって容易に察せられる。[48]

明和二年（一七六五）春の平賀源内に関して、

明和二乙酉のとし、きさらぎの末、阿蘭陀人東都に来る。大通詞吉雄幸左衛門兼てより交深ければ日ごとに訪ひ侍りぬ。或日吉雄氏いと珍らかなるものありとて、二の器を出す。（中略）アラキフルートルは酒と水とのよし悪を知るものなり。（中略）タルモメートルは（中略）時候の寒暖を計る器なり。（中略）吉雄氏曰、此物、阿蘭陀人といへども数十年の考へにて漸作出せり、今容易にこれを作らんや。予曰、只陰陽の理を知るに過ず、試にこれを告んと。即、彼二ツの物製し出す術を述ぶ。然れども、満座の人猶信ぜざるの色あり、只吉雄氏と我友杉田玄白・中川淳庵の三士大に感服す。[49]

とある。江戸番通詞吉雄幸左衛門のもたらした珍器二種をみて、平賀源内の奇才を発揮して面目躍如たる様子が窺える。源内は三年後の明和五年に「日本創製寒熱昇降器」というものを作って「寒熱昇降図并訳文、蛮名タルモメイトル」という説明書を付して知友へ吹聴した。

寛政六年（一七九四）春、参府東上の商館長ヘースベルト・ヘンミー Gijsbert Hemmij 一行がフランス製蠟細工の頭部解剖模型を持参した。同年五月四日、大槻玄沢が長崎屋でヘンミー一行と対談におよび、その対談記事の中で次のように記している。

加比丹蠟人首《ロウサイクノヒトノクビ》側面ヲ解キカケタルモノヲ桂公ニ贈ル、諸皮ヲ剝テ筋脉見ワレ、且耳下機里児唾管等ヲ見ワス、形状色沢宛然トシテ真ニ逼ル、其諸筋ノ名号等医生ケルレル羅甸語ニテ暗記シ、一〻指示ス、頸ノキリロヨリ気管食道及大絡二道見ユ、側面ノ顔色眼口半ハ開キ、其色沢ノ死相甚タ冷然《スゴク》、人ヲ〆矚視セシム、吾等ノ如キ已ニ屢〻刑屍ヲ解割〆其真ヲ観タルモノハ、殊ニ益〻感〆不レ已ナリ、奇巧精妙今ニ始ヌヿナカラ驚嘆スルニ堪タリ、払郎察国都把里斯《パレイス》ト云処ニテ、婦人ノ造ル所ト云フ、全身備リアリトヤ、尚皆購リ求テ見ンヿヲ希フモノナリ、医ニ志アルモノ此物ヲ見レハ直ニ解剖セス〆熟識スルニ足レリ、医家講習ノ為ニ設ケシモノト見ヘタリ[50]

ヘンミーがもたらしたフランス製蠟細工の頭部解剖模型は官医桂川甫周に贈られ、後日、この模型を貰い受けた桂川甫周から見せてもらった杉田玄白も、「スピールキリール等真ニ迫候事共驚入申候」と、全く驚嘆の体で、早速、昵懇の大垣藩医江馬蘭斎に「近年ニ御下リ之節、御覧可被成候」と、その一見方を奨める書状を認め贈ったものであった。[51]

なお、桂川氏が貰い受けた原品は残念ながら失われたようで、伝存していない。しかし、明治初年に桂川家から東京大学に寄贈された寄木造彩色の模型が、現在医学部資料室に遺存している。右側の表皮を剝離し、筋肉や血管、耳下腺や唾管も彫造されて、迫真の作である。まさに「死相甚タ冷然《スゴク》」といわしめるものである。いかほど、蘭学者・蘭方医の塾教育に役立ったことか、想像にあまりある。長崎屋における模型授受に際して、説明・解説・謝礼など通弁に当ったのは江戸番小通詞の今村金兵衛であった。

このような、オランダ商館長参府滞在中の定宿長崎屋源右衛門方における交歓・文物の授受は年々しきりに行なわれていたものとみえる。後年、いわゆるシーボルト事件の核心たる禁制品の贈答も舞台は長崎屋であった。シーボルト所持品中より見付かった禁制品の一つ葵御紋附帷子は将軍の侍医で眼科医の土生玄碩が開瞳剤の伝授に熱心なあまりシーボルトに贈ったものであった。官医玄碩がその薬名を聞き出すべく、着している葵の紋服をぬいで与えたものであって、わが国における白内障の手術はそれによって一段の進歩を来たした。この文政九年（一八二六）参府の際の江戸番通詞は大通詞末永甚左衛門・小通詞岩瀬弥右衛門（マヽ）・同並名村八太郎・同末席岩瀬弥七郎・林与次右衛門・横山喜三太の面々であった。[52]

このような彼我交歓の場を提供した長崎屋源右衛門をはじめとして、各宿々の宿の主人、家族らもオランダ人一行と心の触れ合いをもち、贈答品を交換する機会を重ねたようであるが、その際の通弁・交渉などの一切もまた、同行の江戸番通詞の語学力・会話力に頼ってなされたものである。

オランダ国ハーグ国立中央文書館所蔵のブロムホフコレクションの中に、商館長ヤン・コック・ブロムホフ Jan Cock Blomhoff（在任期間一八一七—一八年、一八二一—二三年の二回）に宛てた長崎屋源右衛門の娘つるとみの二人の日本文書翰がのこっている。その文面は、

御ふみ之御事御礼申あけまいらせ候、先〳〵したひに御あつさにむかひ候へとも、いよ〳〵御機嫌よくいらせられ候御事、御めて度うれしくそんし上まいらせ候、此たひみな〳〵さま御出にて御よふす承、うれしく殊に思召より更紗おもて地壱端幷ニ手附金もよふ大猪口壱つおくり被下、ありかたく幾久しくといたゝき参らせ候て、相かわらす御心さしさまのほと浅からす〳〵とミな〳〵ありかたかりまいらせ候而、厚〳〵御礼申上たく申付候、右ニ付、近比そまつに御座候得とも、紅板〆縮緬壱反、幷錦絵態と御めにかけまいらせ候、誠ニ〳〵御礼申上候しるしまてに御坐候、いつれ来はるは御めもしさまにて、山〳〵御礼申上候、めて度かしこ

長崎屋

卯月朔日　　　　　　つる
　　　　　　　　　　みの

かひたん様

返〳〵折からすい分〳〵御いとゐ遊し候様、そんし上まいらせ候、みな〳〵くれ〳〵よろしく申上たく申付候、めてたくかしこ

とある。右書翰は岩生成一博士によって『日本歴史』第二三二号の口絵としてその写真版が紹介されている。なかなかの達筆で三七行に認めてある。内容はカピタンからの書翰と更紗表地一反幷に大猪口一つとの贈物に対する礼を述べ、返礼として縮緬一反と綿絵とを贈り、来春再会の機に礼を述べたいと記したものである。このような日本語の文面と筆跡からして、このままブロムホフが受け取っても読むことも出来なかったであろう。この書翰とは別に、ブロムホフ文書中には、卯年（一八一九）三月二十八日付長崎屋の娘おつるとおみの両人から彼に宛てた蘭文書翰があって、贈物の品数も多く、追て書には娘両人の祖父母から宜しくとの伝言も書き添えられているという(53)。その蘭文書翰そのものは娘両人の手によって認められたものとは考えられない。いずれも通詞の仲介があってこそ両者の意志の疎通が可能であったことと察せられる。文中「此たひミな〳〵さま御出にて」云々とあり、ブロムホフが文政五年（一八二二）四月二十一日に江戸を辞していることから、岩生博士は卯月朔日付の本状を「恐らくその翌文政六年のものと思われる」と推定された。しかし、私は同じく文中に「来はるは御めもしさまにて、御礼申上候」とある文言に注目して同人が第二回目の参府をした前年の文政四年（一八二一）卯月朔日付のものとしたい。その理由は、蘭文書翰の内容からして長崎屋の家族とブロムホフとの交歓はすでに第一回参府の文政元年（一八一八）以来のものであることがわかり、来春の参府東上の機会を予定的に期待している文面からである。「此たひミな〳〵さま御出にて」とは、当文政

四年春に蘭人参府休年につき、商館長からの献上物にのみ警護して東上してきた通詞一行のことをさすと考えられる。この年東上した通詞は大通詞横山勝之丞、小通詞岩瀬弥十郎、見習岩瀬弥七郎の三名であった。[54]

いずれにしても、ブロムホフ第一回参府時の江戸番通詞は大通詞が馬場為八郎、小通詞が加福新右衛門で、見習に吉雄権之助が加わっていたし、第二回目参府時には、大通詞が末永甚左衛門、小通詞が中山作三郎、見習として稽古通詞の茂土伎次郎がついて来ていた。したがって、ブロムホフと長崎屋家族との交歓はこれら江戸番通詞・休年出府通詞の通弁・翻訳・仲介によって取り行なわれたものであろうことは容易に察せられる。

宿における彼我交歓の例をもう一つ挙げよう。右の長崎屋の娘がブロムホフとの交歓より一回まえの参府、すなわち文化十一年（一八一四）のヘンドリック・ヅーフ Hendrik Doeff が随員筆者ポヘット Jan Pieter Pogedt と上外科医のフェイルケ Jan Frederik Feilke を従えて東上したときのことである。[55] このとき一行は下関の定宿伊藤・佐甲二軒のうち伊藤家に止宿した。フェイルケは絵心のある医師で前回の文化七年（一八一〇）に同じくヅーフに随行したときから霊峰富士の姿に魅せられて、墨絵で富士の図を何枚も描いていた。出来栄えを愛《め》でてヅーフは賛を加えたものであった。そのヅーフ・フェイルケの二人連れは、このたび伊藤家の当主伊藤杢之允のもとめに応じて、フェイルケは縦長の大きな絹地に富士を描いて J.F. Feilke Aº 1814 と署名し、ヅーフは次のような賛を加えて贈った。

Bergen en Daalen Ontmoeten Elkander nooijt, maar Menschen wel. Aº 1814, In Simonoseki, Hendk Doeff.

大意の拙訳を示せば、

山々と谷々は互に決して出会うことなかれども、人はよく会えり

一八一四年　下関にて　　ヘンドリック・ヅーフ

とでもなろう。当主の伊藤杢之允は、ヅーフが文化三年参府の際にヘンドリク・ファン・デン・ベルフ Hendrik van den Berg なるオランダ名をつけてもらい、参府のため上下するオランダ人一行と親交を重ねる大の蘭癖家であったから、この贈物は誠に似つかわしい物であったと思われる(56)。杢之允がヅーフらと親交を深めることができたについては、ヅーフ第一回参府文化三年（一八〇六）の江戸番通詞、大通詞名村多吉郎、小通詞今村才右衛門、第二回文化七年（一八一〇）の大通詞中山作三郎、小通詞馬場為八郎、第三回文化十一年（一八一四）の大通詞石橋助次右衛門、小通詞末永甚左衛門、見習石橋助十郎らの通弁・翻訳・仲介があってはじめて可能なことであったに相違ない。

くだって、天保九年（一八三八）ニーマン Johannes Erdewin Niemann が参府東上の途中、京都通過の際のことである。前年の二月十九日、大坂では大塩平八郎の挙兵があり、大坂城代土井利位の家老鷹見十郎左衛門のちの泉石は鎮圧の陣頭指揮に当って、三月二十七日に無事召し捕ることを得た。その功により、利位は京都所司代に進み、泉石も京都詰めとなったが、翌九年正月二十八日には京を出発して、古河藩領のある摂津平野郷に出役した。その泉石が、参府一行、ことに江戸番の通詞らと交渉をもった。今回の江戸番通詞は大通詞の岩瀬弥十郎、大通詞助の森山源左衛門に小通詞並の岩瀬弥七郎であった。『鷹見泉石日記』の二月十六日の条をみると、折から京都に滞在中の参府一行のうち、通詞の岩瀬弥十郎が昨日尋ねて来て、たまたま留守だったので今日再び来訪の予定である旨を言い置いて帰っていった旨が記してある。ついで、その岩瀬弥十郎が八時過に来訪のうえ、種々物語をしていったらしく「物語有之、別記有之」とみえる。そしてその際、弥十郎が長崎の同僚通詞から次のようなものを言伝かって届けたことがみえている。

中山作三郎同卯三郎ゟ唐暦一冊、一樒林栄三郎ゟはるしや皮胴乱地幷テリヤカ一罐到来、名村貞四郎ゟ菩提樹実十斗来

泉石は、これよりすでに以前から和蘭趣味をもって蘭学に手を染め、長崎の通詞連と親交をもっていたのである。(57)此の度もまた、出張先において早速親交を深める往来が開始されたものであって、旧知の通詞たちから唐蘭船載の珍奇なる品を手に入れている。なかでも病身な妻女を国許にもつ泉石は万能薬テリヤカの入手には常々腐心していたものであって、この度もその「一罐」を入手することに成功している。ついでをもって、

楢林栄左衛門去十一月五日俄ニ死去候由、加福新右衛門も正月八日急病死去之由(58)

などという長崎の地における通詞仲間の動向までも耳にしている。楢林栄左衛門・加福新右衛門ともに何回か江戸出府の機会をもった通詞であったから、おそらくは泉石が親交をもった通詞たちであったに相違ない。それにしても岩瀬弥十郎が泉石に物語った内容の「別記」が気にかかる。ところが幸いにも泉石の別記は伝わっており、次のごとくみえる。(59)

同(天保)九戌二月十五日　　　　岩瀬弥十郎

右阿蘭陀人参府ニ付、附副着之由、参候処、留守ニ付、申置、同十六日参、逢、正月九日出立、十六日小倉着之処、大雪弐尺余積逗留、十八日晴、下関渡海いたし候用意いたし、同廿六日同所出舟、当月四日室津着、同六日同所出立、姫路泊、夫ゟ曾根石室殿高砂尾上等相廻り、加古川泊、十日大坂着、十四日同所出立、枚方通、伏見泊ニ而着之由

かひたん

一よはんねす　ゐるでうゐん　にいまん　　歳四十二

役人

一けへふりいす　でふりいす　同三十四

一外科ふるまんで参府願立候処、上昇（マヽ）駿材気ニ付、かひたん不召連候由

一楢林栄左衛門去十一月五日急症ニ而病死候由

一加福新右衛門手頭も勤候処、五日歟六日頃死去之由、六十八歳

一楢林鉄之助去冬大通詞被　仰付候事

一名村元次郎儀久世伊勢守様御家平田啓助名ニ而出嶋荷持出、拾弐貫目余ノ銀高引負いたし候付、去八月廿七日
引廻し、出嶋門前ニ而死罪被　仰付候由

Johannes Erdewin Nieman.

Gerrit de Vries.

惣人数書

警固検使　竹岡一介

内

足軽　鳥居新八

梅村兵助

紋次

喜平

御役所附触頭

猪岡　市太夫
内　幸吉
直助

町使

杉山　弥三郎
牧　宗十郎
内　寿吉
市蔵
福太郎

大通詞

岩瀬　弥十郎
内　甚兵衛
栄吉
亀五郎
米五郎
熊蔵

同助

森山　源左衛門

（内）作太郎
利重
米蔵
小通詞並　岩瀬弥七郎
（内）喜八
勘定役元〆　北村元助
同　加藤佐久助
勘定役　嶋山半十郎
同　田中千代太郎
同　北村茂登吉
（小者）安平
竹八
忠平
市次
同並

献上物宰領頭

　小川　善之丞

　小物　吉三郎

献上物宰領格

　瀬下　豊蔵

内通詞小頭格

　兼谷　藤次郎

同見習格

　加悦　藤七

同

　田川　茂三郎

江戸行賄方

　　　修輔

料理人

　　　滝之助

　　　浅次郎

御勝手部屋番

　　　利助

同小使

　　　長之助

　　　勇蔵

　　　恒八

唯次郎

日雇頭　熊蔵

伊七

部屋働　冨太郎

同手代り　竹之助

弥吉

平太郎

諸色売込人

大塚助九郎

松尾寅蔵

かひたん幷役人阿蘭陀人

調物用として罷越申候

〆五拾六人

二月十八日、明日江戸表江出立之旨、弥七郎罷越候

参府一行が長崎以来の行程、オランダ人名歳、長崎の通詞仲間の動向、参府一行の顔触れなど詳細にわたっている。泉石の関心が奈辺に強かったかを窺い知ることができようというものである。わけても『犯科帳』にも一件の概要をみることのできる名村元次郎一件[60]を報じ、また参府一行の惣人数書を示しているのは特色ある情報というべきものである。

老中土井大炊頭利位を補佐する蘭癖家老鷹見泉石の日記は泉石が参府のオランダ人や江戸番通詞から眼を離さないでいる様子を示していて注目に値する。天保十五年（一八四四）二月二十八日の条に次のような記事がみえる。

和蘭人西丸登　城ニ而、御玄関へ参居、罷越候節、弓鉄之間金屛風仕切内へ同役両人着座、入来之節、前ニ而通詞蘭人会釈いたし候付、是ゟも会釈、通、公用人裏付上下ニ而出、引、式帳之通済、笠釼等御覧有之付一覧、表門内、南幕仕切之男、北幕仕切之女見物、御家中家内罷出候、自分引、家内ハ鉄平窓ゟ戸田様へ参候処一覧(61)

簡潔な記載のうちにも参府登城のオランダ人・通詞の動き、それをとりまく役人やその家内たちの動悸までも伝わってくるようである。この年参府の商館長はピーテル・アルベルト・ビク Pieter Albert Bik, 江戸番通詞は大通詞中山作三郎・小通詞植村作七郎であった(62)。西丸の弓鉄の間の金屛風で仕切った内側において老中付家老鷹見泉石がビクや通詞らと会釈をかわし、裏付上下を着用した先導の役人が式帳の通り拝礼を済ませたあと、笠釼など御覧の機会があって泉石も一覧、そのあと、表門の内側、南の幕で仕切ったところには男子が、北の幕で仕切ったところでは女子たちがオランダカピタン一行を見物し、老中土井家の家中ならびにその家内までも見物した様子がわかる。泉石の室も西丸老中戸田山城守邸へ廻勤に向かうカピタンの姿を鉄平窓越しに一覧したというものである。他にみられない珍しい記録である。三月二日には当時天文台詰の通詞品川梅次郎が来て蘭人が両町奉行邸へ廻勤に行った際、見物が多く寄り集まって色々なことを望んで迷惑した様子を伝えた、三月五日の条には、

中山へ古賀絵半切二百枚箱入、文袋百箱入ニ而遣、品川へ頼物之儀申遣候、岩瀬父子・名村只一郎へ書状一ツヽ、荒木熊八へ文袋三十返書遣候(63)

とみえる。中山は江戸番大通詞中山作三郎、岩瀬父子はすでに昵懇の在長崎の大通詞岩瀬弥十郎と小通詞弥七郎の父子をさすのであろう。名村只一郎・荒木熊八とも長崎の通詞たちである。長崎へ帰る通詞、その通詞に託して長崎の通詞たちへ沢山の品々を贈り、書状も託しているところをみると、泉石が通詞たちと親交を深め、舶載の珍品や長崎の情報を得ることにいかに熱意を傾けていたことか、如実に読みとることができる。

四　江戸番通詞一覧

毎回の江戸参府に随行東上した江戸番通詞は二、三人の小人数で多忙のうちに盛り沢山の通弁事務、折衝を弁じこなし、金銭の出納にまで関与したのであるから、必ずや通詞仲間のうちでも有能なる通詞すなわち通詞中の主要メンバーであったに相違なく、この点から江戸番大・小通詞の氏名把握の必要性は増大する。

江戸番通詞についてのまとまった名簿のようなものはない。したがって、毎回の江戸番通詞の把握については、オランダ商館日記を中心に、内外の諸史料を博捜して求めてみた。

第6表　江戸番通詞一覧

参府回数	日本暦	西暦	江戸番通詞（寛文五年（一六六五）以降、上段は大通詞、下段は小通詞）	出典・備考
1	寛永十	一六三三	Facoso（肝付伯左衛門）、Liemon（貞方利右衛門）が随行、（François Caron）	Nicolaes Couckebacker : Dagregister.
2	〃十一	一六三四	通詞名　未詳 (François Caron)	Nicolaes Couckebacker : Dagregister.
3	〃十二	一六三五	貞方利右衛門 (François Caron)	Nicolaes Couckebacker : Dagregister.
4	〃十三	一六三六	通詞名　未詳	Hendrick Haegenaer, François Caron 参府。
5	〃十五	一六三八	貞方利右衛門	Nicolaes Couckebacker : Dagregister.

6	〃十六	一六三九	肝附伯左衛門	François Caron : Dagregister.
7	〃十七	一六四〇	貞方利右衛門	François Caron : Dagregister.
8	〃十八	一六四一	Facoso（肝附、後の吉雄伯左衛門） Tjosko	Maximiliaen le Maire : Dagregister.
9	〃十八 —十九	一六四一 —四二	Fatsiseymon 名村八左衛門 Kitsibioye 西　吉兵衛	Jan van Elseracq : Dagregister.
10	〃十九 —二十	一六四二 —四三	通詞名　未詳	Pieter Anthonij Overtwater : Dagregister.
11	〃二十	一六四三	Koffijoye（小兵衛） Sioske 石　橋　庄　助 西　吉兵衛（当時江戸在住）	Jan van Elseracq : Dagregister.
12	正保元 —二	一六四四 —四五	Kitsibee 西　吉兵衛 Toseymon 秀島藤左衛門	Pieter Antonij Overtwater : Dagregister.
13	〃二 —三	一六四五 —四六	名村八左衛門	Reinier Reijmer van 't Zum : Dagregister.
14	〃三 —四	一六四六 —四七	Dunbe 猪股伝兵衛 西　吉兵衛	Willem Versteijen : Dagregister.

参府回数	日本暦	西暦	江戸番通詞	出典・備考
特派使節	慶安二—三	一六四九—五〇	Sioske (nu Schizeymon genaamt) 石橋　庄助（現在助左衛門と改名） Dimbe 猪股　伝兵衛 ouden tolk Kitsebe 老通詞　西　吉兵衛	Anthonio van Brouckhorst : Dagregister.
15	〃三—四	一六五〇—五一	Mangobe 志筑　孫兵衛 Fatsiseymon 名村　八左衛門	Pieter Sterthemius : Dagregister.
16	〃四—承応元	一六五一—五二	Mangobe 志筑　孫兵衛	Adriaen van der Burgh : Dagregister.
17	〃元—二	一六五二—五三	Skiseymon 石橋　助左衛門 Sinjemon 楢林　重右衛門	Frederick Coijet : Dagregister.
18	〃二—三	一六五三—五四	Fatseseimon 名村　八左衛門	Gabriël Happart : Dagregister.
19	明暦元	一六五五	通詞名　未詳	Leonard Winnings : Dagregister.
20	〃二	一六五六	Scheseijmon 石橋　助左衛門	Joan Boucheljon : Dagregister.

21	〃　三	一六五七	名村八左衛門 Fatsiseijmon	Zacharias Wagenaer : Dagregister.
22	万治　元	一六五八	志筑孫兵衛 Mangabe	Joan Boucheljon : Dagregister.
23	〃　二	一六五九	石橋助左衛門 Scheseijmon	Zacharias Wagenaer : Dagregister.
24	〃　三	一六六〇	西吉兵衛 Kitsibe 横山与三右衛門 Jossojemon	Joan Boucheljon : Dagregister.
25	寛文　元	一六六一	名村八左衛門 Fatsiseijmon 横山与三右衛門 Jossojemon	Hendrick Indijck : Dagregister.
26	〃　二	一六六二	志筑孫兵衛 Mangobe	Dirck van Lier : Dagregister.
27	〃　三	一六六三	石橋助左衛門 Sckeseijmon 名村八左衛門 Fatsiseimon	Hendrick Indijck : Dagregister.
28	〃　四	一六六四	西吉兵衛 Kitsibe 富永仁兵衛 Niffioje	Wilhem Volger : Dagregister.

参府回数	日本暦	西暦	江戸番大通詞	江戸番小通詞	出典・備考
29	寛文五	一六六五	Fatseseijmon 名村八左衛門	Zjodaja 本木庄太夫	Jacob Gruijs: Dagregister.
30	〃六	一六六六	Jossoijmon 横山与三右衛門	Kitsiesaijmon 加福吉左衛門	Wilhem Volger: Dagregister.
31	〃七	一六六七	Itsierobe 富永市郎兵衛	Siodaja 本木庄太夫	Daniel Six: Dagregister.
32	〃八	一六六八	Kitsiebe 西吉兵衛	Kitsiseijmon 加福吉左衛門	Constantin Ranst: Dagregister.
33	〃九	一六六九	Itsierobe 富永市郎兵衛	Sinosiedonne Sinnogie	Daniel Sicx: Dagregister.
34	〃十	一六七〇	Sioudaije 本木庄太夫	Fatziseijmon 名村八右衛門	François de Haese: Dagregister.
35	〃十一	一六七一	Kitsiseijmon 加福吉左衛門	Seesemon 中島清左衛門	Martinus Caesar: Dagregister.
36	〃十二	一六七二	Itsierobe 富永市郎兵衛	Saxseijmon 中山作左衛門	Joannes Camphuijs: Dagregister.
37	延宝元	一六七三	Siodaio 本木庄太夫	Sinnemon 楢林新右衛門	Martinus Caesar: Dagregister.
38	〃二	一六七四	Kitziezeijmon 加福吉左衛門	Fatziezeijmon 名村八右衛門	Joan^{s} Camphuijs: Dagregister.

39	〃　三	一六七五	Itsierobe 富永市郎兵衛	Sezeemon 中島清左衛門	Martinus Caesar : Dagregister.
40	〃　四	一六七六	Jossoijemon, alias Brasman 横山与三右衛門	Saxeymon 中山作左衛門	Joan^{s} Camphuijs : Dagregister.
41	〃　五	一六七七	Siodaijo 本木庄太夫	Sinnemon 楢林新右衛門	Dirck d'Haas : Dagregister.
42	〃　六	一六七八	Kitsizemon 加福吉左衛門	Fatsizemon 名村八右衛門	Albert Brevincq : Dagregister.
43	〃　七	一六七九	Fatsisemon 名村八右衛門	Jassesemon	Dirck d'Haas : Dagregister.
44	〃　八	一六八〇	Brasman Jossoieman 横山与三右衛門	Rogzeijmon 中山六左衛門	Albert Brevincq : Dagregister.
45	天和　元	一六八一	Kitsiseijmon 加福吉左衛門	Sinnemon 楢林新右衛門	Isaacq van Schinne : Dagregister.
46	〃　二	一六八二	Siodaijo 本木庄太夫	Skiseijmon 石橋助左衛門	Hendrick Canzius : Dagregister.
47	〃　三	一六八三	Fatzizeimon 名村八右衛門		Andries Cleijer : Dagregister.
48	貞享　元	一六八四	Josoijmon 横山与三右衛門	Taroijemon 本木太郎右衛門	Constantin Ranst de Jonge : Dagregister.

参府回数	日本暦	西暦	江戸番大通詞	江戸番小通詞	出典・備考
49	貞享 二	一六八五	Kitsizeijmon 加福吉左衛門	Sinnemon 楢林新右衛門	Hendrick van Buijtenhem : Dagregister.
50	〃 三	一六八六	Soudaijo 本木庄太夫	Skizemon 石橋助左衛門	Andries Cleijer : Dagregister.
51	〃 四	一六八七	Sinnemon 楢林新右衛門	Rockseijmon 中山六左衛門	Constantin Ranst de Jonge : Dagregister.
52	元禄 元	一六八八	Jossoijmon, Brasman 横山与三右衛門	Tarroyemon 本木太郎右衛門	Hendrik van Buijtenhem : Dagregister.
53	〃 二	一六八九	Sjoudaja 本木庄太夫	Roghseijmon 中山六左衛門	Cornelis van Outhoorn : Dagregister.
54	〃 三	一六九〇	Cinnemon 楢林新右衛門	Mathaijemon 横山又次右衛門	Balthasar Sweers : Dagregister.
55	〃 四	一六九一	Jossoijemon alias Brasman 横山与三右衛門	Tarroijemon 本木太郎右衛門	Hendrik van Buijtenhem : Dagregister.
56	〃 五	一六九二	Siodaijo 本木庄太夫	Roghsaimon 中山六左衛門	Cornelis van Outhoorn : Dagregister.
57	〃 六	一六九三	Chingobe 楢林新五兵衛	Simbe 加福善兵衛	Hendrik van Buijtenhem : Dagregister.

58	〃七	一六九四	Mattaseijmon 横山又左衛門	Tarroijemon 本木太郎右衛門	Gerrit de Heere : Dagregister.
59	〃八	一六九五	Croseijmon 馬田九郎左衛門	Gompats 名村権八	Hendrik Dijkman : Dagregister.
60	〃九	一六九六	Singobe 楢林新五兵衛	Bonsaimon 立石千左衛門	Cornelis van Outhoorn : Dagregister.
61	〃十	一六九七	Mattaseijmon 横山又次右衛門	Taijkits 森山太吉郎	Hendrik Dijkman : Dagregister.
62	〃十一	一六九八	Gompats 名村権八	Ginnemon 今村権右衛門	Pieter de Vos : Dagregister.
63	〃十二	一六九九	Itsirobe 馬田市郎兵衛	Tokkobe 岩瀬徳兵衛	Hendrik Dijckman : Dagregister.
64	〃十三	一七〇〇	Mattazemon of Brasman 横山又次右衛門	Mangove 志筑孫平	Pieter de Vos : Dagregister.
65	〃十四	一七〇一	Takkebe 岩瀬徳兵衛	Zinzemon 立石千左衛門	Hendrik Dijkman : Dagregister.
66	〃十五	一七〇二	Fatzizeimon 名村八左衛門	Ginnemon 今村源右衛門	Abraham Donglas : Dagregister.
67	〃十六	一七〇三	Itsirobe 馬田市郎兵衛	Reoemon 楢林量右衛門	Ferdinand de Groot : Dagregister.

参府回数	日本暦	西暦	江戸番大通詞	江戸番小通詞	出典・備考
68	宝永 元	一七〇四	Mattazemon of Brasman 横山又次右衛門	Magove 志筑孫平	Gideon Tant : Dagregister.
69	〃 二	一七〇五	Tokkebe 岩瀬徳兵衛	Sinsemon 立石千左衛門	Ferdinand de Groot : Dagregister.
70	〃 三	一七〇六	Fatsisemon 名村八左衛門	Ginnemon 今村源右衛門	Hermanus Mensingh : Dagregister.
71	〃 四	一七〇七	Tokebe 岩瀬徳兵衛	Reojemon 楢林量右衛門	Ferdinand de Groot : Dagregister.
72	〃 五	一七〇八	Mattazemon 横山又次右衛門	Kisemon 中山喜左衛門	Hermanus Mensingh : Dagregister.
73	〃 六	一七〇九	Magobe 志筑孫平	Ginnemon 今村源右衛門	Jasper van Mansdale : Dagregister.
74	〃 七	一七一〇	Fatsizeijmon 名村八左衛門	Ginnemon 今村源右衛門	Hermanus Mensingh : Dagregister.
75	正徳 元	一七一一	Roeijemon 楢林量右衛門	Kitsdaijo 西吉太夫	Nicolaas Joan van Hoorn : Dagregister.
76	〃 二	一七一二	Ginnemon 今村源右衛門	Gofe 名村五兵衛	Cornelis Lardijn : Dagregister.

77	〃 三	一七一三	's Kizemon 中山喜左衛門	's Kizits 加福喜七郎	Nicolaas Joan van Hoorn: Dagregister.
78	〃 四	一七一四	Fatsisemon 名村八左衛門	Kitsdaijo 西吉太夫	Cornelis Lardijn: Dagregister.
79	〃 五	一七一五	Roijemon 楢林量右衛門	Tockebe 岩瀬徳兵衛	Nicolaas Joan van Hoorn: Dagregister.
80	享保 元	一七一六	Ginnemon 今村源右衛門	Gofe 名村五兵衛	Gideom Boudaen: Dagregister.
81	〃 二	一七一七	's Kizemon 中山喜左衛門	's Kizits 加福喜七郎	Joan Aouwer: Dagregister.
82	〃 三	一七一八	Fatsizemon 名村八左衛門	Tockebe 岩瀬徳兵衛	Christiaen van Vrijberghe: Dagregister.
83	〃 四	一七一九	Roijemon 楢林量右衛門	Gofé 名村五兵衛	Joan Aouwer: Dagregister.
84	〃 六	一七二一	's Kizemon 中山喜左衛門	Kizits 加福喜七郎	Roeloff Diodati: Dagregister.
85	〃 七	一七二二	Fatsizemon 名村八左衛門	Tockebe 岩瀬徳兵衛	Hendrik Durven: Dagregister.
86	〃 八	一七二三	Kiesiets 加福喜七郎	Soeimon 馬田忠右衛門	Hendrik Durven: Dagregister.
87	〃 九	一七二四	Ginnemon 今村源右衛門	Gofee 名村五兵衛	Johannes Thedens: Dagregister.

参府回数	日本暦	西暦	江戸番大通詞	江戸番小通詞	出典・備考
88	享保十	一七二五	Kizemon 中山喜左衛門	Tockdaijo 森山徳太夫	Johannes Thedens : Dagregister.
89	〃十一	一七二六	Gofee 名村五兵衛	Jofij 品川与兵衛	Joan de Hartogh : Dagregister.
90	〃十二	一七二七	Kiesits 加福喜七郎	Brasman (Matazemon) 横山又次右衛門	Pieter Boockesteijn : Dagregister.
91	〃十三	一七二八	Fatsi Emon 名村八左衛門	leerling Thotaro	Abraham Minnendonk : Dagregister.
92	〃十四	一七二九	Fatzisemon 名村八左衛門	Tsiojemon 馬田忠右衛門	Pieter Bouckesteijn : Dagregister.
93	〃十五	一七三〇	Goofje (Gofe) 名村五兵衛		Abraham Minnendonk : Dagregister.
94	〃十六	一七三一	Sinnemon alias Kisits 加福新右衛門	Mattazemon (Brasman) 横山又次右衛門	Pieter Bouckesteijn : Dagregister.
95	〃十七	一七三二	Tokdaaij 森山徳太夫	Zoojemon 中山惣右衛門	Pieter Bouckesteijn : Dagregister.
96	〃十八	一七三三	Fateizemon 名村八左衛門	Tjousero 吉雄忠次郎	Hendrik van der Bel : Dagregister.

97	〃　十九	一七三四	Hatsijemon 名村八左衛門	Tsoetsjero 吉雄忠次郎	Rogier de Laver: Dagregister.
98	〃　二十	一七三五	Brasman 横山又次右衛門	Zinzemon 本木清次右衛門	David Drinkman: Dagregister.
99	元文　元	一七三六	Tokdaijo 森山徳太夫	Sojemon 中山惣右衛門	Bernardus Coop a Groen: Dagregister.
100	〃　二	一七三七	Brasman 横山又次右衛門	Fackoesaijemon 吉雄伯左衛門	Jan van der Cruijsse: Dagregister.
101	〃　三	一七三八	Kisemon 中山喜左衛門	Mangero 加福万次郎	Gerardus Bernardus Visscher: Dagregister.
102	〃　四	一七三九	Brasman 横山又次右衛門	Toksemon 末永徳左衛門	Gerardus Bernardus Visscher: Dagregister.
103	〃　五	一七四〇	Tokdaijo 森山徳太夫	Gennemon 今村源右衛門	Thomas van Rhee: Dagregister.
104	寛保　元	一七四一	Tosabro 吉雄藤三郎		Jacob van der Waeijen: Dagregister.
105	〃　二	一七四二	Kisemon 中山喜左衛門	Jukfe 茂七郎左衛門	Thomas van Rhee: Dagregister.
106	〃　三	一七四三	Mansiro 加福万次郎（喜蔵）	Sadaisiro 吉雄定次郎	Jacob van der Waeijen: Dagregister.

参府回数	日本暦	西暦	江戸番大通詞	江戸番小通詞	出典・備考
107	延享元	一七四四	Gennemon 今村源右衛門		David Brouwer: Dagregister.
108	〃二	一七四五	Toksajemon 末永徳左衛門	Sjoejemon 楢林重右衛門	Jacob van der Waeijen: Dagregister.
109	〃三	一七四六	Katsjemon 名村勝右衛門 Kiso 加福喜蔵	Heesdaaij 西吉太夫	Joan Lovis De Win: Dagregister.
110	〃四	一七四七	Kiso 加福喜蔵	Zadaijzero 吉雄定次郎(幸左衛門)	Jacob Balde: Dagregister.
111	寛延元	一七四八	Gennemon 今村源右衛門	名村三太夫 森山金左衛門	Jan Louis De Win: Dagregister. 「戊辰阿蘭陀本草和解」
112	〃二	一七四九	Kosemon 吉雄幸左衛門		Jacob Balde: Dagregister.
113	〃三	一七五〇	Catsjemon 名村勝右衛門	Zensabro 西善三郎	Hendrik van Homoed: Dagregister. 今年は特に den leerling Tattafas が随行している。小通詞並中山唯八である。
114	宝暦元	一七五一	Gennemon 今村源右衛門	Danoskij 森山金左衛門	Abraham van Suchtelen: Dagregister.

115	〃　二	一七五二	Kosemon 吉雄幸左衛門	Sandajo 名村三太夫	Hendrik van Homoed : Dagregister.
116	〃　三	一七五三	Suiemon 楢林重右衛門	Sensabro 西善三郎	David Boelen : Dagregister.
117	〃　四	一七五四	Sensabro 西善三郎	Danosky 森山金左衛門	Hendrik van Homoed : Dagregister.
118	〃　五	一七五五	Catejemon 名村勝右衛門	Sandaju 名村三太夫	David Boelen : Dagregister.
119	〃　六	一七五六	Gennemon 今村源右衛門		Herbert Vermeulen : Dagregister.
120	〃　七	一七五七	Kosaijemon 吉雄幸左衛門	Danoskij 森山金左衛門	David Boelen : Dagregister.
121	〃　八	一七五八	Sensabro 西善三郎	Sandajo 名村三太夫	Herbert Vermeulen : Dagregister.
122	〃　九	一七五九	Catsjemon 名村勝右衛門		Johannes Reijnouts : Dagregister.
123	〃　十	一七六〇	Gennemon 今村源右衛門		Johannes Reijnouts : Dagregister.
124	〃　十一	一七六一	Kosemon 吉雄幸左衛門	Sandaju 名村三太夫	Marten Huijsvoorn : Dagregister.
125	〃　十二	一七六二	Sensabro 西善三郎	Sojemon 楢林重右衛門	Johannes Reijnouts : Dagregister.

参府回数	日本暦	西暦	江戸番大通詞	江戸番小通詞	出典・備考
126	宝暦十三	一七六三	Catsjemon 名村勝右衛門	小川悦之進	Fredrik Willem Wineke: Dagregister. 「物類品隲」巻四
127	明和元	一七六四	Gennemon 今村源右衛門	Soejemon 楢林重右衛門	Jan Crans: Dagregister.
128	〃 二	一七六五	Koesajemon 吉雄幸左衛門	Kinso 今村金蔵	Fredrik Willem Wineke: Dagregister.
129	〃 三	一七六六	Zenzabro 西善三郎	Danoskie 森山金左衛門	Jan Crans: Dagregister.
130	〃 四	一七六七	Katsjemon 名村勝右衛門	Soijemon 楢林重右衛門	Herman Christiaen Kastens: Dagregister.
131	〃 五	一七六八	Gennemon 今村源右衛門		Jan Crans: Dagregister.
132	〃 六	一七六九	Koesajemon 吉雄幸左衛門	Tatefats 中山唯八	Jan Crans: Dagregister. 小川悦之進付添い（『紅毛人附添日記』）
133	〃 七	一七七〇	Soejemon 楢林重右衛門		Olphert Elias: Dagregister.
134	〃 八	一七七一	Katsemon 名村勝右衛門		Daniel Armenault: Dagregister.
135	安永元	一七七二	Gennemon 今村源右衛門	Matthuzero 名村元次郎	Arend Willem Feith: Dagregister.

136	〃 二	一七七三	Kosaijemon 吉雄幸左衛門	Saccusero 吉雄作次郎	Daniel Armenault : Dagregister.
137	〃 三	一七七四	Soejemon 楢林重右衛門	Gisabro 堀儀三郎	Arend Willem Feith : Dagregister.
138	〃 四	一七七五	Katsemon 名村勝右衛門		Daniel Armenault : Dagregister.
139	〃 五	一七七六	Sambe 今村三兵衛（カ）		Arend Willem Feith : Dagregister.
140	〃 六	一七七七	Kozaijemon 吉雄幸左衛門		Hendrik Godfried Duurkoop : Dagregister.
141	〃 七	一七七八	堀儀左衛門	西敬右衛門	Arend Willem Feith : Dagregister. には通詞名欠く。「蘭人訳官出府名簿」
142	〃 八	一七七九	Katsjemon 名村勝右衛門	Zubij 楢林重兵衛	Arend Willem Feith : Dagregister.
143	〃 九	一七八〇	Mathuijsero 名村元次郎	Simbi	Isaac Titsingh : Dagregister.
144	天明元	一七八一	Kozak 吉雄幸作		Arend Willem Feith : Dagregister.
145	〃 二	一七八二	Gisabro 堀儀三郎	Kijemon 西敬右衛門	Isaac Titsingh : Dagregister.

参府回数	日本暦	西暦	江戸番大通詞	江戸番小通詞	出典・備考
146	天明四	一七八四	名村元次郎《Matthuijsero》	堀門十郎《Monsuro》	Hendrik Casper Romberg: Dagregister.
147	〃五	一七八五	吉雄幸作《Kosak》	本木栄之進	Hendrik Casper Romberg: Dagregister. 「由緒書」
148	〃六	一七八六	楢林栄左衛門《Simbij》	茂節右衛門《Sesnoskie》	Johan Fredrik Baron van Reede tot de Parkeler: Dagregister. 「蘭人訳官出府名簿」。栄左衛門は重兵衛の改名か。
149	〃七	一七八七	名村初左衛門《Katsemon》	楢林重兵衛《Subij》	Hendrik Casper Romberg: Dagregister. 「蘭人訳官出府名簿」。なお見習に楢林三郎の名がみえる。
150	〃八	一七八八	名村元次郎《Matthuijsero》	本木栄之進《Enosin》	Johan Fredrik Baron van Reede tot de Parkeler: Dagregister. 「蘭人訳官出府名簿」。稽古通詞名村多吉郎随従。
151	寛政元	一七八九	吉雄幸作《Kosack》	加福安次郎	Hendrik Casper Romberg: Dagregister. 「阿蘭陀通詞由緒書」
152	〃二	一七九〇	本木栄之進《Enosin》	中山作三郎《Saksabro》	Hendrik Casper Romberg: Dagregister.
153	〃六	一七九四	加福安次郎《Jassisero》	今村金兵衛	Gijsbert Hemmij: Dagregister. 「西賓対晤」。「蘭人訳官出府名簿」には大小通詞のほかに見習加福亀吉の名もみえる。

154	〃 十	一七九八	Saksabro 中山作三郎	本木庄左衛門	Scriba: Leopold Willem Ras: Dagregister. 「西賓対晤」「蘭人訳官出府名簿」
155	享和 二	一八〇二	Soekezaijmon 石橋助左衛門	Katsnosio 横山勝之丞	Willem Wardenaar: Dagregister. 「西賓対晤」「蘭人訳官出府名簿」には見習として石橋助十郎の名も記す。
156	文化 三	一八〇六	Takitiero 名村多吉郎	Saijemon 今村才右衛門	Hendrik Doeff: Dagregister. 「西賓対晤」「蘭人訳官出府名簿」
157	〃 七	一八一〇	Saksabro 中山作三郎	Tamifatiero 馬場為八郎	Hendrik Doeff: Dagregister. 「西賓対晤」、天文台の馬場佐十郎も通弁に当る。 「蘭人訳官出府名簿」には馬場佐十郎を見習とす。
158	〃 十一	一八一四	Soekisaijmon 石橋助次右衛門	Sinsaijmon 末永甚左衛門 Soekiezuro 石橋助十郎	Hendrik Doeff: Dagregister. 「蘭人訳官出府名簿」は石橋助十郎を見習とする。
159	文政 元	一八一八	Tamifatiro 馬場為八郎	Sinnemon 加福新右衛門 Gonoske 吉雄権之助	Jan Cock Blomhoff: Dagregister. 「蘭人訳官出府名簿」は吉雄権之助を見習とする。
160	〃 五	一八二二	Sinsaijmon 末永甚左衛門	Saksabro 中山作三郎 Tokiziro 茂土伎次郎	Jan Cock Blomhoff: Dagregister. 「蘭人訳官出府名簿」は茂土伎次郎を見習とする。 「紅毛商客対話」は稽古通詞茂土伎次郎とあり。

参府回数	日本暦	西暦	江戸番大通詞	江戸番小通詞	出典・備考
161	文政　九	一八二六	末永甚左衛門	岩瀬弥十郎 名村八太郎 岩瀬弥七郎	Joan Willem De Sturler: Dagregister. 「鷹見泉石日記」「蘭人訳官出府名簿」には小通詞並名村八太郎、見習岩瀬弥七郎と記録す。
162	天保　元	一八三〇	中山作三郎	楢林栄左衛門	Germain Felix Meijlan: Dagregister. 「蘭人訳官出府名簿」
163	〃　五	一八三四	中山作三郎	茂土伎次郎	「蘭人訳官出府名簿」
164	〃　九	一八三八	岩瀬弥十郎	森山源左衛門	「鴃舌或問」。呉秀三「中外医事新報・昭五」一八一頁。 「蘭人訳官出府名簿」には森山は小通詞助とし、小通詞並岩瀬弥七郎も記録す。
165	弘化　元	一八四四	中山作三郎	植村作七郎 植村作五郎	「御大名様御休泊帳」は中山のみ。 「蘭人訳官出府名簿」は大小通詞の他に見習として植村作五郎も記録。
166	嘉永　三	一八五〇	Ogawa Kejemon 小川慶右衛門	Iwase jasitsiro 岩瀬弥七郎 Ogawa Kijziero 小川慶十郎	Joseph Henrij Levijssohn: Dagregister. 「御大名様御休泊帳」「蘭人訳官出府名簿」「蘭人参府御暇之節検使心得方」「嘉永三戌年二月参府阿蘭陀人逗留中詰切出役書留」
167	安政　五	一八五八	楢林量一郎	稲部禎次郎	「蘭人訳官出府名簿」「御大名様御休泊帳」今年領事官と筆者一人が東上し、大通詞中山作三郎随行とあり。

結

○史料にみえる名称をとって、オランダ商館長の江戸参府に随行・東上した阿蘭陀通詞を江戸番通詞ということができる。

○江戸番通詞はオランダ人が東上拝礼を許された慶長十四年（一六〇九）から存在したことになろうが、平戸に商館のあったいわゆる平戸時代には、滞日年数の長いオランダ人通訳の活躍が目覚しく、わが通詞の影は薄く、史料にもあまりその名は登場しない。

○江戸参府が寛永十年（一六三三）から毎年恒例となり、かつ鎖国政策によってオランダ人の長期滞在が困難となってから、阿蘭陀通詞の存在価値は高まった。したがって、オランダ商館日記にもその名が頻出してくる。ただし、そのオランダ語表記には不正確・不統一な点が多く、邦文史料による検討を要する。しかし、まとまった邦文史料はない。

○江戸番通詞の人員構成は大通詞一名、小通詞一名の計二名が基本であった。幕末に近づいて、見習通詞の随行がままみられたにすぎない。

○江戸番通詞の職務は、参府前における献上品・進物の準備・確認、人足の手配などにはじまり、参府期間中一切の通弁に当り、帰着後の報告・後整理にまで及んだ。かつ、参府道中の各宿における諸種の届け、交渉・警備・宿割・金銭出納・休泊地発着の指揮など一手に引き受けている点からして、参府道中の実質的主導権は江戸番通詞によって掌握されていたといえる。

○拝礼登城をはじめとし、江戸・京都・大坂・下関・小倉など主要逗留地における諸侯・有司とオランダ人との接触の機会においては、諸事円滑に運ぶよう腐心し、廻勤などオランダ人にかわって勤めたり、応接に当ることも多かった。

○参府中、オランダ人が江戸をはじめとする主要逗留地における商行為には注目すべきことが多いが、それらにも江戸番通詞は深く関与していた。

○江戸の定宿長崎屋源右衛門方の二階阿蘭陀部屋における幕府役人・官医・天文方・蘭癖諸侯・陪臣の医師・蘭学者らがオランダ人と対談の際、江戸番通詞はまさにその中心的存在であった。すすんでは、それら訪問者のなかにはオランダ人はさて措き、阿蘭陀通詞のみを目当として来訪する者も多かった。

○したがって、多忙な滞在期間中、山積する任務をこなす間をぬって、江戸番通詞は右の学者たちの需めに応じて翻訳・教授に当り、また情報提供・文物交換の斡旋に当ったことも頻りであった。蘭学の発達に直接・間接に多大な貢献をしたといわれるべきである。

○言葉をもって働く特殊技能者江戸番通詞は江戸をはじめ主要逗留地における働きによって通詞全体の存在価値を高めた様子が窺える。

○右の諸点により、江戸番通詞は阿蘭陀通詞仲間における主要通詞とみなし得べく、全参府期間の江戸番通詞名の把握に努めてみた。

第三節　参府休年出府通詞について

序

ここにいう参府休年出府通詞とは、オランダ商館長が江戸参府を行なわない年、すなわち休年に、出島のオランダ商館長から将軍家へ贈る献上物に付き添って出府した阿蘭陀通詞をいう。参府休年出府通詞という固有の名称があったわけではないが、関係史料に「参府休年之節」「大小通詞等附添出府可致」(64)などと頻出し、他の加役通詞名、たとえば年番通詞・江戸番通詞などと区別する必要もあって、かく名付けたことを最初にお断りしておきたい。

さて、オランダ商館長の江戸参府については、日蘭文化交渉史上における著名なる一事として、すでに関係論文も少なくない。その参府商館長に随行・東上した機会に、江戸の蘭学者に多大の文化的影響をおよぼした江戸番通詞についてはすでに述べた。

ところが、参府が行なわれない、参府休年のことについては、従来顧みられるところがなかった。そこで、本節においては参府休年にオランダ商館長から将軍家へ贈られた献上物に随行・出府した阿蘭陀通詞に注目し、その発端の事情、彼らの職務としたこと、また彼らがこの出府の機会に江戸の蘭学者と接触した様子を具体的に追究して、その意義を考察してみたいと思う。また全期間の参府休年出府通詞名の把握にも努めてみたいと思う。

一　参府休年出府通詞の発端とその事情

寛政二年（一七九〇）、それまで毎年行なわれていたオランダ商館長の江戸参府を五ヵ年目毎に行なうと制度が改められた。それは、同年のいわゆるオランダ商売半減にともなって改められたことである。『寛政年録』はこの令について、同年七月九日老中松平越中守定信が奏者番・大目付・目付へ、

阿蘭陀人商売高減し之儀被仰付候に付、江戸参上之儀も、御用捨を以五ケ年目に参上、幷献上物も是迄之半減たるへき旨申渡候（下略）

と達したことを録している。(65)『長崎志続編』は、この原因を、

近来諸山出銅不進に因て、当年半減商売被仰出、自今年々一艘宛渡来可致、尤銅之儀者六十万斤宛可被相渡旨被命之（下略）

と記している。(66)このように、半減商売にともなってオランダ商館長の江戸参府も五ヵ年目毎に一度と改められたわけであるが、このことについて、同年七月、老中・若年寄が次のような申し合せを行なっている。

申合之覚

阿蘭陀人、以来五ケ年目に参上いたし、進物之儀者是迄之半減に相贈候、尤参上休年者、通詞幷長崎之地役人進物持参之筈之事

一　右之通に付、年々遣候ものも是迄之半減たるへく候、参上休年には、通詞等遣物持参之節、在府之長崎奉行宅まで為持遣候而可相渡候、参上年者、御取扱仕来之通に可致事

右之通申合置候、尤此段長崎奉行水野相模守江申達相極[67]

右によれば、参府休年には半減の進物を通詞ら長崎地役人が在府の長崎奉行宅まで持参するというものである。

『長崎志続編』によれば、このことは同年の「九月六日」にオランダ商館長に達せられ、役人・通詞については、「御役所附触頭、御役所附・大小通詞等附添出府可致旨被命之[68]」と具体的に伝えている。

翌寛政三年の春には、右の命を守って、長崎の役人と通詞が献上物に付き添って出府した。

一当春甲比丹参府休年に付、御役所附触頭一人、御役所附一人、大通詞一人、献上物に附添出府致す

と『長崎志続編』が記すのがそれである。[69] 一方、オランダ商館長も、この新しい制度について、十分認識し、定めの献上物を通詞に託して将軍家に贈ったのであって、そのことは、時のオランダ商館長ペトルス・テオドルス・シャッセ Petrus Theodorus Chassé の日記一七九一年三月二一日[70]の条に、この日大通詞の（石橋）助左衛門が献上物随行を命ぜられたと報告に来たことが明記されていることによってもわかる。したがって、先に「大通詞一人」とあった通詞が石橋助左衛門であることも判明する。そして、このときの献上物については、『御日記』が次のごとく書き留めている。[71]

寛政三辛亥年五月六日

一阿蘭陀人例年令登城、献上物雖有之、去年被仰出当年不罷出 按するに、向後参府五年目と去年仰出さる 、依て献上物長崎奉行永井筑前守を以、左之通相納之

献上物、猩々緋一種、一大羅紗七種、緋へるへとわん三端、萌黄へるへとわん三端、金さらさ三端、海黄十端、縞海黄十端、たあれす縞十端、しゅりしや十端、奥島二十端、辨柄島三十五端、皿紗六十端、金唐革五枚、酒二種

もって、当時在府の長崎奉行永井筑前守直廉を経由して将軍家に右の品々が献上されたことがわかる。

寛政三年はオランダ船の入津をみなかったため、翌寛政四年の「江府献上物」は行なわれなかった。同五年春の献

上物附添出府からは大通詞一人に小通詞一人が加えられ、以後、大・小通詞各一名が出府した。

二　紅毛献上物附添心得

オランダ商館長から将軍家へ贈られる献上物ならびに幕府高官に贈られる進物に付き添って東上することとなった、いわゆる参府休年出府通詞は、商館長の参府に随行した江戸番の前例と経験をもつとはいえ、この新しい任務を遺漏なく果すべく、いかなる点に留意して従事したものであろうか。幸いにも、従来紹介されたことのない「紅毛献上物附添心得方[72]」と題する新史料をみることを得たので、その内容を読んでみたい。全文十三ヵ条からなっている。便宜上番号を付し、内容を示す見出しを（）付で付け、考察してみたい。

紅毛献上物附添心得方

覚

(1)（基本的心得）

一今度阿蘭陀献上物為附添差遣候ニ付、第一公儀掟を大切ニ存じ、道中筋聊権威ケ間敷儀致間敷候、縦令雖為道理任我意候は可為越度事

(2)（道中馬士人足等に対する心得）

一御定之通、過貫目之荷物為持不申様、逸々相改可申候、馬士・人足等打擲致間敷候、献上物附添候者共、弥以右之通相心得、面々小者ニ至迄堅可申付事

(3)（各宿における心得）

一献上物附添之もの共、途中ハ勿論、休泊之節又は出立之節も万事心を附、雨天等之砌者別而入念警固可致事

(4)（火の用心・不寝番・不時見廻・人別改の心得）

一宿々ニ而第一火之用心堅可申付候、尤献上物差置候所者不寝之番人申付置、其方共折々見廻可申候、総而他之者宿江不入込様、勿論附添之者ニ至迄、一切致他出間敷候、

附、道中・船中、京・大坂・江戸逗留中は別而相慎可申、尤不時ニ人別相改、万一軽きもの共ニ而も、其節他出いたし候ハヾ、可為越度事

(5)（大酒・口論・高声禁止）

一大酒不可致、総而一分を嗜、作法能可相勤候、若酒狂・口論・高声等致候ハヾ、可為越度候、少々宿は致方悪敷候共、随分可致堪忍事

附、宿々ニ而献上物差置候処者勿論、其方共詰居候所も、作法能相守可申事

(6)（御定賃銭支払、請取手形受領心得）

一道中御定之通駄賃相払、請取手形取置可申候、若下々草臥軽□ニ乗候共、定之通駄賃相払可申候、略江下り不申候様可致候

附、宿々泊ニ而かさつ成儀致間敷候、急ニ人馬当テ替之儀有之候共、催促不致、若差支之儀モ有之候ハヾ、其方共得と評議ノ上可取計候

(7)（近火に対する注意・心得）

一道中又者於江戸宿、近所出火有之、献上物其外進物等蔵江入候共、持退候共、其所之様子次第、随分無油断附添片付可申候、兼而宿ニ而其心掛可有之候事

(8)（衣類等質素にすべき心得）
一旅中衣類其外何事ニよらす可成丈質素ニ可致候、召連候者共別而可心付事
(9)（買物・売り物等頼まれ、また自分用も無用の心得）
一紅毛人ゟ江戸并京・大坂其外旅中ニ而買物等相頼候共相断、尤自分入用之品等モ買調候義者可為無用候事
　但、此地ゟ品物持越売払候様之儀、猶又無用可為候
(10)（届け物等引き受け無用の心得）
一諸向ゟ江戸其外旅中届物等相頼候共、持越候儀可為無用候
(11)（御用済次等江戸出立心得）
一於江戸献上物并進物等納相済、其他御用向相済次第不手間取様いたし、在府奉行江伺之上出立可致候事
(12)（付添役人との連絡・協議・事務処理心得）
一御役所附触頭・御役所附為附添差遣候間、万事令相談取計可申事
(13)（江戸・京・大坂出立心得）
一江戸・京・大坂共用向相済次第、早々出立可致事
右之条々堅可相守候、若相背族於有之ハ、帰着之上、急度可申付候
　　正月

各条の内容は見出しとして要約した通りである。(12)にも示されているように、長崎奉行所から派遣される役人は御役所附触頭と御役所附であって、この表現から、この心得が参府休年出府通詞のためのものであることもはっきりとわかる。商館長の江戸参府のときのように検使の派遣[73]はなかったから、通詞にとっては、オランダ人に対する心遣い

からは解放される一方、江戸番通詞としての勤務のとき以上に、一行全体の中心的存在として、重責を負わされていた。彼らもそのように感じたことであろう。

右のような心得を含んで参府休年出府通詞は大役を果したものであるが、なお、実際には、長崎出立前、あるいは江戸着後に、担当通詞は長崎奉行から細部にわたって指示を仰ぎ、職務を遂行した。その様子は、寛政三年（一七九一）に出府した大通詞石橋助左衛門が、新制度における初年度の役務ということからか、「江府拝礼阿蘭陀人参上休年之節、献上幷御進物持越候ニ付、寛政三亥年二月長崎出立前伺書」および「於江府伺書」[74]という伺書を奉行に提出して、指示を得ていることによって知ることができる。内容は百ヵ条を越えて詳細をきわめているが、これを紹介することはあまりにも細部にわたり、煩に過ぎるので、他日史料集のかたちで紹介・検討することを期し、本節においては省略に従いたい。ただし、これを概していえば、オランダ商館長の江戸参府の節に心得ているべき江戸番通詞の職務を前例として、その全てにわたって逐一踏襲・確認の指示を仰いでいるといったものである。これに対し、奉行所も、出立前の諸準備から往返の道中、在府中あるいは京・大坂・下関・小倉など主要な宿駅の阿蘭陀宿における心得にいたるまで、ほぼすべて「先格」に準じて指示や許可を与えている。それらをみると、江戸番のときに比較して、オランダ商館長の代理として諸事の届けを行なったり、御礼・廻勤を代行するということからは解放されているが、献上物・御進物など諸事半減にしたがい、規模を縮小したとはいえ、警固や扱いには慎重さを求められ、検使の随行を欠いているため、かえって一行の中心的存在として一層の重責を負わされていることも如実に窺える。さらに、寛政五年には中山作三郎と吉雄左七郎の両名が、同七年は吉雄左七郎と堀伝右衛門の両名が、同八年には石橋助左衛門と本木庄左衛門の両名が、こえて同十一年には名村多吉郎と横山勝之丞の両名が、それぞれ参府休年出府通詞として、それぞれ追加して伺書を提出のうえ指示を受けている。これらの詳細についても、一切他日の再論を期したい。

三　江戸蘭学界への貢献
——鷹見泉石との面談・交流を通じて——

さて、右の参府休年出府通詞が江戸に滞在中、江戸の蘭学者たちといかなる知的交流を深めたか。江戸の蘭学界におよぼした影響をみてみたい。ここでは、おびただしい舶載品を蒐集し、蘭学に手を染めて、江戸蘭学界最大の集まりでもあった新元会の常連出席者であった古河藩家老鷹見泉石がこの参府休年出府通詞との面談・交流の具体例を通じてみてみたい。

1　文政十年の例

『鷹見泉石日記』(75)の文政十年（一八二七）三月九日の条をみると、その一節に、

　一、七時頃ゟ他行、黒江屋・小蘭田屋へ参、長崎屋へ末永・岩瀬着ニ付、参、末永ゟ加福状・風説書三冊・痰切シコノープ二、吉雄権之助ゟスノイフトース二、吉雄忠次郎ゟトース一到来、岩瀬ゟ言語書一冊借来、（下略）

とある。この文政十年は、オランダ商館長の江戸参府の年に当っていない。この前年に、商館長スツルレル Joan Willem de Sturler, 随員外科シーボルト Dr. Philip Franz von Siebold, 筆者として薬剤師ビュルヘル Heinrich Bürger, 大通詞末永甚左衛門、小通詞岩瀬弥十郎ら参府の一行が東上したばかりで、この年はいわゆる休年に当っている。泉石も三月二十六日の条で、

　一、阿蘭人休年ニ付、奉礼ニ而、時服遣候事

と簡潔に、かつ的確に、このことを記している。したがって、九日の条にみえる長崎屋に来着の末永・岩瀬とはオランダ商館からの献上物に付き添って出府した阿蘭陀大通詞の末永甚左衛門と同小通詞の岩瀬弥十郎のことである。この両名が、この年、前年にひき続いて、再び出府したことは、他の鷹見家史料にもその名がみえていて間違いはない。長崎から通詞両名が定宿長崎屋に到着の報を知って、泉石は早速出掛けたわけなのである。長崎屋で泉石が両通詞から受け取った品がすこぶる興味深い。末永甚左衛門は同僚の通詞加福氏から言づけられた書状に加えて風説書三冊と痰切シコノープ二と、同じく通詞の吉雄権之助と吉雄忠次郎兄弟から託された品々をもたらした。右のうち「スノイフトース」とは、オランダ語で snuif doos と翻字できそうである。さすれば、「嗅きタバコ入れの箱」なることがわかる。同様、「トース」とあるのは単に doos「箱」の意であるが、おそらくはオランダ船によって舶載された、異国の珍らしい飾り箱のようなものであったかとも考えられる。「痰切シコノープ」は、にわかに思い当り得ないが、おそらくは解咳剤ふうの薬物かとも想像されるところである。「風説書」は、通詞末永がその職掌柄翻訳に携わった「阿蘭陀風説書」に相違なく、幕府がみだりに世上に流布することを厳禁していた、最新の海外ニュースである。泉石は、はやくからこの種の海外情報の入手を、ひそかに、かつきわめて熱心にすすめていた。泉石と阿蘭陀通詞との間に交わされた書翰には、しばしば風説書の入手方依頼と落掌の謝礼とに関する記事を見受ける。現に鷹見家は「阿蘭陀風説書」の写本を幾年分か所蔵されている。(76) いずれも泉石の熱意を証する記念の写本である。一方、小通詞岩瀬弥十郎からは「言語書」を一冊借り受けて帰ったとある。おそらくは、オランダ語に関する書物であったと考えられるが、これだけではいかなる内容の書物であったか詳らかにし得ない。泉石がオランダ語に興味を示し、すすんでは必要視して学習を進めていたことは、他にも多くの史料があって明白なことである。

さて、日記のその後をみると、同三月十三日の条に、「当番　夕方少々雨」と記されたあと、

一、末永岩瀬へ鮓一桶ツヽ遣候

一、楢林状岩瀬ゟ届来

とある。この日、泉石は当番で勤務から離れることができなかったため、家来をして前記末永と岩瀬の両通詞のもとに鮓一桶ずつを贈り届けた。おそらく、九日の記事にみえる好意に対する返礼として通詞両名が宿泊先の長崎屋へ届けたものと考えられる。同時に、折よく長崎の通詞楢林某から岩瀬の手許に泉石宛の書状が届いていたために、これが泉石のもとに届けられたものと見受けられる。

さらに四月四日の条には、泉石自身が「末永・岩瀬へ寄」と記しているから、やはり長崎屋へ立ち寄ったことと考えられる。同じく四月八日の条には、

一、長崎状、末永・岩瀬江頼遣

とあるところをみると、末永・岩瀬が長崎への帰路につくに際して、泉石は在長崎の相識の諸氏宛に書状を託すべく家来を末永・岩瀬のもとに走らせたものと考えられる。

右の末永甚左衛門と岩瀬弥十郎はよほど泉石と昵懇の間柄であったものとみえ、両名が泉石に宛てた年賀状や書状が知られ、また泉石が彼らに宛てた書状案ものこっていて、彼らが親交を結んだ様子を窺い知ることができる。いまその一例のみ示そう。

改年之御吉慶不可有際限御座候、弥御勇健被為成御超歳珍重御儀奉存候、乍憚年頭御祝詞申上度呈愚札候、猶奉期永陽之時候、恐惶謹言

末永甚左衛門

正月二日　祥守（花押）

鷹見十郎左衛門様

追啓申上候、未余寒強御座候得共、弥御勇健被成御座珍重奉存候、随而軽微之品ニ御座候得共阿蘭陀紙一 同 羽筆五奉入御笑覧候、誠ニ年始御祝詞申上候程迄ニ御座候間、御笑留被成下候ハ、忝奉存候、以上(77)

にわかに発信年を決定できるような手懸りとてない通常の年賀状ながら、末永甚左衛門が「阿蘭陀紙一」と「同羽筆(おそらく鵝ペン)五」を添えて贈り届けてきたところが注目に値する。いずれも、泉石が喜悦の情かくしきれなかったであろう舶載の珍品であった。

2　天保八年の例

『鷹見泉石日記』の天保八年(一八三七)二月八日の条をみると、

○大通詞岩瀬弥十郎昨晩着之由、楢林栄左父子ゟ年頭披露状・銅板絵二枚、唐舟主共ゟ受書写、旧臘米価高直ニ付、長崎奉行被仰渡書、唐暦一冊差上、旧臘九日附書状正月九日相達候、返書自分へ年始状旧臘之返書、唐暦一冊、金絵小コッフ壱贈呉候、長尾へ状壱封、コッフ箱一届遣候、暮頃届来、岩瀬弥七郎ゟ石筆弐本到来、名村貞四郎状江戸廻ニ遣候間、帰ニ可達由

とみえ、翌九日の条には、

五時前出宅、岩瀬弥十郎旅宿へ参、逢、石橋助五郎も参候付、初而逢候(中略)
○春三郎へ岩瀬ゟ借風説書・荷物書写頼
○弥十郎へ海苔、石橋へ奉書半切三品、以手紙遣、蘭銅版一覧致度申遣候処、石橋留守之由弥十郎ゟ返書来

とみえる。この天保八年もオランダ商館長の江戸参府は休年に当っていたから、通詞たちが商館からの献上物のみを

持って東上してきた。右の条によって、この年の出府通詞が岩瀬弥十郎と石橋助五郎の両名であることが判明する。岩瀬弥十郎が大通詞で石橋助五郎が小通詞であることは、すでにわかっている[78]。

通詞一行が二月七日の晩に着くと、例によって泉石は早速その翌日から往来を開始したのである。岩瀬弥十郎自身が泉石に贈った品は唐暦一冊、金絵の小コップ壱である。すでに旧知の在長崎の通詞楢林栄左衛門父子からの銅板絵二枚や書状、岩瀬弥七郎からの石筆二本、名村貞四郎からの書状も岩瀬弥十郎によって泉石のもとにもたらされた。さらに、泉石は岩瀬から「風説書」とオランダ船によって舶載された「荷物書」（おそらくは「積荷目録」）を借り受けて春三郎なる者にその筆写を依頼しているのである。珍奇な品々に加えて「風説書」と「荷物書」のことは注目すべきことである。鷹見家には今も珍しい銅版画類が伝存している。その入手経路はかくなるものであったことが判明する。泉石は、岩瀬弥十郎へ海苔を贈り、石橋助五郎への返礼には奉書半切三品を用いている。そしてさらに、熱心に「蘭銅版」の一覧を申し入れているのである。石橋助五郎とはこの年が初対面であった。

翌二月十日の条をみると、

○弥十郎今日可参由ニ付、心組候処、七半時頃断、手紙ニ而唐暦大小二冊・朝鮮筆二・琉球扇団（団扇）二・平安散二・碁盤毛氈壱到来、石橋助五ゟ金唐革烟草入地一・銅板絵三・碁盤毛氈一到来、夫々返事遣候

とみえる。昨日の希望は叶えられたようで、銅板絵を三点入手したのをはじめ、この日も種々入手している。とんで、四月十一日の条をみると、

○長崎加福新右衛門状、テリヤカ弐、鑵鋏一、羽根楊枝、香水入弐、中山作三郎ゟハルシヤ革胴乱地、名村貞四郎ゟ石筆ニ革少々、荒木豊吉事蜂之進ゟ和蘭本海上図一冊、薬少々、何も書状添到来

とある。ここにみえる加福新右衛門・中山作三郎・名村貞四郎・荒木豊吉らは、いずれも長崎の有能な通詞たちであ

る。泉石が入手出来た品々が面白い。ことにテリヤカは蘭方医家が珍重した解毒の効能のある一種の万能薬で、諸家が努めてその入手に苦心し、かの杉田玄白も『的里亜加纂稿』(79)を著したものである。泉石の妻子はあまり丈夫でなかったようであるから、前記の平安散などとともに大いに役立ったものかもしれない。香水入もその妻女か娘のためのものであったか。また、地理書・地図類には目のない泉石であったから、「和蘭本海上図一冊」は一層泉石の知的欲求を満たしてくれたであろう。

四月十九日の条をみると、

一、岩瀬弥十郎へ加福・楢林へ書状頼遣、名村貞四之返書

一、石橋助五郎へ中山・荒木へ状、右頼遣候処、今朝出立候由、家来ゟ受取書来

とある。この日、岩瀬弥十郎・石橋助五郎が長崎への帰途につくに際して、前記、船載の珍品を贈ってくれた長崎の通詞たち加福・楢林・中山・荒木に宛てた書状を託したものなることが判明する。

右の岩瀬弥十郎は同姓弥七郎とともに泉石にとって忘れ得ぬ昵懇の通詞であったようだ。泉石に宛てた弥十郎・弥七郎連名の年始状や要用の書状が鷹見家文書に含まれており、泉石の両名宛発信控などがあって親交の様子がわかる。

次にその一斑を示そう。

(端裏書)
「鷹見様　　　岩瀬」

御手紙忝奉拝見候、弥大安全被為入珍重之御儀奉存候、然者為御餞別何より結構之品々被仰下千万忝幾久拝領仕候、随而昨日被仰下候ハールレム油、先刻為持差上申候処、定而途中行違ニ相成申候哉与奉存候、且又長崎表御届物為御持被下、慥ニ請取申候、帰郷之上、無間違向々江相届候様可仕候、右御請御礼申上度如此御座候、以上

四月二日

亦以忰江御伝言之趣申聞候処、難有奉存候、私ゟ宜敷御礼申上呉候様申聞候間、此段申上候、以上(80)

これは、文面から岩瀬弥十郎が江戸滞在中の、それも長崎への帰途間近な頃の一翰である。この前日に泉石が岩瀬にハールレム油を所望していたことがわかる。その品を岩瀬が泉石のもとに届けやるべく使いの者を出している間に、それとは行き違いに、泉石から岩瀬のもとへ餞別の品々が使いの者によって届けられたことがわかり、同時に、泉石が長崎の昵懇の諸氏宛に届物を依頼し、忰への伝言もしてきたことがわかる。本状はその請取状である。珍奇な船載品の数々をもたらしてくれる通詞たちに対して、泉石が餞別や届物をするなど心を用いていることが歴然としている。

この文書にはまた次のような覚書の一紙がついている。表書は、

覚

末永甚左衛門殿

加福新右衛門殿

中山　作三郎殿

上田　兎一江　西山郷ニ而若不相分候ハヽ、加福氏へ御聞合可被下候

壱封ツヽ

一荒木豊吉殿

菊谷藤太殿　連名ニ而

壱封

右都合五封

右之通乍御面倒御届可被下候、奉頼候

四月朔日　　鷹見十郎左衛門

岩瀬弥十郎様

とあり、その裏書の文面に、

表書之通、慥ニ請取申候、帰郷之上、向々江相届候様可仕候、以上

四月二日　　岩瀬弥十郎

鷹見十郎左衛門様

とある。(81) 内容から、泉石が岩瀬弥十郎に依頼した在長崎の諸氏への書状の内訳を記した依頼状の裏に岩瀬がその請取を認めて返したものなることがわかる。泉石依頼の書状は、いずれもかねてより泉石が親交を結んでいる末永・加福・中山・荒木らの諸通詞に加えて、上田ら長崎奉行所関係の役人たちに宛てたものであることがこれで判明する。泉石は、かかる具合にして長崎の諸通詞・役人らと親交を重ねたのである。泉石と長崎の諸通詞との交渉は年々益々熱心に継続されていった。

3　天保十・十一年の例

天保十年の休年に出府した大通詞の中山作三郎からは「長崎蘭人初而渡来記」「和蘭年代記」なるものを借覧し、在長崎の諸通詞への通信・贈答の斡旋方を依頼している。

すなわち、天保十年三月十八日の条には、

一、中山作三郎江左之通頼遣

一、岩瀬弥十郎殿岩瀬弥七郎殿へ紙封箱二

雄仙油絵銅板像

但見ゟ多葉粉入上ゟ三百疋被下

一、楢林栄三郎殿へ同断二

雁皮半切三百枚

但見ゟ多葉粉入上ゟ三百疋被下

一、岩瀬弥十郎殿楢林栄三郎へ書状壱、鉛人形類

一、石橋助十郎殿へ紙封箱一

雁皮半切三百枚

一、名村貞四郎殿へ封状壱

雁皮文筒五十入

右之頼遣、作三郎内伊藤重吉ゟ受取書来

とある。泉石の贈呈品が注目される。そして中山作三郎自身へは「麻苧二抱遣」とみえている。翌天保十一年三月八日の場合には、

○岩瀬父子楢林栄三郎へ三百疋ツヽ、被下返書御本丸御勤之恐悦返書

○中山父子・岩瀬父子・楢林栄・名貞四郎・荒木蜂之進へ文晁父子・南溟父子画扇子三本ツヽ遣、岩瀬ニハ盃一箱添、楢林鉄之助へ袴地一反巻紙文筒一箱、石橋助十郎へ嶋縮緬一反巻紙文筒箱遣、テリヤカ二罐調代遣、一ツ拾匁ツヽ也

とみえる。文晁・南溟等の画扇子や反物・盃などもその品目にのぼっている。

4　天保十二・十四年の例

こんなぐあいにして、さらに翌天保十二年（一八四一）はどうか。二月十五日の条までみていくと、そこに、

○岩瀬弥十郎、去八日着之趣ニ付、重二以手紙遣

と、またまた岩瀬弥十郎の名がみえる。この年もオランダ商館長の江戸参府は休年である。本年の献上物附添通詞は大通詞の岩瀬弥十郎に小通詞の名村三次郎と岩瀬弥七郎の計三名であることが、他の鷹見文書にみえる。この岩瀬父子東上の機に泉石のもとに届けられたものであろう。これより二日前の二月十三日の条に、またまた珍奇な品を泉石が確掌した記事がみえていた。

○（中略）長崎中山作三郎ゟ石筆三箇・香入痰切少々・書状、楢林鉄之助ゟ和蘭付木六包・髭サボン三到来、書状テリヤカ一と有之候へ共無之、石橋助十郎貝細工人形二・状、楢林栄三郎ゟテリヤカ一鑵到来、状ニ唐船五艘之内三艘入津、二艘行方不知候由、一艘ハ猟船、五嶋ニ而見懸候由、荒木蜂之進茂久助と改、唐茶無之嬉野少々来、長尾へ楢林栄三郎ゟ状壱、上江三百疋被下候御礼年始呈書・阿蘭陀瑪瑙玉一・糸切小切一本・阿蘭陀付木二箱上度来

諸通詞がいずれも書状に珍奇な船載品を添えて泉石に贈っていることが判明する。同時に、長尾某への書状も序に預かって斡旋し、ことに泉石の主君古河藩主土井利位へ楢林栄三郎が上呈したいと希望する珍品オランダメノウ玉等をも預かっている。これについては、同条の下段部分に小字で「信左九を以上ル」と特に註記しているから、確かに土井侯へ上げられたものと判ぜられる。なお、前引の二月十五日の条には、もう一条、

○名村貞五郎ゟ沙(阿カ)蘭陀附木、荒木ニ而摺り候へハ、直ニ火出候もの幷火打石到来

ともみえる。右にみえる阿蘭陀附木とは通詞荒木のもとでの実験の様子からして「マッチ」のことであろう。「附木」という日本風の名で呼び、「直ニ火出候もの」と、わざわざ特記しているところから、よほどこの珍奇な利器に興味をいだいたものと窺える。十三日の条にも、「和蘭付木六包」を泉石が入手し、「阿蘭陀付木二箱」が土井侯に上げられていたわけだから、このオランダ趣味旺盛な主従が共に実地に火を発して、喜悦の情かくし得ない一場面もあったかもしれない。ところで、この天保十二年（一八四一）といえば、隣国でおきた世界的大事件アヘン戦争の情報がすでにもたらされていて、高島四郎大夫秋帆が西欧砲術の採用方を幕府に建策し、この春はいよいよ秋帆の出府をみて徳丸ヶ原における西洋銃隊の訓練が行なわれる、まさにそのようなときに当っている。泉石自身、秋帆の江戸滞在中の宿所の斡旋に尽力した。(82)そのことも日記に頻出している。かかる天下の情勢と泉石の関心を如実に示す一斑として次の条は注目に値しよう。天保十二年二月二十九日の条は長文であるが、そのうちの数条に、

〇此度四郎太夫罷出候儀ニ付、御進達為御見可被成由

などと書き記したあと、

〇ボンベン幷野戦筒等大小四挺拝見

と記し、

〇ポナパルテ一条為御見申候筈

〇和蘭軍旅人画衣服印集一冊借用

などと関心の大なる様子を記し、

〇鈒附筒御譲受、猶御頼申、且御直ニ而稽古人御頼有之付、尚可被仰下候由等也

などと、洵に積極的な行動の様子がみえる。右にみえる書物は何人《なんぴと》からの借用か、この条だけでは判然としないので

あるが、数日後の三月六日の条をみると、

　岩瀬父子へ紅毛軍旅着具印目録承合遣

などという記事が目に入る。簡潔な記事からではあるが、これによって推察できることは、少なくとも、かかる種類の書物・情報などはいずれも阿蘭陀通詞の手を一度は介したものであったであろうことである。右の書物について、泉石はよほど関心を示し、必要視したらしく、早速その内容を別冊として写し取っている。泉石の用意を如実に示す好例であるから次に判読・掲載しておこう。

和蘭軍旅之人着具之図

第一　惣軍勢《ゲ子ラール》之頭《マヨール》職服《インガル》着具之図《テニュエ》

第二　壱「レシメント」或ハ「バタイロン」と唱、人数組ヲ支配スル頭《カビテイン》

第三　壱組之頭役《コロ子ールエンハンゲ子ラール》乗馬之躰

第四　第二之頭《リュイデナント》之次席《コロ子ール》ニテ兵狼支配頭《ケ子ラールクヮールチールメーステル》

第五　軍中役人《マヨール》　軍陣《ハンケンー》縄張《台場築方》なる図《セニューブック》

第六　戦之場所《フラーツセレイキ》ニテシキスル頭《コマンダントコロ子ール》類《使番》

第七　壱組之軍事《ゲハルテメント組〻》ヲ差引スル頭・使番類

第八　軍中医官之頭《マヨールヲフヲヒール》

第九　年限ヲ定助成ヲナシ勤ル頭

　第三と同位

第十　第一ノ頭役職服ノサヽヘリ及ヒ諸頭役ノ職服ノ縫ヒ箔シタル肩ヨリ掛タル物ノ合印

第十一　諸軍頭役ノ職服ノ縫合切

第十二　医官ノ職服ノ縫合印

A印第十三　騎馬武者之頭

同第十四　騎馬歩兵之頭及組之歩兵

同第十五　堀抔ヲ掘軽卒

同第十六　唱物ヲ司ル兵士

同第十七　大鞁《タムフール》(マヽ)方之頭軍陣ノ司鼓軍中役也

同第十八　大鼓方之歩卒組大鼓ラッ《竹田》ハ

ホールン役之者

第十九　「スウィツル」人組ノ「レシメント」廿九番之騎馬及歩卒

第二十　同断　三十番四断

第二十一　同断　三十一番同断

第二十二　同断　三十二番同断

第二十三　歩卒及雑兵

第二十四　バタイロン《ハアルニスーウン》軍陣部分ノ軍歩卒

第二十五　大筒方ノ頭并歩行

官名《第一ノロイテナント》　大筒方《強炮》　歩立

第二十六　野戦大筒方并石火矢方

第二十七　ア組之石火矢方頭乗馬ベイテンテアルチルレリの交代カ

第二十八　ア組之大鼓方歩卒

　　　　　ア組之大筒方下役

第二十九　諸《ア組》番人ノ頭乗馬　守《ワクトメーステル》

第　三　十　ア組兵士及大鼓方

第三十一　ア組大筒様《ミ子ウル穴掘ヲフサヘウル》ノ諸道具宰領分

第三十二　道路作堀溝等掘軽卒

第三十三　「キュラシール」敵ノ備ヲ破ル武者ニテ諸勢ノ先ニ立ツ甲冑之馬乗

第三十四　「キュラシール」ノ大鼓方歩卒

第三十五　「ダラゴンテル」此モキュラシールニ等シクシテ戦ノ模様ニヨリ歩或ハ馬乗ニテ働ク甲冑馬乗

第三十六　ダラゴンデルノ大鼓方

第三十七　ヒュサール「ホンガール」人或ハポール人ノ勢ニシテ右日働甲冑馬乗

第三十八　ヒュサールノ大鼓方

第三十九　鎗《ラレシール》ヲタツサヘタル武者甲冑馬乗

第　四　十　ラレシールノ大鼓方

第四十一　アレシヤンセース馬乗

第四十二　マレシヤンセース歩卒

第四十三　石火矢打《カノヲンニール及ビヲンニール》
東印度軍勢《ツルーペン》
四十二　フランケウル
四十四　ヒュサール馬乗
四十五　ベンカラ国リットメーストル馬乗　鎗之類《ランスと云》
四十六　ベンカラ勢ランシール馬乗鎗持《イーデム》
第四十七　西印度ニテコルプスヤーガル之ヤーガル及フランケウル之セルゲヤント
第四十八　シュリナーメ《ゴイ子ア辺》之道案内
キイデ《アフリカ人》也
第四十九　マレニールス脊向《舟方軍兵》前向図
第　五　十　歩卒之旗持
第五十一　馬上之旗持

この原書は、

J.F. Teupken : Beschrijving hoedanig de Koninklijke Nederlandsche Troepen en alle in militaire betrekking staande personen Gekleed. Geëquipeerd en gewapend zijn. 'sGravenhage en Amsterdam, 1823.

であって、同版の一本は、現在、佐賀県立武雄高等学校に所蔵されている。それによれば、右の五十一図に相当するものは次のような図版目次である。(83)

Aanwijzing der platen.

No. 1. General-Majoor, in gala tenue.

2. Adjudant van Generaal, (Kapitein).

3. Kolonel van den Generalen Staf, (te paard).

4. Luitenant-Kolonel van den Generaal-Kwartiermeester Staf, in gala tenue.

5. Majoor van de Genie.

6. Plaatselijke Kommandant, (Kolonel).

7. Agent van het Departement van Oorlog, in gala tenue.

8. Chirurgijn-Majoor of Officier van Gezondheid der 1e Klasse.

9. Gepensioneerd Officier, (Kolonel).

10. Galon der uniform van de H. H. Generaals, en geborduurde lissen der uniform van de Officieren van den Generalen Staf.

11. Borduursels der uniform van de Officieren der Militaire Administratie.

12. Borduursels der uniform van de Officieren van den Geneeskundige dienst.

No. 13. Kapitein der Flankeurs, en Luitenant,
14. Flankeur en Fuselier,
15. Sappeur.
16. Muzijkant, in groote tenue,
17. Tamboer-Majoor, idem,
18. Tamboer, Pijper en Hoornblazer,
} der Nationale Infanterie.

19. Flankeur en Fuselier van het Regiment Zwitsers no. 29.

20. id. id. id. no. 30.

21. id. id. id. no. 31.

22. id. id. id. no. 32.

23. Korporaal en Fuselier van het Algemeen Depôt der Landmgt.

24. Fuselier van het Garnizoen Bataillon.

No. 25. Eerste Luitenant der Artillerie te voet.

26. Korporaal der Veld-Artillerie, en Kanonnier van de 1e Klasse der Nationale Militie.

27. Kanonnier, te paard, in groote tenue, } Rijdende Artillerie.

28. Kanonnier en Trompetter, te voet, }

29. Wachtmeester, te paard, } Artillerie-Trein.

30. Soldaat en Trompetter, te voet, }

31. Mineur of Sappeur.

No. 32. Kurassier, te paard, in groote tenue.

33. Kurassier, en Trompetter te voet.

34. Dragonder, te paard, in groote tenue.

35. Dragonder en Trompetter, te voet.

36. Hussaar, te paard, in groote tenue.

37. Hussaar en Trompetter, te voet.

38. Lancier, te paard, in groote tenue.

39. Lancier en Trompetter, te voet.
40. Maréchaussées, te paard, in groote tenue.
41. Maréchaussées, te voet, in groote en kleine uniform.
No. 42. Flankeur,
43. Kanonnier en Pionnier.
44. Hussaar, te paard.
45. Ritmeester van de Bengaalsche Lanciers, te paard, in groote tenue,
(Nos. 42–45:) Troepen in de Oost-Indien.
46. Bengaalsche Lancier, te paard, idem.
47. Sergeant der Flankeurs en Jager van het korps Jagers in de West-Indiën.
48. Koloniale Guides van Suriname, in front en rugwaarts.
49. Mariniers, in front en rugwaarts.
50. Vaandrig der Nationale Infanterie, met het Vaandel.
51. Cornet der Lanciers, in groote tenue, te paard, met de Standaart.

Alle de troepen te voet, in hunne volle kleeding en wapenrusting voorgesteld.

これによって鷹見泉石がテウプケンの原書の図版目次について、出府通詞の岩瀬父子から、その図版目次の翻訳教示を受けたものであることがわかり、その書物「一冊」の「借用」先は、記事の前後関係からして江戸に到着後間もない高島秋帆からとしか読みとれない。

時の老中筆頭水野越前守忠邦の出府命令によって出府のうえ、徳丸ヶ原で西洋銃陣の演練を行なった高島秋帆、その秋帆から、これも海防掛を担当する時の老中土井利位に仕える鷹見泉石がテウプケンの本書を借用して、その図版目録の翻訳を書き留めたとなれば、もはやその目的は判然としている。秋帆がオランダ商館の脇荷から買いとった武器などを転売した先に佐賀鍋島藩が入っている。その支藩たる武雄の鍋島家の庭の一隅から、先年、高島秋帆父子が日本で初めて鋳造した臼砲が発見されている。武雄高校の蘭書は旧鍋島男爵家からの寄託品である。

とまれ、泉石の用意が、アヘン戦争の情報を得て幕府主脳が洋式兵術にようやく積極的関心を示しはじめた、まさにそのときに当っていることに注目せねばならない。

さて、日記にもどって、つづいて三月十日の条、

〇岩瀬父子来、上へ御扇子一箱・白砂糖一箱・銘酒一瓶・蜜漬一器・髭サボン二台居差上、自分へ銘酒一瓶・蜜漬一器・附木一箱・唐暦二・平安散二、吸物・酒出、名村三次郎菖蒲酒二瓶到来

岩瀬父子が土井侯への呈上品と自分（泉石）への品々を持ち、かつ名村三次郎からの預り品も持って訪れたので、泉石が酒肴の用意をして親しくもてなしたのである。名村三次郎へは十日ばかり経って、同三月二十二日に、

〇名村三次郎江鯛一遣（下略）

と返礼をした。三月二十八日には長崎帰途の日も間近に迫ったためか、

〇長崎名村三次郎・荒木熊八参候筈之処、熊八ハ断、岩瀬弥七郎同道三次郎参候、コーヒー豆一袋・扇子二持参、吸物ニ酒肴三支度出

とあって、岩瀬・名村両名が手土産にコーヒー豆と扇子をもって訪れたので、泉石は、このときもまた吸物に酒肴をもってもてなした。四月六日の条をみると、泉石から通詞らへの金品の贈呈がみえる。

〇岩瀬弥十郎へ五百疋、楢林栄三郎へ三百疋入一封遣、弥十郎家来川添甚兵衛受取書来、一奈良晒一反、御手紙

二通、風呂敷包一、受取書川添甚兵衛判

と、受取書の文面から泉石の贈物が奈良晒・手紙・風呂敷包の三品であったことが判明する。さらに翌七日にも泉石は通詞たちへ贈物をしている。

○岩瀬弥十郎へ続雪花図説一冊遣、中山作三郎墨二、楢林鉄之助状箱内多葉粉入二、煙管一、楊枝差五ツ、同栄三郎へ石津亮澄短冊三、石橋助十郎へ多葉粉入一箱、角田川猪口一箱、名村三次郎へ提重一箱、麻二把、佇貞五郎へ油絵二、京銅版絵五遣、荒木熊八江昨夕使遣、江戸製テリヤカ来、今朝雪花図説続編遣

とあって、泉石の贈物の品目が面白い。なかでも注目すべきは「続雪花図説」「雪花図続編」とある書物である。これこそは土井利位の名で出版されはしたが、その内実は泉石との合作と考えられる『続雪華図説』をさすものである。二十年来の雪の観察成果を盛り込んだ正編の『雪華図説』が刊行されたのは天保三年であって、その続編である『続雪華図説』が刊行されたのは天保十一年のことであった(84)。両書とも「愛日軒蔵梓」とあって、私家版で、市販されたものではない。この、日本における初の科学的雪の観察成果であると同時に、雅趣に富む木版本が親しく泉石の手から通詞たちに贈られている事実はすこぶる興味深く、また示唆に富む一事と考えられる。日記には、別稿でも述べたことがあるが、『雪華図説』『続雪華図説』が、幾度となく、贈物として用いられている記事が見受けられる。したがって、これらの事実から、泉石が正続『雪華図説』の刷り増しをかなり自由に利位から任されていたと判断され、さらにはその利用もかなり自由に頻々と出来たらしいことが判明する。これは、やはり本書の編述・刊行に泉石の加功した点の大きかったことを雄弁に物語る以外の何物でもないと判断させられる。そして、泉石はこれを珍奇な舶載品をもたらしてくれる阿蘭陀通詞たちへの見返り品として贈っているのである。かくて、同四月九日の条に「岩瀬名村明日立ニ付使遣」とあって、通詞たち一行は長崎への帰途についた。

天保十四年の春は、本来オランダ商館長の江戸参府が行なわれる年に当っていたのであるが、「日光御参詣ニ付、蘭人ハ来年ニ延候」ということで、またまた通詞のみが出府した。当春の阿蘭陀通詞は大通詞の中山作三郎と小通詞の西記志十である。三月朔日の条に、

○和蘭大通詞中山作三郎出来候付、六寸重二、手紙添遣、受取候書来

と早速、往来が開始された。今回は泉石の方から先に贈物を届けている。すると、翌日には、

○中山作三郎〆ローイウェイン一、フラスコ・テリヤコ二、小鑵、コッフ一到来

とあって中山から泉石のもとに贈物が届いた。さらに翌三日には、

○中山へ夕方参候（下略）

とあるから、泉石自ら中山の宿所を訪れている。一日おいて、五日には、

○中山作三郎明夕可参由

○西記志十へ重二遣候処留守

とあって、明日は中山が反対に訪れて来そうである。また、この日は西記志十へも重を贈って交渉を開始した。ところが、翌六日には、

○夕方中山作三郎不参候間、越後縮緬一反以手紙遣候

○西記志十〆香水壱、フラスコ・附木一袋、石筆弐本到来

○中山へ二百疋遣、ローイウェイン・マテラウェイン有之候は、世話頼遣候、昨日之小冊戻候

とあって、中山は何かにわかに差支えでも出来たのか来ない。しかし、泉石は越後縮緬を贈り届けるとともに、二種のウェインの斡旋方を頼んで二〇〇疋をも届けている。しかし、この日は昨日の返礼として、西記志十から香水・附

木（マッチ）など四品が到来した。さらに翌七日には、

○西記志十届雪花図前続被下（下略）

とあれば、西記志十へも例の『雪華図説』の正続ともに届けられたようである。特に今回のものは「被下」とことわっているから、土井侯からの下されものであろう。そして三月十一日の条にいたって、「中山今昼立之由」とあれば、この日、通詞一行は長崎へ帰途についたものと思われる。通詞一行が江戸滞在中、泉石が通詞らへの働きかけは、まったく目まぐるしく、すさまじいの一語につきる。

四　参府休年出府通詞一覧

江戸の蘭学界に多大の影響をおよぼしたこの参府休年出府通詞についてまとまった名簿のようなものはない。鷹見泉石の書き留めておいた「蘭人訳官出府名簿」(85)を中心に、他の内外の諸史料によって、可能な限り各年の通詞名を把握することに努めてみた。

第7表　参府休年出府通詞一覧

年号	西暦	出府大通詞	出府小通詞	出典・備考
寛政　三	一七九一	石橋助左衛門 Skesayemon	（ナシ）	「通航一覧」 Petrus Theodorus Chassé: Dagregister.
〃　四	一七九二	（ナシ）	（ナシ）	去年入津なきによりなし。「通航一覧」
〃　五	一七九三	中山作三郎	吉雄左七郎	「同書」(86)「通航一覧」「長崎志続編」

年号	西暦	出府大通詞	出府小通詞	出典・備考
寛政七	一七九五	吉雄左七郎	堀伝右衛門	「同書」
〃　八	一七九六	石橋助左衛門	本木庄左衛門	「同書」
〃　九	一七九七	(ナシ)	(ナシ)	去年入津なきによりなし。「通航一覧」
〃　十一	一七九九	名村多吉郎	横山勝之丞	「同書」「出府名簿」
〃　十二	一八〇〇	石橋助左衛門	今村才右衛門	「出府名簿」
享和元	一八〇一	加福安次郎	馬場為八郎	「出府名簿」
〃　三	一八〇三	中山作三郎	今村金兵衛	「出府名簿」
文化元	一八〇四	名村多吉郎	本木庄左衛門	「出府名簿」
〃　二	一八〇五	加福安次郎	今村才右衛門	「出府名簿」
〃　四	一八〇七	石橋助左衛門	馬場為八郎	「出府名簿」
〃　五	一八〇八	加福喜蔵	本木庄左衛門	「出府名簿」「砲術備要」
〃　六	一八〇九	石橋助左衛門	(未詳)	
〃　八	一八一一	(未詳)	(未詳)	
〃　九	一八一二	(未詳)	(未詳)	
〃　十	一八一三	(未詳)	(未詳)	
〃　十二	一八一五	中山作三郎	横山勝之丞	「出府名簿」「御請言上並脇々エ之書状扣」Hendrik Doeff: Dagregister
〃　十三	一八一六	(未詳)	(未詳)	
〃　十四	一八一七	(未詳)	(未詳)	
文政二	一八一九	石橋助左衛門	加福新右衛門	「出府名簿」
〃　三	一八二〇	末永甚左衛門	中山作三郎	「出府名簿」
〃　四	一八二一	横山勝之丞	岩瀬弥十郎	見習岩瀬弥十郎、「出府名簿」
〃　六	一八二三	石橋助左衛門	吉雄権之助	「出府名簿」
〃　七	一八二四	馬場為八郎	楢林栄左衛門	見習楢林栄三郎、「出府名簿」

〃八	一八二五	横山又次右衛門	中山作三郎	「出府名簿」
〃十	一八二七	末永甚左衛門	岩瀬弥十郎	「出府名簿」「鷹見泉石日記」
〃十一	一八二八	加福新右衛門	吉雄権之助	「出府名簿」
〃十二	一八二九	石橋助十郎	楢林栄左衛門	「出府名簿」
天保二	一八三一	中山作三郎	今村猶四郎	小並中山卯三郎、「出府名簿」
〃三	一八三二	加福新右衛門	茂土岐次郎	「出府名簿」
〃四	一八三三	岩瀬弥十郎	森山源左衛門	「出府名簿」
〃六	一八三五	加福新右衛門	名村八太郎	「出府名簿」「鷹見泉石日記」
〃七	一八三六	楢林栄左衛門	楢林鉄之助	「出府名簿」
〃八	一八三七	岩瀬弥十郎	石橋助五郎	「出府名簿」「鷹見泉石日記」
〃十	一八三九	中山作三郎	植村作七郎	「出府名簿」「鷹見泉石日記」
〃十一	一八四〇	楢林鉄之助	石橋助十郎	「出府名簿」「鷹見泉石日記」
〃十二	一八四一	岩瀬弥十郎	名村三次郎 岩瀬弥七郎	「出府名簿」「鷹見泉石日記」
〃十三	一八四二	（ナシ）	（ナシ）	昨年入津無之候故参府無之 日光御参詣ニ付蘭人ハ来年ニ延ひ通詞出府、「出府名簿」「鷹見泉石日記」
〃十四	一八四三	中山作三郎	西記志十	
弘化二	一八四五	森山源左衛門	植村作七郎	「出府名簿」
〃三	一八四六	植村作七郎	志筑龍太	「出府名簿」「鷹見泉石日記」
〃四	一八四七	小川慶右衛門	西記志十	「出府名簿」
嘉永元	一八四八	植村作七郎	岩瀬弥七郎	「出府名簿」
〃二	一八四九	楢林鉄之助	品川藤兵衛	「出府名簿」
〃四	一八五一	西記志十	名村貞五郎	「出府名簿」
〃五	一八五二	小川慶右衛門	横山又次右衛門	「出府名簿」
〃六	一八五三	志筑龍太	森山英之助	「出府名簿」
安政元	一八五四	岩瀬弥七郎	名村八右衛門	「出府名簿」

年号	西暦	出府大通詞	出府小通詞	出典・備考
安政二	一八五五	小川慶右衛門	楢林量一郎	「出府名簿」
〃　三	一八五六	名村八右衛門	荒木熊八	「出府名簿」
〃　四	一八五七	名村八右衛門	横山又次右衛門	「出府名簿」

結

○本節で史料に即して命名した参府休年出府通詞は、幕府の対外・貿易政策の転換にともなって、寛政三年（一七九一）から、オランダ商館長の江戸参府が行なわれない休年に、将軍への献上物と幕府高官への進物に付き添って東上した阿蘭陀通詞である。

○その構成は、寛政三年の初年度のみは大通詞一人であったが、次回からは大通詞一人・小通詞一人の二人制となって、以後変更をみなかった。

○彼らの職務は、基本的には江戸参府時の江戸番通詞のそれに準じたものであった。幕府の方針としては、半減商売にともなうおよそ半減高の献上物・進物に付き添って東上する警固の役人として、参府時の検使の随行は止めて、長崎奉行所の御役所附触頭と御役所附の随行と通詞ほか若干人におさえ、諸経費の軽減をはかった。しかし、通詞にとっては、半減高の献上物・進物とはいえ、その扱い・警固は従前通りの慎重・厳重さが求められ、検使の随行をみない一行の中心的存在として、かえって気の重い加役であった。

○参府休年出府通詞が江戸の定宿長崎屋源右衛門方に逗留中、江戸の蘭学者たちはよく通詞への面談を求めて訪れた。その目的は、通詞の語学力をたよって、その翻訳・教授を求め、彼らがもたらす、最新の海外情報と船載の珍品の入手にあった。『鷹見泉石日記』にみえる泉石の訪問・交流記事には、異常なまでに熱心な様子が具体的に読みとれる。そこには、参府休年出府通詞と直接に知的交流が深められており、翻訳・教示、船載の珍籍・器具・薬物をはじめとする珍品の数々、秘密情報に属す「阿蘭陀風説書」などを得て、それに対する見返品として正・続『雪華図説』をはじめとする国産品の数々がみられる。

○さらに、参府休年出府通詞を通じて在長崎の阿蘭陀通詞や出島滞在のオランダ人との交流までも見受けられる。

○以上の訪問・親交がこれほどまでに深められたことについては、オランダ人をともなわない長崎屋滞在であって、警備も参府時にくらべて比較的厳しさを欠き、邦人同志の交際であったからと考えられよう。

○したがって、寛政三年以降、幕末にいたる間、江戸の蘭学界がこの参府休年出府通詞に知的便宜を負う点すこぶる大きく、参府随行の江戸番通詞から受ける機会の実に四倍の機会をもっていたわけで、従来見過ごされていた問題だけに、今後一層注目・検討せらるべき一事かと信ずる。

○かかる意味において、各年度の参府休年出府通詞名を把握・確認することは、まずもって必要とされる。内外の史料によって可能な限りその通詞名を追究してみた次第である。

第四節　御内用方通詞の研究

序

御内用方通詞とはいかなる阿蘭陀通詞であるか。従来、かかる通詞に注目されることはほとんどなく、したがって、これが主題として採りあげられたこともない。それどころか、天保七年(一八三六)当時、御内用方通詞の職にあった小通詞末席名村元次郎が不正を働き処刑された際に、長崎町年寄高島四郎太夫が通詞一統の取り締りを行なうべく種種の調査を行なったが、御内用方通詞の来歴についてはすでに不明となってしまった点もあったとみえて、改めて担当通詞から報告書を提出させているくらいである。

では、さして重要視すべきほどのこともない通詞であったかというと、決してそのようなことはない。御内用方通詞がたずさわった仕事を追ってみると、日蘭貿易において規定されている本方貿易・脇荷貿易はもちろんのこと、この規定外に取り引きされた品物とその勘定に深く関係していることが判明する。かつ、彼らの取り扱った品々とその品々について彼らが行なった調査内容を検すると、そこには幕府や諸侯・有識の士が取り組んだ実学採用・蘭学採用の様子とその方向性を見ることができて、すこぶる注目に値する。

よって、御内用方通詞の職を勤めた通詞の史料を蒐集し、内・外の関係史料をもって検討を加えつつ、御内用方通詞の職務内容・名称の変遷、実際に取り扱った仕事、たずさわった通詞がだれであったかなど、具体的に追究してみたいと思う。そのうえで、この通詞が果した役割とその意義を日蘭文化交渉史・蘭学発達史のうえで考えてみたいと思う。

一　加役内容の規定

天保十二年（一八四一）のことであるが、長崎町年寄の一人、高島四郎太夫が役向のことについて御内用方を勤める通詞石橋助十郎に問い質したことがあった。その答申書を同年九月十七日に小通詞楢林鉄之助が書き留めている。ちなみに、鉄之助もまた当時御内用方を勤めていた。その文中で御内用方通詞の職務内容を説明して、

（前略）勤方之儀者、御用御誂幷御老若様御誂物誂方を始、持渡候上取調子方、御調進物等之直組、或者御用之暦和解等仕候儀ニ御座候[87]

と述べている。簡潔なる答申のうちにも、将軍家の注文、老中・若年寄の注文の発注事務、発注品が輸入された際の点検・調査、そのような注文品などの値組み（価格交渉・査定）、あるいは公儀御用（天文方における）の輸入暦の翻訳などに従事する勤めであることが判明する。いうまでもなく、これらの仕事は大・小通詞として勤めるべき本来の仕事のほかに命ぜられた加役である。したがって、そのための加役料も年々支給されていた。これらの仕事がいかに実行されていたかについては、具体例を通じて後述する。

二　加役名の変遷

次に、右にみた御内用方通詞とはいつ頃から存在したものであるか検討してみたい。

前記の高嶋四郎太夫の問合せとは、実にこのことであった。

高嶋四郎太夫殿ゟ御用方加役何頃ゟ相止、御内用方之名目被　仰付候哉、取調子為知候様、石橋助十郎江被仰聞候間、左之通相認差出ス(88)（下略）

すなわち、「御用方」という通詞の加役がいつ廃止され、「御内用方」の名称として下命されたか、調査のうえ報告せよ、と通詞の石橋助十郎に調査命令があったのである。ここで注目すべきは、御用方通詞なるものが御内用方通詞の前に存在したこと、すなわち、御内用方通詞なるものは御用方通詞の後身らしいことである。そこで「丑九月」付の報告をみると、

今村源右衛門儀、安永三午年迄御用方大通詞相勤、配分銀四貫目宛被下置、同年御暇奉願候処、被為成御免、同人迠ニ而御用方之名目御差止ニ相成、其後吉雄幸作楢林重右衛門両人江御内用方被仰付、先前御用方大通詞相勤来候(89)（下略）

とみえる。安永三年（一七七四）今村源右衛門がそれまで勤めてきた御用方を退役するにおよんで御用方の役名を止め、かわって吉雄幸作・楢林重右衛門の両名へ御内用方を命ぜられたというのである。今村源右衛門が安永三年(90)まで御用方を勤めたことは、『紅毛雑記留』(91)にも、

延享之比ゟ安永三午年迄御用方相勤申候

と明記している。そして続く楢林重右衛門について同書は、

右源右衛門退役跡御用方之役名相変、御内用方ト始メ而被仰付、安永之比迄相勤申候

と記している。もって、「御用方」から「御内用方」と役名の変った時点が安永三年であり、それが「御内用方」の初年に当ることが判明する。そしてそれが「役名相変」ったもの、すなわち名称変更と受け取られていたこともわかる。

さて、しからば「御内用方通詞」の前身である「御用方通詞」とはいつから存在したものであるか検討せねばならない。それには、右の今村源右衛門がいつから御用方通詞を勤めたか、さらに、源右衛門のまえに前任者がいたものか、どうか、追及の必要がある。

『紅毛雑記留』は今村源右衛門が御用方を勤め始めた年について「延享之比」といっているだけで、明確な年度を示していない。そこで、今村家の『由緒書』を検すると、右の源右衛門は年代からして三代目であることがわかる。その経歴をみると、享保十二年（一七二七）十二月に稽古通詞に任じ、元文元年（一七三六）七月父の市兵衛が病気により退役を願い出たところ、通詞目附は免ぜられたが、「数十ケ年御用方」を出精に勤めてきたのだから御用方はなお勤めるようにとの命で、子の源右衛門もまた同七月十四日小通詞役を相続し、「右同様之趣」を命ぜられた。寛保二年（一七四二）七月二日大通詞に、延享四年（一七四七）九月十五日には「御用方兼大通詞目付上座」を命ぜられたとある。

今村市兵衛の死は元文元年八月十八日であった。したがって、その後三代目源右衛門が御用方兼大通詞目附上座を命ぜられた延享四年まで一一ヵ年間の空席期間があるようにもみえる。しかし、これは「大通詞目付上座」が老体に許されるものであり、そのような老体になってから、ようやく御用方が命ぜられるというのも不自然である。それよりも、やや明確を欠く表現ではあるが、元文元年七月小通詞に任ぜられると同時に「右同様之趣」すなわち御内用方

の勤めについたものと解する方が無理がない。

そこで次に二代目市兵衛の経歴を検すると、

享保十巳年　石河土佐守様御在勤の節、御用方兼大通詞被　仰付、同十三申年　渡辺出雲守様御在勤の節、御用方兼通詞目附被　仰付候[92]

とある。市兵衛が大通詞となったのは宝永四年（一七〇七）であったから、享保十年まですでに一九年も勤めていたわけである。したがって、この年の任命は「御用方」なる役が新たに加わったことに意味があるわけである。では、なぜこの年に任命されたのか、今村家の由緒書やその他の通詞に関する史料に関係記事を見出すことはできない。ところが、幸いなことに、オランダ商館長ヨハネス・テーデンス Johannes Thedens が商館日記の同年五月一九日（旧四月八日）の条において、

小通詞与兵衛の語るところによれば、大通詞源右衛門は昨日奉行によって、故八左衛門の後を襲い、将軍御用方 Keysers bootschapper に任命されたが、併し彼の通詞職は是迄通りとし、これがために、彼の奉給は年額五〇テールを増されるようになったとのことである。[93]

と明記している。由緒書には市兵衛とあるが、商館日記にはしばらくまえから Imamorach Ginnemon と綴っているから、源右衛門と呼ばれて、通用していたことがわかる。その源右衛門が故八左衛門の跡役として御用方に昨日任命されたというのである。別種の由緒書[94]によると、享保十年四月七日の任命とみえるから、オランダ商館日記の記述と符合する。

故八左衛門とは名村家の由緒書[95]によって、享保十年に病死した三代目名村八左衛門に相当することがわかる。その八左衛門の経歴をみると、元禄八年（一六九五）に「御用方兼大通詞」に任命され、享保九年にいたって老齢を理由に

退役願いを出したところ、大通詞役だけは免ぜられたが御用方のみは継続して勤めるようにとの命であった。これは通算四五ヵ年の通詞勤務とともに、二九ヵ年におよぶ御用方勤務の経験を認められて、かく命ぜられたものとおもわれる。

名村八左衛門が御用方通詞に任ぜられた元禄八年以前に御用方通詞の任命を各種由緒書をはじめ内外の史料中に見出すことはできない。名村八左衛門の任命をもって御用方通詞の嚆矢とすべきものと思われる。というのは、商館長ヘンドリック・ダイクマン Hendrik Dijkman がその日記の一六九五年一〇月一一日の条において、

小通詞名村権八が本日より奉行の命によって故本木太郎右衛門の後として大通詞に任命された(96)。

と記しており、ここにみえる名村権八は八左衛門を襲名する以前の通称で、名村家の由緒書に照合して、三代目名村八左衛門が元禄八年の御用方兼大通詞任命以外に該当はなく、したがって権八は大通詞昇任を機に襲名したものかと考えられる。

故本木太郎右衛門は、のち天文学に名をなした本木良永を出した本木家とは別家の初代で、寛文十二年（一六七二）から当年まで二四ヵ年通詞の職にあって、八月十三日に歿した人である(97)。名村権八改め八左衛門の大通詞昇進のことのみオランダ商館日記に見えて、御用方に任命されたことの見えないのは、この役が初めて命ぜられた加役で、オランダ商館に通知されなかったものか、知らされたとしても、十分理解されなかったためと考えられる。このような例は他にも多いから十分あり得ることである。よって、ここに三代目名村八左衛門が元禄八年に任命されたことをもって御用方通詞の嚆矢とみなすものである。

では、なぜ元禄八年に新しい加役としての御用方が設けられたか。由緒書の八左衛門の条に特記事項もなく、他の国内史料・オランダ史料にもこの件に関する言及記事をいまだ見出せないでいる。したがって新設事情を詳らかにし

得ないが、御用方の役務内容からして、この時期に幕府が財政の窮乏を軽減せんため、その財源を各方面に求め、元禄八年の貨幣改鋳をはじめ、施策の一環として長崎貿易の利潤収公を企図し、貿易統制を徹底すべく介入しだしたことと深い関係にあったのではあるまいか。

以上を整理して表示すれば次の通りである。

元禄　八　年（一六九五）　名村八左衛門、任御用方兼大通詞
享保　九　年（一七二四）　名村八左衛門、免大通詞、御用方継続
享保　十　年（一七二五）　四月七日、今村市兵衛（源右衛門）、故八左衛門跡役として任御用方兼大通詞
享保十三年（一七二八）　今村市兵衛、任御用方兼通詞目附
元文　元　年（一七三六）　七月、今村市兵衛、免通詞目附、御用方継続
　　七月十四日、今村源右衛門、任小通詞（兼御用方）
　　八月十八日、市兵衛死
寛保　二　年（一七四二）　七月二日、今村源右衛門任大通詞（兼御用方）
延享　四　年（一七四七）　九月十五日、今村源右衛門、任御用方兼大通詞目附上座
安永　三　年（一七七四）　今村源右衛門退役、御用方止む
　　吉雄幸作・楢林重右衛門、任御内用方通詞

なお、ここで付記しておく必要のあることがある。それは『諸書留』(98)が書き留めている次のことである。弘化四未年（一八四七）の条に、

未八月廿九日晴
一添年番福猶之進殿ゟ問合ニ相成候間、取調子左之通楢林定一郎を以差出ス

という問合せに対する報告として提出した次のような控が記載されている。

半紙帳
寛保三亥年八月御用掛被仰付候　加福　喜蔵
寛延四未年九月御用掛名目御差止　今村源右衛門

心覚

今村源右衛門
官梅　三十郎

御用通事名目之事　御用者一同可相勤儀ニ而名目相立候事は有之間敷筋ニ候、畢竟奉行之用叓取計セ候趣ニ而甚不宜候ニ付、向後　御用通事与申名目相止候、大通事一同ニ可相勤候、礼席受用銀等大通事勤之内者是迄之通申付置候

右之通可申渡候

未九月

未九月
改暦宝暦元

右寛延四年未九月十三日、於長崎会所ニ高嶋四郎兵衛殿御書付を以被仰渡候、官梅三十郎今村金蔵罷出候、源右衛門儀病中故如此

すなわち、寛保三年（一七四三）八月に加福喜蔵が「御用掛」に任ぜられたこと、および寛延四年（一七五一）九月に今村源右衛門に対して「御用掛」なる役名の廃止が命ぜられたことである。長崎会所で高嶋四郎兵衛から唐通事の官梅三十郎とともに命じられたものである。役名変更の理由は、「御用」は通詞一同で勤めるべきことであるのに、かかる役名のもとで、結局長崎奉行の用事を取計らわせることとなっては甚だよろしくないから、というものであった。

右の記事は続けて、

宝暦之頃御内用方名目ニ而御用物取扱申候　吉雄幸左衛門
右同断　楢林重右衛門
右同断　楢林　重兵衛

と記している。寛延四年は宝暦と改元しているから、「御用掛」「御用通事」の役名は廃止を命じたとしても、ただちに「御内用方」の別名をもって右の三名が「御用物」を取扱い続けていたことが判明する。同時に、この記述からすると、先にみてきた今村源右衛門が安永三年（一七七四）まで御用方を勤務し、同年から吉雄幸作（幸作と幸左衛門は同一人物）と楢林重右衛門がかわって御内用方の役名で勤めるようになったとする『諸書留』『紅毛雑記留』の記事と矛盾する部分が生ずることになる。役名の変遷の詳細を知るべく調査を命じた町年寄高嶋四郎兵衛に対する、通詞自身の調査報告にも混乱を生じていることがわかる。

まず「御用掛」とか「御用通事」と呼んでいるものは、述べている仕事の内容からして「御用方」あるいは「御用方通詞」と同一視して差支えないように見受けられる。「御用方通詞」と「御内用方通詞」については前述のごとく、「御内用方被仰付、先前御用方大通詞相勤」とあり、ここでも「御内用方名目ニ而御用物取扱申候」と述べ、また天保七年五月六日、通詞石橋助五郎が高嶋四郎兵衛宛の報告書において、御内用方通詞の「勤方之儀者前々御用方通詞之振合を以当時迠相勤来申候」(99)と述べていることによって、その役務内容にはまったく両者変りないことが判明する。役務内容は何ら変りないものとしても、役務内容にそぐわない名称を廃して、よりふさわしい役名に改めるべきであるという議論が、役名の変更をみた安永三年をさかのぼるしばらく以前よりあったのではあるまいか。であったればこそ、変更前後の初期の事情について、通詞自身の報告にもかく混乱が含まれる結果になったのではあるまいか。

いずれにしても、「御用」という表現が将軍も含めて公儀・幕府の公用を指すとすれば、将軍をはじめ老中・若年寄など、もっぱら個人の用を足すための加役内容の方を「御内用」と呼び替えたことは、よりふさわしいことであったということができよう。

三　取扱った仕事

御用方通詞と呼んでいた元禄八年（一六九五）から安永三年（一七七四）までの時代も、御内用方通詞と役名が変更になった安永三年以後の時代も、役務内容には何ら変りなかった、と通詞自身が述べている。そのことはすでにみてきた通りである。

では次に、彼ら御用方通詞・御内用方通詞が実際にどのような仕事にたずさわり、処理したか。具体例を通じてこの点を追究してみたい。

1　将軍の注文

前述の「御用御誂」が将軍の注文をさす。御用方通詞のころで例をあげてみよう。

八代将軍徳川吉宗が洋馬の輸入に熱心であり、洋馬・洋馬具をオランダ商館に発注し、すすんでは馬医を兼ねた馬術師の派遣方を要請したことは、すでによく知られている。(100)斎藤阿具博士の紹介記事にみえる、享保三年（一七一八）、大通詞名村八左衛門が命により蘭国産馬の性質や輸入の能否などを尋ね、また猟犬・駝鳥などのほかに馬を求め、とにかくバタヴィア総督へ上申するよう時の商館長クリスチャン・ファン・フレイベルフ Christaen van Vryberghe に伝え、注文書を渡しているのは、彼が御用方通詞としての職務によって行なったことであったのである。

第十代将軍徳川家治もペルシャ馬を発注した。この将軍の命により御用方通詞である大通詞の今村源右衛門が注文の趣と馬相の説明を蘭訳して商館へ手交した。その「今村源右衛門自筆蘭文将軍註文馬相説明」および「将軍徳川家治註文ペルシャ馬馬相図」が、いまもオランダ国ハーグ市にある国立中央文書館に所蔵されている。すなわち Algemeen Rijksarchief の Eerste Afdeling である Nederlandse Factorij in Japan. の部の第六一〇番の請求番号の付けられた一袋に入っている。(101) 馬相図は四枚、注文説明一枚の計五枚からなっている。馬相図は各種展示会や図録等に紹介されて、周知のものである。説明の方は"Nangasackij den 1 november, anno, 1765 の日付で、als Keijzerlijk Zaakbezorger, J: M: gennemon, と署名されている。Keijzerlijk Zaakbezorger が御用方の蘭訳名であることがわかる。J: M: は今村で gennemon は源右衛門である。この太陽暦の日付を陰暦になおすと、明和二年の九月十八日となる。ところが、この蘭文説明の欄外には「酉九月十八日右之通ニ御誂馬御注文横文字ニ認相渡」と注記があって、日付は一致する。すると、御用方通詞である今村源右衛門は江戸の将軍からの注文の趣を長崎奉行経由で知らされ、それを蘭訳し、バタヴィアへ帰帆するオランダ船の出帆間際の右の日に注文書をオランダ商館に渡したのであって、その注文書の日付は、将軍が江戸で発注させた日付でも、長崎奉行が御用方に命じた日付でもなく、御用方通詞が蘭文注文書を商館に手交した日付になっていたことが、これで判明する。

役名が御内用方通詞と変ってからの例として、第十一代将軍徳川家斉の注文にかかる、一寸珍しい発注品を紹介しておきたい。

旧バタヴィア文書館所蔵文書のなかに、当時、長崎からバタヴィアへ向けて帰帆するオランダ船に託して発注されたオランダ文の注文書を見出すことができる。(102) 原文に訳を添えてみれば、

De Eijschen van Zijn Keizerlijk Majesteit voor 't aanstaande A° 1814

一八一四年（文化十一）向け将軍の注文諸品

と題するリストの中に、

1 stel　Duikersklok met deselfs gereedschap

諸道具付ダイケルスクロック（潜水器）　一組

というものがみえる。ところが、この品はなかなか輸入をみなかったものとみえて再度発注された。

De Eisch van Zijn Keijzerlijk Majesteit voor 't Aanstaande A° 1819

一八一九年（文政二）向け将軍の注文品

と題するリストの中に、

1 stel　Duikers Klokken met deszelfs toe-behooren

附属品付ダイケルスクロック（潜水器）　一式

とみえる。その後も注文が繰り返された可能性も高い。

将軍が再三にわたって注文した器具は、一八三四年（天保五）の夏になってようやく船載された。八月四日（陰暦六月二十九日）に長崎に着いたオランダ船ドルテナール号 Dortenaar（船長ヘンドリック・フィリップ・フィスァー Kap. Hendrik Philip Visser）によってもたらされた。八月二十一日（七月十七日）に手続きもすんで出島にあげられたことは、同船の「航海日誌」ならびに、同日の「オランダ商館日記」(103)にも関係記事がみえていて確認できる。

　オランダ商館では、日本の将軍が、かねてから注文を繰り返していたこのトイクルスクロック（潜水器）の調達に腐心していたものとみえ、ハーグ市にあるオランダ国立中央文書館にのこっている一件書類には、プランと附属器具の図に説明が添えられていて、その詳細を知り得る。(104) それによれば、舶載のこの品は、英国ロンドンで製造された品であって、それをはるばる運んできたものであることがわかる。

第十二代将軍徳川家慶が鮫と伽羅・海黄を注文したにもかかわらず、舶載しないので、オランダ商館長がその理由を問われて説明している文面が伝わっている。商館長ニーマンが一八三八年八月八日付で事情説明の書類を提出し、御内用方通詞三名がそれを翻訳して提出した。まずニーマンの原文は、(105)

Aan den WelEdele Achtbare Heeren Burgemeesteren opper rapporteurs.

er zijn dit Jaar geen roggevellen voor zijne Majesteit den Keizer aangebragt, omdat die te Batavia niet van goede qualiteit verkrijgbaar waren.――De Siamsche, in de laatste Jaren van Batavia hier aangevoerd, zijn niet voldoende bevonden, en daarom altijd als slecht soort of onbruikbaar gesorteerd.

De hooge regering te Batavia heeft er nu ontboden van de Kust Cormondel, en de ondergeteekende Nederlandsch opperhoofd vertrouwt misschien in het aanstaande Jaar aan den Eisch van Z: M: den Keizer op dit punt te zullen kunnen voldoen.

Wat betreft de Artikelen Kalambak en Armozijnen deze waren dit Jaar te Batavia mede niet verkrijgbaar, doch zullen zoo veel mogelijk in het aanstaande Jaar worden aangebragt.

de ondergeteekende heeft de Eer Zich met achting te noemen.

WelEdele Achtbare Heeren!

UWEd. achtb. d. w. Dienaar

Nieman

Desima 8 Augustus ⎫
19 Rokguats ⎭ 1838

御内用方通詞三名の訳文[106]を示せば次の通りである。

御用御誂鮫幷伽羅海黄之儀ニ付申上候横文字

当年　御用御誂鮫持渡不申訳者、咬𠺕吧表上品之鮫難得有之、既ニ一昨年持渡候鮫者シャム国之産ニ而品合不宜、御用ニ相立不申候付、咬𠺕吧頭役共追々心配仕、右出産之地コストコロマンデル江掛合置候間、来年　御用ニ相立候品持渡候様可仕候、且又伽羅海黄之儀茂、当節於彼地手ニ入不申候間、是亦来秋可相成丈一同持渡候様、精々心配可仕候

古かひたん

よはんねすゑるでうゐん

にいまん

右之趣かひたん横文字を以申上候付、和解差上申候、以上

戌
六月

中山作三郎

楢林鉄之助　印

石橋助十郎

本文の訳は要件を落すこともなく、まずまずよく出来ていると思われる。文書の宛名は、ニーマンが「いとも尊敬すべき年番町年寄殿」としているのを御内用方通詞らは「御用御誂鮫幷伽羅海黄之儀ニ付申上候横文字」と要件を標題にしている。署名は単にニーマンとしているのに訳ではフルネームとなっており、「古かひたん」と肩書まで付けら

れている。日付については、ニーマンは「出島一八三八年八月八日、六月十九日」と西暦に陰暦の月日まで添えて提出しているのに、通詞らはこれを全て落し、自分たちの訳出・提出日として、単に「戌六月」と記しているに過ぎない。この年の夏は、すでに七月の末（六月上旬）にスホーン・フルボンド号 Schoon Verbond の入津をみていたから、[107]このニーマンの答弁書はオランダ船の入港後間もないときの事情説明の答弁書ということになる。担当の御内用方通詞が中山作三郎・楢林鉄之助・石橋助十郎の三名であったことが判明する。

右の将軍注文品のうち、「鮫」については、商館で集荷困難であったとみえて、四年後に次のような断りとも思える事情説明書が提出されている。[108]

一柄鮫
一鞘鮫
右者年々
御用御誂ニ相成候ニ付、出産之地江厚駈合置候得共、御用ニ可相成品手ニ入兼候間持渡不申、御用御誂之儀者、於咬𠺕吧頭役共大切ニ相心得、夫々手数も仕候へ共、当分者手ニ入兼候ニ付、当節も持渡不申段、両かひたん申出候ニ付、此段書付を以申上候、以上

寅七月　中山作三郎
石橋助十郎

「年々御用御誂」といっているところをみると、これまた将軍執心の注文品であったことが判明する。確認し得ただけでも天保七年（一八三六）秋以来発注をしていた。[109] ことに七年の場合は、九月二十一日付で、「此間御渡ニ相成候御用御誂之品々之内、鞘鮫幷伽羅計御用ニ誂遣シ、其余之品者御用御誂之桁相除候様達ニ相成ル」というほど、他の品

品は発注を見合せても、右の品だけは注文せよとのことであったのである。寅年は天保十三年（一八四二）で、新商館長ビク Pieter Albert Bik と古商館長フランディソン Edouard Grandisson 両名の弁明も苦しそうである。

天保十三年（一八四二）、第十二代将軍徳川家慶が武器と軍事書を注文している。このような軍事関係の注文は寛文期以来みられないことであった(110)。この年の夏、アヘン戦争の詳報が日本にもたらされた。入津のオランダ船によって、風説書として本格的に報じられたものである(111)。この影響がかくも早く、如実に現われていることに注目したい。この時期、老中や長崎町年寄らも武器購入に意を注いだことは後述する。

一帆木綿　壱端　百拾匁
一万力　弐挺　百八拾目
一ヒュールウエルケン　弐冊　壱冊ニ付百六拾匁宛　三百弐拾目
右者当年持渡居候ニ付、差出候様可仕候
一チヤン　弐桶　卯年持渡済
一火打石　壱俵　右同断数三百
一鋏付筒　五拾挺　右同断
右者来年持渡差出候様可仕候
右之通両かひたん申出候ニ付、此段書付を以申上候、以上
　寅八月
　中山作三郎
　石橋助十郎

とある(112)。中山作三郎と石橋助十郎は御内用方通詞である。ヒュールウエルケンとは Vuur Werken で火器ということ

であるが、二冊とあるから火器に関する当時関係者の間で通称とされていた蘭書の名であろう。卯年持渡済というのは翌天保十四卯年に輸入をみたことを意味する。鈫付銃五〇挺に火打石が三〇〇含まれていた。

蘭書の注文については、

蘭書御用ニ付、御買上之儀、江府ゟ左之通申来候間、通詞共へ申達、為相糺可申候

蘭書
一フエスチングポウキュンテ

是者御用御買上之積ニ付、相渡無之候ハヽ、来秋迨帰帆之節可誂遣候

一セーアルチルレリー

是者御用御買上之積ニ付、持渡有之候ハヽ、早々差出可申候分

一ヘルトアルチルレリイ

右同断

寅十月

右之通有之候間、得其意可取計候

すなわち、将軍家から三種の蘭書の注文をオランダ文に認め、時のオランダ商館長エドゥアルド・フランディソンに手交したものであるが、これは御内用方通詞の和文控えである。(113) それにしても、文面から、これは来年夏来航予定のオランダ船のための注文ではなく、当時オランダ商館に持ち合せの有無を聞きただし、有れば早速買い上げたいという意向であることがわかる。ことに最初の一点については、もし無ければ来年船載せよとの注文である。第二・第三の書籍は、持ち合せがあれば買い上げるという意で、「持渡有之候ハヽ」などといっているところをみると、当時オランダ商館・商館員たちは、あらかじめ日本人向けの書籍を適当に見計って船載していたことが判明する。

結果はどうかとみるに、次席館員が第二番目の本を所持していたとみえて、それを買い上げることとなり、その代金の問い合せがあり、返事を得て中山作三郎が報告している。[114] すなわち、

卯五月十一日
御役所江作三
郎持参、御用
人横尾源次殿
江差出ス

覚

一　カルテンセーアルティルレレイ　壱部　但壱冊

右代料、所持之へとる阿蘭陀人江問合候処、脇荷銀百五拾目ニ而差出可申旨申出候ニ付、此段申上候、以上

卯五月　作三郎

このように、将軍をはじめ、後述の老中や長崎町年寄などから注文の意向が通知されると、御内用方通詞は注文書をオランダ文に認めて、オランダ商館長宛に発注する。その注文書は現にオランダのハーグの国立中央文書館に所蔵されており、例えば、

Keijzerlijk Eijschen van 't jaar van aanstaande Aº 1786. Het Collegie.

とか、

De Eijschen van Zijn Keizerlijk Majesteit voor 't aanstaande Aº 1814. 't Collegie [voor Batavia]

といったものがそれで、このほか、一七八五・一八〇九・一八一三・一八一七—二九年のためのものがみえている。[115]
これらのあるものには図入りで注文をしているものもある。

2　老中・若年寄ら幕府高官と長崎町年寄らの注文

天保十年（一八三九）、老中水野越前守忠邦より注文の意向があったので、長崎奉行戸川播磨守安清がこれを受け、家老の小野貞四郎をして御内用方通詞に下問があった。そこで中山作三郎と楢林鉄之助の両名は報告書を作成して、七月十三日に前記家老詰所へ楢林栄三郎に持たせ提出した。その報告書の文面は次の通りである。(116)

覚

一ゼーアルティルレ丶イ之書　一冊物

右之書中ニ者、軍船ニ相用候炮器、其他武器之用法等を書載有之候趣、自然御誂ニ茂相成候ハヽ、精ミ持渡候様咬𠺕吧表江掛合可申旨、かひたん申出候ニ付、此段書付を以申上候、以上

亥七月

中山作三郎

楢林鉄之助

これによってみると、水野忠邦が注文したいと考えていた品は書籍で、有名なカールテンの『海上砲術全書』Calten, T. A.: Leidraad bij het onderrigt in de Zee-artillerij, 1832. であったことが判明する。

天保十三年秋に水野越前守が注文した書籍の書名・冊数・価格の一覧表が御内用方通詞によって作成され、それが記録されている。(117)

水越前守殿御調可被成御書銘

(イ)　○一　セッセル　壱冊　百六拾目

(ロ)　○一　セッセレルヱルムストヒュールウヱルゲン　壱冊　百六拾目

(ハ)　○　ロームン　壱冊　弐百六拾目
(ニ)　○　ゼーマンスギッツ　壱冊　六百五拾目
(ホ)　○　シケープスボウキュンデ　壱冊　弐百弐拾目
(ヘ)　○　ハントプックホールミリタイルレン　壱冊　百目
(ト)　―　タクテイキデルデリーワーベンス　壱冊　此桁末ニあり
(チ)　―　ケレイ子オールログ　壱冊　右同断
(リ)　○　ヘルトトグトオツブヤーハー　壱冊　八拾七匁
(ヌ)　○　ピラールセーアルチルレリー　壱冊　三拾目
(ル)　○　カルテンゼーアルチルレリー　弐冊　弐百六拾目
(ヲ)　○　ハンレイキオーフルデシケーフスホウ　壱冊　弐百五拾目
(ワ)　―　セスセレルヱルムストヒュールウヱルケン　壱冊　百六拾目
(カ)　○　インハンテリー　壱冊　拾五匁
(ヨ)　○　リグトボルレン　壱冊　弐拾目
(タ)　○　コルテシケツフワンテ子ートルランセホントントレイン　壱冊　五匁
(レ)　―　キユンストオムフュールウヱルキテマーケン　壱冊
(ソ)　―　アルテルレリーレゲレメント　壱冊
(ツ)　○　ビユーセルハントレイヂングフォールオンドルオフシール　壱冊
(ネ)　○　フルハンテリンクオーフルヘットビュスコロイト　壱冊　九拾目

(ナ)　○一　ヱルンストヒュールウエルキ　壱冊　九拾目
(ラ)　一　オントウエルフヘルトアルチルレリー　壱冊　九拾目
(ム)　○一　オイトリユステイグハンマチイール　壱冊　四匁
(ウ)　○一　レケンメント　壱部　拾匁
(ヰ)　○一　プロフシヨ子ールレケレメント　弐冊　八拾目
(ノ)　○一　タクチーキテルデリーワーペン　壱部　百五拾五匁
(オ)　○一　ケレイ子オールログ　壱冊　百弐拾目
(ク)　一　ミリタイルサックブック　壱冊　ハンとサックと違
(ヤ)　○一　メモリヤール　壱部

〆

各行の上についている。印は原本では朱で印してある。そして、朱点のないものについては、「朱点無之七部年寄誂之内ニ持渡無之趣申上置く」と断わられている。ということは「年寄誂之内」にもしあれば、それを早速買い上げるとしたものであろうから、いかに、急遽、水野がこれらの書籍を求めていたかが察せられる。ここにみえる二九部の蘭書はすべて軍事関係の蘭書である点が注目に値する。

右の書籍銘に続いて、幕府の天文方山路弥左衛門が注文した書籍のことが記録されている。(118) その文面をまず示せば、

山路弥左衛門手附医師願請旨書銘

一　リセラントナテユールキユンデハンデメンス　壱部弐冊　百五拾目
　　但、人身窮理書暦数千八百二十六歳版

右願　杉田　立卿
　　　杉田　成卿

一　ウエイラントキユンストオールデンブック　壱部壱冊　弐百目
　　　　　　　　　　　　　　　　　　　　　　但壱部弐冊

右願　竹内　玄同

但、諸の蛮語を集たる辞書

とある。山路弥左衛門名儀の注文ではあるが、内実は天文台のなかに設けられている蛮書和解御用に勤める訳員である杉田立卿・杉田成卿・竹内玄同の購入希望蘭書であることが判明する。これには山路弥左衛門も添書をして、

右者私手附蛮書和解御用相勤候医師、和解草稿取調之節、右之書至極見合ニ相成、御用弁も宜御座候ニ付、幸御用残之儀ニ御座候間、可相成者、右之書御売（マヽ）上直段を以頂戴仕度段私迄相願候、全く御用弁之筋ニも御座候間、願之通被成下候様、於私奉願候、依之此段申上候、以上

寅九月　　　　　山路弥左衛門

と購入方を願い出ている。

右の各注文がどうなったかとみるに、水野忠邦注文の二九部のうち朱点の付けられている二四冊と山路弥左衛門購入希望の三冊と、合計二七冊は購入されることとなって、十月十五日にひとまず長崎会所へ納品された。

次に、武器の注文が行なわれた例を示そう。天保十四年（一八四三）の例である。[119]

覚

一　釼付鉄炮　　弐百挺　但、小道具添

内

堀田備中守様昨出帆後御誂　上原公沙汰有之 火打石三百添之事

五拾挺

真田信濃守様昨出帆後御誂　数百五十添

弐拾四挺

堀田摂津守様当春御誂　上原公沙汰有之 数百添之事

拾三挺

御誂心当

拾六挺

〆百三挺

六挺　久松　喜兵衛様

拾五挺　後藤　市之丞様

内拾挺御誂持渡不足之分

拾弐挺　高木清右衛門様

内拾挺右同断

拾挺　薬師寺宇右衛門様

御誂持渡不足之分

拾五挺　久松　新兵衛様

拾挺　　福田　猶之進様
内、五挺御誂持渡不足之分
拾五挺　　久松土岐太郎様
御誂持渡不足之分
拾五挺　　高嶋　作兵衛様
〆九拾八挺
右者追〻御誂込ニ相成、本国表江申遣置候得共、咬𠺕吧表江廻着不仕候ニ付、咬𠺕吧表有合之分買差上申候、右ニ付代料壱挺ニ付弐百五拾目ニ相当リ申候旨申出候ニ付、此段申上置候、以上
卯七月　　中山作三郎

卯七月は天保十四年七月のことである。堀田備中守正篤と真田信濃守幸貫は老中、堀田摂津守正衡は若年寄で、久松・後藤・高木・薬師寺・福田・高嶋らは長崎の町年寄である。殊に堀田・真田の両老中は「昨出帆後御誂」とあれば、一年まえの天保十三年（一八四二）秋にオランダ船がバタヴィアに帰帆したあとに発注されていたものであることがわかる。天保十三年秋といえば、前述もしたように、その夏に長崎に入津したオランダ船によって、アヘン戦争の詳報がようやく本格的にもたらされたときである。先に将軍の武器発注について一言したが、かくもはやく幕府と長崎のそれぞれ主脳陣が事態に対応を示したことに注目しなければならぬ。これ以後、御内用方通詞の扱った仕事のうち、軍事関係の事項が占める割合が断然多くなるのである。さらに翌月の記録として、

越前守殿御調
釼付筒　　五拾挺　　但小道具相添

火打石　　　　　数三百
備中守殿御調
鈫付筒　　　　　五拾挺　　但右同断
火打石　　　　数三百
信濃守殿御調
鈫付筒　　　　　四拾四挺　　但右同断
火打石　　　　数三百
摂津守殿御調
鈫付筒　　　　　拾三挺　　但右同断
火打石　　　　数百
右之通羽田龍助帰府之節、江府江差立候間、得其意可取計候
卯八月

とあるから、前記老中・若年寄とともに筆頭老中水野越前守忠邦も鈫付銃五〇挺に火打石三〇〇を注文していたことが判明する。

これよりさき、高島秋帆の江戸徳丸ヶ原での西洋砲術・銃隊の演練は天保十二年（一八四一）五月九日に行なわれたことであり、その火術の秘事は幕命により下曾根金三郎と江川太郎左衛門に伝授された。西国諸藩へもその火術は伝わり、高島流砲術は天下に盛行する端を開いた。ただし、秋帆はその直後罪を得て検挙され、この天保十四年には江戸の獄屋に入れられていた。(120)

水野忠邦を中心とする幕閣は、さきに秋帆の演練により西洋砲術・銃陣の技を認識し、天保十三年秋、長崎奉行伊沢美作守政義を長崎に差し向け、秋帆等の検挙に当らせる一方で、オランダ船出帆の直後にもかかわらず、かくも大量の武器発注を行なっているのである。アヘン戦争の詳報を受けて示した対応といわざるを得ない理由である。以後、釼付銃の発注だけでなく、大砲の発注もされるようになる。翌九月には早速「西洋大砲之内ベキザンスと相唱へ候筒」というのが「鉄炮ニ用候燧石之切方道具」とともに「御用御誂」ということで発注になっている。

右のような注文を受けて、オランダ商館は集荷のうえ、日本に船載したものである。幸いにして、天保十五年六月十六日（一八四四年七月三〇日）に長崎港に入港手続きをすませたスタット・ティール号 Stad Tiel の積荷目録がほぼ完全な形で伝えられている。通詞の訳にかかるものであるから、煩を厭わず全部かかげてみる。(121)

本方荷物

1	一大羅紗類	五拾八反
2	一婦羅多類	弐拾反
3	一ころふくれん類	三拾三反
4	一テレフ類	九反
	但毛紋天鵞絨之事	
5	一小羅紗類	弐拾反
6	一羅背板類	同
7	一赤金巾《カナキン》	五拾反
8	一尺長上皿紗	弐百六反

9 一弁柄皿紗　六百反
10 一皿　紗　千反
11 一奥嶋類　千三百反
12 一白砂糖　四十八万三千三百三十四斤
13 一蘇　木　四万千弐十八本
14 一錫　壱万三百六十三斤程
15 一荷包鉛　三百弐拾斤
16 一丁　子　五千三百四斤
17 一胡　椒　九千百九十壱斤
18 一茴　香　壱万千弐十二斤
19 一紫　檀　九千八百七十五斤
20 一水　銀　千三百九十二斤
21 一肉豆蔲　四百四十三斤
22 一象　牙　千八百九拾壱斤五合
23 一銀　銭　三千五百

当辰年脇荷物

24 一エイスランモス　八百七十二斤
25 一キナキナ　千六百五十四斤

26 一アラヒヤコム　千六百三十四斤

27 一マグチシヤ　五百四十六斤

28 一オクリカンキリ　八百二十七斤

29 一痰　切　千六百五十四斤

30 一ジキタリス葉　弐百八斤

31 一サーレソブ　四百拾四斤

32 一ウユインズテーン　八十三斤

33 一ウユインステンレユール　弐百七十斤

34 一ゴムアンモニヤック　四百十四斤

35 一マンナ　弐百十九斤

36 一阿　魏　三百三十一斤

37 一ゼイアユイン　四百十四斤

38 一ヤメンシーフ　三百三十一斤

39 一カミルレ　八百二十七斤

40 一センナ　四百十四斤

41 一フリルブルーム　八十三斤

42 一チンジヤン　百六十六斤

43 一サルサウバリルフ　二十一斤

44一ズワーフルーム　同
45一ゴムテレメン　百六十六斤
46一サルヘートル　四十三斤
47一サスカフラス　百二十四斤
48一シユルフスソフタ　八十三斤
49一ボソクホフト　千五百八十八斤
50一サルホフーリイフレスト　四瓶
51一オーリイコロトーニイフコグル　拾瓶
52一アルテヤウナルトル　二十一斤
53一甘　草　四百十四斤
54一ヤラッパ　四十二斤
55一ア子イスドロップ　四十三斤
56一アルニカウヲルトル　八十三斤
57一アルニカブルーム　四十三斤
58一コロンポウ　八十三斤　拾斤
59一ボテクツハス　拾斤
60一ペテトノ十葉　二十一斤
61一シヨシヤム　四十二斤

62一メントキリスフ葉　同
63一亜麻仁　拾斤
64一ミコルフスシニイフナ　六合
65一テーヒスインフメリナーリス　壱合
66一テリヤアカ　三百罐
67一細末イペカコアナ　同
68一ホヲマンスドロップ　七十五瓶
69一スフリーテスニテイリトルシス　百瓶
70一薄荷油　十瓶
71一オスセンカル　弐拾瓶
72一薄荷水　弐十瓶
73一エキスタラクトシナーク　弐百瓶
74一同ヒコシヤームス　百瓶
75一同ヘラトーナ　拾二瓶
76一テレメンテイン　百瓶
77一パルサムコッパイハ　五十瓶
78一アマリタスブリコムヒイ　十瓶
79一アマントル油　二十瓶

80一サルアルモモカッタ精気　十六瓶
81一トーフルスブートル　一瓶
82一サポン　弐千九百五十斤
83一サフラン　百五十一斤
84一水牛角　四千五百七十五斤
85一水牛爪　五百四十三斤
86一カヤブーテ油　二百四十九フラスコ
87一ホルトカル油　百フラスコ
88一硝子器　七十四箱
89一焼物類　十三箱ト八籠
90一万　力　壱梱
91一鏡　弐箱
92一敷　物　壱箱ト六包
93一時計幷小マ物類　五箱
94一羊角燈籠　壱箱
95一カブリ　壱箱
96一藤ノ杖　拾五梱
97一セ子ーコル　十箱

98 一赤葡萄酒　三箱
99 一コーヒイ豆　袋
100 一タマリンデ　三箱

御用御誂《アツラヒ》

101 一船海家暦　壱冊
102 一咬嚁吧暦　壱冊
103 一猩々緋　三反
104 一色海黄　二十壱端
105 一嶋海黄　四十九端
106 一壱番新織奥嶋　百二十四端
107 一奥　嶋　七十八端
108 一白金巾　百反
109 一い皿紗　百五十反
110 一シカヲンホオルストシリタイルサックブック　一冊
111 一フロインフォールシーシンヂン　二冊
112 一オイトリユステイングスツート　一冊
113 一アーンハングユル　一冊

114 一ヱキセルセチーレケレメントテルフヱルトアルチルレリイ　一冊
115 一メルラスフユステイングボフキコンデ　一冊
清水様御誂
116 一い皿紗　三十反
117 一ろ　同　三十五反
水野越前守様御誂
118 一昼夜遠目鏡　一本
119 一星目鏡　一揃
120 一セスセレルエルムストヒュルウユルチン　一冊
121 一ヱキセルセチーレケレメントフエスチンクアルチルレリイ　一冊
122 一ピユセルハントレイヂングフラールカントルオフシール　一冊
123 一デイツケルダクテイーキテルテイクトワシベンス　一部
堀田備中守様御誂
124 一劔付ヤヽカルビユクス　十挺
125 一騎馬筒　二挺
126 一万　力　中二挺
127 一セツセルエルムストユールウユルカン　一冊
128 一セイアユイン

129一スロットスクルルーフ　弐ツ

真田信濃守様御誂

130一遂石切道具　壱揃

131一ボヒセンテレッケル　一

132一ボイセンプロック　一

133一テイッケルケレイ子オールロク　一冊

堀田摂津守様御誂

134一騎馬筒　二挺

135一劔付筒　五十挺

136一劔付ヤアガルビユクス　二十挺

137一万　力　五挺

138一火縄狭　二本

139一同雨覆　一

140一タナセーラコシ

141一コムエラスティーキ

142一サルヘートルシユルヒユスメツト

143一ボイセンスグムプル　五

144一ボイセンステーゲル　一

145 一ブリッチテングトル　一
146 一同　一
147 一ボイセンセツトル　三
148 一ホイセントムル　一
149 一ラートスコッフル　二
150 一ユイセレンボルオムスラグトットサスボウル　一
151 一メイセルトツトフレツトホホル　一

伊沢美作守様御誂

152 一水牛皮　六枚
153 一胴薬入　一

右をみると、本方荷物には反物類が多く、薬品やその他の雑貨が数種といったところである。脇荷物には断然薬品が多い。それに数種の雑貨である。御用御誂はもちろん十二代将軍徳川家慶の注文品。水野・堀田・真田は老中、堀田若年寄に伊沢長崎奉行、いずれも前出の顔触れである。これらの注文品に天保十三年発注の品の多くが含まれていることに気付く。「積荷目録」は来航のオランダ船が輸入した商品のリストで、船の入港手続の一環として日本官憲に提出された書類である。将軍はじめ向々の注文品として持ち渡ったこれらの品が、その通り発注者に買い取られたか、どうか。これまた幸いにも、この年八月、長崎会所を通じて実際に諸侯に購入された品々のリストが遺っている。(122) 次の通りである。

水野越前守様御誂

118′一昼夜遠目鏡　壱本

119′一星目鏡　壱揃

120′一セスセレルエルンストヒュールウエルケン　壱冊

121′一エキセルセチーレゲレメントフヱスチングァルテルレリー　壱冊

122′一ビェセルハントレイデンクフヲールヲンドルオフシール　壱冊

123′一デイツケルタクテイーキデルテイリーワーペンス　壱部

チ′一デイツケルケレイ子ヲールログ　壱冊

ク′一ブロインミリタイルサックブック　壱冊

　一スマルレンビユルクシケイキユンデ　壱部

堀田備中守様御誂

124′一釼付ヤアガルビユクス　拾挺

125′一騎馬筒　弐挺

126′一万　力　弐挺

127′一セッセレンヱルムストヒュールウエルケン　壱冊

128′一ゼーアユイン　正味五百拾匁

129′一スロットスクルーフ　弐ツ

堀田摂津守様御誂

135′一釼付筒　五拾挺

136′ 一釼付ヤアガルヒュクス　弐拾挺

137′ 一万　力　五挺

138′ 一火縄狭　弐本

139′ 一同雨覆　壱

140′ 一タナセーテュム　（正味）百五拾四匁

141′ 一ゴムエラスティーキ　（同）六拾目

142′ 一サルベートルシュールヒュスメット　（正味）弐拾目

伊沢美作守様御誂

152′ 一水牛皮　六枚

131′ 一ボイセンテレッケル　壱

132′ 一ボイセンブロック　壱

143′ 一ボイセンスタムブル　九

144′ 一ボイセンスラーゲル　壱

145′ 一ブリッキテレイグトル　壱

146′ 一同　壱

147′ 一ボイセンセットル　三

148′ 一ボイセンハームル　壱

149′ 一ラードスコッフル　弐

150′ 一エイセレンボールオムスラグトットサスボール　壱
151′ 一メイセルトットフレットボール　壱
153′ 一胴薬入　壱

右のリストに記号をつけてみてわかるように、若干入れ替っている。真田信濃守の発注にかかる品の二点は伊沢美作守が買いとっている。128′・140′・141′・142′では「積荷目録」の写しで欠けていた数量が判明する。143′では「積荷目録」の筆写の誤りを訂正することができる。チ′・ク′は水野忠邦が天保十三年に発注した品のうちに含まれていたものであることがわかる。このように何年かにわたって順次輸入をみたものであって、総じて、これら幕府高官の注文購入品は銃や付属品、各種戦闘用具、軍陣書籍などであることが判明し、時代色を遺憾なく窺わしめる。

さらに、追いかけるがごとく、同年九月八日水野忠邦から注文があった。

水野様
90′ ●一万　力　壱組
一ポンヘン道管抜　壱挺
一角口薬入　壱
57′ ●一アルニカ花　三斤
一ヘードロヨダスポットアス　二斤
一サヒナ　ヱキスタラックト　二斤
●一ヒヨスシヤムヱキ・スタラックト　二斤
●一キナソウト　壱合

このうち●印のものは脇荷のうちにあることがわかったといっている。点検してみると、確かに記号のごとく確認できるものがある。角口薬入もオランダ船の船長が所持しておることがわかって譲り受けることとなった。火器や火薬類である。

この時期、書籍の輸入については、オランダ船が入港すると、「阿蘭陀船ゟ差出候蘭書之書銘帳」というものが通詞の手によって作成され、幕府へ進達された。担当の老中は一覧のうえ、天文方へも廻達して取り調べさせた。天保十五年の場合は、老中格の堀大和守真審が「八部三冊」を「御用ニ付、可致調進」と指示を下し、天文方山路弥左衛門へ廻達した。そこで、天文方はこれを取り調べ、次のように報告書を提出した。(123)

此度入津之阿蘭陀船ゟ差出候蘭書之書銘帳并伊沢美作守ゟ申上候書付共御下ケ、右之内御用立候書茂可有之哉、否、可申上旨被　仰渡候ニ付、則取調候処、左之通ニ御座候

一フルステルキングスキユンスト　壱部但弐冊
　但軍術書
一ヘスチングボウキユンデ　壱部但弐冊
　但砦築立書
一エキセルセチーン　小壱冊
　但軍術書
右三部は海上炮術全書ニ引用有之書与奉存候
一リウセルアルチルレリー　壱部但三冊
　但炮術書

一ハンドブックホールデンインゲニウル　壱部但三冊
　但兵書
右五部は何れも炮術全書御見合セ必用之書ニ可有之奉存候間、御用ニ相成候様仕度奉存候
一ハンドブッキーホールカノニールス　壱部但弐冊
　但炮術書
一ベウエーギングデルラステンホールアルテルレリステレ　壱部但三冊
　但炮術用重荷持運方之事を記たる書
一ベイグラーゲトットデアルチルレリイ　壱部但壱冊
　但炮術書
一フルカラールデフラーゲン　小壱冊
　但軍術書
一シケープスボウキユンデ　二部之内弐部
　但船造方之書
一船打建之図　壱部
右六部茂多分御用立候書与奉存候得共、本書一覧不仕候半而は治定之儀難申上候
右者御下ケ之書銘帳、手附蛮書和解御用医師共江茂一覧為仕取調候処、書面之通御座候、依之書銘帳幷美作守申上候書付共返上、此段申上候、以上
辰八月　山路弥左衛門

右によって判明することを列挙してみよう。①これは注文によって船載した書籍ではなく、見計本として持ち渡った書籍である。このような見計品は書籍のみでなく、他の武器・薬品・雑貨にも多いが、ここでは省略する。②このような見計書籍の「書銘帳」を通詞に作らせ、長崎奉行（この年は伊沢美作守）は添書を付けて上司の老中へ進達したものである。③老中は一覧のうえ、必要書籍をチェックし、天文方に諮問した。④天文方（この年は山路弥左衛門）は自身一覧のうえ、蛮書和解御用訳員（この年は杉田立卿・宇田川榕菴・杉田成卿・箕作阮甫・竹内玄同）にも検討させたうえで老中に報告、⑤老中は購入の可否を決定し長崎奉行へ廻達、⑥長崎奉行はこれを御内用方通詞に命じ、カピタンに知らせ、長崎会所に請け込ませるのである。⑦それにしても、本年の書物の内容はすべて軍事書で、⑧特に将軍や老中が購入のうえ、その翻訳を命じていた〝ゼーアルチェルリー〟すなわち『海上砲術全書』取り調べに参考となる書物という目的に添って検討されていることが判明する。⑨これが決定すれば幕府の購入ということになる点に注目したい。

右の見計本検討の結果がいかに決定をみたか。値組み、仕払い方法については後述するとして、ここでは結果だけをみておきたい。右は購入決定となったため、御内用方通詞の楢林鉄之助が次のような代銀額を入れ、支払い時期を示した書類、すなわち、「御用書籍代銀帳」(124)というものを作成している。

（表紙）

天保十五年
御用書籍代銀帳
辰九月　　　楢林鉄之助

Merkes Beoefende Vestingbouw 2d. ƒ30:——
一フルステルキングスキユンスト　壱部但弐冊
代銀三百目　心覚但軍術書
Savart Veldverschansing en vestingbouw 2d. ƒ30:——
一ヘスチングボウキユンテ　壱部但弐冊
代銀三百目　〃但砦築方書
handleiding Exercitien met geschut 1d. ƒ2:——
一ヱキセルセチーン　小壱冊
代銀弐拾目　〃但軍術書
Busscher artillerie 3d. ƒ26:——
一ビユスセルアルチルレリー　壱部但三冊
代銀弐百六拾目　〃但炮術書
Pasteur Ingenieur 3d. ƒ32:——
一ハントブックホールデンインゲニウル　壱部但三冊
代銀三百弐拾目　同但兵書
handboek kanoniers 2d. ƒ8:——
一ハントブッキーホールカノニールス　壱部但弐冊
代銀八拾目　同但炮術書

Teelig onderwijs artillerie　1d. ƒ20 : ——

一ベウュ ーキンクデルラステンホールアルテリレリステン　壱部但一冊

代銀弐百目　同 但炮術用重荷持運之事記たる書

Van der meulen artillerie　1d. ƒ16 : ——

一ベイダラーゲントットデアルテルレリー　壱部但一冊

代銀百六拾目　同 但炮術書

Fosse Verklaarde Vragen Veldverschansching 1d. ƒ2 : ——

一フルカラールデフラーゲン　壱冊

代銀弐拾目　心覚 但軍術書

Obrein Scheepsbouw　2 boeken ƒ30 : ——

一シケープスボウキユンテ　壱部

同 但船造方書

一船打建之図　壱冊

代銀三百目

〆銀壱貫九百六拾目　此代銀辰十一月十三日会所ゟ出方ニ相成ル

右之通御座候、以上

辰九月　楢林鉄之助　印

3　蛮書和解御用訳員の注文

天文台における蛮書和解御用の局は、いわば幕府における蘭学採用の本拠である。したがって、該局の訳員は舶載の薬種・蘭書の購入に熱意を示し、当局から便宜を得ていた。その入手手続きの具体的様子については、従来不明であった。このことにも御内用方通詞が深く関係することであったから、以下実例をあげて、具体的にみてみたい。

天保八年（一八三七）八月、天文方山路弥左衛門から「阿蘭陀薬種御取寄之儀奉願候書付」[125]と題する願書が若年寄林肥後守忠英のもとに提出された。これは八月二日付で「御下ケ」となり、長崎奉行を経由して会所調役・年番町年寄に渡されたのが九月十三日で、御内用方通詞へも一覧せしめられ、発注すべき薬品目録の筆写が命じられた。まず、天文方の願書の文面を読んでみる。

蘭書和解御用相勤候医師、年〻御取寄之儀奉願来候阿蘭陀薬種、猶又当年杉田立卿ゟ別帳私迠差出相願候間、当秋阿蘭陀帰帆之節、御取寄之儀被仰渡被下候様仕度、則別帳相添、此段奉願候、以上

酉八月　山路弥左衛門

訳員の杉田立卿が別帳で購入希望薬品目録を提出していたことがわかる。その目録は結局御内用方通詞が写し取り、蘭訳してオランダ商館へ発注したものであるが、その写が記録されているので次に示す。[126]

半紙帳面上ハ書薬品目録　上ハ書杉田立卿

Worre Kruid.　半斤

Palm puister.　壱斤

lapis inpernalis.　二十匁

pisse betten.　二十匁
Xtr: van cicuta.　壱斤
gom Ammoniaci.　壱斤
Venetiaansche Zeep.　二斤
Terbintijn.　壱斤
braakwijnsteen.　半斤
右者先年ゟ度々相願候得共、持渡無御座候
Ipecacuanha　半斤
hijociamus　壱斤
Kamille　二斤
Digitalis　半斤
hoffmans drupper　壱斤
Zee Ajuin.　半斤
Beste muskus　十匁
olie van Koepoete　壱斤
右者先年奉願候而漸少々持渡候得共、其後は一向持渡無御座候
Wijnsteen huur
Semen Siena

右者当年始而奉願候

酉八月

下ケ紙
御書面阿蘭陀薬種付札之通和解差上申候、以上

中山作三郎

楢林鉄之助　小印

とあり、上部欄外に「此横文字脇ニ付紙ニ而片カナニ而名書致遣ス」と記入されている。文面からして、何年越しにも及んで発注し続けられている薬品であったことが判明する。

ほぼ同様な手順で、天文方が暦書の注文をしている例をあげよう。同じく林肥後守に対して「肥後守殿暦書類御取寄之儀申上候書付　天文方」と題する願書が天保十年（一八三九）五月に提出された。[127] その文面は次の通りである。

先達而フランス人クウヱテレット著述仕候暦書を、阿蘭陀人ロバット彼国之語ニ而翻訳著述仕候星学書弐冊、御買上之儀奉申上候処、先難被及御沙汰旨被仰渡候、然ル処、右書籍者近年之板ニ而、近来発明之儀茂載有之、御見合ニ茂相成候品ニ御座候間、可相成者長崎表ニ而御取入ニ相成候様仕度奉存候、且又漢土ニ而導（遵カ）用仕候暦象考成上編法中五星法并後編法之儀、最早暦元之年を相距候儀百十ケ年余ニ茂御座候間、当時之下編法後編法共遵用仕間敷奉存候、左候得は、日用五星何れ茂新法撰述仕候儀与奉存候間、右津暦測源中之暦書之外、別ニ新法之暦書出板仕候ハヽ、持渡候様仕度奉存候、且又一躰当暦法者、元来西洋暦ニ原キ候儀故、西洋諸国暦書之内ニ者考合ニ相成候品数多可有御座候間、新撰之暦書星学書并其外西洋ニ而古人之星学ニ名高キ者之著述茂見当候ハヽ、

阿蘭陀船入津之節持渡候様仕度奉存候

右之趣唐方并阿蘭陀来舶人共江申渡候様、長崎奉行江被仰渡被下候様仕度奉存候、依之此段申上候、以上

亥五月

渋川助左衛門（景佑）
山路弥左衛門（諧孝）
足立　左内（信頭）
吉田四郎三郎（秀茂）
渋川　六郎（敬直）
山路　金之丞（彰常）
足立　重太郎（信頭）

一度不許可になった蘭訳暦書の必要を説き、なお新法の暦書・星学書の購入方を望んで、唐・蘭双方の来船人へ注文してもらえるよう天文方連名で願い出たものである。そこで五月十八日、林肥後守から長崎奉行への書類がおり、長崎奉行から会所調役と年番町年寄に書類がまわされたのは六月二十二日であった。さらに御内用方通詞にこの用件は命じられた。カピタンに問い合せてみると、「別紙の書籍、当時於彼邦専ら相用候」の由ということで、注文になればバタヴィアへの掛合い、もしなければ本国へも問い合せてみるとの返事を得て、御内用方通詞の中山作三郎・楢林鉄之助・石橋助十郎三名は、九月、連名で町年寄の高嶋四郎太夫に答申した。[128]「彼邦専ら相用」の別紙暦書とは、

一ピラールステルレキユンデ
Pilaar Sterre Kunde
一デラヽンデ
De Lalande
一デランベレフルタールト

de lambre

一クウテレットフルタールト

Quinteret

一デロカリトメンターフルファンカルレット

de logarithme tafels van Callet

一ナテュールステルレキュンデアールデレイキスベシケレイヒンクファンデケルドル

de gelder natuur en Aardrijksche beschrijving.

天文方が寛政改暦後、時間不足でとり残した五惑星の運動論に楕円軌道論を適用することに腐心している様子が窺える。『ラランデ暦書』の日・月・五惑星の運動論の部分を翻訳し、それを資料として編纂された『新巧暦書』が天保七年に渋川助左衛門景佑によって上呈された。山路弥左衛門諧孝もオランダ人ペイボ・ステーンストラの著書によって成った訳編書『西暦新編』を天保九年に上呈し、次のオランダ語天文書にもとづく改暦に向けて熱意をもっているときであったのである。

「ロバット」訳の星学書の発注については発注するとして、在館のオランダ人のうちに、

航海家暦解　新板第二版　一冊

和蘭国ニ而経度側(マヽ)量之法及航海家之地図ニ相繰る事を改正する調役ヤーコップスワルト和蘭暦数千八百二十八年著

星学家航海家之用ふる諸表を集并其説用法を記する書

増補第四板　一冊

但航海家之用を達するニ右同人和蘭暦数千八百三十七年著

という二部の書物を所持しているものがあって、「御用」にたつなら「御調進」してもよいということがわかって、御内用方通詞の中山作三郎は翌天保十一年（一八四〇）の三月に伺書を提出した。[129]

この夏には、天文方が希望していた書、

一ロバットコロンテルステルレキュンデ　　壱部　但壱冊

但星学書暦数千八百二十七年板

の舶載をみて、七月、中山作三郎と石橋助十郎は報告を行なった。この本は結局購入されることとなって、「代百三拾目」の値がつけられ、十二月五日付で右両通詞から報告された。箕作秋坪の所持していた『蕃書調所書籍目録写』[130]の「天文類」の項をみると、

一ロバット天文書　　二冊

とみえる。このようにして買い上げられた書籍であったことがわかる。

天保十四年（一八四三）、天文台の訳員たちがオランダ商館員の所持している書籍を買い上げている。書籍の内容をはじめ、出願の訳員名と所持していた商館員の名がわかり、買い上げ値段もわかる好例であるので掲げる。[131]

(1) 5:《テキストル》一セイフルキユンスト　壱冊

但算法書　　右願杉田立卿

(2) 10:《カピタン》一ヘデンキブック　壱冊

但和蘭国記録　右願宇田川榕菴

(3) 10:《デウヲルフ》一コロイフアゲン　　壱部　三冊

右者草双紙与御座候へ共、小児の為文章手引ニも相成候書与奉存候ニ付、奉願候　　右願杉田成卿

(4) anatomi
150：一《テキストル》ボック　壱冊
但解体書　右願箕作阮甫

(5)
3：一《右同人》シケイキユンヂヘヲントルスーグ　壱冊
但分離書　右願竹内玄同

右者、私手附蛮書和解御用相勤候医師、和解草稿取調之節、右之書至極見合ニ相成、御用弁も宜御座候付、幸御用残之儀ニも御座候間、可相成者、右之書御買上ケ直段ニ五割増を以頂戴仕度段、私迠相頼候、全御用弁之筋ニも御座候間、願之通被成下候様仕度、於私も奉願候、依之、此段申上候、以上

卯八月　　山路弥左衛門

右は購入許可となり、九月に中山作三郎が買上げ値段を報告している。(1)は代五拾目、(2)は代百目、(3)は代百目、(4)は代百五拾目、(5)は代三拾目であった。扱いとしては、すべて「山路弥左衛門取分」ということになっていた。商館員テキストルは M.C. Textor, カピタンは Pieter Albert Bik, デウヲルフは Pakhuismeester (荷倉役) の de Wolff である。テキストルはシーボルト来日中、ビュルゲルらとともにその協力者に加わっていた人物であった。『蕃書調所書籍目録写』をみると、(1)は、

一《ヤーコップ・デ・ゲルデル》セイフルキユンスト　千八三七　一冊

と、

一《ラゲルトル著》セイフルキユンスト　千八四七　一冊

とあり、どちらかであろう。

(4)は、

一ハンド《ボック著》ブツクデルオントレードキユンデ　千八四□　一冊

とみえ、(5)は、

一シケイキユンデ《ベルセリウス著》　自千八三四 至千八三八　四冊

のうちの一点であろうか。(2)・(3)は表記が簡略すぎて、にわかに比定しかねる。

天保十五年、さきに述べたスタット・ティール号船載書籍の書銘帳によって老中以下幕閣が購入を決定した以後、天文台においても山路弥左衛門の扱いで残りの蘭書中から購入願いを出した。[132] すなわち、

手附医師共蘭書御買上直段五割増を以頂戴仕度段申上候書付

山路弥左衛門

一コンラジーハンドブツクゲルバーローギーヱンテラヒー　壱部但弐冊

但医書

右願杉田　立卿

一インジーセマガゼイン　壱冊

但噺之書

右は噺之書与有之候得共、天章(文カ)見合ニ茂可相成ニ付奉願候

右願宇田川榕菴

一アルケメー子オントレードキユンテ　一部但弐冊

但解体書

右願杉田　成卿

一メルキワールヂクヘーデン　一部但四冊

但四大州之暑（著）しき事を記たる書

右願箕作　阮甫

一モストケ子ースキユンテオールデンブック　一部但七冊

右願竹内　玄同

以下、購入出願理由は前と同一で、日付は「辰八月」で、山路弥左衛門の名で出願されている。これらは許可となり、御内用方通詞の楢林鉄之助が代銀帳を作成し、会所へ廻しているので次に掲げる。[133]

付紙 天文方御願請之分

阿蘭陀書籍代銀帳

Conlagie handboek der Barogie en delapie, 2d. ƒ40.——

一コンラジーハントブックデルハーローギーヱンデラピー　壱部但弐冊

代銀四百目　心覚但医書

Indische magazijn　2d. ƒ4:——

一インヂーセマガセイン　弐冊

代銀四拾目　同但噺書

Beelverds ontleedkunde　2d. ƒ28:——

一アルゲメー子オントレートキユンデ　壱部但弐冊

代銀弐百八拾目　　同但解体書

Merkwaardigheden der Vier Wereld deelen 4d. ℔30 : ──

一メルキワールヂクヘーデン　　壱部但四冊

代銀三百目　　同但四大州著し事を記たる書

Most Geneeskunde　7d. ℔120 : ──

一モストケ子ースキユンデオールデンブック　　壱部但七冊

代銀壱貫弐百目　　心覚但なし

〆銀弐貫弐百弐拾目

右之通ニ御座候、以上

辰九月　　楢林鉄之助　印

この代銀が会所から支払われたことは、「此代銀辰十一月十三日会所ゟ出方ニ相成ル」と明記されている。(134)

4　注文輸入品の点検

注文しておいた品が船載されてくると、御内用方通詞はそれらの品々の点検に従事した。その実例を一、二示しておきたい。

まず、御用方通詞の頃のこととして、享保十年（一七二五）の七月二三日、オランダ船のカスティール・ファン・ウールデン 't Casteel van Woerden 号とワーペン・ファン・ホールン 't Wapen van Hoorn 号の二隻がバタヴィアからやってきた。(135) このうち、一番船のカスティール・ファン・ウールデン号が将軍の注文にかかる馬五頭を積載していた。

この夏任命されたばかりの御用方大通詞今村源右衛門は待ちかまえていたかのごとく、翌二四日、早速船載した洋馬の検査・計測・積卸しにおもむいた。そして、翌二五日に船載洋馬の背丈が低過ぎることを見出した。さらに翌二六日にも点検が行なわれ、うち四頭の馬が低過ぎることが判明したが、形はやや優っていると認められた。さらに、翌二七日に源右衛門は奉行の名において鞍について質問した(136)。

御内用方通詞の頃の例として、一寸、変った例をあげよう。

天保十四年（一八四三）八月、御内用方大通詞中山作三郎が次のような届けをしている(137)。

覚

一　袂時計　　壱

右者昨年繕ひとして阿蘭陀人江御渡被成候を、繕ひ出来仕候ニ付、此節持渡申候、此段申上候、以上

卯八月　　中山作三郎　小印

右によれば、懐中時計一箇が前年の天保十三年に修理としてオランダ人に渡されていた。その修理が出来たので、「此節」すなわち、天保十四年の今夏に「持渡」った、というのであるから、昨年の秋帰帆のオランダ船でバタヴィアへ持ち渡られ、修理のうえ、この夏に再び持って来られたものということがわかる。このような修理品の受け渡しをも御内用方通詞は関係したから「此段申上候」と報告しているのである。右の書類の控えられた上欄には、

八月七日、久松新兵衛殿用所ニ持参、松尾兵右衛門ニ相渡置く

と附記されているところをみると、右の懐中時計は町年寄の久松新兵衛の所持品であったかと考えられる。

将軍はじめ幕閣らが行なった書籍の注文についてはすでにいくつかの例をあげた。それら注文書籍が船載されると点検のうえ「御用御誂持渡書籍銘」といった帳面を作成のうえ提出したものである。天保十五年（一八四四）の場合に

は、右のことに関連して、次のようなこともあった。[138]

一八月三日御代官所ゟ御用切紙ニ付、松村寅之助差出候処、御用御誂持渡書籍銘御誂与は相違致候処、矢張御誂通り書籍ニ候哉之段御尋ニ付、左之通申上置く

覚

一ブロインホールレーシンゲン　弐冊
　ベレイデイングフヲールビユスコロイト之処ニ持渡申候
一シカランホルストミリタイルサックブック　壱冊
　ハンドブックフヲールミリタイル之処へ持渡申候
一ヱキセルセチーレゲレメント　壱冊
一アーンハングスル　壱冊
　ヘルドアルチルレリー之処ニ持渡申候
一メルケスヘスチングボウキユンデ　壱冊
一オイトリュスティングスタート　壱冊
　フェスチングボウキュンデ之処ニ持渡申候
〆

すなわち、提出した「御用御誂持渡書籍銘」をみて、発注書目と異なる点を見出し、問い合せがあったものに対し、答えた説明書であることがわかる。そのことを、最初の書籍のみを例としてみてみれば、およそこんなことである。

すなわち、発注書目の「ベレイデングフヲールビュスコロイト」と書かれた書籍にかわるものとして「ブロインホ

ールレーシンゲン」という書籍が舶載されたものである、というわけなのである。以下同様である。

ちなみに、右六点の蘭書はオランダの中央古文書館の Het Archief van de Nederlandse Factorij in Japan 1609–1860, Den Haag. に見出すことができる。[139] No. 1842 の Eisch Goederen en Inventaris 1844. において検索し得る。

すなわち、「ブロインホールレーシンゲン」とは、

De Bruijn, Voorlezingen voor de Artillerie over buskruid, geetrij etc.　1 Expl^{e}

であり、「シカランホルストミリタイルサックブック」とは、

Scharnhorst, Mil. Zakboek,　1 Expl^{e}

であり、「エキセルセチーレゲレメント」とは、

Exercitie reglement der Veldartillerie,　1 Expl^{e}

であり、「アーンハングスル」とは、

Aanhangsel op Veldartillerie,　1 Expl^{e}

であり、「メルケスヘスチングボウキュンデ」とは、

Merkus, Vestingbouwkunde.　1 Expl^{e}

であり、「オイトリュスティングスタート」とは、

Uitrustingstaat,　1 Expl^{e}

のことであることがわかる。そして、いずれも “Aan Z.M. den Keizer” すなわち、「将軍誂」と明記されている。

5　注文輸入品の値組み・支払い

注文した品が舶載され、点検もすむと、次には値がつけられ、買い取られることになる。買い取られた品の額に対して仕払いが行なわれる。これら一切の会計事務も御内用方通詞が行なわねばならぬ仕事であった。

「御用物」に対する代銀については「長崎会所ゟ直組帳を以、本方銀ニ而直組仕、右代銀は本方元銀ニ相加へ決算仕」[140]とみえる。

すなわち、将軍の注文品については、一般商品が入札に付される際にかけられた掛り物はかけられず、オランダ人が長崎会所に売った値のまま、すなわち元値で計算され、その額が長崎会所から本方貿易の資金のうちよりオランダ人へ支払われたのである。

御用物以外の幕閣等の「御誂物」や長崎奉行はじめ長崎代官・町年寄らの「御誂物」は、本方ではなく「脇荷銀」より支払いされる方法であった。

その値のつけ方は、「本方元代」の「大九五割増之当ニ而見計を以」て決められた。支払いは「代《かわり》物《もの》」すなわち支払額相当の国産品を与えて決済したものであるが、のちには代銀でも支払われた。

またオランダ人が本方商売（オランダ東インド会社の貿易）として舶載したものでない、いわゆる脇荷や遣い捨ての個人の日用所持品である場合には、「其時〻」の「直組」をして、「代り物」で支払う、というものであった[141]。

次に、一、二の具体例をみて、理解を深めたい。

例一、

文化十酉年
同十一戌年
遠山様
牧野様　御誂幷御調之品代銀書

と表紙に書かれた御内用方通詞作成の帳面の内容が伝えられている。(142) いま文化十年の分のみをみてみたい。

文化十酉年
遠山様
一拾壱貫七百四拾五匁六分六厘　　御誂物代
一弐貫七百八拾九匁八厘九毛　　脇荷之内不売分
一七拾四匁三厘　　銀銭代
〆拾四貫六百八匁七分七厘五毛

文化十酉年
牧野様
一拾弐貫四百三匁五分五厘九弗　　御誂物代
一壱貫三百四拾四匁七分　　御調物代
一壱貫三百目　　硝子燈籠代
一弐百拾八匁　　星石ボタン十弐 ヲクタント一箱代
○〆拾五貫弐百六拾六匁弐分五厘九弗

又

弐百六拾目
一五百弐拾目　　切子百合形鉢弐枚

一弐百八拾四匁七分《百四拾弐匁三分五厘》　同蠟燭立　弐
一三百五拾目　銀袂時計　壱
一弐百六拾目　同　壱
○〆壱貫四百拾四匁七分
此御代り物
弐百拾匁　本八丈嶋　三反
六百三拾六匁　八丈嶋　十弐反
五百目　同　十反
七拾目　青貝細工煙草入　弐
○〆壱貫四百拾六匁内壱匁三分直引
一弐百四拾目　金縁台コップ　拾
一弐拾五匁　切子大コップ　壱
一三拾弐匁五分　銘酒瓶　壱
一五拾弐匁　切子塩入　壱
一百拾三匁　テリヤカ　壱斤
一三拾目　硝子菓子入　壱
一拾三匁八分　類違台こっぷ　壱
一七拾五匁　バルサムコッパイハ　壱斤

○〆五百八拾壱匁三分
　　此御代り物
弐百拾六匁　　花莚　　五枚
三百弐拾四匁　　三味線糸　　壱斤半
拾九匁八分七厘　　粕漬梅　　壱樽
弐拾目　　蒔絵菓子重　　壱
三匁七分五厘　　伏見焼茶出シ　　壱
○〆五百八拾三匁六分弐厘内弐匁三分弐厘　直引
一弐拾目四分四厘　　銀銭デカトン壱　　量目八匁六分
一拾六匁八分　　同スパンスマット壱　　同七匁弐分
一四分九厘四毛　　同ドブルチイ壱　　同四分
〔○〕〆三拾七匁七分三厘四毛
○ノ印
三〔四カ〕口合　拾七貫弐百九拾九匁九分八厘四毛九弗

右によって、文化十年のこの年、両長崎奉行が払った御誂物代に対する誂物の具体的品名はこれだけではわからない。しかし、遠山左衛門尉の場合は誂物のほかに脇荷物で売れ残った分を引き受け、銀銭も買い受けていることがわかる。牧野大和守の場合は誂物・調物のほかに種々なる雑貨を買い受け、その支払いとして四口のうちの二口分は確かに代り物で支払っていることがわかる。その場合、当然のことながら代物の一点ごとに値がつけられて計算されている。

他は代銀で支払われたものということになろう。

例二、

天保七年（一八三六）の例である。この年船載された品のうち「向々誂之内入用之分」が「請取」られ、「残」った物が九月五日に「別帳」に仕立てられ、長崎会所に渡されて、明日「入札」に付されることとなった。そこで、それら一品一品に御内用方通詞が代銀の額を書き入れ、この日のうちに提出せねばならなくなった。当時の御内用方通詞は中山作三郎・楢林鉄之助・石橋助五郎の三名であって、彼らが値組みをして記入した「品立書」の写がのこっているので見てみたい。品数が豊富で興味深くもあるので、煩をいとわず掲げてみる。(143)

向々誂之内、入用之分請取、残会所江相渡候品立書

久世様御誂之内会所江御下ケニ相成候分

	一拾匁	銀縁鼻目鏡	一
	一八拾目	ブリッキオルゴル	一
六匁	一三拾六匁	鼻たはこ入	六
拾匁	一四拾目	小刀付鋏	四本
弐匁	一八匁	折ハアカ	四本
弐拾目	一六拾目	類違色はるしや皮	三枚
六百目	一六貫五百六拾五匁八分	ウニコール	拾斤九合四夕三才
三百目	一壱貫拾弐匁五分	サフラン	三斤三合七夕五才
七匁	一四拾九匁五分	ロ　木	八斤五合五夕

〆七貫八百六拾壱匁八分

牧野様　右同断

惣高之内、切子匂瓶弐ツ、戸川様御取入ニ相成、残之分不残会所江御下ケ

　代七貫七百七拾目四分五厘

高木作右衛門様

七分	一九匁	流金ボタン	拾四
拾匁	一三拾目	小刀付鋏	三本
弐匁	一四匁	折ハアカ	弐本
八貫目	一三百五拾目	麝香	四夕三才七五
六百目	一七貫弐百五拾四匁	ウニコール	十弐斤九夕
六匁	一三拾八匁四分	ロ　木	六斤四合

〆七貫六百八拾六匁弐分

高木内蔵丞様

弐拾五匁	一五拾目	切子茶入	弐
拾匁	一弐拾目	同匂瓶	弐
壱匁八分	一九拾目	壱番無地薬瓶	五拾
壱匁五分	一四拾五匁	弐番同	三拾
壱匁三分	一弐拾六匁	三番同	弐拾

七分
一弐拾五匁弐分
拾匁
一百弐拾目
弐匁
一四拾目
六百目
一八匁
三百目
一七貫弐百三拾七匁五分
六匁
一壱貫拾八匁壱分弐リ五毛
一三拾八匁四分
〆八貫七百拾八匁弐分弐厘五毛

流金ボタン　三十六
銀袂時計　壱
小刀付鋏　四本
折はあか　四本
ウニコール　十弐斤六タ弐才五
サフラン　三斤三合九タ三才七五
ロ　木　六斤四合

高嶋四郎兵衛殿御誂

一切子鉢　弐枚
　一枚ニ付
　代九拾目〆百八拾目
一同角台こつふ　拾
　一ツニ付
　代拾匁〆百目
一同旬瓶　弐
　同
　代拾匁〆弐拾目
一金裏絵袂時計　壱
　代弐百五拾目
一へ子チヤテリヤカ　十弐鑵

壱罐ニ付
代四匁〆四拾八匁

一　角　　　拾三斤七合五夕
壱斤ニ付
代六百目〆七貫八百九拾目

一　口　木　　　六斤
〃　代六匁　〆三拾六匁

一　はるしや皮　　　弐枚
代弐拾目〆四拾目

合八貫五百六拾四匁

福田安右衛門殿御誂

六百目
一九貫八百三拾六匁弐分五厘　　一　角　　　拾六斤三合九夕三才七五
三百目
一九百五拾四匁三分七厘五毛　　サフラン　　　三斤壱合八夕一才弐五
六匁
一四拾弐匁九分　　口　木　　　七斤壱合五夕
〆拾貫八百三拾三匁五分二厘五毛

久松喜兵衛殿御誂

拾匁
一弐拾目　　切子匂瓶　　　弐
四匁
一八拾目　　時計文字板　　　弐拾
一百八拾目　　銀袂時計　　　壱
弐匁
一六匁　　折はあか　　　三

大時計巻かね	六	五匁	一三拾目
小同	三拾	三匁	一九拾目
琥珀	六拾四斤七合五夕	拾匁	一六百四拾七匁五分
マグ子シヤ	四斤五合	弐拾五匁	一百拾弐匁五分
ブロインストーン	拾六斤四合	壱匁五分	一弐拾四匁六分
一角	拾三斤弐合	六百目	一七貫九百弐拾目
阿魏	正味 拾九斤五合	三拾目	一五百八拾五匁
ロ木	六斤三合	六匁	一三拾七匁八分
小刀付鋏	四本	拾匁	一四拾目

〆九貫七百七拾三匁四分

後藤市之丞殿御誂

切子鉢	四枚	切子鉢一枚ニ付七拾五匁　向合形同四拾目	一弐百三拾目
切子鉢付蓋物	弐枚	五拾五匁	一百拾匁
同匂瓶	弐	拾匁	一弐拾目
金縁金絵銘酒瓶	四	拾匁	一四拾目
同台こつふ	拾	三匁五分	一三拾五匁
はるしや皮	弐枚	弐拾目	一四拾目

一三拾目　五匁
一拾弐匁　三匁
一弐拾目　拾匁
一六匁　弐匁
一三拾七匁五分　六匁
一四拾八匁　四匁
一七貫八百弐拾弐匁五分　六百目
〆八貫四百五拾壱匁
久松碩次郎殿御誂
一五拾目
一百八拾目　九拾目
一五拾目　弐拾五匁
一弐拾目　拾匁
一二拾五匁　三匁五分
一三拾九匁　壱匁三分
一四拾目　弐拾目
一四拾目
一四拾目　拾匁

大時計巻金	六
小同	四
小刀付鋏	二本
折ハアカ	三本
ロ　木	六斤弐合五夕
ヘ子チヤテリヤカ	拾弐鑵
一　角	十三斤三夕七才五
切子台付蓋物	
同　鉢	弐枚
同銘酒瓶	弐
同匂瓶	弐
金絵台こつふ	拾
無地薬瓶	三拾
はるしや皮	弐枚
レトルト	壱揃
小刀付鋏	四

折はあか	三本	弐匁五分	一七匁五分
へ子チヤテリヤカ	十弐鑵	四匁	一四拾八匁
銀袂時計	壱		一百八拾目
サフラン	三斤三合八夕七才五	三百目	一壱貫拾六匁弐分五厘
西国米	六瓶	弐匁五分	一拾五匁
一　角	拾弐斤壱合六才弐五	六百目	一七貫弐百六拾三匁七分五厘
ロ　木	六斤七夕五才	六匁	一三拾六匁三分

〆九貫六拾目八分

高嶋八郎兵衛殿

切子台付蓋物	壱		一四拾目
銀小形袂時計	壱		一百弐拾目
折はあか	三本	弐匁	一六匁
類違はるしや皮	三枚	弐拾目	一六拾目
へ子チヤテリヤカ	五鑵	四匁	一弐拾目
一　角	拾弐斤三合三夕七才五	六百目	一七貫四百弐匁五分
サフラン	三斤弐合五夕	三百目	一九百七拾五匁
ロ　木	七斤壱合五夕	六匁	一四拾弐匁九分

〆八貫六百六拾六匁四分

高嶋四郎太夫殿御誂

一百六拾目　八拾目
一五拾目
一弐拾目　拾匁
一拾五匁　壱匁五分
一三拾六匁　壱匁八分
一四拾目　弐拾目
一四拾目　拾匁
一六匁　弐匁
一百弐拾目
一四拾八匁　四匁
一五拾六匁　七拾目
一七貫五百九拾目　六百目
一拾五匁　弐匁五分
一弐百六拾目
〆八貫四百五拾六匁

福田源四郎殿御誂

一四拾目　弐拾目

切子鉢	弐枚
同台付蓋物	壱
同匂瓶	弐
無地台こつふ	拾
同薬瓶	弐拾
はるしや皮	弐枚
小刀付鋏	四
折はあか	三本
銀袂時計	壱
へ子チヤテリヤカ	拾弐鑵
阿片	八合
一角	拾弐斤六合五夕
西国米	六瓶
帆木綿	壱反
類違色はるしや皮	弐枚

一六百五拾目
四匁
一四拾八匁
六百目
一七貫九百三拾五匁
六匁
一三拾八匁四分

高木清右衛門殿御誂

一拾匁
拾匁
一四拾目
拾匁
一百目
弐拾目
一四拾目
四匁五分
一五拾四匁五分六厘二毛五弗
六百目
一七貫八百三拾目
六匁
一四拾目五分
四匁
一四拾八匁

〆八貫百六拾三匁六厘弐毛五弗

薬師寺宇右衛門殿御誂

五匁
一弐拾五匁
七分
一四拾弐匁
弐匁
一六匁

書　籍　一部
ヘ子チヤテリヤカ　十二鑵
一　角　拾三斤二合二夕五才
ロ　木　六斤四合

切子匂瓶　壱
小刀付鋏　四
切子角台こつふ　拾
はるしや皮　弐枚
フリールブルーム　十弐斤一合二夕五才
一　角　拾三斤六夕八才
ロ　木　六斤七合五夕
ヘ子チヤテリヤカ　拾弐鑵

厚硝子板小切　五枚
流金ボタン　六拾
折はあか　三本

一《拾匁》四拾目　　小刀付鋏　　四本
一《六百目》八貫五百五拾三匁七分五厘　　一　角　　拾四斤弐合五夕六才弐五
一《六匁》四拾四匁壱分　　口　木　　七斤三合五夕

〆八貫七百拾匁八分五厘

惣合百弐拾壱貫四百弐拾七匁壱分壱厘弐毛五弗

右のような値組みと、「別帳之桁〻代銀書入」の作業に時間を要したせいか、当日中には終らず、翌六日になって「昨日中認、差上可申筈之処、及晩景出嶋門通行相成不申候ニ付」と断って、「則書入、乍延引、為持差上候間、御落手可被下候」と提出している。これにより、御内用方通詞の値組みが出島で行なわれていたことが判明する。

ちなみに、右にみた「向々」が「誂」えたもともとのリストを、幸いにも、オランダの古文書館において見出すことができた[14]。Het Archief van de Nederlandse Factorij in Japan 1609-1860, Den Haag. の No. 1457 B において、次のようにみえる。

Factuur van Eischgoederen voor Zijn Majesteit den Keizer en de Nagasakische regenten.~

Voor Zijn Majesteit

3　Bossen Saffraan
1　Nautical Almanak
1　Zeemans　d°
1　Bataviasche almanak
3　stukken laken schaairood

140　d°　taffache lassen

<u>Den Gouverneur Makino Nagatono, Kami Sama,</u>

Glaswerk

1　Verrekijker

1　Zilveren bril

persiaansch leer

1　porseleine Koelkom

Kurk

1　Muziek doos

Pennemessen met schaar

　d°　Zonder　d°

Snuifdozen

Vergulde Kettingen

1　geëmailleerd goud horologie

1　Zilver Savonet horologie

Theriac

Medicijnen

1　Chineessche almanak

Een hoorn

Den Gouverneur Koeze Iseno Kami Samma

Glaswerk

1 Verrekijker

1 Zilveren bril

Saffraan

Persiaansch leer

1 porceleine Koelkom

Kurk

1 Muziek doos

Snuifdoozen

Pennemessen met Scharen

d° Zonder d°

Vergulde horologie Kettingen

1 geëmailleerd goud horologie

1 Zilver Savonet d°

2 Schenkbladen

Theriac

Eenhoorn

Den Rentemeester Takaki Sakjemon Sama.

Eenhoorn

Medicijn

Theriac

Glaswerk

Persiaansch leer

Kurk

Pennemessen met Scharen

d° Zonder d°

Vergulde Knopen

1 geëmailleerd goud horologie

Mochas

Den Busschietmeester Takaki Kuranozio Samma

Glaswerk

1 Verrekijker

Saffraan

Persiaansch leer

Kurk

Vergulde Knopen

Pennemessen met scharen

d° Zonder d°

1 Ordinair Zilver horologie

Theriac

Mumia

Eenhoorn

Burgemeester Takasima Sirobij Samma, Commissaris der Geldkamer

Glaswerk

1 Verrekijker

1 Zilveren bril

Persiaansch leer

1 porseleine Koelkom

Kurk

Pennemessen met scharen

d° Zonder d°

1 Geëmailleerd goud horologie

Theriac

Eenhoorn

1 Stel timmermans gereedschap

Den Burgemeester Foekœda Jasaijmon Samma, Commissi: der Geldkamer

Toneel Kijkers

1　Zilveren bril

Saffraan

Persiaansch leer

1　Porseleine Koelkom

Kurk

Horologie veren

1　Zilver Savonet horologie

Pennemessen met Scharen

　d° 　Zonder　d°

Theriac

Medicijn

Een hoorn

hoorenen lantarens

Den Burgemeester Fisamats Kifij Samma

Glaswerk

Barnsteen

Persiaansch leer

1　Weiland Woord : boek 11 deelen

1　Porseleine koelkom

Kurk

Pendule en horologie veren

Pennemessen met Scharen

　d° Zonder d°

1　Zilver horologie

Theriac

Medicijn

Eenhoorn

Horologie platen

<u>Den Burgemeester Goto Itsinozio Samma</u>

Glaswerk

eenige Stukken dik glas

Persiaansch leer

Kurk

Pendule en horologie veren

Pennemessen met scharen

　d° Zonder d°

1　Zilveren horologie

Theriac

Eenhoorn

Den Burgemeester Fisamats Sekiziro, Samma

Glaswerk

Saffraan

Persiaansch leer

van Laar, tuin Sieraden

Savart Vesting werkkunde

Le Clerc bouwkunde

1　geneeskundig woordenboek

1　porseleine Spoelkom

Kurk

Pennemessen met Scharen

Pennemessen zonder Scharen

1　Zilveren horologie

Theriac

Medicijnen

1　diamant boor

Eenhoorn

Hoornen lantaarens

Zeildoek

artillerie goederen militaire boeken

platen en instrumenten. —

De Burgemeester Takasima Hatsirobij Samma

Glaswerk

Saffraan

Persiaansch leer

Kurk

Pennemessen met Scharen

d° zonder d°

1 Zilveren horologie

Theriac

Medicijnen

Eenhoorn

Zeildoek

Den Burgemeester Takasima Sirotaijo Samma

Glaswerk

Persiaansch leer

van Hall Natuurkundige bijdragen

Pennemessen met Scharen

d°　Zonder d°

1　Zilveren horologie

Theriac

Opium

Artillerie goederen, Militaire boeken, platen en instrumenten

Medicijn

Eenhoorn

Hoornen lantarens

Zeildoek

<u>De Burgemeester Foekoeda Gensiro Samma</u>

Glaswerk

Persiaansch leer

Linnaeus Nat : his : 37 delen

Kurk

1　Zilveren horologie

Pennemessen met Scharen

d°　zonder d°

Theriac

Eenhoorn

Den Burgemeester Takaki Seijemon Samma

Glaswerk

Toneelkijkers

pleete brillen

Persiaansch leer

1 Waterpaskunde

Kurk

1 Zilveren horologie

Theriac

Medicijn

Eenhoorn

Hoornen lantaarens

Zeildoek

Pennemessen met Scharen

d° zonder d°

Den Burgemeester Jakfsizi Woeijemon Samma

Glaswerk

eenige Stukken dik glas
Barnsteen
Persiaansch leer
Kurk
Vellen goudleer
Pennemessen met Scharen
　d° zonder d°
Vergulde Knopen
1 Zilveren horologie
Theriac
Eenhoorn

これをみると、まず「将軍ならびに長崎摂政者達の注文品」なる表題のもとに、将軍の発注品名を知ることができる。通詞の作成した前記「品立書」には見えていなかったものである。将軍家の注文は別途扱いにしていたからであろう。次に長崎奉行牧野長門守、長崎奉行久世伊勢守、代官高木作右衛門、砲術備方高木内蔵丞、町年寄・会所調役高嶋四郎兵衛、町年寄・会所調役福田安右衛門、町年寄久松喜兵衛、町年寄後藤市之丞、町年寄久松碩次郎、町年寄高嶋八郎兵衛、町年寄高嶋四郎太夫、町年寄福田源四郎、町年寄高木清右衛門、町年寄薬師寺宇右衛門の各人名儀で注文された品名を知ることができるが、これを先の「品立書」と比較すると、入れ替っている点のみられることが判明する。それにしてもオランダ語名と和名の対応が面白い。

さて、この支払いについては、「御向ゝ様御誂之品御代り物・代銀御渡方之儀、例年、阿蘭陀船出帆前御出方被為下候」ということであったが、今年は十月になっても沙汰がないので、代り物や代銀渡方の実務に当る売込人の大塚助九郎と藤吉栄重の両人が御内用方通詞三名に催促状を出した。そこで、三名はこれを受けて、町年寄の高嶋四郎太夫に総額百弐拾壱貫四百弐拾七匁壱分壱厘弐毛五弗之高の支出方を願い出た。やがて支出方を見たとみえて、御内用方通詞三名は次のような請取書を十月二十五日に石橋助五郎に持たせて届けた。(145)

覚

一銀百弐拾壱貫四百拾八匁七分壱厘弐毛五弗

内訳

七貫八百六拾壱匁八分　久世様
七貫七百六拾弐匁五厘　牧野様
七貫六百八拾六匁弐分　高木作右衛門様
八貫七百拾八匁弐分弐厘五毛　高木内蔵丞様
八貫五百六拾四匁　高嶋四郎兵衛様
拾貫八百三拾三匁五分弐厘五毛　福田安右衛門様
九貫七百七拾三匁四分　久松喜兵衛様
八貫四百五拾壱匁　後藤市之丞様
九貫六拾目八分　久松碩次郎様
八貫六百六拾六匁四分　高嶋八郎兵衛様

八貫四百五拾六匁　高嶋四郎太夫様
八貫七百拾壱匁四分　福田源四郎様
八貫百六拾三匁六厘弐毛五弗　高木清右衛門様
八貫七百拾匁八分五厘　薬師寺宇右衛門様
〆如高

右之通向〻様御誂物代銀慥ニ請取申候、為念如斯御座候、以上

申十月　石橋　助五郎
楢林　鉄之助
中山　作三郎

小澤伊平太殿
嶋谷義兵衛殿

右は二例にすぎないが、他にも「御用書籍代銀帳」とか「御調進書籍代銀帳」「御用御誂炮術具代銀」などと多数散見される。紙幅の都合で一切割愛するが、いずれも御内用方通詞の手になるものであることだけは確かである。

6　注文輸入品の調査

注文をして、やがてその品が船載され、買い取られることが決まったあと、それらの輸入品について種々の調査をせねばならぬことも多かった。これも御内用方通詞を多忙ならしめ、場合によっては特殊な専門知識をも要求されることがあった。この件も一、二の例を示すにとどめたい。

例一、天保六年（一八三五）の夏、オランダ船は消防ポンプを船載した。この器具について、長崎奉行所から下問をうけた御内用方通詞は調査のうえ、八月、御役所へ楢林栄三郎を遣わし、次のような説明書を家老有賀修蔵に提出している。(146)

当年持渡のブランドスポイト瀧吐水と訳すは、両筒の箱の内に諸種を施し、其首尾幷箱と箱との間に、粗布の管数許を設け、井池に近き所に居へたる箱の首に、三次にして三間許之布管を設く、其末に萪藤を以編たる瓢形のものを附け、井池の水に浸す、此もの深く水に沈まざる為に、細索を以て二片のキユルク和蘭の瓶の口木に用ふるものニして、軽き皮木なり、是を壱尺方に切り、二片重ね結ひたるものを其下端に結ひ付て、瓢形に編たる故に、水中の塵埃筩中に吸ひ入れさる為也

其井池に近き箱に水を吸ひ込ミ、先に突き送るしかけあり、則ち八九尺を以て箱の上に横たハれる衡を力を竭し指揮すれば、前にいふ水に投したる瓢形のものより、水を筩中に吸込ミ、筩よりまた中間に設けたる二次十間計の布管に激流し、つとひて遠く居たる箱中に満つ、之に亦衡ありて、八九尺にて、前のことく力を竭せハ、其先の二次六七間計の布管に時流し、其尾に施したる長サ五尺計の銅管を両手にもち、上下左右随意ニ指揮すれは、其水自在に発出し、恰も鯨の海水を噴くの勢ひありて、間断なく廿間余の所におよほすなり

右之通ニ御座候、以上

未八月　　　　中山　作三郎
　　　　　　　楢林　鉄之助

右のポンプは「御誂」品として持ち渡ったものである。ところが三年もたった後で、

覚

一竜吐水　　　弐挺

右者去ル未年御誂之内ニ持渡候処、御用御伺ニ相成、御不用之趣、其砌被　仰渡候ニ付、船仕役之序、近日船積仕度旨かひたん願出候ニ付、奉伺候、以上

戌七月

石橋
楢林
西
高石　印
小田
若杉

久松新兵衛殿
高嶋八郎兵衛殿

と、持ち帰るべく、船積みの伺いが出ているところをみると、結局は公儀御買い上げとはならず、積み戻りとなったものと思われる。

例二、書籍を説明した天保十年（一八三九）の例を示す。(147)

まず「書籍の表紙ニ張ル」として、

シケープスボウキュンデ　一冊

一千八百二十二年イ。カ。レイキといふ人和蘭国王の軍艦に乗る惣の上下の者の為に著述したる船打建方の書

とあるから、輸入買い取りのこの原書の表紙に、かかる表題と内容説明の紙が粘付されたものと考えられる。現に国立国会図書館に所蔵されている幕府旧蔵洋書の表紙にこの種の紙の粘付されている例の多いのは、かかる通詞の作業

によって付けられたものであることを知り得る。続いて、この本の書名と目次が訳出されて報告されている。

シケープスボウキユンデ

イ。カ。レイキといふ人一千八百二十二年に著述したる書にして、和蘭国王の軍艦に乗る惣の上下のものに示す船打建方の目次

第一

一都而軍船幷其附属乃諸道具の寸法及ひ何れの図に随ひ軍船打建の事

第二

一近来の和蘭軍船打建方の事

第三

一シルロベルトセツピンキスといへるエゲレス人発明の軍船打建方の割合、エゲレス国一般に相用ひ、終には和蘭国沾茂其法を用ふる事

第四

一樺渡《マキロクロ》かぐらさん如きものをいふ檣ロンドホウト帆桁杯を拵る材木をいふマルス檣の下段の鍔をいふサーリング檣の中段にある鍔の如きものエースルスホーフト檣の鍔の上に付ある接手を堅むる木幷船の損益或者まきはだ打方の事

第五

一船浮キ方幷船の寸法割合等及ひ船打建方なと不案内の人之為に近世発明の新工夫の事

第六

一石火矢の事幷右に携る諸士心得方要用之事

　　右之通ニ御座候、以上

　　　亥七月

右には目次の原文も添えられているが、ここでは割愛する。

例三、書籍に関する調査は多かったようである。弘化三年（一八四六）の例である。

九月十四日、代官所より御内用方通詞に対し、オランダの雑誌について、それが何年のものであるか問い合せがあった。まず問い合せの文面は、[148]

　　子ードルランツマガセイン　壱冊

　　　但和蘭諸説を集たる書

　　右千八百四拾四年以後之版ニ候哉之事

これに対する調査結果の報告は次の通りである。

　　　覚

一子ードルランツマガゼイン　壱冊

　　但和蘭国諸説を集たる書

右者和蘭暦数何年之版ニ有之候哉之段御尋被為成候ニ付、則取調子見候処、千八百四拾五年之版ニ御座候、此段書付を以申上候、以上

この「ネードルランツマガザイン」は、幕府の天文台で、蛮書和解御用の局を抱える天文方においてよほど興味を寄せていた書籍とみえて、この時期に、山路弥左衛門は、昨年千八百三十五年から同四十四年までの分を御買い上げにしてもらっているので、以後出版の分は「年々渡来之節ニ持渡ニ被成候様」と購入希望を述べていたものである。そ

こで同年九月晦日に、ほかの用向で通詞の小川慶右衛門が御年番所に出頭すると、序をもって、次のような達しがあったくらいである。(149)

出嶋乙名
阿蘭陀通詞
目付
年番

子ートルランセマガセイン蘭書者風聞之諸説を其時〻出版之書ニ有之趣ニ付、千八百四十四年以後之出版ニ候ハヽ、其後年〻相改り出版之分ハ御用本ニ相成候ニ付、持渡候様、通詞共江申渡、在留かひたん江可相達候、且又当年通詞共ゟ改方相済差出書銘帳簡略過候而、兼而御用本ニ相成居候書与同書ニ候哉、又者他書ニ候哉、見合難相成間、向後者書銘幷人名年数壱部幾冊与申丈ヶ、年々書銘帳江急度書載可差出段、阿　伊勢守殿江被仰渡候旨、従　江府申越候間、得其意、是又、前同様、通詞共江可相達候

午九月

かくて、『蕃書調所書籍目録写』をみると、「雑著類」の部に、

一子ードルランツセマガセイン　廿三冊

と、多数購入架蔵されたことが確認できるのである。

7　翻訳業務

以上みてきた業務において、御内用方通詞が種々の蘭文和訳・和文蘭訳の仕事を含む職務に携わっていたことがわ

かる。

しかし、ここでは、さらに、御内用方小通詞楢林鉄之助が答えた職務内容にみえる「御用之暦和解等仕」に該当する例を挙げてみたい。

例一、弘化四年（一八四七）八月九日の「諸書留」には次のようにみえる。(150)

八月九日
一左之通、御役所江西敬太郎を以差出ス、御用人田屋茂左衛門殿江相渡ス

　　咬嚁吧暦和解　美濃紙帳一冊
　　　　　　　　　半紙帳　一冊御扣
　　　　　　　　　半切り
　　　　　　　　　剋割改書一通
　　　　　　　〆右何れも無印

例二、翌嘉永元年（一八四八）にも次のようにみえる。

七月十二日
一咬嚁吧暦和解、美濃紙帳一冊、宮紙帳一冊、都合二冊并半切紙添書弐通、御用人竹村慈左衛門殿江西慶太郎を
　以差出ス

これらの例によって、確かにカルパ暦が訳されて奉行所へ届けられたことがわかる。『蕃書調所書籍目録写』には「天文類」の部に、

一和蘭国暦　二冊
一イキリス暦　一冊
一咬嚁吧暦　訳共二折
一咬嚁吧暦　二十六冊

（内訳略）

などと多数みえ、他にも「航海暦」が三〇冊もみえている。

このほか、前にも記した書籍の目次を訳して報告するなど、書物の訳は多いが、ここでは一切割愛する。一寸変ったものとしては、天保九年にウニコール・ミイラを持ち渡らないようにとの達しを伝えた文、それに対して、持ち渡ってしまったから売りたい旨のオランダ人の事情説明書がある。また、弘化四年には塩硝搗車の組立法を説明した書類の和解があり、嘉永元年にこの図が出来ている。同じく弘化四年には匂い水すなわち香水についての説明を原文に訳を添えて記録している。

嘉永元年には、かねて蒸気船の雛型（模型）が欲しいと問い合せられていたらしく、その作製・輸入が困難であり、もし出来たとしても値段が高くつく説明が原文に訳を添えて提出されている。[151] この例をのみ読んでみたい。まず原文は、

Het is niet mogelijk het model van eene Stoomboot te verkrijgen, waarin de werking door stoom met eene gewone Stoomboot juist overe enkomst dat echter in Europa. Wel modellen van Stoomschepen ter lengte van 1 à 2 Men Zonder stoomwerking of Stoommachine dat door Stoomwerken kan te verkrijgen zijn.

Wel ligt zoude aan de Constructie winkel te Sourabaja eene stoom spraauw kunnen worden vervaardigd, van 50 voet lang en 7 à 8 voeten breed onoverdekt en die als sloep kan gebruikt worden en waarmede men kleine tochten op zee zoude kunnen doen.

Het is echter onmogelijk, dat het schip hetwelk naar japan bestemd is deze Stoompraauw kan overvoeren, terwijl de Barkas als dan niet mede genomen kan worden. Het kostende van zoodanig stoomvaartuig kan voor als met geene juistheid opgegeven worden. Zeker is het evenwel dat □ die Kosten Zeergroot zullen zijn.

右の訳は次の通りである。

蒸気船之儀ニ付、咬𠺕吧表ゟ申越候返書和解

蒸気船雛形を手ニ入候儀甚六ケ敷、右蒸気之仕掛ケ、原物通に拵候儀出来兼申候、併欧羅巴州に於ては、蒸気の仕懸ケ、或は其道具無之、唯長サ九一二エルに雛形を拵候者有之候、尤呱哇中シュラバヤ地名にて、長サ九五十フート巾九七八フートのもの製作出来可申候、右者通例之端舟代り、海上にも被相用候、併右者日本通商之蘭船ゟ持越候儀難出来、右ゟ小きバルカスと申船に而も商売船ゟ積渡候儀は難出来事ニ御座候、尤直段合之儀も甚高価ニ可有之候

右之通ニ御座候、以上

申七月廿一日　楢林鉄之助　印

結

○規定によれば、将軍御用の注文ならびに老中・若年寄の注文にかかる発注手続き、それらの品が舶載されたときの点検・調査、値組み、御用の暦の翻訳などの職務に従事する通詞を御内用方通詞といった。

○御内用方通詞は、当初、御用方通詞と呼ばれ、初見は元禄八年（一六九五）である。安永三年（一七七四）に御内用方通詞と名称が変更された。

○オランダ語では、古くは Keijsers bootschapper と、のちには Keijzerlijk Zaakbezorger と呼ばれた。

○実際に行なわれた仕事をみてみると、

1 ●将軍の注文

●老中・若年寄・長崎奉行・長崎町年寄らの注文

●天文方および天文方名儀で訳員の注文をうけて、その注文手続きをしている。

2 注文品が舶載されると、その点検・調査。

3 買い取り品の値組み。

4 同　　　支払い。

5 特に必要とされた文物についての調査。

6 御用暦・カルパ暦・輸入書籍の書名や内容の一部、オランダ人提出説明書など各種の翻訳。

などがあげられる。

○右の注文は、いずれも日蘭貿易における本方貿易・脇荷貿易の枠外に属する注文も多数あった。将軍の注文品をはじめ、それらにはきわめて高額のものが多く見られた。したがって、今後、貿易史ことに長崎会所の会計を調査・研究する分野においては十分留意されるべき問題と信ずる。発注しておいたにもかかわらず、実際に舶載されてみると、全部は買い取らず、残品を長崎会所に買い取らせていることもしばしばあった。

○後期になると、オランダ人は日本人好みの品を個人の手廻り品として持ち運び、機会があれば、見計いで売り込み、ポケット・マネーを増やす者さえも間々みられた。これは、日本側史料にも、注文を「御誂」と呼んだのに対して、このような見計い品を買い取った場合に「御調」と呼び分け、区別して扱っている。「御誂幷御調之品」などと明記されて登場している。

○御内用方通詞の取り扱った品は高価な嗜好品をはじめとして、各種の雑貨であるが、そのなかでも、書籍・薬品・器具などは蘭学史のうえからも注目に値するものがきわめて多い。また、これら輸入品目は時代の推移を反映している点も顕著にみられる。アヘン戦争の情報がもたらされるや、急に幕閣から長崎町年寄にいたるまで、武器および軍事書の注文を大量に行なっていることなどは、その最たるものである。かかる意味において、御内用方通詞の作成した次の書類・帳面は注目すべき史料といえよう。

- 各種注文書・注文帳・注文目録
- 阿蘭陀船ゟ差出候蘭書之書銘帳
- 御用御誂其外向〻御誂并誂之品立帳
- 品代商法差出し
- 向〻誂之内入用之分請取残会所江相渡候品立書
- 御用御誂炮術具代銀帳
- 御調進書籍代銀帳
- 御調進薬種代銀帳
- 御誂并御調之品代銀帳
- 御用書籍代銀帳
- 御調進之品代銀帳
- 天文方願請書籍代銀帳
- 御用書籍并天文方願請書籍代銀帳

●その他、各種の調査書・訳書類

○御内用方通詞の働き振りをみると、いかにも通訳官兼貿易官といった様子が窺える。

第五節　天文台詰通詞について

序

宇田川ハ、誨菴（槐園の誤）先生ヲ祖トス、当時、漢方ノ学医ニシテ頗ル名アリ、何ニ由リテカ、頻リニ蘭書ノ読方ニ志シ、年々江戸ニ来ル、オランダ公使ノ従医、石町ノ長崎屋ニ滞在セシ者、蘭医ニ問ヒ、浅草天文台ト、神田昌平橋外ノ聖堂漢学校ニ詰メ居タル支那通詞、和蘭通詞ニ往復シ、苦学シテ内科撰要シ（ノヵ）翻訳ニ従事セリ

（下略）

右は、幕末の長崎で、オランダ軍医ポンペから医学伝習を受け、維新後、初の軍医総監となった蘭疇松本順が晩年に書き留めた『先人夜話』[152]のなかにみえる、蘭学者宇田川氏の代々に関する記述の一節である。ここで注目したいのは、初代の宇田川槐園が天文台と聖堂に詰めていた通詞について学んだということである。天文台と聖堂に支那通詞すなわち唐通事と和蘭通詞が詰めていたという文の構成からすれば、天文台には唐通事、聖堂には阿蘭陀通詞が詰めていたことになるが、これは逆で、天文台には阿蘭陀通詞、聖堂には唐通事が詰めていたことを書き誤ったものである。

それはともかく、蘭学の名家の一つ宇田川家の人が益を受けた通詞ということになれば、注目せざるを得ない。

ところが、従来、天文台に阿蘭陀通詞が詰め、聖堂に唐通事が詰めていたこと、および、その通詞・通事らが江戸の蘭学者の需めに応じて教授に当っていたことなどについて、それを主題にした論稿は見当らない。宇田川氏の例に限らず、これらの通詞が江戸の蘭学者に及ぼした影響は少なからざるものと予想される。二、三の具体例を通じて追究してみたいと思う。

一　発端の事情

1　異国船の出現と通詞の出張

江戸幕府の鎖国政策に対して、国際情勢はいつまでもその存続を許すものではなかった。やがて、長崎以外の地に異国船が出没し、侵寇事件をみることとなる。

寛政四年（一七九二）九月にはロシア使節ラクスマンが根室に来航、通商を求めてシベリア総督の公文書を提出したが受理されず、長崎への信牌を授けられて、翌年余儀なく帰った。

文化元年（一八〇四）九月四日、ロシア皇帝を代表してレザノフが信牌をもって長崎に来航した。その際、応接の任に当った通詞は石橋助左衛門と馬場為八郎の両名であった。翌年三月、江戸から目付遠山金四郎景晋、成瀬因幡守正定が長崎に下ってロシア使と談判、諭書を与えて帰国せしめたが、通弁および諭書のオランダ訳に当ったのは、同じく前記の阿蘭陀通詞二名であって、オランダ商館長ヅーフとの接触も緊密となった。

レザノフの提出した通商その他の要求は幕府の拒絶にあった。その結果、文化三年九月久春古丹に来て松前藩運上屋を襲い、翌四年四月にはエトロフ島のナイボとシヤナを、また五月にはオフイトマリ、ルウタカ、利尻島を襲って、あるいは番屋や日本船を焼き、あるいは食料・衣類を奪い、日本人を捕えるなど、ロシア人の来寇頻発して、北方問題は幕閣を悩ますに至った。

そこで、幕府は、文化四年七月、大通詞名村多吉郎と小通詞格馬場為八郎に出府を命じ、蝦夷地御用に従事せしめ、十月名村多吉郎は帰郷を許されたが馬場為八郎は留め置かれ、十一月には大通詞石橋助左衛門が出府を命ぜられ、同月十九日長崎を出立した。翌文化五年二月二十九日、馬場為八郎は蝦夷地御用によって蝦夷地差遣の命をうけ、三月二十二日に江戸を出立した[153]。したがって、江戸での御用に石橋助左衛門一人では手薄になるためか、これよりさき、石橋助左衛門・馬場為八郎両名は為八郎の悴である稽古通詞馬場佐十郎を「江戸表ニテ書物等為手伝呼寄度[154]」く出願し、その許可がおりて、馬場佐十郎は三月長崎を出立した。「書物等為手伝」の内容はいかなるものであったであろうか。文化六年五月一日付天文方高橋景保から間重富の書簡に、

> 去春為八郎江曲淵(長崎奉行曲淵甲斐守景露)より下け候韃靼紀事之蘭書二冊、長崎奉行より佐十郎江相下り、蝦夷地之所和解被仰付候[155]

とある。曲淵は去春すなわち文化五年春為八郎在府時の在府長崎奉行である。為八郎に下げ渡された「韃靼紀事之蘭書」は翌六年五月改めて相役で在府長崎奉行の土屋紀伊守廉直から佐十郎に下され、「蝦夷地ソヲヤ、カラフト、クナシリ、ヱトロフ諸島の紀事」の訳出が命ぜられたものであった[156]。この「蘭書二冊」とは Nicolas Witzen の Beschrijvinghe van Oost en Noord Tartarije, 1785. で、翻訳に努めること三ヵ月、八月に呈上した『東北韃靼諸国図誌野作雑記訳説』六巻がその成果である。

また、この頃、佐十郎が公命によって訳業に従事した成果として『帝爵魯西亜国誌』がある。これについては文化四年（一八〇七）の秋、馬場為八郎貞歴が官から原書の Jacob Broedelet の Historie van Keizerlijk Rusland, 1744. を下されて「支那奉使日記ノ条」「数条」を訳呈したことがあった。官は改めて佐十郎に「余篇」の訳上を命じたため、

魯西亜の部分を訳呈したものであって、「文化六年己巳仲冬（十一月）」付の「凡例」をみることができる。(157)

一方、石橋助左衛門の御用も「蘭書和解」であったが、命ぜられた蘭書が「年古キ書ニテ、古文古語交リ、難解」きため、「他書ヲ見合」せたり、「其筋案内ノ阿蘭陀人」へ質問のため帰郷を願って、文化五年六月、許可がおりた。翌六年正月再度「御用」により出府、七月「御用相済」み帰郷した。(158)

馬場為八郎も蝦夷地の「御用」が済んで、文化六年二月二十日江戸を出立、帰郷した。(159)

ところが、馬場佐十郎については、今度は「地図御用不相済」ということで江戸に「留置」かれることとなった。(160)ここにいう「地図御用」とは天文方高橋作左衛門景保が、同年正月二十八日に林大学頭から命ぜられていた「地誌御用之内、異国ニ携候儀」(161)の調査であって、具体的にはこれより早く文化四年十二月四日以来命を受けていた「蛮書を以地図等仕立」(162)の仕事である。この官命に対応する高橋景保の「蛮書」をもって作成した世界図は、文化六年六月作製の「新鐫総界全図」と文化七年春三月作の「新訂万国全図」とである。特に前者には「日本辺界略図」が付けられ、北は西百里亜・ヲホツカ海・加模西葛杜加南部から、満洲・朝鮮・日本を中心に、南は江西・浙江から琉球全島を見ることの出来るものであった。

以上、みてきたごとく、幕府が異国船の来航にともなって生じた通弁・応接と外交文書の翻訳・調査等に長崎の通詞を使用したことは、自然のなりゆきである。「御用」が長崎以外の江戸や蝦夷地に生ずるたびに通詞は出張を命ぜられ、その地におもむいた。ことに江戸においてこの種の御用は天文台で天文方の所管することに属していたから、江戸に出張した通詞は、江戸到着当初は長崎屋源右衛門方に宿泊したとしても、やがて天文台の役宅が宿所として与えられ、天文台において役務に従事した。ただし、その勤務滞在期間は、名村多吉郎・石橋助左衛門・馬場為八郎いずれの場合も、「御用」が済めば帰郷が命ぜられた、短期間のものであった。したがって、馬場佐十郎も、石橋助左衛門・馬場為八郎両名を「手伝」う「御用」が済み、ついで、天文方高橋景保を助ける「地図御用」「地誌御用」が済めば、帰郷となるのが筋であった。

ところが、馬場佐十郎は、伯兄の馬場為八郎、志筑忠雄にオランダ語を習い、商館長ヅーフについてオランダ語・フランス語を学び、ブロムホフからは英語を学んだ稽古通詞であって、ことに会話力に長じた若者であった。そのため、異国船応接に追われる長崎からしきりに帰郷をうながし、「公に請う」[163]という有様であった。佐十郎の語学力・会話力を必要としたのは幕府においても同様のことであって、何よりも上司の天文方高橋景保がもっとも佐十郎を認めていた。

2　蛮書和解御用の創設と馬場佐十郎の採用

幕府が高橋景保の建議を容れて、いわゆる「蛮書和解御用」の一局を創設したのは文化八年（一八一一）五月のこととされている。[164]もっとも、高橋景保は、これよりはやく、同年三月一日に、やがて新局における翻訳事業となるショメール百科事典翻訳の官命をうけ、それを馬場佐十郎に伝えて翻訳に当らせていた。[165]佐十郎がこの訳業に従事することと三ヵ月後の五月にいたって、仙台侯から同藩医の大槻玄沢に「阿蘭陀書籍和解之御用」に従事すべき命が下った。[166]大槻家関係者が新局創設を「五月」とする理由がここにあるものと思われる。しかし、玄沢が「局中」に来たとき、景保が「これ嘗って貞由に命せらるゝ所のショメール和解の加功を為すへしとの御事なりと」伝えた、[167]とあるから、この「御用」そのものは三月一日に開始されたとみるのが順当であろう。であるがゆえに、高橋景保から大槻玄沢に渡された辞令にも、

其許義、自分手に附き、阿蘭陀書籍和解之御用相勤可申、家業の透に御役宅へ相詰、馬場佐十郎手伝可仕候、此

段堀摂津守殿御差図に付申達候、以上[168]

とみえるのである。堀摂津守は若年寄堀田正敦をさす。家業の透に出勤し、馬場佐十郎の手伝をせよ、とあれば、日時のうえでも早く従事し、語学力のうえでも断然上にある馬場佐十郎が主体的存在であったことが理解できる。したがって、その成果『厚生新編』巻之一の冒頭に、

台命　　奉

　和蘭訳官　馬場佐十郎訳

　仙台医員　大槻玄沢　校

とあるのも、翻訳事業の主体である「訳」が馬場佐十郎にあって、大槻玄沢が「手伝」った仕事の内容が「校」であったことのよき証左である。

二　天文台勤務の具体例

「此和解御用は海外事変に備ふる者なるが、平日事なきには厚生新編といへる訳書に従事するなり[169]」と伝えられている。新局における業務の第一が海外事変に備える和解御用にあり、第二が厚生新編訳述にあるというわけである。史料としては「阿蘭陀書籍和解之御用[170]」「和蘭書籍和解御用[171]」「ショメール和解御用[172]」とみえる、いわゆる「蛮書和解御用[173]」がこの二種の業務からなっていたとすれば、その第一の業務はすでに以前から天文方において対処してきた業務の継承であったわけである。さきにも述べた、異国船出現に際して、天文方が通詞の出張を俟ってその応接に当り、また参考となる舶載の世界地図や蘭書の和解に従事してきたことを想起するだけで十分であろう。第二の業務が

まさに新規の業務ということになる。

あらためて、この蛮書和解御用の新局をも含めた天文台に詰めて、訳業に従事した通詞の勤務振りについてみてみたい。

1　馬場佐十郎の場合

馬場佐十郎が「ショメール」の訳業に従事すること三ヵ月、文化八年（一八一一）五月大槻玄沢も加わって新局の陣容が揃ったころ、一方で、パームのオランダ語文法書を訳して『西文規範』（辛未夏の序）を完成し、(174) ついで七月末に北の方に彗星が出現して友人からしきりに西洋の彗星説について問われたため、マーティンの究理書から彗星に関する章を訳し、「泰西彗星論訳草」と題して秋に完成している。本書の末尾には「今文化八年辛未ノ秋彗星昏ニハ西北ノ間ニ見レ、暁ニハ東北ノ間ニ見ル、浅草暦局ノ測量スル者左ノ如シ」として、八月二十八日暁昏の考測の値と図を示している。(175)

また、この年の末、幽囚のゴローニンが松前にあって、一八一一年七月十一日付リコルドらディアナ号残留乗組員らが残していった手紙の文面にみえるロシア語をアルファベット順に書き並べて仕立てた。おそらくロシア語学習もしくは書簡文面の点検のためのノートをみせられているが、このノートを調製したのは「馬場佐十郎書して質問に出せるものなり」(176) といわれている。してみると、佐十郎は、この年の秋には、おそらく幕命によって、かかるノートの作成にも従事していたわけである。

翌文化九年には「ショメール」の続訳に従う一方、「秋」までには、師志筑忠雄の起稿にかかる『度量考』(177) に増加の筆を入れ、「九月」には高橋景保から「閲校」を受けた『新巧暦書』巻中、厄日多国星学原訳草』(178) を訳了している。

「墓碑銘」によれば、「辛未之歳十二月、官賜稟米歳銀且佩刀視士[179]」と八年のこととしているが、十年正月二十一日付の高橋景保が伊能忠敬に贈った書簡において、

馬場佐十郎義、旧臘廿日、蛮書之御用骨折相勤候ニ付、御扶持方拾人扶持被下、向後も某手ニ附、測量所内ニ罷在、右筋之御用可相勤、依之帯刀御免被成候旨、被仰渡候、於某茂難有仕合奉存候、乍序御吹聴申候、右ニ付長崎奉行手を離れ、某支配ニ相成候、弥敷義ニ御座候、尤尚亦近日御譜代席ニ可願遣と奉存候[180]

とあるところをみると、稟米歳銀を賜い、佩刀を許されたのは文化九年十二月のこととせねばならぬ[181]。これで、長崎奉行の手にある通詞から離れ、幕府天文方高橋作左衛門景保の支配下に入ったわけである。加えて、「尚亦近日御譜代席ニ可願遣と奉存候[182]」といっているところをみると、この度の措置も高橋景保の周旋にかかるところとみなされよう。それにしても、「弥敷義」といわれるこの人事が行なわれた裡には佐十郎が必要・重要視される事情があった。それは、松前に抑留されていたゴロウニン等と、ロシア船副艦長リコルドによって捕えられていた観世丸船主の高田屋嘉兵衛等との交換・釈放に関する現地交渉がすすめられている一方で、幕府がロシア語のできる通詞を養成して時局に対処しようと考え、現地の通詞だけでなく、幕府差遣の通詞をしてゴロウニンの幽囚中に就いてロシア語を学習させるべく、佐十郎に目をつけたがためである。というのも、佐十郎がすでにロシア漂流帰国人光太夫にロシア語を学んだり、前記のロシア語ノート作成に関係していたから、自然の成り行きとも思われる。もっとも、これとても、対ロシア知識の吸収に努めていた高橋景保の目論見によるところと察せられるところではある。

伊能忠敬宛の高橋景保書簡には、続けて、「扨同人義近日品々松前表江可被遣趣、内々御沙汰有之候」とあって、佐十郎の幕臣取り立てが松前差遣と密接なる関連人事であったことを窺わせている。この内命がはやくも同月の二十九日に正式発令をみるにいたったことは、同じく景保から忠敬宛正月晦日付書簡に「旧臘廿九日、馬場佐十郎義松前

江可差遣旨、俄ニ御書付を以被仰渡候」[183]とあることによってわかる。かつ、その差遣目的が「魯西亜言語稽古」にあり、「外ニ内々御用向有之」というものであったため、「老功」の足立左内が差し添えらるべく、正月二日に上申がなされ、翌三日ただちにその通りの命がおりたこともわかる。[184]

馬場佐十郎が足立左内とともに新任の松前奉行服部備前守の赴任に同行、江戸を出立したのは文化十年二月末日のことであった。[185]佐十郎がオランダ語とフランス語を学んだ師でもある商館長ヅーフも一八一三年三月三日の日記で「小通詞為八郎の息子で江戸滞在中の通詞佐十郎が日本の正月二十日に松前へ出立した」[186]と述べ、その行動を見守りつつ明記している。

新任奉行と馬場佐十郎ら一行が松前に着いたのは、ゴロウニンによればロシア暦の三月十八日（わが二月二十八日）のことで、[187]その後、馬場佐十郎が同行の足立左内とともにゴロウニンから精力的に学習を受けた実況は、ゴロウニンの『日本幽囚記』に活写されている。[188]秋九月に帰府、その十二月に「魯西亜辞書取調御用掛」を命ぜられているのは、[189]松前と箱館で学習したことの整理・完成に当るべく命ぜられたものと見受けられる。馬場佐十郎のロシア語学習の成果は、単語と成句集である『魯語』[190]と、ゴロウニンが著述して与えた文法書の訳である『魯語文法規範』[191]に結実している。加えて牛痘接種に関するロシア語小冊子をも訳した『遁花秘訣』[192]のあることは佐十郎のロシア語学習の進歩のあとを遺憾なく発揮している。

文化十一年（一八一四）四月、かねて高橋景保が予定として年来述べていた通り、佐十郎は幕臣に取り立てられ小普請組入りをすることとなった。くだって、文政元年（一八一八）、英船ブラザース号が浦賀に来航するや、また足立左内とともに浦賀に出張を命ぜられて応接に当り、越えて文政五年（一八二二）四月二十九日、再びイギリス船サラセン号が浦賀に来航すると、五月四日、またまた足立左内と同所に出張、その応接に当った。このとき、イギリス船より

差し出された書類は英語で認められており、文面は、

何月何日、水夫何人、船主名、積物石高、船の名[193]

などの記載があって、馬場・足立らの応接の結果、薪水を要求しており、イギリス出帆後三ヵ年を経ておって、南米方面で捕鯨操業に従事していた船であることがわかった。武器を一時番所に揚げさせ、都合四度にわたって馬場・足立らは異国船との間を往復した。その際、現地の与力・同心も一人ずつ付き添ったとある。これらのことから推して、その応接方法の基本型式が長崎の場合と同様であることが理解される。[194]なおこの時は、「通弁（筆者註、馬場・足立）は諳厄利亜ことばにて通したくと蛮人云たれども、水夫の中紅毛語（筆者註、オランダ語）を心得たる者有りて、始終この者に依りて通弁す[195]」とあるところをみると、応接通詞の会話力と来航船中の水夫の会話力と相補って意志の疎通を計ったものと思われる。

長崎以外の地に異国船来航の頻度のようやく高まってきたこの期に、その語学、特に会話力が買われて、しばしば応接現地に出張を命ぜられた馬場佐十郎は、そこで異国船応接方法の基礎を布き、やがて、その経験と語学力を活かし、時代の要求に応えて応接通詞としての必携書ともいうべき会話書をも編集するにいたった。その書はその必要性から順次通詞・蘭学者らの間に転写され、増補されて、益々「訳司必用」の書となっていった。その写本の具体的伝存例としては、『訳司必用諳厄利亜語集成[196]』や『諳厄里亜語忽児朗土語集成[197]』などがあり、伝存会話書の例が少なく、ことに時代の推移を反映して、日本語・英語・オランダ語の三カ国語会話書なる内容の本書はすこぶる注目に値するものである。

2　馬場佐十郎以後の交替制

文政五年（一八二二）七月二十七日、三十六歳の若さで馬場佐十郎が病歿すると、天文台においてこれにかわるべき

通詞が求められた。大槻玄幹の「蘭学事始附記」に、次のようにみえる。

然るに此人（佐十郎）不幸にして文政の初年遠西しぬれば、一日高橋（景保）君余（玄幹）に向て、馬場の代を長崎より誰か招くべしと問しに、吉雄忠次郎しかるべしと申ければ、忠次郎東下して此学愈盛になりたり。[198]

越えて文政七年（一八二四）五月二十八日、常陸国大津浜に異国船二艘が来航、一〇人余が上陸した。イギリス船であった。六月十日、足立左内と吉雄忠次郎が現地に出張、応接に当った。オランダ語も通用し、諭書が手交されたが、その横文字は吉雄忠次郎の起草に係るわけで、英語とオランダ語の両文からなっていた。[199]

吉雄忠次郎の天文台詰は文政九年（一八二六）まで四ヵ年余におよんだ、夏六月に代りの小通詞末席猪股源三郎と交代した。[200] 猪股は文政十一年（一八二八）いっぱい御用を勤めて帰郷、翌十二年正月に小通詞並の名村三次郎が交代として出府した。[201]『続長崎実録大成』によれば、名村三次郎について、「御用中長崎会所銀ヲ以テ、年々三貫ヅヽ被下之旨被命之」とあるから、身分はあくまでも長崎の阿蘭陀通詞であったことがわかる。

名村三次郎は天保三年（一八三二）まで勤めた。[202] 次の小通詞末席名村貞四郎は同年正月に長崎を出立、三次郎は「天文台御用」の引継ぎを済ませて、七月長崎に帰郷した。[203]

名村貞四郎は満三年勤め、天保六年の四月九日に江戸を出立、帰郷の途についたが、次の堀専次郎はすでに同年の正月十五日に長崎を出立していたから、江戸で引き継ぎ事務をすませたものと察せられる。[204]

堀専次郎も満三年勤め、天保九年正月十五日に帰郷の途についた。[205] このときにかぎって、次の荒木熊八は同年末の十二月二日に江戸に着いているから、ほぼ一年近く空席になっていたことが判明する。荒木は天保十二年四月に帰途についているから、満二ヵ年と四ヵ月ばかりの勤務であったわけである。[206] したがって、彼の任期としては、やはり天保九年春からのものであったのであろうが、何らかの事情があって赴任が遅延したものと判断される。

荒木の後任は品川梅次郎であった。天保十二年三月に江戸に着いているから、約一ヵ月の事務引き継ぎ期間であったことになる。三ヵ年勤め、弘化元年になったとき、「辰年、三ヵ年詰越被　仰付」との命をうけた。更に一期三ヵ年の勤務を命ぜられたのである。弘化四年三月、次の吉雄作之丞をむかえ、事務を引き継ぎ、梅次郎は四月二十七日に帰途についた。(207)

吉雄作之丞は嘉永三年の春までの満三年で、次の堀達之助を三月十三日に江戸にむかえ事務を引き継ぎ、四月末に江戸を出立したが、その後死去したと伝えられている。(208)

堀達之助は、これより先、弘化三年正月二十二日に長崎をたって、三月十三日に江戸に着き、(209)折から通商を求めて浦賀に来航したアメリカ東インド艦隊司令長官ビッドルとの応接のため浦賀に赴いた経験の持ち主であった。したがって、再度の出張ということになる。

浦賀出張の阿蘭陀通詞としては、先には馬場佐十郎の例があるが、継続的なものではなく、その後、堀達之助の前には天保十四年六月二日長崎を出立して、浦賀に詰めた森山栄之助の例をみるにすぎない。(210)堀達之助の第一回浦賀出張の後としては、嘉永元年十一月二十八日に長崎を出立、翌二年正月二日に江戸に着き、二月二十一日に浦賀に出張した加福喜十郎がいる。ただし、喜十郎の場合は同月の二十七日に浦賀を出立して、翌二十八日江戸着という、きわめて短期間のことであって、以後、江戸にあって天文台に詰めた。したがって、嘉永二年から天文台詰通詞は吉雄作之丞と加福喜十郎の二人ということになった。(211)この時期、浦賀・下田に異国船の来航をしきりにみて、幕府が、この年の五月、三奉行以下海防掛、長崎・浦賀両奉行に異国船打払令復活の可否を諮問し、十二月には薪水給与令を修正して厳にするなど、輻輳した対外事務に対処する要員の拡充措置であったことが理解できる。さらに翌三年には立石得十郎が正月三日に江戸に着き、やがて浦賀に派遣された。(212)

嘉永五年になると、江戸天文台詰の堀達之助が第二回めの浦賀詰めとなったのは加福喜十郎との交替出張であった[213]。開国後の安政二年のこととしては、中山兵馬が七月二日に江戸に着き、その十六日に天文台詰の命を受け、勤務についで間もない十一月には浦賀詰となった。これより先、正月には岩瀬弥四郎が箱館へ赴いた。名村常之助・田中三四郎の両名が下田詰となったし、八月二十四日には品川藤十郎と北村元七郎の両名が長崎を出立、江戸に出たが、この両名は来春には箱館詰となるべく、命ぜられていた。開港地における応接通詞確保のあわただしさが窺える[214]。

さて、以上みてきたように、馬場佐十郎の天文台勤務以降、阿蘭陀通詞の天文台勤務が継続していたことがわかる。例から判明したように、その任期は原則として一期三年で、交替の事務引き継ぎは江戸で行なわれた。二期六年にわたって勤務した品川梅次郎のような例もある。かく、すっかり制度化していることが理解できる。同時に、馬場佐十郎の幕臣としての取り立ては、何といっても破格の扱いであって、以後の天文台詰通詞はあくまでも長崎の阿蘭陀通詞としての身分で出役したものであることがわかる。したがって、長崎の阿蘭陀通詞仲間において、この勤務を「江府天文台詰旅役[215]」などと呼んでいた。当然のこととして、役料や旅費は長崎の会所銀から支給されていたが、勤務によって、帰途に先立ち幕府から褒美銀が下されることもあった。開港前後から、江戸や浦賀で外交・応接事務が輻輳したため、天文台に二、三人詰めた時期もあり、浦賀詰・下田詰・箱館詰の通詞をみるようにもなった。ただし、これら各地詰の通詞も、一度は江戸の天文台に入り、それから出向いたことがわかる。

3　立石得十郎の場合

嘉永三年（一八五〇）から、同五年まで一期の勤めを終えたあと、更に一期三年の勤務を命ぜられた阿蘭陀小通詞並立石得十郎の場合を、具体的に見てみたい。彼は勤務の次第を「諸書留」と題して、嘉永三年から同五年までの第一期分の記録をのこしている。おそらく、第二期分の同六年から安政二年（一八五五）の分も、同様にして書き留めておいたと思われるが伝わっておらず、第一期分のみ、明治十年七月に彼が献本したために、外務省記録局に伝わった。主としてこの記録によってみることにする。[216]

まず、嘉永三年正月三日に立石得十郎は江戸に着いた。「巳ノ上刻《(午前九時過)》頃長崎屋源右衛門方へ当着《(マヽ)》いたし候」と記している。商館長の江戸参府や参府休年出府の際の定宿に到着したわけである。早速、麻上下着用、長崎屋手代音八の同道を得て、勘定奉行石河土佐守・松平河内守、在府長崎奉行内藤安房守・長崎詰長崎奉行大屋遠江守留守宅へ、「天文方詰吉雄作之丞為交代今日着府仕候」と、それぞれ届け出、長崎奉行大屋遠江守からの「御添翰幷御添触」を在府の内藤安房守に納めた。六日、内藤安房守より切紙が到来、出頭すると、身分を天文方山路弥左衛門へ引渡す掛合が済んだから、明七日に天文方役宅へ出頭せよと用人の西村源兵衛からの指図を受けた。七日、麻上下着用、吉雄作之丞同道で山路役宅へ出頭すると、在勤中入念に勤めるべき「御意」があって勤務規定である「勤方書壱通」が手交され、天文方測量所構内の役宅へ引越し、「吉雄江加住」した。かかる阿蘭陀通詞の天文方詰勤務規定など、従来紹介されたこともないので、全文掲げ、若干の考察を加えてみたい。便宜上番号を付す。

覚

一(1)御役所勤方之儀、朝五ツ半時《(午前八時)》ゟ夕七ツ時《(午後四時)》迠相詰、御用向無懈怠相勤可被申、尤臨時御用之節ハ、何時ニ不限、出勤或ハ居残り相勤候様可被致事

但二七日ハショメール其外和解御用ニ而、御席塞り候間、休日ニ相立候事

一(2)病気差合等ニ而、出勤難仕候節は、書面を以相断可被申事

一(3)蛮書和解之品、不依何ニ他見他言之義ハ勿論、若他所ゟ和解被頼候とも相断可被申、万一無処子細も候ハヽ、

承合之上、勘弁可有之事
一(4)由緒書親類書差出シ、後ニ増減有之候節ハ、相届或は引替可被申事、私用又は保養之為め遠方江罷越候とも、
　一宿ハ不相成候事
一(5)御役宅之儀は、小破之分ハ自分ニ而取繕ひ、大破ニ不相成様心掛ケ可被申事
　但内弟子之義、人物相撰、人数二三人を限、届之上、差置可被申事
一(6)近き親類は格別、其外朋友懇意之者は頼ニ任セ、金銀貸借之世話致間敷事
一(7)宅ニ而取調候和解之品ハ、出来次第早ヽ差出可被申、尤内弟子等江決而取扱為致申間鋪事
　　戌正月

第一条は勤務時間の規定である。但書が注目に値する。毎月二と七の日、すなわち二・七・十二・十七・二十二・二十七の六ヵ日は「ショメール」百科事典その他の翻訳で役所の席が塞るから天文方詰通詞は休日になる、というわけである。当初、馬場佐十郎の勤務においては、ショメール百科事典の翻訳は重要職務の一つであって、献上訳稿本にも彼の訳校になるところには姓名が明記されていた。ところが彼の歿後、ショメール翻訳に通詞が補充されることなく、一種奇異にも感じていたところであるが、ここで関係がはっきりわかる。すなわち、天文方詰阿蘭陀通詞は馬場佐十郎を除いて、吉雄忠次郎以降誰もショメール百科事典の翻訳には従事しなかったことが明確となった。ただし、第五条の但書にみえるように、天文方詰通詞は役宅において「内弟子」をとっていた。江戸の蘭学者のなかには歴代の天文方詰通詞にオランダ語の教授を受ける人が多かった。これが、とりもなおさず、本節の冒頭でとりあげた松本順の指摘する、宇田川家の人が天文方詰通詞の教示を得て翻訳に従事し、成果をあげたことなのである。ただし、松本順の記述には宇田川家の代を取り違えているところがある。かかる制度開始の年代からして宇田川榛園ではなく、

宇田川玄真以後の人であったはずである。とまれ、吉雄忠次郎以後の天文方詰通詞は、ショメール百科事典の翻訳には、直接参加することはなかったが、同事典の訳員でもある江戸の蘭学者にオランダ語の教授をもって貢献したことの功績は多としなければならない。これを、幕府天文方の側からいわすれば、訳員が天文方詰通詞から語学教授を受ける点が少なくはなかったとしても、ショーメル百科事典の翻訳は、あくまでも蛮書和解御用の局に抱えられた江戸の蘭学者である訳員の手によって成就しようとした事業であったということができよう。

第二条は単なる病欠の届けに関する規定である。第三条は翻訳内容に関する守秘義務で、外交文書の翻訳にたずさわる通訳官としては当然のことである。第四条は履歴と親族に関する報告義務で、いずれの役所においても行なう一般的なことである。第五条は役宅の使用規定で、これも極ありふれたものである。ただし、但書は注目に値し、前述もした通り、この役宅で通詞が江戸の蘭学者に教授したオランダ語の影響は特筆に値する。馬場佐十郎の場合については後でまた述べる。第六条は朋友間における金銀貸借の禁で、一般的規定である。第七条は役宅における翻訳についての注意事項である。いわば宅調仕事である。その翻訳内容についての守秘義務は第三条に準ずること当然である。

さて、立石得十郎は構内の役宅へ引越し、構内の人々に挨拶廻りをした。このときの土産品がいかにも通詞のものらしい品々であり、挨拶先の人名によって、当時の天文方測量所の人的構成が判明して参考になる。よって、全文掲示する。

山路公
一御扇子　一台
一琉球紬　一反
一紺青木綿羽織地　一反

一金絵角瓶　一対
一白焼七寸鉢　二枚
〆
同奥様
一白綾金巾　一着
〆
若殿公
一御扇子　一台
一唐焼茶碗　拾ヲ
一金絵台こつふ　一対
一小倉袴地　一反
一アンペラ　一枚
〆
若奥様
一白綾金巾　一着
〆
一卓氈　一枚　蛮書方 浦野庄右衛門殿
一金絵台こつふ　一ツ　花井友三郎殿

一一白焼七寸鉢　一枚宛　篠原直兵衛殿
一ガマ団扇　一本　船山左司馬殿
一石筆　一本　阿部九郎左衛門殿
〆　〆
一座氈　一枚　御構内測量方 伊東吉左衛門殿
一金絵台こつふ　一ツ　中西平太郎殿
一ガマ団扇　一本宛　北川伴右衛門殿
一テリヤアカ　一鑵　岡田喜四郎殿
一唐筆　一対　〆
〆
一座氈　一枚　御構外測量方 平石彦太郎殿
一テリヤアカ　一鑵宛　山本兼次郎殿
一唐人膏薬　一ツ　三枝登一郎殿
〆　岡部新太郎殿
堀田　勇蔵殿
〆
一リキュール　一瓶
一蜜漬　一壺

一上唐筆　一対　杉田成卿老
一白焼七寸鉢　二枚
一スタールペン　十本
〆
一貢紙　一本
一砂糖漬　一箱　箕作阮甫老
一烟草　二巻
〆
一蘭紙　二帖
一リキュール　一瓶　宇田川興斎老
一煙草　二巻
〆
一砂糖漬　一箱
一リキュール　一瓶　高須松亭老
一貢紙　一本
〆
一ローイウエイン　一瓶
一唐筆　二本　高松譲庵老

一煙草　三巻

〆

一煙草　二巻

一茶膏　一箱　芝山伝之助殿

一唐筆　二本

〆

一金二朱　御役所小使　与八

一〃二朱　髪繕ひ　金次郎

一天保　二枚　同下刺刀　壱人

〆

右のうち、山路公はもちろん天文方山路弥左衛門諧孝、若殿公は山路金之丞彰常である。蛮書方五名・測量方九名に杉田成卿以下の訳員六名の名がみえるから、天文方測量所に蛮書和解御用の局を合せた構成人員とみることができるのではあるまいか。贈物の品々の多くは唐・蘭貿易によってはるばる舶載された珍品である。

この時期、「夏秋之内浦賀詰」ことが天文方詰通詞の勤務に含まれていた。翌々嘉永四年の日記では「例年之通、夏秋之内浦賀表江相詰候」と、一層明記している。嘉永三年の浦賀詰の様子はどうであったか。三月二十八日に通知があり、翌二十九日に在府浦賀奉行戸田伊豆守へ天文方山路弥左衛門からの書面を持参のうえ、身分の引渡しが行なわれ、早々出立すべき命があった。ただし、この年、立石得十郎は持病差し起り、猶予願いを出し、四月二十七日に発足、二十九日に浦賀に着いた。すでに、浦賀詰となって来ていた通詞加福喜十郎の役宅に入り、旅費明細の報告もすませた。翌五月朔日、現地詰浦賀奉行浅野中務少輔に面謁が行なわれ、終って、奉行・用人・目附役へそれぞれ挨拶の贈物を呈上した。浦賀には唐通事の周恒十郎も詰めていた。ところが立石にはさらに三崎詰が命ぜられた。この浦賀・三崎詰というのは「異国船渡来之節、乗留方之義」すなわち臨検・応接がその任務であったのである。五月十五日に三崎役宅に到着した。ただし、この年は異国船の出現をみなかったが、勘定奉行その外の役人による浦賀・三崎の巡見が行なわれ、それに立ち合い、挨拶に罷り出た。巡見役人の構成は、勘定奉行石河土佐守以下、同吟味役一名・同組頭二名・同下役二名・同改役並二名・同普請役二名に西丸留主居筒井紀伊守・鉄炮方二名・目付二名・徒目付二名・御小人目付四名の計二一名からなる視察団といったところである。九月二十三日には浦賀奉行の城ヶ島代官手代小屋普請の見分があり、その際も、挨拶に罷り出た。終って九月二十五日三崎出立、浦賀役所へ帰着、さらに十月朔日浦賀発、三日江戸の山路役宅に帰着して、勘定奉行宅二ヵ所、長崎奉行宅二ヵ所、浦賀奉行留主宅へ報告した。

十月四日、山路役宅へ出頭すると、阿部伊勢守正弘から「御直」に次のような御達があった。蘭書流布の現況下における翻訳取締りに関する内容であるので、全文読んでみよう。

近来西洋学盛ニ相成、世人新奇を好候処より、僻学好事之輩、深く其学不研究之者迄、蘭書を取扱、憶断仕撰（杜カ）之翻訳いたし、寄（マヽ）説恠論を唱へ、俗耳を驚し候族茂儘有之由相聞候、早覚（竟カ）、近来蘭書和解等之儀、恣ニ相成候ニ付、右躰之儀有之、如何之事ニ候、元来蘭書之義、翻訳に依て、其事柄を解得候事故、右様如何之翻訳流布いたし、若一図ニ其説を而己信シ候様成心得違之者も有之候ハヽ、向来如何様成弊生す間敷とも難申、且医薬とても同様之事ニ候、依之、以来者持渡之蘭書不残之書名長崎奉行所江為書出、奉行所より之許しを請候分者、世上江流布致シ不苦旨申渡候間、向後右書上ニ洩候蘭書を取扱候歟、又者私に翻訳いたし候者有之於は、其書者取上け、当人者急度吟味ニおよぶへく候、右に付而者、万石以上之面々、海岸守備等心得之為め、蘭書翻訳為致候向も有之候ハヽ、右書名相認、一応老中江届置、出来之上は壱部天文方役所江可被差出候

右之趣可被相触候

九月

加えて、若年寄大岡主膳正忠固から天文方に下された「御達」も知らされた。すなわち、

蘭書取締方之儀ニ付、別紙之通向々江相達候間、其方手附蘭書和解御用相勤罷在候者共、翻訳もの之義ニ付、不取締之義無之様、厚く心附可申旨申達置候様、大岡主膳正殿被仰渡候間、此段申達候、尚此上翻訳物之義ニ付而者、別而心附候様可被致候事

右のような老中名で達せられた蘭書取締令を受け、若年寄から特に関係の深い天文方に与えられた留意書を受けて、天文方山路役所においてはその勤務規定を改定した。立石得十郎は「此度改而御達」と頭注を付けて書き留めている。前出同様番号を付して若干の考察を加えてみたい。

御役所勤方申渡

一(1)朝五ツ半時ゟ八ツ半時迠日々出勤、持分和解もの可致事

但

万一病気等ニ而、出勤難相成候歟、又者無拠義ニ而、出勤及遅刻候節者、其都度々々書面を以断可差出候事

一(2)二七之日者休日可仕候事

一(3)毎年四月朔日、浦賀表出立ニ付、以来浦賀奉行江引渡、日限五日前より御用休不苦候、尤臨時御用有之候ハヽ、出勤可致事

一(4)浦賀詰御用相済、帰府之上ハ、十日之間、休息致シ、十一日目ゟ日〻出勤可相勤候事
一(5)此度、蘭書翻訳物之義ニ付、別紙之通被仰渡も有之候ニ付、向後、何方ゟ懇意之手筋を以、和解物等被相頼候とも、猥ニ頼相請申間鋪候事
但万一頼請候節者、御役所江一応相届、差図次第可致候事
一(6)臨時和解物等御下ケ有之候節は、達次第、早〻出勤取調可申事
但右和解之次第、門人幷懇意之者等江決而他言等致間鋪事
右此度、蘭書之儀ニ付、被仰渡も有之候儀ニ付、向後不取締之義も有之候而者難相成候間、前文之次第相心得、堅相守可申事

右の規定を前回の規定と比較してみると、前回規定の(4)由緒書親類書、(5)役宅使用規定、(6)金銀貸借の禁、(7)宅調規定は省略され、旧(1)の但書事項の二・七日の休日が新(2)として独立、旧(2)の病欠届の条が新(1)の但書事項とされている。旧(3)の翻訳内容の守秘義務に関する文言が省略されているのは、解除になったことを意味するのではなく、むしろ老中からの達しにより強力に規定されたため、再言していないだけのことである。

さて、改めて新規定をみると、第一条では始業時には変更がみられないが、終業時は七ツ時から八ツ半時と半時、現今の時間になおして一時間短縮された。但書において、病欠届けのほかに遅刻届けも義務付けられ、厳しくなった。第三条は新規定で、夏の浦賀詰にともなう身分と勤務に関する規定である。第四条も新規定で、第三条にともなう、天文方詰復帰後の勤務規定である。第五条は老中からの達しによる翻訳内容の守秘義務に加えて、他からの翻訳依頼に対する対応の仕方に関する規定である。すなわち、新旧規定とも原則としては引き請けず、断るべき規定であるが、事情あって引き請ける場合、旧規定では「承合之上、勘弁可有之事」とあって、通詞自身に判断をまかされている点

が大きかったのに比して、新規定では、役所へ届け、「差図次第可致」と、諾否の判断・決定が役所に移っている。これは重大視されるべき一項目で、一大統制強化と見ざるを得ない。第六条は旧第一条の一部として規定されていた臨時翻訳物をめぐる勤務と守秘義務に関する規定である。蘭書和解に関する取り締りの大方針に沿って、独立項目として規定されたわけで、これも強化事項ということができよう。

総じて、今回の規定は箇条数こそ少ないが、すべて翻訳勤務に関する条項に終始したもので、天文方詰通詞にとってはなかなか厳しい服務規定に改定された、ということができよう。

十月七日、早速、臨時和解物の御用が生じたとみえて、山路役所より出頭通知があった。用件は長崎奉行一色丹後守から老中阿部伊勢守の「御用向御取調」のむきがあるので長崎奉行役宅へ日々出勤せよとのことであった。十一日から出勤することとなった御用取調の内容は、伊勢守に格別の御趣意があって、カピタンから提出された「蘭書和解」の用であった。翻訳内容の「事柄他ニ相洩候ニおゐてハ其方越度たるべく」と「御直ニ」仰せ渡され、誓詞を提出の後、件の蘭書を見せられるという厳重な扱いであった。翻訳は翌十二日から始業ということで、幕府から天文方が預っている蘭書の内、左の辞書を御用中拝借したい旨願い出た。

覚

一ウエイランド辞書　一部
一キュンスト辞書　一部
一エゲレス和蘭語対訳辞書　一部

右御用中拝借被仰付被下度奉願候、已上

戌十月　　立石得十郎　無印

右は許可された。借用辞書の内容からして、ことによったら英文の技術書もしくは部分的に英文の使用されているオランダ文技術書であったと察せられるが、遺憾ながらこの蘭書名は未詳である。

十一月二十九日、一色丹後守が勘定奉行に転出、かわって十二月朔日牧志摩守が長崎奉行として着任した。立石得十郎の翻訳御用は継続され、殊に「明二日四ツ時、例之通相心得可被罷出候、尤明後日ゟ者早出よなべ掛け取調候而も宜候間、其心得ニ而可被罷出」と命ぜられた。

右の和解物は十二月九日に出来上った。清書三冊、本書一冊、外に本書壱通、右和解壱冊幷下書共に奉行の御手許に納めることができた。それにしても、この翻訳取調べ期間中、その扱いは、

右取調候本書幷和解下書共、日ゝ御奉行御登城前御直ニ御渡被成、夕刻相仕舞候節も同様御直ニ御請取被成候事

という、徹底した管理振りであった。

右の労苦に対して大晦日に牧志摩守より左のごとき褒賞があった。

阿蘭陀小通詞並

立石　得十郎

銀五枚

其方儀、蘭書翻訳出精骨折相勤候ニ付、為御褒美被下之

右阿伊勢守殿被仰渡候間申渡

戌
十二月

大役を成就して、立石得十郎はこの歳の日記の奥に「千秋万歳」と大書している。

以上が天文台詰通詞として立石得十郎が勤めた初年度嘉永三年の主要なる勤務振りである。

翌嘉永四年は特記することなく、浦賀詰ほか、ほぼ前年同様であった。嘉永五年夏、浦賀詰期間中のことであるが、四月二十七日異国船が内海へ向かって走り入るということで、御固人数を差し出したと、井伊掃部頭から注進があったが、大事にいたらず、事済みとなった。越えて、六月二十五日に、二十四日夕下田湊へ異国船が一艘漂流人を護送して入津した、との注進により、三崎から一度浦賀に帰り、指示を受けて、応接のため下田へ向け急ぎ出立した。その間、下田の現地では、江川太郎左衛門が応接に当り、護送してきた漂流人は国法により受け取らず、「支那又ハ和蘭商船へ可相渡」申し渡したところ、二十九日未刻頃退帆した。立石得十郎の到着はその後であったため、応接には間に合わずじまいに終ったが、帰着の際の報告の要もあって、異国船応接の模様を詳しく江川より聞き糺した。漂流人七人は下田湊より五里ほど沖手の中木村というところへボートで上陸した由で、下田へ連れ越され、江川に引き渡された。紀州日高庄右衛門船の者の由であった。去戌年正月六日に漂流、アメリカ漁船に救助されたが、その後、「魯西亜カミサッカ」へ連れていかれ、「アヤン」という地へ移って、そこから来た、ということで、船はメンチンコフという。乗員・装備など詳細な調書を作っているが、ここでは略す。

十二月二日着府、交替期日も近付いた九日、山路役所より通知があり、翌十日麻上下着用で勘定奉行松平河内守の役宅へ出頭したところ、更に一期勤めるよう次のような命を受けた。

阿蘭陀小通詞並

立石　得十郎

其方儀、蘭書和解御用相勤罷在、来丑年交代期年ニ候得共、御用有之候間、今一期詰越相勤候様、遠藤但馬守殿被仰渡候間、申渡候条入念可相勤候

子十月

つづいて、暮もおし詰まった二十九日、立石得十郎は本年も「蘭書并横文字等和解之義骨折」につき「銀拾枚」の褒賞にあずかった。

三　江戸蘭学界への貢献

江戸の天文台に詰めて、異国船応接、外交文書・蘭書和解に従事した天文台詰通詞が官舎において「内弟子」をとって、オランダ語教授に当っていたことは、前掲の勤務規定にも明記されて、許されていたことであった。この機会を通じて益を受けた江戸の蘭学者は決して少なくはあるまい。次にこの点について、具体例を通じて、その実際の様子を探ってみたい。

1　馬場塾・三新堂

前述のごとく、馬場佐十郎が天文台における責務は外交交渉の事務・文書の取調べと蘭書の翻訳にあった。なかでも馬場をおいて替るべき人のいない要務は、異国船来航時の応接会話と組織的に正確なオランダ語文法の知識の上にたった翻訳活動であった。

このため、高橋景保は大槻玄沢に家塾芝蘭堂の経営を従来通りゆるしつつ天文台出勤を命じたのであるが、馬場佐十郎に対しても、天文台における公務の余暇、官邸内においてオランダ語の指導をすすめ、すすんでは塾の経営をもすすめた模様である。

馬場佐十郎が天文台に入った翌文化六年の五月九日付、高橋作左衛門景保から間長涯に贈った書翰を読むと、足立

左内に対し、先月二十六日に暦学御用につき江戸出府が「申渡」されたことを述べたあと、

（前略）此節小倉金蔵・入江八十郎両人、隔日に不絶罷越稽古致候、尤当人未た字書無之ニ付、某所持之ハルマ出置、訳字入之上承り遣し候、其上不解所ハ佐十郎へ持参致候、互ニ稽古ニ相成候、只迷惑なるハ、隔朝早朝より起され候ニハ迷惑致候、[217]（下略）

とみえる。これによれば、この頃小倉金蔵と入江八十郎なる両人が隔日の早朝、多分出勤前に、高橋景保の官邸を訪れて、ハルマの辞書を手掛りにオランダ文読解を続けていた模様である。そして訳読できない箇所があると佐十郎へ質問におよんで教えを乞うたことを伝えている。高橋景保は隔朝ごとに早朝から起こされることを迷惑に思いながらも「互ニ稽古ニ相成候」とその意義を認識し、効果のほどをほのめかして好意を寄せているのである。

右のことから、馬場佐十郎が高橋景保に対して「世界全図」などの訳読協力に当るとともに、一方では私的にも種種オランダ語学の面で訳解に協力ないしは教授に当っていたことが明らかにされる。かつ上司たる高橋景保もこの効果を認めて積極的にこれが援助に当った模様であることがわかる。

馬場佐十郎は右のような事情から、オランダ語学の教授をより効果的に進めるべく、著述にも着手したものと思われる。このことは、馬場が出府した年の秋、早くもものした『蘭語冠履辞考』[218]なる二巻の語学書の凡例において、本書の解題をしたあと、

……余其《ワレソノ》自《オノヅカ》ラ得《エ》ル所《トコロ》ヲ以《モツ》テコレヲ弁《ベン》ジ、吾党《ワガトウ》ノ学者《ガクシヤ》ニ範《ハン》セントス、此編《コノヘン》即《スナハ》チ是也《コレナリ》

と明記している。高橋景保や大槻玄沢をはじめ、天文台に出入する江戸の蘭学者連に範を示さんとしたものであった。

さらにこれが対象となる学者の程度については、

幼学先ヅ名物套語及通用諸言ヲ臆記スルヿハ固ヨリ其先務タリ、此編載スル所ノモノハ漸ク其一書ニ就キ一条一

篇ノ義理ヲ解サント欲スルノ力ヲ得ル者ノ専用ノ㋙ニメ必ズ先毎言ノ意義ヲ自得領会スルニ始ルハ其第一要タリ、コレ其徒ノ為ニ示サントスルノ大約ナリ、幼輩コノ学ニ入ル先務ノ㋙ハ階梯ノ諸書アリ、故ニコヽニ略セリ

とあるから、初学者は世間通用の階梯の諸書にゆずり、いよいよ文章翻訳に入らんとするいわば本格的蘭学者を対象として著したものであったことがわかる。

佐十郎が著したオランダ語学に関する訳著の多くは右に述べたような目的をもってまとめられたものであって、文化七年になる『和蘭辞類訳名鈔』(219)においては、本書が大槻磐水の勧奨もあって、マーリンとハルマの二書をもとに他の諸書をも参勘して訳名を定め、釈義を述べたもので「今コレヲ以テ吾党ノ蒙生ニ範セントス、同学ノ士須クコレオ熟習諳記シテ其語言ノ本義ト使用ノ機転トヲ失誤スル事ナカレ」と明言している。同様のことは文化八年の『西文規範』においても「我党の須知有益」を目的としているのである。

さらに佐十郎が師志筑柳圃の『和蘭詞品考』をもとにしてなった「蘭語九品集」を得て、これを訂正・増減・改写して、文化十一年に『訂正蘭語九品集』をまとめ得たが、これまた「社中ノ諸生徒ニ示ス」目的をもっていたものであった。そのうちでも特に、

　　後学馬貞由書于司天台下三新堂中

　　　文化十一年甲戌九月(220)

と明記しているところはすこぶる注目に価する。上司高橋作左衛門景保の理解のもとに天文台官舎において天文台の訳員をはじめ江戸の蘭学者連にオランダ語教授を行なっていたものであって、その寓居をば「三新堂」と称して諸生教導の場としていたものと受け取れるのである。すなわち、天文台の蛮書和解御用の公務の余暇、その官舎三新堂塾中において蘭学教授を行なっていたことを知り得る。佐十郎の著訳になる各種のオランダ語文法書はその塾生に示さ

れたテキストであり、参考文献であったのである。各所に少部数とはいえ写本の遺っていることによってこの事実を否定することはできない。

なお、同じ文化六年六月三日付の高橋作左衛門から間長涯に宛てられた長文の書翰をみると、その末尾に、

可申上義難尽候へ共、今日ハ会読日ニ而、殊ニ無程左内も相越し、旁多事草々申上候(221)

ともみえるところから察するに、天文台の日課の一部としてか、あるいは私的な試みかは判然としないけれども、「会読日」というものを定めていたようである。これをもって、にわかに蘭書訳読の会日とは決しがたいが、さりとて完全に無関係の会読日とも受けとりがたい。すこぶる暗示に富む一句といわなければならない。蘭書訳読の定日であったならば当然若き馬場佐十郎がその席における先生格であったことは否定すべくもない。

2　馬場佐十郎に受益の知友・蘭学者

高橋景保　高橋景保は通称を作左衛門と称し、父至時が文化元年正月に歿すると、その四月に二十歳で父の職を襲って天文方となった。景保は馬場佐十郎の直接の上司として、馬場佐十郎の江戸召喚から歿年にいたるまで最も接触の多かった人物であり、馬場の語学力の理解者であると同時に最もよく馬場の語学力の利益を受けた人物でもあった。このことは、すでに述べたごとく「万国全図」の翻訳補訂の仕事を通じ、あるいはその後の天文台における対外応接事務・文書取調・翻訳事業を通じて知り得るところである。ここでは従来看過されていた一例をあげて示そう。

馬場が江戸出府の翌文化六年の秋に『東北韃靼諸国図誌野作雑記訳説』六巻六冊と、さらに同七年に『帝爵魯西亜国誌』なる翻訳をなしていることはすでに周知のことである。殊に前者が「己巳ノ孟夏　崎鎮土屋君」の勧奨によって訳述呈上したものであることはその「凡例」の冒頭に明記しているところであるが、なお高橋景保が間重富（長涯）

に贈った文化六年五月朔日付の書翰をみると、その一節に次のごとくみえる。

一去春為八郎江曲淵より下け候韃靼紀事之蘭書松田蔵二冊、長崎奉行より佐十郎江相下り、蝦夷地之所和解被仰付候、祭酒ノ存寄之由、同人義此節甚出精致居候[222]

これによって明らかなことは次の諸事項であろう。

a　「韃靼紀事之蘭書」二冊は松田某が所蔵する本であったこと。

b　右の二本が去春すなわち文化五年に小通詞格馬場為八郎に長崎奉行曲淵甲斐守景露から下げ渡されたことがあったこと。文化五年の春の為八郎と曲淵甲斐守の行動をみると、文化四年七月に為八郎は大通詞の名村多吉郎とともに露西亜事情調査のため江戸へ召喚されており、翌五年三月には蝦夷地出向を命ぜられ、松前に到り、露人来寇の事後処理をすませて六年の二月に御用済となり、江戸を発して長崎に帰ったのである。一方長崎奉行曲淵甲斐守は文化五年の八月までは江戸に在勤していた。よって前記の蘭書は江戸において長崎奉行曲淵甲斐守から馬場為八郎に下げ渡されたわけである。

c　為八郎が六年二月をもって江戸を発ち長崎に帰ったあと、件の蘭書は出府滞在中の佐十郎に下げ渡されたものであって、この際は曲淵甲斐守と交替して江戸に滞在中の長崎奉行土屋紀伊守廉直から下されたことを知り得る。

d　内容的には右の蘭書の「蝦夷地之所」の翻訳を「被仰付」たのであって、このことを「祭酒」すなわち大学頭林述斎の「存寄」のことであった。すなわち幕命により馬場佐十郎が翻訳を下命されていたわけで、その間には江戸在府の長崎奉行と天文方の勧奨のうちに進められていたことがわかるのである。それ故に佐十郎も「此節甚出精致」したわけなのであった。

右のことから幕府の意を帯して、この期の天文台とりわけ担当部局たる蛮書和解御用が負わされている責務の内容が明白に伝えられているところである。換言すれば、蛮書和解御用の責任者たる高橋作左衛門の責任の一端は馬場佐十郎の翻訳力に負うところが大きかったわけである。この種のことは、やがて次に内命されるゴローニンの『日本幽囚記』の翻訳においても同様のことであったわけである。

文化九年に馬場佐十郎の訳になる「新巧暦厄日多国星学原訳草」一冊は新巧暦書二巻中のエジプト星学原訳草を抄訳したもので公的翻訳と考えられるが、高橋景保の閲校を得ているのは内容が天文学に属するものであったからであろう。

さらに高橋景保は前記のごとく私的面においても馬場佐十郎のオランダ語の指導に負うところがあったのである。

大槻玄沢　大槻玄沢は杉田玄白・前野良沢に指導を受けて成長した当時の江戸蘭学者中の筆頭とも目される人物であった。彼は文化八年蛮書和解御用が開局されると馬場佐十郎をたすけるべくあげられて出勤した。このため同局の事業推進上、佐十郎とは最も密接な関係にあって、年長ではあるが前記のごとく佐十郎の「手伝」ということで翻訳に従事したのである。

すでに蘭学者としての地歩を築き、かつ右の関係から馬場の語学力を的確に評価し得たのは大槻玄沢その人であって、それ故に従来の江戸蘭学界の最大の欠陥であった訳読方法を正確な文法に立脚した組織的翻訳に改めるべく佐十郎に教示を乞うたのであった。

このことを証する文言は大槻・馬場両者それぞれの側に存するが、ここでは一、二の例を挙げておきたい。

まず馬場佐十郎が出府滞在三年めの「文化七年庚午冬望日」にその序を記した『和蘭辞類訳名鈔』を閲するに、馬場佐十郎は柳圃師の遺教をうけつつ、独自にマーリンとハルマの二辞書について、前者十八類・後者十四類の「分類ノ意味ト其辞類ノ名号トヲ弁認」していたが、このことを玄沢も聞知して一書になすべきことを慫慂したのであった。

すなわち、

貞由近ロ公事ヲ以テ都下に客在ス、其学ヲ以テ磐水子往来スルモノ日〻ニ深シ、子一日余ニ謀ルニコノ辞類名称ノ事ヲ以テス、余固ヨリコレヲ訣セントスルノ素志アリ、因テ乃チ公暇ヲ以テ是業ヲ此ニ起シ、両書ニ就テ考究シ、亦他ノ文科諸書ヲ参勘シ、子ト毎ニ会議討論スルヿ数回、殆ント一年ノ久キニ及ヒ、始テ其訳名ヲ定メ其釈義ヲ述メ一小冊ヲ為ス、今コレヲ以テ吾党ノ蒙生ニ範セントス、同学ノ士須クコレヲ熟習諳記シテ其語言ノ本義ト使用ノ機転トヲ失誤スル事ナカレ（中略）

文化七年庚午仲冬望日崎陽和蘭訳生馬場貞由書于江都目（マヽ）天台下之官舎

とある。これによって次の諸点が判明する。

a　馬場佐十郎の最初の翻訳とされている『蘭語冠履辞考』と『蘭語首尾接詞考』が江戸出府直後の文化五年八月であって、当然大槻玄沢との交渉もまださほど深まっていない日時のことであるからひとまず措くとすれば、これに次ぐ佐十郎の『和蘭辞類訳名鈔』が注目の的となる。はたせるかな、右の一節により、玄沢は馬場佐十郎の出府とともに学問的交渉をもったことが証せられ、実に本書が玄沢の慫慂によって起筆されていることがわかるのである。

b　本書のなるまでに「一年ノ久キニ及ビ」と明記しているところから前年の文化六年中に起業されているわけである。さすれば、佐十郎が『東北韃靼諸国図誌野作雑記訳説』についで『帝爵魯西亜国誌』を訳出すると、それに引き続いて本書に筆をつけたことがわかる。

c　当然ながら、右のことから、玄沢が天文台出勤以前の、おそらく佐十郎の江戸出府とともに学問上の交情を結んだことが証明される。

こんな具合であったから、やがて大槻玄沢が文化十三年に『蘭訳梯航』[223]をなすにおよび、

生（馬場佐十郎）ハ弱齢ヲ以テ精力他ニ超ヘ、其業益進ミ其精学ヲ慕フ者多クシテ、従遊ノ人日一日ヨリ盛ナリ、皆柳圃ノ遺教ヲ以テコレニ授ク、是レ即今都下ノ旧法廃シテ新法正式ニ一変セルナリ

と馬場佐十郎の功業を特筆評価したのである。

杉田立卿　文化十二年（一八一五）に出版された杉田立卿の『眼科新書』[224]をみると、玄白の養嗣子にして立卿の義兄に当る杉田紫石（伯元）が親しく「序」を寄せておよそ左のような意味のことをいっている。

一日大槻磐水を訪れ、そこで蘭書をみた。それを持ち帰って家翁（玄白）にみせたところ、家翁は喜んでこれを購入し、宇田川榛斎に翻訳をすすめたが、多事によりできず、のち家弟（立卿）に訳訂を任せたが、すでに数年を経てしまったのにその成稿の報に接しない。その訳は「粗脱誤事」を恐れてのことであった。しかるに近頃、訳官馬場轂里が官命を奉じて都下に在るのをさいわい、これに周旋し、就いては重訳せしめ、はじめて「其条理悉貫」するを得た、とある。してみると、杉田立卿がプレンクの眼科書 Martinus Pruys: Verhandeling over de Oogziekten, door den heer Joseph Jacob Plenck, Rotterdam, 1787. を訳述しえたのは、実に馬場佐十郎に師事し得たことによるわけである。これも、玄白が「わが子弟孫子、その教へを受（中略）正訳も成就すべし」の一句に対応し、その言の正しきを傍証するに足ると思われる。ちなみに、立卿は文政五年（一八二二）八月、馬場佐十郎のあとを受けて、青地林宗とともに天文台訳員となった。

杉田恭卿と高須子成　馬場佐十郎が文化十一年になした『和蘭文範摘要』[225]は、佐十郎の師志筑忠雄が訳した「詞品考」の原典と目される Willem Séwel (1654–1720): Nederduytsche Spraakkonst, Amsterdam, 1708. の大要を訳したもので「詞品考」や「九品集」より詳しい。その「和蘭文範摘要引」の一節をみると、

余職事ヲ以テ召シニ応メ都下ニ至リ、在留コヽニ数年、遂ニコノ業ヲ以テ辱ク士班ニ列セリ、コレヨリ以往其数年ノ間、コノ学ヲ以テ余ニ従游スルモノ亦数人、就中杉田靖ト高須馨トハ殊ニコノ学ニ篤フシテ黽勉専精其業大ニ遙ミ、毎ニ余ニ就テ其要ヲ求ムルコ功ナリ、故ニ許メコノ原稿ヲ授ントス云云

と述べ、本文冒頭には、

轂里馬場先生訳　門人　杉田靖恭卿 高須馨子成 録

と明記されている。

右によって杉田恭卿・高須子成の両名はさだめし三新堂塾中の優等生であったに相違ない。杉田靖恭卿は杉田玄白の養嗣子である杉田伯元と玄白の娘扇夫婦の間に生まれた長男であって、実に玄白の孫に当る。寛政六年の生まれで、幼名松鶴のち靖、恭卿と称し、蘭園と号した。したがって馬場佐十郎が江戸に出た文化五年は十五歳の少年であり、本書のなった文化十一年でもようやく二十一歳の青年であった。さすが名門に生を享け、好環境に恵まれ、馬場の言葉からも進歩の程みるべきものがあったと解されるが、この文化十一年八月十四日に若い生命を了ったのである。馬場の「引」は「文化十一年甲戌秋　轂里誌㊞㊞」とされているから杉田恭卿死去の直前に記されたものに相違ない。

高須馨子成についても知られるところ少ない。「松斎高須先生之碑(226)」を手懸りにみてみると、諱は清馨、字は子成、松斎と号した。本姓斎藤氏。秋田の人で藩医稲見升貞に医を学び、長じて江戸に出、ついで長崎に遊学してオランダ流医学を学ぶ。再び江戸に戻って訳官馬場に就いて和蘭語を学んでその大義に通じたという。文化十二年三月二十五日には同志とともに小塚原で刑屍を解剖した。天保六年五月に秋田藩の表医となり、のち侍医に昇った。明治二年七月二十八日八十二歳をもって浅草福富町において死去。高須の姓を冒したのは彼が稲見升貞の養育をうけた縁により稲見氏の姻族高須某の嗣が絶えたためにそれを嗣いだものである。彼には一男四女があったがその男子が夭したので

天保十二年に備前国の商家光岡万次郎の三男保を養って嗣とした。これがのち弘化三年十月に蛮書和解御用に採用され、嘉永七年に蝦夷地御用の下命をうけた坪井信道門下の高須松亭その人である。

高須清馨が長崎で楢林栄哲峡山のもとで阿蘭外科一流の相伝をうけたことは「文化八辛未六月二十日」付の「起証文」(227)のあることによって証せられ、同じく「文化八辛未晩夏下旬、於崎陽楢林峡山先生之塾云云」の朱筆註記を有する写本『外科宗伝』(228)のあることによっても勉学のほどが察せられる。

高須松斎が馬場佐十郎に師事したことは碑文をはじめ、前記文化十一年秋の筆になる「和蘭文範摘要引」によっても証せられるが、「文化九年壬申秋　轂里誌」と明記した「凡例」をもつ写本『度量考』(229)の巻頭には「轂里先生口授高清馨謹識」と記されており、ローマ字でTakasとある丸印に「松斎」の角印二顆を有している点によっても修学の模様を窺うことができる。

また京都大学言語学研究室蔵の『蘭学梯航』には「松斎追補」を有し、早稲田大学図書館には高須松斎旧蔵のハルマの辞書が現存していることなどは碑文に「就訳官馬場某、学和蘭語、略通其大義」の一句によく対応する史料と考えられる。

宇田川玄真・榕菴父子　文化八年天文台において開始された『厚生新編』訳述事業に従事したスタッフ馬場佐十郎・大槻玄沢について加えられたのは宇田川玄真である。現に稿本の第四冊め以降第五九冊めまで宇田川玄真が訳校に従事した旨明記してある。初期の頃は馬場佐十郎・大槻玄沢・宇田川玄真と三者の名が併記されていて、協力の様子を窺い知ることができる。

西京商業高等学校所蔵の宇田川玄真作「検篋韻府」写本一冊見返しに左の記述がある。

此書也宇田川玄真氏先従馬場先生遊日抄古言出而為之国読其疑者質馬場子而正之漸以為全書名韻府蘭学者置之左

右足助訳書取M:　書此本を著には宇田川氏も馬場先生従ひ時に又暇日酒肴を携墨水へ扁舟を泛べなどして力を尽して著されり猥に人に借して写さしめずさて足なくして千里を走ると云べし彼宇田川氏にて□□秘して人□今以借さず榕庵□ぞう父□□ぬ□と思はるのみ
m: しるす(230)

右によって本書が明らかに宇田川玄真の編著になり、かつ馬場佐十郎の教導を得つつ成立したものであることが判明する。内容は蘭日辞書である。馬場の天文台入りが文化五年で玄真が天文台に勤務したのが文化十年（一八一三）四月であるから、この頃から馬場の歿した文政五年（一八二二）七月までの約十三年間に本書が成立したと考えられる公算が大きい。しかし本書の本文第一丁綴じめの下方に「釆真居図書印」の朱印、裏見返しに「釆真居」と墨書があり、同様の蔵書印ならびに「江戸大伝馬町二丁目　釆真宮本周安篤蔵本」「文化十一年甲戌春二月」などとあるオランダ文写本のあるところから、もし本書がM:すなわち宮本周安篤の筆写蔵と解せられるならば、本書の起業は大作の辞書であるだけに文化十年よりも逆のぼり得るとも考えられる。馬場は文化五年出府後、前述もした通り、間もなく天文台出入りの蘭学者を中心にその他の縁故による江戸の蘭学者にもオランダ語の教授に当っていたから、右のことは不可能事ではなかったのである。

いずれにしても、宇田川玄真は生来の資質に加えて、馬場から組織的なオランダ語を学んだから、その実力は大いに向上し、それ故に天文台に入ってから大槻玄沢とともに『厚生新編』翻訳の中心的存在になり得たのである。

こんな関係から、宇田川玄真は養嗣子榕菴を佐十郎に師事せしめるべく依頼したのであった。『宇田川榕菴自叙年譜』(231)をみると、文化十一年甲戌、年十七の項に、

先人（玄真）（中略）令予就轂里馬場翁受訳文之法

とみえ、翌十二年乙亥、年十八の項には、

往来馬場塾、読局方・草木譜等書、轂里柳圃先生之弟子、善通西洋文法、又解魯西亜語、（下略）

ともみえる。のち日本の化学界に貢献する宇田川玄真の薦めにより馬場佐十郎の塾に通って「訳文之法」を学んだということ。その際のテキストが「局方」や「草木譜」などの書であったと記している。宇田川榕菴に相応したテキストというべきである。この基礎学習のうえに宇田川榕菴は順次翻訳をなし、業績をあげていったのである。

奥平昌高・神谷弘孝・大江春塘主従　奥平昌高は幼名を友之進といい、薩摩藩主島津重豪の第二子で、天明六年に中津藩奥平昌男の養子となり、家督をついだ。

昌高はすこぶる多趣味で交友も広く、殊にその蘭癖ぶりは実父ゆずりの年季の入ったものであった。すでに一八一〇年蘭館長ヅーフからフレデリック・ヘンドック Frederik Hendrik なる蘭名をもらって面談の機会を重ねていた。

この中津侯の蘭癖ぶりが、どうしても単なる殿様芸ではなく、本格的な勉強ぶりであったという証拠に、従来よく『蘭語訳撰』があげられることが多かった。しかしその侯の知識の源泉が奈辺にあったかを追求するという点においてはすこぶるあいまいなままに打ち過ごされてきた。昌高の蘭癖ぶりが本格的で、かなり高度な域にまで達していたとみることについては異存のないところである。しかし、『蘭語訳撰』が単に昌高の「撰」とか「著」になるものとか、あるいは「編纂」とかいわれている点については少しく立入って考察してみる必要がある。

いわゆる『蘭語訳撰』[232]なる書名は、その凡例において「題ソ蘭語訳撰トイフ」とあるところから採られたもので、正規の表紙には、

Nieuw Verzameld Japans en Hollandsch Woordenboek Door den Vorst van het Landschap Nakats Minamoto Masataka
1 Deel, gedrukt bij zijn dienaar Kamija Filojosi, 1810.

とあるものである。これを訳出せば、

中津藩主源昌高による新編日蘭辞書　一編　家臣神谷弘孝による出版　一八一〇年

となる。本辞書に棠亭（昌高）の文化庚午仲秋年（七年、一八一〇）の凡例がつき、馬場貞由がオランダ文の序文を寄せている。本文の内容はイロハ分にして、さらにその各項目内を一九門に分っている。

ところで、すでに学界にその存在を報じ、かつその内容の一端をも紹介したように、

Hollandisch en Japansch Woordenboek（西語訳撰）Vertaalen door Ba：Zazuro　二二四頁、森田千庵自筆写本　一冊(233)

なるものがある。内容は集載の各語をイロハ分にし、さらにその各項目内を一六門に分類している。かつ本書のタイトルページには、Vertaalen door Ba：Zazuro とあって、「馬場佐十郎による翻訳」なることが明記されている。

右の『蘭語訳撰』と『西語訳撰』はきわめて類似の構成になっており、その第一項である「伊」項の「天文」部を例にあげて両者が同一内容であることを論証し、両者の全般に亙る比較検討は後日にゆずっておいた。(234) 拙論発表後、鈴木博氏の詳細な『蘭語訳撰』と『西語訳撰』の比較検討の成果に接し得た。(235) 国語学の立場から『蘭語訳撰』を複製され、関係諸本を検討されたのであるが、蘭学史の分野においても豊富な史料を得たわけで、今後この分野における活用が望まれる。なお、両本における異同のみられる項目を手懸りに、どちらが前で、どちらが後の本であるかという考証も進められているが、本文各語の範囲内からだけでは結論的判定はむつかしいようである。今後傍証資料と史料の吟味が加えられるべきことかと思われる。

しかし、現段階ではやはり馬場が中津侯の『蘭語訳撰』に寄せた蘭語序文に「それまで私が暗記していたところのオランダ語を挙げて悉く侯の家臣神谷弘孝に書き写させたのである」という一節を尊重しなければならない。かつ「暗記していたところ」を口述伝授したのではなく、すでに馬場が記憶して纏めておいた日蘭語彙集（『西語訳撰』とも思われる）をば「神谷弘孝に書き写」すことを許したことだけは認めなければならない。すなわち、今後の考証によ

り『蘭語訳撰』と『西語訳撰』両本における筆写の前後関係・内容の異同が多少動いたとしても、その内容の大部分は馬場佐十郎の作業を引き継いでいると見做さないわけにはいかない。

右により奥平昌高の蘭癖ぶりが本格的であるといわれる内実は、馬場佐十郎から受けた影響が殊の外大きな部分を占めていたということに気付かざるを得ない。

カミヤヒロヨシについては一八一〇年刊『蘭語訳撰』のタイトルページに Zijn dienaar kamija Filojosi とみえ、それによせた馬場の序文にも Zijn Edele dienaar kamia Filojosi とみえており、のち文政五年昌高侯自身も『バスタード辞書』の序において同じ志の家臣の一人として Kamija Filojosi と記している人物である。

ヅーフの日本回想録によると、一八一〇年江戸参府の折、「其の(中津侯の)藩士の一人は予よりピーテル・ファン・デル・ストルプ Pieter van der Stolp の名を授けられたり」と明記され、このストルプなる蘭名をもらった中津藩士について、呉秀三博士は神谷源内だとされている。その理由を左のように説明されている。

京都帝国大学図書館の所蔵にて新村博士より貸与へられたる Bijdragen tot de Taal- Land- en Volkskunde van N. I. Vierde Volgreeks, Zesde Deel, 's Naamlijst van Japanders にヅーフが一八一〇年に Camija Ginnai に Pieter van der Stolp と命名せること書付たり。神谷家に現に蔵する奥平昌暢侯の書状によりても神谷源内が v.d. Stolp なること疑なし。(中略) 然るに神谷氏の系図によれば神谷源内の名乗は弘孝なり。弘孝をヒロヨシと訓むか。[236]

右に信を置くとすれば、

Camija Ginnai＝神谷源内＝Pieter van der Stolp＝神谷弘孝＝Kamia Filojosi

という結論を得る。

神谷弘孝が君侯昌高と同様、なかなかの蘭癖であったらしいことは以上で察しがつくが、なお馬場が『蘭語訳撰』

の序において、自分の暗記しておいたオランダ語を「悉く侯の家臣神谷弘孝に書き写させた」といっているところや、『バスタード辞書』の序文において昌高侯が神谷弘孝が『蘭語訳撰』の Ooije Zuntoo 大江春塘が『バスタード辞書』の印刷に従事したことを述べ、特に「本書は B. Sadajosi 氏によって完全に校訂された」と明記しているところをみると、神谷弘孝と大江春塘の両名も右の作業を通じて馬場佐十郎より語学的教導を受けたであろうと、多分に考えられるところである。

藤井方亭と藤林普山　馬場佐十郎が文化十二年に京都の蘭学者藤林普山の『和蘭語法解』に寄せた序文には注目すべき記事がある。まず馬場の恩師である柳圃（志筑忠雄）先生の弟子が三人しかいないこと。その三人が、J. Rokziro（吉雄六次郎＝権之助）と N. Kitsemon（西吉右衛門）と自分であること。西はすでに死んだが、自分は江戸の幕府へ呼ばれた。そして「江戸の同学者に（中略）柳圃の法則を教授した。その人達の中で、Woedagawa（宇田川）と Foezii（藤井）とが主で、これをよく理解した」と記している。この Woedagawa は前述のことからして宇田川玄真とも榕菴ともとれる。両者と解しても差支えない。Foezii は宇田川榛斎の訳業を援けた藤井方亭その人かと思われる。その詳伝は明らかでないが、宇田川の『内科撰要』を増補編述するに尽力し、『遠西医方名物考』においてもその語学力をもって助成したといわれ、宇田川塾で翻訳力の最も備わった一人と称されたのは、多分に馬場の言に符合していると解せられる。

馬場佐十郎が『和蘭語法解』に寄せた蘭語序文にはさらに「Miaco 居住の F. Tajski 先生は、我々の法則の弟子の一人で、性勤勉にして文法の翻訳に尽力している」とみえる。藤林普山は海上随鷗（稲村三伯）が京都移住後師事し、師随鷗の『ハルマ和解』八万言を簡便にして三万語収録の『訳鍵』を作り、大いに斯界の利用を得た。この普山の門人山崎玄東は普山が「嘗与江戸榛斎宇田川翁結義為兄弟[237]」と記し、榛斎と義兄弟の誼を結んだと伝えている。随鷗死歿の文化八年正月以後、少なくとも『和蘭語法解』の各序文が出来た文化九年頃にかけて江戸遊学の機を得て右のような約を結んだものかと推量される。したがって、大槻如電翁が『新撰洋学年表』において、普山の『和蘭語法解』が百乙東の語典に拠っているところから、普山が随鷗の歿後江戸に出て榛斎に従遊し、馬場穀里や大槻磐水・磐里父子にも就いて諸説を聴取し、殊に百氏語典は穀里より割愛されたものであろうと推測された点も一概には捨てきれない。

辞書・オランダ文法で名をあげた藤林普山であるだけに、馬場が「我々の法則の弟子の一人」という言に耳を貸さねばならないかと思われる。

3　鷹見泉石が受益の天文台詰通詞

(1)　『鷹見泉石日記』[238]の文政十年（一八二七）三月十二日の条をみると、

天文台、猪股へ参、ヘンニンキ一冊借

とあり、四日後の十六日の条に、

和蘭ヘンニンキ一冊・服紗共返却

とみえる。これは、当時天文台詰を命ぜられていた阿蘭陀通詞の猪股源三郎から、泉石が『ヘンニンキ』と仲間内で略称されている書物を借り、また『和蘭ヘンニンキ』なる本を返却したことを記したものである。ここにみえる書物については、書名のフルネームがわからず、いかなる蘭書をさすものか、にわかには決しがたい。しかし、いずれにしても、この書物に泉石は興味を持ち、必要と認めたらしく、写本の作成を行なった。そのことは、とんで六月十八日の条に、

ヘンニンキ写、伊八郎頼出来

とみえる。伊八郎なるものに筆写を依頼していたものが、この日出来て、泉石の手に入ったものとみえる。それから、さらに約半月近くも経た六月晦日にいたってようやく、

天文台猪股江ヘンニンキ一冊返却

とみえる。この約半月間は、泉石が原本と写本との校合ないしは点検にでも要した日数であったかもしれない。

七月十七日条にはやや長文の記事がみえる。

天文台猪股へ寄、和蘭地図・ウエイカ《(ラカ)》ンド著之文訳出来、且地球へ大陽《(マヽ)》十二ケ月配当之図も訳出来、近来清書出来候筈、且又唐北京へ回々靼韃《(マヽ)》申合敗入候由ニ付、福建辺へ用金申来、当年唐金銀不持渡候由、西村俊三郎話之由、是ハ去々年ゟ唐通詞聖堂《(マヽ)》へ参居、来年帰崎之積之由、吉雄忠次郎へ当六月小通詞並ニ被仰付候由、六時過帰、

大伝馬町ニ而鋏細工燈籠幷唐細工之和蘭船之燈籠を見ル

まず右の記事で注目すべきは、天文台詰の猪股が行なった訳業である。この文面からだけでは天文台詰通詞本来の業務として猪股が行なったものか、それとも泉石から特に依頼されて行なった余業かは判然としない。しかし、天文台詰の通詞としては、そのはじめ、文化五年にかの馬場佐十郎が天文台に召し出された際の主たる業務が海外の地図・地誌や外交文書の翻訳・調査にあって、平日事なきときにはショメールの家事百科事典の翻訳に従事し、余暇に江戸の蘭学者にオランダ語を教授したことを想起するとき、ここにみえる猪股が行なった和蘭地図とウェイランドの文法書ならびに天文関係図の訳出は、当初からの職務の範囲を出るものではないことに気付くと同時に、ここでも天文台詰通詞の職務内容がより具体的にわかって参考となる。西村俊三郎が話した隣邦の情報も興味深い。特に「去々年ゟ唐通詞聖堂《(マヽ)》へ参居云々」とある一句はすこぶる重視せねばならぬ。すなわち、天文台の蛮書和解御用の局に阿蘭陀通詞が勤務するようになったことに呼応するかのように、聖堂へは唐通事が勤務するようになったことの指摘であ

って、その職務内容が注目されるところである。西村俊三郎は実に江戸学問所詰を命ぜられた最初の唐通事である。泉石がこれら江戸詰を命ぜられた長崎の通事たちと親交を結んでいることが注目されるのである。

同年八月三日の条にいたり、

八半過〻天文台猪股江参、ゼヲガラヒー小冊絵図入一冊借来

とみえる。ゼヲザラヒーとはオランダ語でいう geographie の音訳である。ただし、江戸時代のわが蘭学者の間では、これを一般的意味の地理学というのではなしに、ヨハン・ヒュブネル Johann Hübner の著した地理書、いわゆる“Geographie”なる書物を指すことにほぼ一定していた。そして、はやくから蘭学者の間で「万国の事をしるす書とい ふ事也」[239]として珍重されていたものである。泉石は、生涯、殊の外地理書に興味を示し通した人である。したがって、日記にも地理書関係の記事が頻出しており、遺品中に地理書・地図類が占める点数の多さによっても知られる。泉石は、ゼヲガラヒーを借りうけて、おそらくは前記ヘンニンキの場合と同様、筆写に努め、興味ある個所の翻訳をも手懸けたことと考えられる。これを証する遺品として、鷹見家には、

“Geographie, het VI. boek. Van Rusland.”

という写本が遺っており、これはロシアの地理に関する部分の抄写本である。単語に訳がついているところをみると、泉石がその内容に興味を懐き、理解しようと努力していた様子が察せられる。なお、岩崎克己氏によれば、泉石筆写本は六冊本「ゼオガラヒー」によったものであるという。[240]蛮書和解御用の後身たる蕃書調所の「書籍目録」には、四冊本は見当らず、六冊本のみが見受けられるから、符合すると判ぜられる。

『鷹見泉石日記』における地理書関係の記事は、ひとり通詞との関係ばかりでなく、蘭学者や蘭学好みの諸侯その他との関連記事中にもしきりに見受けられる。例えば、早速、八月二十二日の条に、

桂川様ゟ御志之重之内被遣、地理書御一覧被成度被仰越、取込、受取書遣

などとみえ、幕府の侍医にして蘭学者の桂川甫賢との交渉がみえる。桂川家の代々も世界の地理書に興味を持っていた。

桂川甫賢とのこの件に関しては、九月八日の条に、

桂川ゟ手紙来、一入湯

とあり、同十一日の条に、

桂川様江手紙を去八日之返事申遣、和蘭地理書一冊懸御目候

などとあるごとく、甫賢からの再三の借覧希望があって、ようやくこの日に見せてあげたものと見受けられる。ここにみえる和蘭地理書とは、現在も鷹見家に遺るプリンセンの地理書 Prinsen, P.J.: Geographisch Oefeningen; of Leerboek der Aardrijkskunde, met XX genommerde kaarten, naar de Nieuwste Ontdekkingen en Volgens de tegenwoordige Verdeling der Landen, opgemaakt uit de beste Schriften en nieuwste Landkaarten, Tweede Druk. Amsterdam, 1817. LV. 305 blz. 20 kaarten. に相当するものと考えられる。それは、同書に、「文政丁亥仲秋置此夕無月桂嶼」との書き込みと、「国寧」の印とを認めることができるからである。

こえて、八月二十八日の条をみると、

書ゟ猪股江参、P. Weeland, Wooden（マヽ） boek MDCCCXI 松高頼合候而 是ハ十五冊ニ而、至而新本也　Reken kund（マヽ） N. anscyn. n.z. 1821.「和蘭玉突之事「諸国人物図「ハルシヤ馬之事「鉄炮之事、　松前様御隠居ゟ頼之由、一同人弟御徒ニ養子之由

とみえ、また、

猪股江小菊紙一束遣、同所ニ而志るこ差出

ともみえる。右にみえる Weeland は Weiland, Wooden は Woorden の誤りである。これまた、蘭学者の間で、しきりに使用されたウェイランド字典を泉石が見せてもらったことの記録である。泉石は手土産に小菊紙一束を持参している。ところで、一八一一年版の一五冊本ウェイランド字典を「至而新本也」と特記しているが、一五冊本というのは少しく疑問に感ぜられる。ウェイランド字典には内容・冊数ともに各種ある。筆者が諸機関に遺る江戸時代に舶載されたウェイランド字典を調査した限りにおいては、いわゆるウェイランド字典と称される字典は一冊本、三冊本、五冊本、六冊本、一一冊本とあるが、一五冊本というのは見当らない。発行年の一八一一年というのは、一一冊本にのみ見受けられる。したがって、泉石の記す一八一一年版一五冊本というのは一八一一年版一一冊本の書き誤りではあるまいか。また、泉石が見せてもらった猪股の訳稿に「和蘭玉突之事」「諸国人物図」「ハルシヤ馬之事」「鉄炮之事」などがあるのも面白い。その訳は松前侯の御隠居すなわち松前章広からの依頼によるものであるという。してみると、天文台詰の通詞猪股源三郎が公務の余暇に諸方から依頼される翻訳を引き受けて、行なっている様子が窺える。前に立石得十郎が書き留めておいた天文台詰通詞の勤務規定を掲示したが、まさにそこにみえる「他所ゟ和解被頼候」に相当する具体例ということができる。泉石も、右の種類の内容にはよほど興味をもっていたものとみえ、九月六日の条をみると、

猪股源三郎へ四十二国人物図弐冊、阿蘭陀馬乗方聞書一冊、手紙を以借遣候

と記している。

泉石は猪股から蘭書の斡旋だけでなく、珍しい咄をも聞き出している。同年十一月二十九日の条をみると、

猪股源三郎入来、盃出、書後也

とあるから、この日、泉石宅へ猪股源三郎が訪れ、酒をくみかわして、歓談の一時がもたれた様子である。その咄の一つには次のようなものも含まれていた。

今日源三郎咄候ニは、ヒッスル儀、長崎通詞共之儀を甚悪様ニ兼而カヒタンステユルレル儀万端疑心有之候方ゟ去年出府之節も甚物事六ケ敷有之候由、其上先カヒタンブロムホフ事をも本国筋へ悪様ニ申遣候由ニ而、同人首尾も不宜候方之由、其内心は右様いたしカヒタン首尾悪敷候得は代之カヒタンニ自分相成候積ニ而色々と謀計いたし候由之処、セ子ラール得と吟味いたし、右之次第相分候間、ヒッスル儀ハ牢舎ニ相成、日本渡海ニは相成間敷、ブロムホフ・ステユルレル其外行違之事相分候由也

右にみえるヒッスルとはJ.F. van Overmeer Fisscher, ステュルレルはJohan Wilhelm de Sturler, ブロムホフはJan Cock Blomhoffである。出島のオランダ商館をめぐる東インド会社社員間の動向を耳にしているのである。

(2)『鷹見泉石日記』の天保十一年（一八四〇）五月六日条に、

荒木熊八へ寄、蘭書二冊借

とみえ、翌六月九日の条には、

荒木熊八江スプラーカブック二冊之代五百疋遣

とあり、七月二十五日の条には、

荒木ホナパルテ百疋

などとみえる。ここにみえる荒木熊八とは、これまた天保九年来天文台に詰めていた阿蘭陀通詞である。泉石が、猪股源三郎のときと同様に、この荒木熊八とも親交を結んで、蘭書や訳稿入手の便宜を得ている様子である。スプラーカブックとはSpraak boekのことにて、オランダ語の会話書をさす。ホナパルテとは説明の要もなかろう。アヘン戦

争の情報が入って以来、わが識者とくに心ある蘭学者間には西洋における英雄伝が注目せられ、さかんに筆写・廻読されたものである。

同年十月十四日の条をみると、

荒木へ緑豆二袋遣、テリヤカ貰

とみえ、十一月十八日の条にも、

荒木熊八へテリヤカ貰遣候家来

などとみえる。これは、泉石が江戸出府通詞からと同様荒木熊八からも解毒の効能のある薬物テリアカをゆずってもらったことの記録である。泉石は諸通詞から、よくテリアカをゆずり受けている。そんな関係であるので、荒木熊八に対して泉石はなかなか気をつかっている。そのいい例が、翌天保十二年正月三日の条にみえる。この日、泉石は諸方へ新年の挨拶として佳品を届けているが、そのなかに、「荒木熊八扇子三本箱入」というのも加わっているのである。

さて、前述の十一年六月九日の条にみえる、スプラーカブックについて、同六月十三日の条には、

能登守様ゟ杉長右衛門参、アトラス幷小本旗印図御戻、スプラーカ一冊御留之由、上田嶋一反被下

という記事がみえている。ここに登場している能登守とは大野藩第七代藩主土井利忠のことである。大野藩主土井家は、実に古河藩主土井氏の支封であり、この土井利忠もまた土井利位とならんで大いに蘭学を採用した藩主である。この年の夏には、ちょうど杉田成卿を招いて蘭書を習い、西洋の事情を学んだ、まさにそのときに当っていたから、右のスプラーカブックも侯の蘭学学習に何程かの益をもたらしたものと考えられる。それにしても、このスプラーカブックが天文台詰の通詞荒木熊八から鷹見泉石へ二冊ゆずられ、そのうちの一冊が大野藩主土井利忠の手に渡ってい

るという経緯は注目に値しよう。なお、右の記事にもみえる通り、土井利忠は泉石から種々の蘭書・訳書などの斡旋をうけているのであって、他にも類似の記事が散見されるところをみると、大野藩の蘭学には鷹見泉石が阿蘭陀通詞から得た知識と文物とが大いに役立っていたことを見逃すわけにはいかない。

鷹見泉石が右のごとく諸侯へ種々斡旋の労をとっていたことは十分首肯できるところであるが、なお次のような注目すべき一例もみられる。すなわち天保十二年三月二十七日の条に、

長瀬ショメール二冊御戻、備中様江御家来被差出度事

などともみえる。長瀬とは泉石と以前から往来のある長瀬権大夫のことであり、備中様とは、これまた蘭学採用で名のあった、当時老中になりたての佐倉藩主堀田正篤（正睦）その人である。

右にみえる「ショメール」なる書物も天文台詰通詞荒木熊八に関係のあったことは、同四月朔日の条に、

荒木熊八江麻遣、ショメール二冊戻、シケイキュンデ之料可渡申遣

などとみえることによっても肯けるのであるが、さらに翌々三日の条には、

荒木江寄候処、ショメールハ五両、シケイキュンテハ四両一分之処、四両可致、ハントフック三両之処二両二分可致書付、シケイパント借来、品川梅次郎へ逢地理書一冊借

ともみえている。いうところの二冊本ショメールとは、Chomel, M. Noel: Huishoudelijk Woordenboek, vervattende vele middelen om zijn goed te vermeerderen, en zijn gezondheid te behouden. 2dln. (1743) のことである。ショメールの家事百科事典は、前述もした通り、文化五年、馬場佐十郎が天文台の蛮書和解御用の新局に奉仕せしめられた当初から開始された幕府の翻訳事業の、まさに原典であった。その著名な原書一組をば泉石が天文台詰の荒木熊八よりゆずり受けようとしているのであって、その値段が五両という大金であるという。ショメールの譲渡経路とその値段について、

かくも明記されていることは注目に値しよう。

(3)『鷹見泉石日記』の天保十二年（一八四一）の下半期の頃から品川梅次郎なる者の名がしばしば見受けられる。すなわち、八月十五日の条、

品川梅次郎へ参、和蘭軍備立帳借来

九月二十二日の条、

品川梅次郎、和蘭陣立翻訳書認、錠鍵持参置

十一月十二日の条、

品川梅次郎へ参候処、留守

十一月十八日の条、

夕、品川梅次郎へ参、和蘭軍旅着具図一冊、包之儘遣置、備立図一冊返却、カステラ一箱遣、火打石貰

右にみえる品川梅次郎は荒木熊八のあと、天保十二年三月より天文台詰を命ぜられた阿蘭陀通詞であって、家内や子供も連れて来ていた。泉石は、猪股源三郎・荒木熊八と同様、この品川梅次郎とも親交を結び、右一斑のごとく便宜を得た。「和蘭軍備立帳（和蘭陣立翻訳書）」「和蘭軍旅着具図」などの借覧はいずれも、アヘン戦争の情報が入りたての当時における鷹見泉石の関心の一端を示しているものとして興味深いものがある。右のうち「和蘭軍旅着具図」については、泉石が書き留めた写しを参府休年出府通詞について述べた章で紹介したので、ここでは省略しておく。

品川梅次郎は翌天保十三年も江戸に滞在していたから、泉石との親交は続いている。二月九日の条には、

品川梅次郎へ参、菓子遣、蘭文二冊貰

三月十九日の条、

品川梅次郎へ縞縮緬一反遣

四月二十五日の条、

品川梅、風聞書借、テリヤカ二罐貰

六月二十二日の条、

品川梅次郎、四時前来、和解少々持参、着具図一冊戻、唐団扇一持参

七月二日の条、

品川梅次郎へ麦焼酒一陶遣

九月二十二日の条、

夕、品川梅次郎来、夜五半過帰

泉石と品川梅次郎との間に贈答が繰り返し行なわれている。十月二日の場合は、

昨夕、能登守様（筆者註、土井利忠）ゟ深見新兵衛参、海嶋逸志、武功記成御戻、鮎一箱被下、此鮎品川梅次郎へ遣、今日参候様申遣候処、今日御断由来

とあって、土井利忠侯より贈り届けられてきた鮎一箱を、泉石は、そのまま品川梅次郎へ贈って招待の案内をしているが、この日の品川梅次郎は何か差支えでもあったためか訪問を断っている。品川の泉石邸訪問は同月十二日に実現したらしく、同日の条に、

品川梅次郎来

とみえている。しかるにまたその月の二十一日に招待の案内をしている。

品川へ明日参候様手紙

とある。この度は早速来訪があったものとみえ、当の翌日二十二日の条に、

品川へ三才書遣

と贈った手土産品がみえている。さらに二十四日には「品川梅へ寄」とあるから、この日は泉石が自ら品川梅次郎の宿舎を訪れたものと思われる。そして同じく十月二十七日の条には、

品川梅次郎来候、地学示蒙、大西要録借遣

などとあって、まことに両者の往来は際限もない。

オランダ商館長の江戸参府は寛政二年から五年めごとに行なわれることになっており、この年より近い過去においては天保九年（一八三八）に行なわれた。それより五年めの天保十三年は、前年の十二年の夏にオランダ船の入津がなかったということで参府は行なわれず、その翌年たる今十四年はまた日光御参詣が取り行なわれるためにさらに一ヵ年先に延期となった。そのため当年は休年中の行事に準じて通詞の中山作三郎と西紀志十との両名がオランダ商館からの献上品をもって二月に出府したのであるが、泉石の日記をみると、すでに正月十日の条に、

品川梅次郎話、蘭人参府当年延、高嶋出府可成由、広東へ去年蘭人参候節之風説之事

とみえ、参府延期の話やら、高嶋秋帆の出府や広東表の風説などを耳にしているのである。

三月五日の条をみると、

今夕他出、以用人中申上候、品川梅次郎へ逢候処、アルチルレリイ釈文せ話敷候由

などとみえ、五月二十二日の条には、

夕方他出、中通ゟ品川梅次郎へ参、テリヤカ四罐貰、帯地一筋遣

ともみえ、相変らず兵学関係の訳文を頼んだり、薬物入手の便宜を得ている。かつ、九月二十二日の条には、

夕他出、福禄寿字懸物調、品川梅次郎へ参、二国盟会録絵図写催促之処、浦野庄右衛門参候間、精々談候処、明朝品川迄可遣候由

とみえ、翌二十三日の条には、

品梅へ二国盟会絵写取遣候処、浦野庄右衛門ゟ手紙添来候間、桂川様へ初巻一丼放之図此方へ写之図も遣、張入所手合遣候処、受取書来

とある。「二国盟会」とは、中野柳圃の口訳を安部竜平が筆録した『二国会盟録』に相違なく、これまたアヘン戦争の情報が次々と聞えてくるこの時期に、改めて清魯両国が境界を定めた記録が見なおされ、かく品川梅次郎から泉石、泉石から桂川へと伝えられていったものと考えられる。

結

従来かえりみられることのなかった天文台詰阿蘭陀通詞を具体例を通して追ってみた。その結果、知り得た諸点を整理・列挙してみれば次の通りである。

1　鎖国日本に異国船出現の頻度が高まった寛政年間より、幕府はその応接・取調べのために長崎から有能な阿蘭陀通詞を呼び寄せ、その任に当らせ、外交文書・世界地図地誌など、対外政策を判断するに役立つ資料の翻訳に従事せしめた。それは、当初、ヴェテランの大通詞が一時的に命をうけて、その重責を果したものであった。

2　やがて、語学力、殊に会話力に抜群の才をもつ青年稽古通詞馬場佐十郎を任用した天文方高橋作左衛門景保は、地誌御用が終ったあとも、彼を手離そうとしなかった。長崎からの引き戻し運動をも抑え、景保は文化八年（一八

一二）三月より、「ショメール百科事典」の翻訳を佐十郎に命じ、さらには天文台に、海外事変に備えんがための蛮書の和解御用と、平日事なきときの和解である「ショメール」和解御用とを、併せ行なう、蛮書和解御用の新局を建議・設置し、佐十郎をして責任ある地位につけ、江戸蘭学界の中心人物大槻玄沢を陪臣のまま出仕させ、佐十郎の手伝とさせた。

3　長崎奉行の手を離れ、幕府の旗本身分に加わった馬場佐十郎は、いわゆるゴローニン事件をはじめ、松前や浦賀に、異国船出現のたびに出張、その応接に当り、通弁・翻訳の業に従事した。その経験から、幕命により魯語を学習・翻訳に当り、また異国船応接時の応接方法を確立、その際に通詞・応接係の必携書ともなる応接会話書を作成した。「ショメール」和解御用について、馬場の成果はその翻訳献上本の巻頭にその名がみえて顕然としている。

4　かく、新局、蛮書和解御用の新事業は馬場佐十郎を中心にして、進捗をみたものである。ここにおいて、天文台に常勤の阿蘭陀通詞の席ができた。

5　馬場佐十郎歿後も、長崎から小通詞並など比較的若手の優秀な通詞が天文台に抱えられ、天文方の手について訳業に従事した。その勤務振りは、三年交替制が原則で、再任もあり、引継ぎ事務は江戸で行なわれ、測量所構内に役宅が宛がわれた。佐十郎のあと、吉雄忠次郎以後の天文台詰通詞は、身分としてはあくまで長崎の阿蘭陀通詞として、長崎会所銀から三貫目ずつの役銀が支給されたものである。いずれにしても、天文台に常勤の阿蘭陀通詞の席が制度的に位置付けられていたことは、もはや明確である。

6　天文台詰通詞の勤務規定も定められており、その様子を知ることができる。勤務のなかでも、異国船応接に関連して、毎年、夏秋には浦賀奉行の手について浦賀詰となり、ことによっては、浦賀から三崎詰を命ぜられたり、必要に応じ下田へも出張した。異国船の応接に当り、また幕府の沿岸巡見団を迎えたものである。

7　開国直前頃からは、異国船出現の頻度も高まり、応接・訳業も輻輳したためか、天文台詰通詞は複数制となり、浦賀詰も同様であった。開国後は箱館詰としても派遣されたものである。

8　天文台詰通詞は勘定奉行・長崎奉行の支配を受け、出張時以外は、直接には天文方の指示に従った。

9　吉雄忠次郎以後の天文台詰通詞は、「ショメール」和解御用には直接携わらず、もっぱら異国船応接と外交文書や他の蘭書の和解に従事した。

10　臨時に老中等、高官から特別の和解御用を命じられたことも多い。通常の和解物とともに厳重な管理体制のもとに訳業に従事し、守秘義務があった。そのような場合には、終って特別に褒賞を授けられた。

11　このようなわけで、天文台詰通詞は幕府の蘭書・訳書取締政策に直接かかわりのある職務であったために、支配の奉行から直接に達しが下され、厳重なる監視を受けた。

12　他からの翻訳依頼については、原則的には引き請けないことになっていた。しかし、事情あって引き請ける場合には、旧規定では通詞が吟味・判断して行なうべくゆるされていたが、新規定では役所の許可を得てから行なうよう厳しく規定されていた。しかし、これを換言すれば、このような管理体制下におかれたとはいえ、天文台詰通詞は翻訳の依頼を他から請けたものであって、この面での影響にも見るべきものがある。

13　天文台詰通詞は役宅において「内弟子」「門人」をとることを許されていた。初めに掲げた規定において「内弟子之義、人物相撰、人数二三人を限」と制限された文言で規定されている。後に掲げた規定には、特に独立条目として再規定はしていないが、「内弟子」という呼び方が「門人」という表現に変っている。制限が取り除かれたわけでなく、再規定をしないだけのことで、前の規定が生きていることなのであろうが、「内弟子」と呼ぶより単に「門人」と呼ばれる方が拡大的印象を与える。

印象はともかく、この天文台詰通詞のオランダ語教授が江戸の蘭学者の水準をどれほど高めたことか、量り知れないものがある。馬場佐十郎の及ぼした影響のいかに大きく、受益者の多かったことかをみるだけでも首肯できよう。鷹見泉石と同じように、江戸の蘭学者連は、交代して次々に天文台に詰めた通詞を頼って、語学教授を受け、訳書や舶載の書籍・地図などの文献を借覧し、海外情報を得、舶載の珍品を入手、ときには翻訳を依頼し、文物交換の機をもったものであることが理解できる。天文台詰阿蘭陀通詞の江戸蘭学界に与えた功績には質・量ともに看過できないものがある。

註

（1）長崎県立長崎図書館所蔵。写本。
（2）長崎県史編纂委員会編『長崎県史　史料編第四』昭和四十年、吉川弘文館、所収。
（3）法政大学図書館蔵、写本。『法政史学』第二〇・二一・二三・二四号収載。
（4）註（1）参照。法政大学文学部史学研究室蔵「板沢蘭学資料」に含まれている写本『長崎蘭館長蘭通詞一覧』は内容から判断して本書の写しである。
（5）板沢武雄『日蘭文化交渉史の研究』昭和三十四年、吉川弘文館、八〇頁。
（6）註（2）参照。
（7）国立公文書館内閣文庫蔵、未刊。
（8）板沢、前掲註（5）書、一二五頁。
（9）鷹見安二郎氏蔵。昭和三十八年十一月、法政大学大学院日本史学専攻の史料採訪に参加して、調査の好機を得た。その後、再確認したい箇所があって、鷹見家ならびに、同家の資料整理に当っておられる古河市史編纂委員会の小沢文子氏に伺ったのであるが、多数の資料群にまぎれて本節執筆現在まだ見出せない由である。本節においては、筆者の採訪時におけるノートと、一部の写真による。
（10）清水市興津の市川昌太郎氏蔵。昭和四十四年三月二十一日採訪。

(11)『ふろむほふ江戸参府願書』未刊（長崎県立長崎図書館蔵）。

(12)註(2)参照。なお、『長崎県史』の校訂者は末尾の箇所に次のような句読点をつけておられる。

翌日御手本為御覧之、夫々長持ニ入、合置申候

右の句読点の指示通り読もうとすると、読みづらく、意味のよくとれないところが生ずる。すなわち、「為御覧之」などのような読みを期待されたのであろうか。「之《これ》を御覧《おみ》せ」と読ませるのか、「御覧《ごらん》としての」と読ませるのか、あるいはまた「御覧として」と読ませ「之」は読まない置字としたものか。いずれか、判断しにくい。「夫々長持ニ入」の「夫々」は前の文を受けて「御手本」を指すことは明らかであろうが、次の「合置申候」もわかりづらい。すなわち、手本を入れた長持を「合せ置く」というのか、手本を長持のなかに「合せ置く」というのか、判断しにくく、意味もとりにくい。

私見では、「翌日、御手本御覧《ごらん》として之夫々《それぞれ》（は、又は、を）、長持に入れ合せ置き申し候」と読みとった方が、次の示されている規定の仕事内容とも合致して、よく理解されると思われる。よって、句読点は二ヵ所とも取り去るか、あるいは付けるとすれば「夫々」と「長持」との間に一ヵ所だけ付ける方が読み取り良い。

(13)九州大学九州文化史研究所古賀文庫蔵。

(14)『文政二年献上端物御覧書留』未刊、写本（長崎県立長崎図書館蔵）。

(15)以上、『紅毛人附添日記』未刊（長崎県立長崎図書館蔵）。

(16)以上、『江府参上阿蘭陀人付添日記　上』未刊（長崎県立長崎図書館蔵）。

(17)註(14)参照。

(18)註(2)参照。

(19)Johan Frederik Baron van Rheede tot de Parkeler: Dagregister gehouden in 't Comptoir Nagasackij, 1787—1788.

(20)『石橋助左衛門出府之節書留写シ』未刊（長崎市立博物館）。

(21)片桐一男・服部匡延校訂『年番阿蘭陀通詞史料』昭和五十二年、近藤出版社、所収。

(22)註(21)参照、三八・四三頁。

(23)『長崎諸役人帳』未刊（九州大学九州文化史研究所、松木文庫）。

(24)大坂逗留中、カピタンが大坂城代に「御礼」の挨拶をしたか、どうか、気にかかる。この石橋助左衛門の書き留めた規定

にはみえない。

寛政二年に五年目参府が命ぜられた際に、献上物や向々への進物も半減となり、したがって向々からオランダ人への下され物も減額改定された。その改定リストに記載されている役人の顔触れは、江戸では老中・側用人・若年寄・寺社奉行・宗門奉行・江戸町奉行とみえ、京都では所司代と町奉行とされていながら、大坂では単に町奉行としか記されていないところをみると、大坂城代のもとには参上しなかったものと考えられる。

(25)『肥田豊後守様御手扣　阿蘭陀人参上一件手覚』未刊・写本（長崎県立長崎図書館蔵）。
(26)南町奉行遠山左衛門尉景元の同心加藤太右衛門の筆録にかかる未刊『嘉永三戌年二月参府阿蘭陀人逗留中詰切出張書留』（家蔵本）。なお、ブリティッシュ・ライブラリー所蔵、長崎奉行内藤安房守忠明用人、荒井太右衛門筆『蘭人参府御暇之節検使心得方』（『日蘭学会会誌』第四巻第一号、昭和五十四年）参照。
(27)註(25)参照。
(28)大槻玄沢筆録『西賓対晤』（『日蘭学会会誌』第二巻第一・二号、昭和五十三年）参照。
(29)註(25)参照。
(30)註(25)参照。
(31)註(2)(7)参照。
(32)Cornelis Lardijn：Dagregister gehouden in 't Comptoir Nagasackij, 1711—1712.
(33)Gideom Boudaen：Dagregister gehouden in 't Comptoir Nagasackij, 1715—1716.
(34)『和蘭問答』（『海表叢書』第二巻所収、昭和三年、更生閣書店）。
(35)Johannes Thedens：Dagregister gehouden in 't Comptoir Nagasackij, 1723—1724.
(36)『西賓対晤』の記事から判明。
(37)Jan Cock Blomhoff：Dagregister gehouden in 't Comptoir Nagasackij, 1821—1822.
(38)東京天文台蔵。なお、吉田忠「天文方の蘭人対話」（『東京大学教養学部紀要比較文化研究』第一二輯、昭和四十七年）参照。
(39)斎藤阿具訳『フイッセル参府紀行』（異国叢書）昭和四十一年、雄松堂書店、五七頁。

(40) 杉田玄白著、緒方富雄校注『蘭学事始』(岩波文庫、昭和四十四年) 二一頁。
(41) Thomas van Rhee : Dagregister gehouden in 't Comptoir Nagasackij, 1741—1742.
(42) Jacob van der Waeijen : Dagregister gehouden in 't Comptoir Nagasackij, 1744—1745.
(43) 片桐一男「青木昆陽の『和蘭文訳』とその原書について」(岩生成一編『近世の洋学と海外交渉』昭和五十四年、巌南堂書店) 参照。
(44) 両書とも国立公文書館内閣文庫蔵。
(45) Jacob van der Waeijen : Dagregister gehouden in 't Comptoir Nagasackij, 1740—1741.
(46) 渡辺崋山『鴃舌小記・鴃舌或問』(『日本思想大系』55所収、昭和四十六年、岩波書店)。
(47) 片桐一男「大槻玄沢の長崎遊学と阿蘭陀通詞」(『日本歴史』第三四九号、昭和五十二年六月) 参照。
(48) Daniel Armenault : Dagregister gehouden in 't Comptoir Nagasackij, 1770—1771.
(49) 平賀源内『日本創製寒熱昇降記』。片桐一男『杉田玄白』(人物叢書、昭和四十六年、吉川弘文館) 五三頁。
(50) 註(28)参照。
(51) 片桐一男「江馬蘭斎に宛てた前野良沢と杉田玄白の書翰」(『古文書研究』第六号、昭和四十八年十月) 参照。
(52) 板沢武雄『シーボルト』(人物叢書、昭和三十五年、吉川弘文館) 一二〇頁。
(53) 岩生成一「長崎屋源右衛門の娘からオランダ甲必丹ブロンホフ宛礼状」(『日本歴史』第二三二号、昭和四十二年九月) 参照。
(54) 鷹見泉石文書。註(9)参照。
(55) Hendrik Doeff : Dagregister gehouden in 't Comptoir Nagasackij, 1813—1814.
(56) 片桐一男「蘭医フェイルケの富士図」(『古美術』第七二号、昭和五十九年十月) 参照。
(57) 片桐一男「鷹見泉石の蘭学攻究」(『大倉山論集』第一一号、昭和四十九年三月) 参照。
(58) 未刊『鷹見泉石日記』。原本は鷹見安二郎氏蔵、写本は大倉精神文化研究所蔵。
(59) 註(9)参照。
(60) 長崎県立長崎図書館蔵『犯科帳』天保八年条参照。
(61) 註(58)参照。

(62) 註(9)参照。
(63) 註(58)参照。
(64)～(69) 林韑『通航一覧』巻二百四十一、刊本第六冊、大正二年、国書刊行会、一九九頁。
(70) Petrus Theodorus Chassé : Dagregister gehouden in 't Comptoir Nagasackij, 1790—1791.
(71) 註(64)と同、二二〇頁。
(72) 長崎県立長崎図書館。渡辺文庫蔵。
(73) 江戸番通詞の章参照。
(74) 長崎県立長崎図書館、渡辺文庫蔵。
(75) 註(58)参照。
(76) 片桐一男「和蘭風説書の研究」(岩生成一監修『和蘭風説書集成』上巻所収、昭和五十二年、吉川弘文館)。片桐一男「鷹見泉石の蘭学攻究」(『大倉山論集』第一一号)参照。
(77) 東京大学史料編纂所蔵「鷹見文書」所収。
(78)「年番通詞一覧」参照。
(79) 片桐一男『杉田玄白』二一〇頁参照。
(80)(81) 註(77)参照。
(82) 片桐「鷹見泉石の蘭学攻究」参照。
(83) 片桐一男「『和蘭官軍之服飾及軍装略図』の原書とその附図の模写図をめぐって」(『古美術』第六六号、昭和五十八年四月)参照。
(84) 片桐一男「土井利位著『続雪華図説』の刊行年月をめぐって」(『科学史研究』第九二号、昭和四十四年)参照。
(85) 未刊。鷹見安二郎蔵。以下、「出府名簿」と略称。
(86)「伺書」。長崎県立長崎図書館、渡辺文庫本、未刊「江府拝礼阿蘭陀人参上休年之節献上幷御進物持越候ニ付伺書」の略称。
(87)～(89) 楢林扣『御内用方諸書留』未刊(長崎市立博物館蔵)。
(90) 今村明恒『蘭学の祖今村英生』昭和十七年、朝日新聞社、所収の「由緒書」「由緒書並親類書」によれば、安永二巳年七月十四日病死とあり、年度が一ヵ年合わない。後考をまちたい。

(91) 九州大学九州文化史研究所蔵、古賀文庫。

(92) 今村明恒『蘭学の祖今村英生』。長崎県史編纂委員会編『長崎県史　史料編第四』。

(93) Johannes Thedens: Dagregister gehouden in 't Comptoir Nagasackij, 1724—1725.

(94)(95) 前掲『長崎県史史料編第四』。

(96) Hendrik Dijkman: Dagregister gehouden in 't Comptoir Nagasackij, 1694—1695.

(97) 渡辺庫輔『阿蘭陀通詞本木氏事略』昭和三十一年四月、長崎学会、八四―八五頁。

(98) 御用方『諸書留』（長崎市立博物館蔵）。

(99) 『天保七申年五月本方脇荷并御調願請等規定答申書』（長崎県立長崎図書館蔵）。

(100) 斎藤阿具「徳川吉宗の洋馬輸入と和蘭馬術師の渡来」（『史学雑誌』三三巻一二号、大正十一年十二月）、今村明恒『蘭学の祖今村英生』、岩生成一『明治以前洋馬の輸入と増殖』昭和五十五年、吉川弘文館。

(101) 昭和五十四年七月五日、Algemeen Rijksarchief, Den Haag. で採訪。

(102) Landsarchief Batavia で板沢武雄博士が昭和四年正月の採訪記録。

(103) J. W. F. van Citters: Dagregister gehouden in 't Comptoir Nagasackij, 1834.

(104) Ingekomen stukken betreffende een aan de Shogun geschenken parelduikersklok, 1833—34. [kol. Arch. 1466 A].

(105)(106) 註（87）に同。

(107) J. Mac Lean: The Introduction of Books and Scientific Instruments into Japan, 1712—1854.

(108) 楢林扣『御用方諸書留』未刊（長崎市立博物館蔵）。

(109) 註（87）に同。

(110) 山脇悌二郎『長崎のオランダ商館』（中公新書、昭和五十五年、中央公論社）一七〇頁。

(111) 片桐一男「和蘭風説書の研究」（『和蘭風説書集成』上巻所収）。

(112)〜(114) 註（108）に同。

(115) Het Archief van de Nederiandse Factorij in Japan 1609—1860. Den Haag. No. 1407—1422.

(116)　註(87)に同。
(117)～(119)　註(108)に同。
(120)　有馬成甫『高島秋帆』(人物叢書、昭和三十三年、吉川弘文館)、山脇悌二郎「天保改革と長崎会所」(『日本歴史』第二四八号、昭和四十四年一月)。
(121)　『天保雑記』56 (内閣文庫蔵)。
(122)～(124)　註(108)に同。
(125)～(129)　註(87)に同。
(130)　東京大学附属図書館蔵。
(131)～(134)　註(108)に同。
(135)　Johannes Thedens : Dagregister gehouden in 't Comptoir Nagasackij, 1724—1725.
(136)　op. cit.
(137)(138)　註(108)に同。
(139)　Roessingh, M. P. H. : Het Archief van de Nederlandse Factorij in Japan 1609—1860. 's-Gravenhage, 1964.
(140)～(147)　註(87)に同。
(148)～(151)　註(98)に同。
(152)　『明治文化全集』第二十七巻「科学篇」所収。明治三十五年、松本順七十一歳の作。
(153)(154)　『続長崎実録大成』。
(155)　上原久『高橋景保の研究』昭和五十二年、講談社、四八九頁。
(156)　「東北韃靼諸国図誌野作雑記訳説」(内閣文庫蔵、写本)。
(157)　内閣文庫蔵。
(158)～(160)　註(153)参照。
(161)(162)　「天文方代々記」。
(163)　大槻茂禎「蘭学事始附記」。

(164) 大槻如電『新撰洋学年表』昭和二年ほか多数。
(165) 『厚生新編』の「訳編初稿大意」。
(166)〜(169) 大槻如電『磐水事略』（大槻茂雄編刊『磐水存響』坤、大正元年、所収）。
(170) 仙台侯から大槻玄沢に対し、また、高橋景保から玄沢に対する辞令。
(171) 註(165)参照。
(172) 註(163)参照。
(173) 大槻如電『磐水事略』『新撰洋学年表』。
(174) 片桐一男「阿蘭陀通詞馬場佐十郎のオランダ語学」（『青山史学』第五号、昭和五十三年三月）。
(175) 「泰西彗星論訳草」（日本学士院蔵、写本）。
(176) 「遭厄日本紀事」。
(177) 長崎県立長崎図書館蔵。
(178) 羽間文庫蔵。
(179) 中野区、宗延寺の墓碑。
(180) 註(155)上原著、四九四頁。
(181) 註(153)にも関連記事あり。
(182)〜(184) 註(155)参照。
(185) 『日本幽囚記』中。
(186) Hendrik Doeff : Dagregister gehouden in 't Comptoir Nagasackij, Anno 1813.
(187) 註(185)参照。
(188) 註(185)参照。
(189) 平岡雅英『日露交渉史話』昭和十九年、筑摩書房、二六五頁。大槻如電『新撰洋学年表』。
(190)(191) 静嘉堂文庫蔵。
(192) 市立函館図書館蔵。

(193)　『通航一覧』二百五十五、刊本第六冊三八〇頁。『甲子夜話』。
(194)　長崎の具体例は、片桐『鎖国時代対外応接関係史料』参照。
(195)　註(193)参照。
(196)　日本学士院蔵「川本幸民資料」。
(197)　京都大学附属図書館蔵。
(198)　註(163)参照。
(199)　片桐一男「幕末における異国船応接と阿蘭陀通詞馬場佐十郎」(『海事史研究』第一〇号、昭和四十三年四月)。
(200)　註(153)参照。
(201)　鷹見泉石「蘭人訳官出府名簿」。
(202)(203)　同右。註(153)も参照。
(204)～(214)　同右。
(215)　長崎市立博物館蔵「雑」(写本)。
(216)　東京大学史料編纂所蔵『荷蘭通詞幕臣立石某書留』未刊。
(217)　上原久・小野文雄「高橋景保の書簡について」(『埼玉大学紀要』第一七巻、昭和四十四年三月)。
(218)　内閣文庫蔵。
(219)　天理図書館蔵。
(220)　日本学士院蔵『訂正蘭語九品集』(川本幸民資料)。
(221)(222)　註(217)参照。
(223)　静嘉堂文庫蔵。
(224)　家蔵本。
(225)　京都市立西京商業高等学校図書館蔵。
(226)　谷中墓地。
(227)　関場不二彦『西医学東漸史話』下巻、昭和八年、吐鳳堂書店。

(228) 関場不二彦『西医学東漸史話余譚』。
(229) 長崎県立長崎図書館蔵。
(230) 京都市立西京商業高等学校図書館編刊『洋学関係資料解題I』昭和四十二年三月。
(231) 岡村千曳『紅毛文化史話』昭和二十八年、創元社。
(232) 東洋文庫蔵。
(233)(234) 片桐一男「阿蘭陀通詞馬場佐十郎の天文台勤務とその業績」(『法政史学』第二一号、昭和四十四年三月)。
(235) 鈴木博氏解題・編『蘭語訳撰』昭和四十三年、臨川書店。
(236) 呉秀三『シーボルト江戸参府紀行』昭和四十一年、雄松堂書店。
(237) 藤林泰助『西医今日方』に寄せた山崎玄東の序。
(238) 大倉山精神文化研究所蔵、写本による。
(239) 工藤平助『赤蝦夷風説考』天明三年。
(240) 岩崎克己「『ゼオガラヒー』の渡来とその影響」(『書物展望』第一〇巻第一二号、昭和十五年十月)。

第五章　阿蘭陀通詞の役料

序

通訳官兼貿易官たる阿蘭陀通詞の役料、ひいては、その経済生活はいかなる程度のものであったであろうか。幾段階にもわかれた職階にある多数の通詞を、二〇〇年余におよぶ鎖国時代を通じて、一概に述べることは困難である。出自や能力による個人差もあってなかなかむずかしい。まとまった史料の遺されていない現在、制約の多い、断片的史料をもって考察するにとどめたい。

第一節　役料の変遷

鎖国下、役料を基本とする阿蘭陀通詞の収入は、貿易に深いかかわりをもっている。それは、唐・蘭貿易と長崎の全役人との関係のなかで考えなければならない問題ではある。しかし、ここでは阿蘭陀通詞に局限して、出来高給から、やがて定額給にかわっていった、その変遷をたどってみたい。

阿蘭陀通詞の存在価値の高まった鎖国当初の状況として、『長崎実記年代録』[1]の記事をみると、

寛永十七年

一御市法前者、売高銀壱貫目ニ付、口銭五匁宛ニ而、不残通詞中江被下候

と伝えている。右にみえる「市法」とは寛文十二年（一六七二）にはじまった「市法商法」[2]を指す。したがって、それ以前の日蘭貿易期間、すなわち明暦元年（一六五五）までの糸割符貿易[3]とそれに続いて寛文十一年（一六七一）までの相対貿易[4]の期間において、通詞が売高に応じて口銭を得ていたというもので、その率は売高銀壱貫目について五匁ずつ、すなわち〇・五パーセントの割であったという[5]。ことに、寛永十七年（一六四〇）のこととして記載しているから、糸割符貿易下における状況を伝えたことになろう。

右の史料だけによって判断すれば、鎖国当初、通詞の収入は右のごとき口銭のみに頼っていたということになってしまう。しかし、平戸から出島に商館が移転された直後、商館長マクシミリアン・ル・メールが日記の一六四一年（寛永十八）八月一八日の条において、通詞伯左と作右衛門を商館で使用することを奉行から許されたが、その通詞らは「皇帝より俸給を受け[6]」ている者であることを明記している。すなわち、長崎奉行の支配をうけ、役料の支給を受けている通詞であったことを述べているわけである。

右にみえる「口銭」と「皇帝よりの俸給（役料）」とがいかなる関係にあったか。口銭のほかに役料が支給されたものか。口銭の総額を奉行所がオランダ商館から受け取って、改めて各通詞に、応分に支給したものか。にわかに判断しかねる。

そこで、次には、各年度において、通詞が手にした口銭なり役料を、実例によって検したいところであるが、遺憾

ながらそのような要求を満たす史料は管見に入らない。

具体的な年度の記載を有する史料に乏しいが、『通航一覧』巻百四十八所引の「長崎記」が録す、相対貿易 Vrijhandel の期間に属する寛文十年（一六七〇）の例は注目に値する。いまこれを主要なる通詞である大通詞と小通詞についてのみ、それも加役料を除いた基本給のみをみると、

銀十一貫目宛五人扶持宛　阿蘭陀大通詞　四人

銀五貫三百目宛三人扶持宛　阿蘭陀小通詞　三人

とある。これによって、確かに役料の支給されていたことは判明する。

ところで、『通航一覧』は「長崎聞書」なる史料を引いて、翌寛文十一年（一六七一）のこととして、

寛文十一辛亥年改高、町中惣人数書の内

阿蘭陀通詞　八人

右者、阿蘭陀口銭の内にて、大通詞は九貫目宛、小通詞三四貫目程割付取之

とも記している。これによれば、この年「高」の改定が行われたことが判明する。「阿蘭陀通詞八人」とあれば、大通詞四人・小通詞四人の計八人を指すのであろう。彼らに「阿蘭陀口銭」の内から表記の額ずつ支給されるというのである。

ここまでにおいては、「役料」と「口銭」と確かに存在することはわかるが、その両者の関係となると、依然として明確ではない。

さらに翌寛文十二年（一六七二）となると、この年から市法商法（Taxatie Handel, 邦文史料中には貨物商売という名称でも記載がみえる）に変るのであるが、その年のこととして『長崎実記年代録』は次のように録している。

寛文十二子年
一貨物商売ニ罷成、口銭売高壱貫目ニ付、荒物は五拾目宛、端物は壱端ニ付五分宛ニ被仰出、此年より大通詞拾貫目・小通詞四貫目・稽古通詞銀五枚宛拝領被仰付

一貨物商売之砌ゟ、右口銭銀之外、大通詞六貫目・小通詞弐貫目宛、為役料拝領被仰付候

右の第一条からわかることは、市法商法となって、口銭が売高一貫目につき、荒物は五〇目、端(反)物は一反につき五分の割と決められたこと、またこの年から大通詞には一〇貫目、小通詞には四貫目、稽古通詞には銀五枚が支給されたことである。

ところで、口銭の率が決められて、支給額も決まっているというのは、一見奇異にも感ぜられるが、これは全口銭額のうちから、右のような定額を支給したということであろう。

第二条からわかることは、市法商法となってからは「口銭之外」に大通詞には六貫目、小通詞には二貫目が、役料として支給されるということである。

このように、通詞は、少なくとも市法商法下になってから、「口銭」と「役料」と、両方の支給を受けたということが判明した。

実際には、いかなる額の口銭と役料とを通詞は得ていたか。

この市法商法の期間のこととして、『寛宝日記』[7]の延宝九年（一六八一）の条は、阿蘭陀通詞八人のうち、大通詞四人は役料一人前二七―八貫目宛、小通詞は役料一人前に一二―三貫目宛、と記している。貞享元年（一六八四）の条では、

大通詞取前　　　一二貫五〇〇目余
　役料銀　　　　一〇貫目
　以上　　　　　二三貫目程
小通詞ハ　　　　（五貫目余）
　役料銀　　　　三貫目
　合　　　　　　八貫目余宛

とある。

右のうち「取前」というのが「口銭」に当ると考えられる。前記延宝九年の額は口銭と役料とを合した額と見受けられる。合計額が両年度間において、大通詞・小通詞とも、それぞれ四、五貫目ずつ異なるのは、年々の口銭総額の多寡による違いかと思われる。

貞享二年（一六八五）になると、貿易仕法は、いわゆる定高貿易法(8)に変った。通詞の口銭・役料については、『長崎実記年代録』が、口銭について、

（市法商法）
一貨物商売相止、御定高唐人方六千貫目・阿蘭陀方金高五万両之商売被仰付候、尤口銭銀は前々之通拾貫目、四貫目宛拝領被仰付

と伝え、また役料については、

貞享弐丑年ヨリ
一花銀初り、大通詞六貫目・小通詞弐貫目宛之役料銀は此花銀之内ゟ年々拝領仕候

と伝えている。

ここにみえる花銀とは懸り物銀で、五ヵ所商人方より反物代銀の一五パーセント・荒物代銀の二〇パーセントを礼

銀として取ったもので、年間総計四二〇〜三〇貫目余があった。(9) この花銀によって通詞の役料がまかなわれていたことが判明する。

長崎奉行の経験をもつ中川忠英の『長崎記』(10)の記載をみると、

阿蘭陀大通詞四人　加福吉左衛門　本木庄太夫
横山与三右衛門　楢林新五兵衛

一銀拾貫目　出島口銭ノ内ヨリ
一同二貫九百五十目　阿蘭陀土産白糸百斤
一銀二貫五百七十二匁四分六厘　銅口銭
〆辰年取分　拾五貫五百廿二匁四分六厘　但一人前年々多少有之

阿蘭陀小通詞四人　中山　六左衛門　石橋　助左衛門
本木太郎右衛門　横山又次右衛門

一銀四貫目　出島口銭ノ内ヨリ
一同一貫四百七十五匁　阿蘭陀土産の白糸五十斤
一同一貫五百四十三匁四分八厘　銅口銭
〆七貫拾八匁四分八厘　但一人前年々多少在之

阿蘭陀稽古通詞　加福善兵衛　馬田市郎兵衛
名村権八郎　中(山カ)村市左衛門
西　助次郎　楢林弥三郎

一銀五枚　　　　　　　出島口銭ノ内ヨリ
一銀二百九十五匁　　　阿蘭陀土産白糸十斤
辰年取前
〆五百拾匁　　　　　　但一人前年々多少有之

とみえる。右の辰年は元禄元年（一六八八）である。給銀の内訳をみると、「出島口銭」「銅口銭」「阿蘭陀土産ノ白糸」の三項目からなっている。その額からして、「出島口銭」とある項目の給銀が『長崎実記年代録』のいう「口銭銀」に当り、「銅口銭」と一定比率による輸入貨物（現物）である「白糸」とを足した額が「花銀」からの「役料」に当るようである。

ところが、元禄十一年（一六九八）にいたると、『長崎実記年代録』によれば、

同（寅）十二月廿三日
一役料銀当年ゟ五歩引ニ而被仰付候旨、御年番清右衛門殿被仰渡

と、役料が五歩引に減額となり、大・小通詞については、

（前略）
一同（銀）拾五貫弐百目宛　　大通詞
一同五貫七百目宛　　　小通詞
（中略）
右之通拝領いたし候

とある。先に貞享二年段階で、大通詞が口銭銀拾貫目・役料銀六貫目の計一六貫目、小通詞が口銭銀四貫目・役料銀弐貫目の計六貫目であったものが、大通詞については八〇〇目、小通詞については三〇〇目の、それぞれ減額となっ

たことをいっているわけである。

それにしても、口銭銀・役料銀を合せて役料銀と呼んでその額を云々している点は注意せねばならない。役料の一本化・定額化の現れとみるべきであろう。

翌元禄十二年（一六九九）になると、「十月十四日役料銀之儀書付之通当年ゟ被仰付候」と、またまた改定された。大・小通詞については、

一同(銀)拾三貫六百八拾目宛　大通詞

一同五貫百三拾目宛　小通詞

と、再度の減額改定である。ここでも口銭銀と役料銀とを区別せず、一括して役料と呼んでいる。

この改定をみてから三年目、元禄十五年（一七〇二）の「地下惣落銀請払目録」がのこっている。(11) このなかで阿蘭陀通詞はいかほどの役料を得ているか。まず大通詞は、

一銀八貫四百八匁弐分　阿蘭陀大通詞 横山又次右衛門

内

三貫五百四拾目四分　阿蘭陀土産弁柄糸百斤柄鮫五本

四貫八百六拾七匁八分　銅口銭

〆

とみえ、同じく大通詞の名村八左衛門・岩瀬徳兵衛・馬田市郎兵衛の三人とも同内訳の同額である。ついで小通詞については、

一銀四貫七百三匁四分　阿蘭陀小通詞 立石千左衛門

内
壱貫七百八拾弐匁七分　阿蘭陀土産弁柄糸五拾斤柄鮫五本
弐貫九百弐拾匁七分　銅口銭
〆

とみえ、同じく小通詞の今村源右衛門・志筑孫平・楢林量右衛門の三人とも同内訳の同額となっている。

正徳五年（一七一五）のいわゆる正徳新令においても、地下配分金は七万両と定められた。「七万両配分金割方定」[12]によれば、「諸役人役料并船番町使散使筆者扶持銀辻番給銀散使小使給銀共」として「弐千百三拾弐貫七百四拾八匁九分」が割り定められている。元禄十二年令よりも若干減額となっていることがわかる。ただし、通詞各人に支給される額まで詳細には示されていない。

いずれにしても、正徳新令による地下配分金七万両は、以後貿易の況不況に関わりなく毎年最低保障されることになったから、通詞の給銀においても一層定額化・固定化をみたものである。

大通詞は一一貫目五人扶持、小通詞は五貫三〇〇目三人扶持というのが、幕末にいたるまで各種分限帳[13]等にみられる定額であった。

第二節　加　役　料

大通詞四人・小通詞四人の計八人は通詞仲間における正規の構成員として、種々の加役を引き受けた。各加役内容についての説明はそれぞれの章に譲り、ここでは加役料のみを確認してみたい。

加役料として『諸役料帳』『長崎諸役人帳』『長崎諸役人分限帳』などが計上・規定しているものは、①年番加役料、②江戸番加役料、③直組并船役加役料の三種である。

右の三種の加役料を記載している史料として確認し得た年度は、寛文十年（一六七〇）[14]・正徳五年（一七一五）[15]・寛延四年（一七五一）[16]・明和五年（一七六八）[17]・寛政三年（一七九一）[18]・文化九年（一八一二）[19]・文政三年（一八二〇）[20]の各年である。結果はきわめて簡単で、前後に増減をみないのである。すなわち、

年番加役料	大通詞	二四貫七〇〇目
	小通詞	一二貫九〇〇目
江戸番加役料	大通詞	三貫五八〇目
	小通詞	三貫二八〇目
直組方并船役加役料	小通詞	三貫五〇〇目

右のうち、江戸番加役料のうちの小通詞については「江戸行并船役壱人」と注記されていることが多い。江戸番小通詞の場合はその年の船役をも勤めたからと考えられる。直組方と船役には大通詞はつかなかった。この二役は常に一緒にして支給されている。年々同一の小通詞が番に当ったからである。したがって、船役は二名ということになる。

なお、寛延四年の場合は、実は大通詞の加福喜蔵が直組方并船役を引き受け、三貫五〇〇目を受けることとして、内実は、船役として小通詞二人が一貫七五〇目を受け、直組方としては小通詞一人が一貫七五〇目を受けた。例外的な年度であったと考えられる。文政三年の史料には、直組方并船役加役料三貫五〇〇目の内訳が記してあり、直組方一

貫七五〇目、船役一貫七五〇目といっている。両加役が半々と考えられていたことが窺われる。

いずれにしても、通詞が受ける基本給である役料は、時代により、また貿易形態の変遷により、左右されるところがあって、増減をみ、それなりの変遷をたどったが、加役料については全期間を通じて一定していたことがわかる。

加役料の多寡からして、加役内容の多忙・重大さは年番、江戸番、直組・船役の順であることがわかる。年番はなんといっても年間を通じて煩雑・多忙な重責であったし、江戸番は三、四ヵ月にわたる旅役で、オランダ人一行を連れた、気骨の折れる加役であった。年番と江戸番を二大加役と私が呼ぶ理由がここにある。直組・船役は、ともに貿易期間中の仕事であった。

第三節　年度別役料の記載例

ある年の阿蘭陀通詞の顔触れはどんなもので、彼らの役料はいかほどのものであったであろうか。本節においては紙幅の都合もあるので、一、二ヵ年の実例を掲示するにとどめたい。

1　元禄十五年の例

まず、『崎陽紀事』が伝える元禄十五年（一七〇二）の例をみてみたい。「午年諸役料」として他の諸役人の分とともに記載されているものである。

一銀五貫目代物替唐通事銅口銭ゟ　阿蘭陀通詞目附　西　助次郎

一銀五貫目右同断　　同　加福喜蔵

一銀八貫四百八匁弐分　　阿蘭陀大通詞　横山又次右衛門

内

三貫五百四拾目四分　阿蘭陀土産弁柄糸百斤柄鮫五本

四貫八百六拾七匁八分　銅口銭

〆

一銀八貫四百八匁弐分　　同　名村八左衛門

右同断

一銀八貫四百八匁弐分　　阿蘭陀大通詞　岩瀬徳兵衛

右同断

一銀八貫四百八匁弐分　　同　馬田市郎兵衛

右同断

一銀四貫七百三匁四分　　阿蘭陀小通詞　立石千左衛門

内

壱貫七百八拾弐匁七分　阿蘭陀土産弁柄糸五拾斤柄鮫五本

弐貫九百弐拾匁七分　銅口銭

〆

一銀四貫七百三匁四分　　同　今村源右衛門

右同断

一銀四貫七百三匁四分　同　志筑　孫平

右同断

一銀四貫七百三匁四分　同　楢林量右衛門

右同断

一銀三百七拾六匁五分　同稽古通詞　本木三右衛門

阿蘭陀土産弁柄糸拾斤柄鮫五本

一銀三百七拾六匁五分　同　中山喜左衛門

右同断

一銀三百七拾六匁五分　同　馬田　九郎八

右同断

一銀三百七拾六匁五分　阿蘭陀稽古通詞　横山　与市郎

右同断

一銀三百七拾六匁五分　同　名村吟右衛門

右同断

一銀弐拾五匁　同　加福　十郎助

阿蘭陀土産柄鮫五本

一銀弐拾五匁　同　森山　伊三郎

右同断
一銀弐拾五匁　同　石橋八右衛門
右同断
一銀弐拾五匁　同　品川市右衛門
右同断
一銀弐拾五匁　同　西　吉太夫
右同断

右をみると、目付二名・大通詞四名・小通詞四名の定員と稽古通詞若干名の基本的人員構成で、具体的に通詞名を知ることができる。それぞれの役料高がわかり、その支出財源が何であるかも明記されている。もっとも、大通詞・小通詞・稽古通詞の役料の内訳として示されている輸入貨物である弁柄糸・柄鮫は現物支給ではなく、一定比率により現銀化して支給されたもので、定額的記載を示しながらも現物支給の頃の名残りをとどめているものといえよう。また、この年度の場合、稽古通詞は一〇名みえるが、そのうち五名は銀三百七拾六匁五分の支給で、他の五名は銀二拾五匁で極度に低額である。おそらく、経験年数や年齢が勘案されて、かく二段階の格付けがされていたものと考えられる。

2　文化九年の例

次は「文化九年申正月吉日長崎諸役人幷寺社山伏　中尾」の記載をみてみよう。

阿蘭陀通詞目附
銀七貫目
五人扶持　茂　伝之進

同大通詞
銀拾壱貫目 五人扶持 宛
加福　喜蔵
石橋助次右衛門
中山　作三郎
名村八左衛門
本木庄左右衛門
〆
見習
銀五貫三百目 三人扶持
馬場　為八郎
〆
年番壱人　弐拾四貫七百目
江戸行壱人　三貫五百八拾目
〆
御用書物和解掛り
三人扶持
西　吉兵衛
〆
同小通詞
今村　金兵衛

銀五貫三百目三人扶持ツ、　横山　勝之丞
末永甚左衛門
〆
同格
銀三貫五百目
直組方幷船役壱人　三貫五百目
年番壱人　拾弐貫九百目
江戸行幷船役壱人　三貫弐百八拾目
同小通詞助
銀三貫五百目　今村　市兵衛
〆
同並
銀三貫五百目ツ、　西　善右衛門
楢林　彦四郎
馬田　源十郎
無給　加福　喜七郎
三貫目　岩瀬　弥十郎
西　儀十郎

無給

〃

三貫目 右同断 内五百八拾匁助成

三貫目

阿蘭陀小通詞末席

弐貫百七拾目

三貫目 内五百八拾目助成

無給

中山　得十郎

石橋　助十郎

名村　八太郎

塩谷　五平

吉雄　忠次郎

吉雄　権之助

〆

堀　伝四郎

森山　茂七郎

名村　八十郎

猪股伝次右衛門

今村　猶四郎

西　甚三郎

本木　庄八郎

植村　作七郎

志築（マヽ）　長三郎

茂　土岐次郎

堀　秀五郎

阿蘭陀稽古通詞

松村八郎左衛門	三貫目
横山　吉郎太	
馬場　作十郎	無給
堀　秀五郎	
立石　秀太郎	
小川　慶助	弐貫百七拾目
品川　兵三郎	
三嶋　松太郎	
楢林（正）　鉄之助	
今村　庄之助	
横山　宗四郎	
西　良太郎	
西　吉太郎	三貫目
志筑　武三郎	弐貫七百目
堀　千次郎	

阿蘭陀内通詞小頭
弐貫百七拾目
弐貫目

馬場　伝之助
楢林　武十郎
本木庄左衛門
岩瀬　延次郎
西　　善太郎

見習
松村　猪之助

田中　宇三太
荒木　八之進
川原　太十郎
磯田　友太郎
稲部　市五郎
松村　直之助

〆

見習
田中　善之助
川原　平　蔵

荒木　豊吉

定高貿易下で通詞の役料が定額となってからも、その定額そのものが増減変遷をたどった。しかし、ほぼ寛政年間からは、

通詞目附　銀七貫目・五人扶持
大通詞　銀一一貫目・五人扶持
小通詞　銀五貫三〇〇目・三人扶持
稽古通詞　銀三貫目かそれ以下

の基本的役料高がきまって幕末にまでおよんだ。もちろん、見習・格・助・並・末席などという職階においては、それぞれの基本役料に準ずる高が支給された。一家で親が正規の通詞にあると、その子が通詞職について、階がのぼっても無給である場合が多くみられた。この文化九年の場合でいうならば、小通詞並の加福喜七郎が無給であるのは親の加福喜蔵が正規の大通詞として役料を受けていたからである。同様にして石橋助十郎は石橋助次右衛門が大通詞として、名村八太郎・名村八十郎の両名は名村八左衛門が大通詞として、稽古通詞の馬場作十郎も馬場為八郎が大通詞見習として、それぞれ役料を受けていたからである。それにしても通詞五五名を数えるこの数字は、呉秀三訳『シーボルト日本交通貿易史』にみえる、五〇人からなる通詞団が長崎にあったとしている数字を、十分納得させるものである。これに内通詞小頭・同見習計九名に数十名の平の内通詞が加われば、福地源一郎が『長崎三百年間』において、幕末期にはおよそ一四〇人の通詞がいたとしている数字に匹敵するものであることがわかる。

第四節　役料からみた地役人中における通詞の地位

阿蘭陀通詞は鎖国下唯一の貿易都市長崎においていかなる地位を得ていたであろうか。これを地役人中における役料からみてみたいと思う。

天領長崎は、幕府派遣の長崎奉行によって、その行政は総轄されたが、そのもとで、旧市街地である内町は数人の町年寄によって管轄され、あとから市街地となった外町と、三ヶ村の郷地は長崎出身の代官の支配をうけた。代官・町年寄以下の長崎地役人の構成は、その職掌から次の五部局に大別・整理するのが便利である。(21)

1　町方＝内・外の各町ごとに、乙名一名・（五人組）組頭数名・乙名付きの日行司一名・筆者・門番など

2　番方（警備関係）＝町使・散使・船番・遠見番・唐人番など

3　貿易唐方＝唐通事・唐人屋敷乙名・組頭とそれらの筆者・小使ら

4　貿易蘭方＝阿蘭陀通詞と出島町乙名・組頭およびそれらの筆者・小役ら

5　会所＝貿易仕法の変遷によって、設立順に五ヵ所糸割符会所・市法会所・代物替会所・長崎会所などと変ったが、それに関係した諸役人

役人数については、

- 鎖国完成時　　三〇〇人前後
- 延宝九年（一六八一）　　一〇四一人

- 元禄十五年（一七〇二）　九九七人（外に内通詞一〇〇人余）
- 宝永五年（一七〇八）　延一七四三人
- 寛政・天保・慶応期　一七〇〇人前後（加給無給を除く）

である。[22]長崎の行政組織は宝永期までに急速に整備・確立され、同期は市民二〇人に一人が役人という〝役人だらけ〟の現象をみ、役料総額も宝永五年には銀三二〇一貫目に給米七〇〇石余にのぼったが、その後は役人数・役料総額ともにほぼ横ばい状態で推移した。

これら一七〇〇人余の役人は、右のごとく五部門に大別され、さらに百数十種の職種に分れていた。阿蘭陀通詞はこの役人群のうちで、いかなるところに位置していたであろうか。いま、まえにも引いた元禄十五年の「午年諸役料」（『崎陽紀事』所収）を基本に、『宝永五子年役料高幷諸役人勤方発端年号等』を参考にして、五部門の諸役人（職種）の役料銀高による高下を検してみれば、およそ次の通りである。[23]

すなわち、阿蘭陀大通詞より高額の役人としては、御用物役・町年寄は五部門の上に位置していて、これを除けば、唐方の唐大通事・小通事・唐船風説定役・唐人屋敷乙名の四役、蘭方では出島乙名の一役、会所の糸割符宿老・会所糸請払の二役、計七役だけである。いかに上位に位置付けられているかが理解できる。

結

唐通事の役料が断然高いのは、何といっても貿易高・品数ともに唐船貿易が長崎貿易の主体であり、史的にも阿蘭陀通詞よりも一日の長があったからであろう。このように言葉をもって貿易事務・外交交渉の実地に臨んで、実質的に主役を演じた技能職通事・通詞の地位が高く、会所関係者も含めて、貿易に携わる役職が町方や番方を抑えて高かったところに、鎖国下唯一の貿易都市長崎の特質が認められようというものである。さればこそ、通詞出身の福地源一郎は、みずから「町年寄会所調役・会所役人・唐通事・和蘭通詞等は驕奢の生活を為し」(24)と評しているのである。加えて通事・通詞らは本業に兼ねて、門弟をとり、開塾などして漢学・蘭学発達に貢献した者も多く、経済的富裕に加えて知的面においても重要視されて、高い地位を保ちつづけたのである。

註

（1）九州大学九州文化史研究所「元山文庫」所収。

（2）寛文十二年（一六七二）より貞享元年（一六八四）まで行なわれた貿易方法。『通航一覧』所引の「長崎御用書物」によれば、五ヵ所より一定の貨物目利を出させ、船載貨物を鑑定、それに基づき五ヵ所それぞれが入札価格を決めて奉行所に提出。奉行立会の下に御用物支配の高木作右衛門、代官末次平蔵らが協議し、入札価格と商品の数量の多寡を勘案して販売価格を決定、それを唐・蘭商人に提示して、同意ならば買い取り、不服ならば持ち帰らせた。五ヵ所はそれぞれ入札値をもってこれを買い取り、その差額は増銀と称して奉行所の収益とし、地役人の役料や地下配分に宛てた（板沢武雄『日蘭貿易史』昭和二十四年、平凡社、九九頁、箭内健次「長崎貿易仕法変革の意義」（『九州文化史研究所紀要』五号』参照）。

（3）慶長九年（一六〇四）より明暦元年（一六五五）まで行なわれた貿易方法。糸割符人と称する特定の商人に買入組合を組織させて、独占的に買い取らせた。

（4）明暦元年（一六五五）より寛文十一年（一六七一）まで行なわれた貿易方法。白糸・諸色すべて自由取引であった。

（5）内閣文庫所蔵『長崎記』に詳しい品目の率がみえる。

（6）Maximiliaen le Maire : Dagregister gehouden in 't Comptoir Nagasackij, 1641. 村上直次郎訳『長崎オランダ商館の日記』第一輯、昭和三十一年、岩波書店。

（7）森永種夫・越中哲也校訂『寛宝日記と犯科帳』昭和五十二年、長崎文献社刊による。

（8）　貞享二年（一六八五）以降幕末にいたるまでとられた貿易方法。唐・蘭船の持渡る貨物のうち、白糸については割符法に復し、その他の商品についてはすべて相対売買としたが、唐・蘭船の船載輸入貨物の売上総高を限定し、唐船は銀六〇〇〇貫目まで、蘭船は三〇〇〇貫目までとした。
（9）　中田易直・中村質校訂『崎陽群談』昭和四十九年、近藤出版社、補注(33)。
（10）　東北大学図書館、「狩野文庫」蔵。
（11）　内閣文庫蔵『崎陽紀事』所収。
（12）　内閣文庫蔵『長崎御用書留』所収。
（13）　註(14)～(20)参照。
（14）　「長崎紀」（『通航一覧』刊本四、一八四―五頁）。
（15）　「長崎書付」（『通航一覧』刊本四、四一九頁）。
（16）　『出島通詞幷筆者小役分限帳』（九州大学九州文化史研究所蔵「元山文庫」所収）。
（17）　『長崎諸役人受用銀幷加役料扣』（同右）。
（18）　『長崎地役分限』（内閣文庫蔵）。
（19）　『長崎諸役人幷寺社山伏』（九州大学九州文化史研究所蔵「松木文庫」所収）。
（20）　『長崎役人分限帳』（長崎県立長崎図書館蔵「渡辺文庫」所収）。
（21）（22）　中村質「近世の日本華僑」（箭内健次編『外来文化と九州』昭和四十八年、平凡社、所収）一七七頁。他に太田勝也氏の分類もあるが、ここでは中村氏の大別に依っておく。
（23）　中村質氏は元禄十五年の「午年諸役料」を基本に、同十七年の『諸用扣長崎書留』および『宝永五子年役料高幷諸役人勤方発端年号等』で補足して「元禄一五―宝永五（一七〇二―〇八）年長崎諸役人の構成略表」を作成しておられる。それは五部門の諸役人（職種）の直属系統と、役料銀高による高下の位置付けを組み合せて作成された苦心作の一覧表で一一〇種余の職種が認められ、それぞれの役人が長崎の地役人全体のどこに位置するかをみるに至便である。それによっても阿蘭陀通詞の位置を同様に把握することができる。参照されたい。
（24）　福地源一郎『長崎三百年』明治三十五年、博文館、二一一頁。

第六章　阿蘭陀通詞のオランダ語学とその影響

第一節　通詞のオランダ語学習の順序・段階

オランダ語を聞いて話し、オランダ文を読んで書くことを職業とした阿蘭陀通詞は、いかにしてオランダ語を学習したであろうか。第三章で簡単に触れたことではあるが、あらためて組織的に検討してみたい。

阿蘭陀通詞の一人一人が一番苦心し、努力を重ねたことであるにもかかわらず、オランダ語の学習をいかにすすめたか、阿蘭陀通詞自身ほとんど書き留めていない。不思議なことのようであるが、彼らにとって、あまりにも日常的なことであったためか、かえって記録を遺すことをしなかったものかもしれない。

ところが、さいわいにも、長崎に遊学した江戸の蘭学者が書き留め、さらには、その伝聞を書き留めた蘭学者もいる。長崎遊学の蘭学者はオランダ語の学習を主たる目的として阿蘭陀通詞の家に寄宿したものである。したがって、直接に通詞の家庭・社会を観察して書き留め、また伝えた彼らの言には信を置くことができよう。

天明五年（一七八五）の秋から翌六年の春にかけて長崎に遊学、通詞本木栄之進良永の家に寄宿して、親しくオランダ語の教授を受けた大槻玄沢が、通詞のオランダ語学習とその順序について、天明八年刊『蘭学階梯』の下巻「修学」

の項において、次のように述べている。

彼方ニテ小児ニ教ル書ニ「アベブック」「レッテルコンスト」等ノ書アリ、大低此等ノ教ヘ方ナリ、長崎ノ訳家《ツウジ》、業ヲ受クルノ初メ、皆先ツ此ノ文字ノ読法・書法、並ニ綴リヨウ・読ヨウヲ合点〆、後ハ「サーメンスプラーカ」トテ、平常ノ談話ヲ集タル書アリテ、コレヲ云ヒ習ハスナリ、是、其通弁ヲ習フノ始メニ〆、訳家《ツウジ》ノ先務トスル所ナリ、是ヲ理会〆後ハ、「ヲップステルレン」トテ、其文章ヲ書キ習ヒ、先輩ニ問ヒ、朋友ニ索《モト》メ、或ハ和蘭人ニモ正シ、其功ヲ積テ合点スルトキハ、自在ニ通訳《ツウベン》モナルナリ、右ノ階級ヲ歴《ヘ》テ学フハ本式ノ教ヘヨウナレトモ、長崎ニアラスメハ成リ難キヿナリ（下略）

右によれば、長崎における通詞がオランダ語学習の本式なる方法とその段階は、

1　「アベブック」「レッテルコンスト」等の書によって、オランダ文字の読法・書法と綴りよう・読みようを学ぶ。
2　「サーメンスプラーカ」によって、平常の談話集を学ぶ。
3　「ヲップステルレン」といって、文章を書き習う。

の三段階であって、先輩・朋友・蘭人に教示を得て、「合点」するのであるといっている。

また、官医桂川甫周の弟として、兄や江戸の蘭学者と幅広く親交を結んだ桂川甫斎（森島中良）は『類聚紅毛語訳』（のち蛮語箋）の題言において次のように伝えている。

嘗テ聞ク。蘭人ノ初学ニ教ユルヤ。「アベ、ブック」「レッテル・コンスト」ナド云フ。訓蒙ノ書ノ始ニ載ル。「セイラブ」ヲ暗《ソラ》ニ誦《ヨマ》シム。所謂《イハユル》「セイラブ」ナル物ハ。彼邦ノ国字。「アベセ」ノ二十五言ヲ。連属《レンソク》スル法ニシテ。取モ直サズ。仮名遣ヲ会得セシムルナリ。次ニ同書ノ中ニ記ス。「ヱンケル、ウォールド」ヲ授ク。「ヱンケル」ハ単《ヒトツ》「ウヲールド」ハ語《コトバ》ナリ。天文。地理ヲ始メ。物類ノ称呼ヲ集メ。清濁。半濁。直舌。曲舌ノ音ヲ正シ。

詁言《カタコト》ヲ云習ハスマジキカ為ナリ。「ヱンケル。ウヲールド」数百言ヲ空《ソラ》ニ記《オベエ》タル上ニテ。「サアメン。スプラク」伝書ヲ授ク。応対《ワウタイ》ノ言語ヲ集成シタル物ニテ。初学ノ舌人《ツウジ》ナド。第一ニ此書ヲ学ブトナリ。（下略）

これによれば、

1　「アベ、ブック」「レッテル、コンスト」によって「セイラブ」を学ぶ。アベセ二五文字の続け方で、わが国の仮名遣の学習である。

2　次に同じ書物によって、「ヱンケル。ウヲールド」を学ぶ。単語数百語の記憶である。

3　そのうえで、「サアメン。スプラク」すなわち、応対の言語を集成した書（会話集）によって学ぶ。

という三段階をあげている。

これよりさき、明和六・七年（一七六九・七〇）の交、長崎に遊学して通詞諸家に学んだ前野良沢も、順序は特に述べていないが、「語意ヲ考索スヘキ書」として、

（前略）「サメンスプラケン」伝平常問答ヲ撰ミタル者アリ、又「アベブゥキイ」伝授幼字訓ノ小冊子アリ、又「レッテルコンスト」伝字学ノ小冊アリ、又「セイッヘリンゲ」伝算術ノ書アリ、皆須コレヲ読テ彼語文義ノ旨趣ヲ翫味スヘキ書ナリ（後略）

の各書をあげている。(1)

これら三者の言には矛盾するところなく、むしろ、相補い得て、通詞がオランダ語学習の順序・段階とその内容を示していると考えられる。これを綜合・整理すれば次のようになる。

1　「アベブック」「レッテルコンスト」等の書により、ア・ベ・セ、オランダ二五文字の読法・書法と、文字を続けての綴りよう・読みようを学ぶ。

2　次に同じ書物によって「エンケルウヲールド」すなわち単語数百語を記憶する。
3　そのうえで、「サーメンスプラーク」によって、日常会話例を学ぶ。
4　「ヲップステルレン」といって、文章の作文を習い、また「セイッヘリンゲ」によって算術をも学ぶ。

右のような学習段階とその内容をみてわかるように、1は全く初心者に対する入門で、文字の読み・書きの説明であるから、桂川甫斎が言うように「セイラブ（中略）蛮字ヲ読、蛮字ヲ書事ハ、師ヲ待ズシテ成就スルヤウニナリヌ(2)」というものである。2の単語の学習を進め、記憶単語数が増加していけば、当然、「天文・地理ヲ始メ、物類ノ称呼ヲ集メ」た単語帳の作成が要求され、さらに進んでは、組織的な辞書の要求につながると考えられる。3の日常会話を会得・習熟し、4の作文およびその説明を構造的に理解しようとすれば、当然、文法の理解が要求されることになる。

第二節　学習状況と江戸蘭学界への影響

では、次に、前節で得られた、通詞のオランダ語学習の順序にしたがって、それぞれの段階で用いられたという書物が、実際に使用されて学ばれたかどうか、確認してみたい。その確認調査を通じて、通詞のオランダ語学習の実況を把握し、それが江戸の蘭学者に与えた影響をもみてみたいと思う。

一　アベブック、レッテルコンスト

アベブックを翻字すれば、ＡＢ Boek となり、レッテルコンストを翻字すれば、Letterkonst もしくは Letterkunst となる。商館長ヂルク・ド・ハース Dirk de Haas が一六七七年（延宝五）八月二七日の条で記すところによれば、

小通詞と稽古通詞の間に用いられている A：B：boekjes と letterkunst boekjes の内に、日々祈禱の文句がみられた。(3)

と記している。したがって、はやくから、修業段階の稽古通詞や小通詞らが、この種の小冊子を用いていたことが察せられる。いま、その書は遺っていず、内容を詳にし得ない。しかし、金沢市立図書館の蒼龍館文庫に「a b c boek」という一〇頁足らずの小冊子が含まれている。最後の頁に「三良」と墨書のみえるのは、京都の蘭方医小石元瑞に学び、郷里越中高岡で婦人科医の家業をついだ蘭方医佐渡三良養順のことである。表紙の「a b c boek」は墨書である。内容は最初の三丁の各頁には「NeDerDUItsche ABE Letteren.」とあって五種類の書体でＡＢＣの一覧が示されている。その五種とは、merkletter, roomsletter, Italiaans letter, trekletter, Hoofd letter である。要するにＡＢＣ各書体の一覧表である。それにしても、NEDERDUITSCHE を NeDerDUItsche と綴りを間違い、大文字・小文字の使用法も混同している。ABE とあるのは表紙の abc が正しい。次の三丁半七頁は「NEDERDUITSCHE LETTERGREEP」とあって、要するに音節の例示である。一部を示せば、

Ab　eb　ib　ob　ub
ad　ed　id　od　ud
……
ach　ech　ich　och　uch
……
zwa　zwe　zwi　zwo　zwu

といったようなものである。表題の「Lettergreep.」は単数形であるから「Lettergrepen」と複数形に表記されるべきであった。最後の三丁五頁は「de eenvoudige en meerzaam. gestelde lettergreepen.」とあって、単音節と複音節の例示がなされている。

Al.　aal.

er.　eer.

is.　ijs.

…

といった具合である。誤りも、不備も目につくが、これは要するに、桂川甫斎が伝える「アベセ」ノ二十五言と「セイラブ」とを「連属スル法」に当る。大槻玄沢の説明に合せてみれば、ＡＢＣの「書法」であり、音節の「綴リヨウ」に当ることがわかる。

右のようなことから、おそらく、通詞の間にもこのような ab boek あるいは abc boek というものが学習書として用いられており、それが蘭学者の間にも転写されて伝わっていったものと考えられる。

二　エンケル・ウォールド

エンケル・ウォールドを翻字すれば、enkel woord 単語ということになる。桂川甫斎の伝えているところによれば、「アベブック」や「レッテルコンスト」の中にみえる単語を初学の通詞に授け、数百言を憶えさせる。その単語は天文・地理学、物類の称呼を集めたものであるという。

通詞がはやくからオランダ語の単語を書き留め、いわゆる単語帳ともいえるノートを各種作成して、活用していたことは、伝存しているその種の単語帳（単語集）の数が多いことによってもうなずける。

杉田玄白は『蘭学事始』の中で、

　通詞の輩もたゞかたかながきの書留等までにて、口づから記憶して通弁の御用も工弁せしにて、年月を経たりと述べているが、伝存している蘭日単語集のうち、初期に属するものには、オランダ語を片仮名書きにし、それに日本語を与えたものが多い。

静嘉堂文庫蔵の写本『和蘭訳語』は内題が「阿蘭陀南蛮一切之口和」とあるごとく、前時代のポルトガル語の残存をも認められる、初期の内容を伝えているが、その形式は次の通りである。

（前略）

　色之部

一　ホック　　書物之事

一　マヨウル　　大ヲ云

（中略）

　道具之名部

一　バルベイル　　大ハサミ

一　スケウル　　常ノハサミ

（中略）

　人体之部

一　メンス　　人間
一　カベイサ《ホーフト》 hoofd　　頭
一　ナリイス《子ウス》 neus　　鼻
（下略）

すなわち、原語を片仮名書きにし、それに日本語訳を与えている。注目すべきは、人体之部の「カベイサ頭」の語に「ホーフト hoofd」と書き加えている点である。カベイサはポルトガル語の頭で、ホーフト hoofd はオランダ語の頭という語である。次の鼻の例も同様である。以下この種の例は多い。

東京外国語大学図書館蔵の写本『蛮語解』は内題に「紅毛蛮語解」とみえるイロハ分けにした単語集であるが、その記載形式も、

以部
インクエント　　柔膏薬
イ・ヌルクルイト　　野菊
（中略）
イシヘレイン　　車前艸四名
（中略）
イツヘリコ
イヘリコン　　乙切草
（中略）

辺部

ヘタリヨン　　脂

（後略）

といったものである。

松村明氏蔵の写本『阿蘭陀口伊呂波分』の巻末には「享和二歳十二月吉日　吉雄氏」とみえ、通詞の吉雄一家の系列のものであることがわかる。内容はもっと以前のものを伝えているわけで、

イヘリコン　　弟切草ノコト也

イペリセイネイビ　　黄精

（下略）

などと、医薬・本草関係の語が多いという(4)。

京都大学蔵富士川文庫には『阿蘭陀口』『阿蘭陀口和』『阿蘭陀口和解』『阿蘭陀語和解』などと単語集がみられる。うち、『阿蘭陀語和解』はイロハ分になっているが、その「以」の部は、

インクヱント　　和膏薬惣名

（中略）

イベリコン イヘリコンアサトモ イヱリコントモ　　乙切草

（中略）

インヘレイト　　車前草

（下略）

などとあるから、さきの『蛮語解』と似たような系統かもしれない。

以上は比較的はやい内容の単語集の例で、原語が片仮名表記で、分け方は類別もしくはイロハ分けにされたもので、耳からの聞き伝えを集蒐記載したものの転写といった感が強い。

次にオランダ語のスペリングまで記載されている単語集の例をみてみたい。類似の単語集四点で検討してみたい。

1　Holland Woorden Boek　嵐山春生筆写

2　Nederduitsche Taalen　西語名寄　森田千庵筆写

3　enkel de woord　一箇言

4　阿蘭陀名目語　松平定信手沢本

右のうち、1 Holland Woorden Boek と2 Nederduitsche Taalen 西語名寄とは、次に示すごとく、三六の部門の順序は同一で、各部門の収録単語の順序・語数もほぼ同一で、オランダ文の後書きも同一文面である。したがって、ほとんど同一と見なしてもよい写本である。

(部　門　名)	(語　数) Holland Woorden Boek	西語名寄
1　Van de zelfstandige naamen het hoofdste van hemel en aarde in 't algemeene. 惣而天地之間ニ有物ノ名目	一三一	一三三
2　de dagen der weeke zijn. 日算号	七	七
3　de zeven metaalen. 七金ノ名	一三	一三

4	de vier winden der weereld. 四方	四	四
5	de twaalf maanden des jaars. 十二ヶ月之名	三二	三二
6	de twaalf teeken van zodiak. 十二宮	一二	一二
7	de vier voornaamste reviere. 四大河名目	四	四
8	Namen van hoog Edelens ampt en tot verder kleine bedieninge.	五七	五七
9	Namen van de bloed verwantschap. 親戚門	一二一	一二一
10	Naamen van verscheijde manuvactuuren en kleederen. 端物幷衣類之部	三八	三八
11	De zoorten van zijde stoffen. 絹物類	四八	四九
12	de zoorten van linnegoed. 木綿類	九	九
13	de oude tijd aangebragte stoffagies. 右渡端物	一四	一四
14	de zoorten van Chineesche stoffen. 唐渡端物類	一二	一二
15	Naamen van verscheide vogelen. 諸鳥之名	一〇六	一〇五
16	Naamen van verscheide vier voetige dieren en veelderleij wormen. 獣幷虫類之名	一三三	一三三
17	Naamen van veelderleij Visschen. 魚之名目	八〇	八〇
18	Veelderlije maamen（n） van groente moestkruijden, aarde en boom vrugten. 青物野菜菓芋類	八四	八四
19	De zoorten van medicijn. 薬種類	一〇五	一〇五
20	zoorten van olij. 油之類	一六	一六
21	verscheide scheepsgereedschap. 船具之名目	七五	七五

22	de ambagts lieden zijn. 職人之部	九四	九四
23	de wanschepzel en misgeboorte. 片輪者幷生レ損シ	二三	二三
24	Van de kleederen. 衣服之部	四六	四六
25	de juffers dragen. 女服門	五一	五〇
26	De gedeelte van de menschen lichaamen. 人躰之部	一八七	一八六
27	Namen van de boom. 樹木門	二三	二三
28	Van de bloemen.	三七	三八
29	Van 't huijs raad.	三八	三八
30	daar is in de keuken.	一八	一八
31	in de kelder. 酒肆門	四	四
32	in de stal. 櫪槲門	三五	三五
33	Hoofd stuk van de tafelen 't geen er op gebragt word. 食盤門	一六	一六
34	Van 't huis en 't geen er afhangd. 家屋門	一六二	一六一
35	Van 't Schrijven. 書具	四二	四二
36	(bijbbemme)	一二二	一二二
	計	一九九九	一九九九

ほとんど一致しているが、二、三の部門でわずかに一、二語の出入りが認められる。したがって、この二点は同一系統の写本ということができる。

1 Holland Woorden Boek の本文冒頭の上欄には「白蟾」の印が捺してある。裏表紙の見返しには、「津軽の藩浅越氏ノ所持する所、牛島乃邸ニて屋敷ニ而写之　嵐山春生（花押）」とあり、(5) また別筆で「ARSijAMA」とある。嵐山春生は甫菴といい、白蟾の号を用いた平戸嵐山家の第六代である。江戸に出て桂川甫周に数年学んだ。

2 西語名寄は越後の蘭方医森田千庵の筆写にかかる。千庵は京都の藤林普山と江戸の宇田川榛斎に学んだ人物で、多数の筆写本を蔵し、そのなかには後述もするごとく通詞馬場佐十郎の著作にかかる語学書が含まれている。馬場佐十郎の妻は津軽藩医浅越玄隆の女であった。(6) したがって、この写本二種の原本は馬場佐十郎の編集にかかるものと考えたいところで、オランダ文の跋文が書ける人物となると、一層その感を強くする。

3 enkel de woord 一箇言は、詳しくは『enkel de woord, een deel, onder of tweeden（一箇言、一部、下即第二）』である。「春容軒」「稲葉図書」の朱印を捺すものであるが、誰の筆写にかかる写本か未詳である。その内容は次の二〇項目に分れている。

1　De bloed vervantschap. 親族　三三語
2　Veelderlije namen van groente moeskruijden, aarde en boom vruchten. 青物地果之多名　七六語
3　de gedeelte van de mensen lichamen. 人体之部　一八四語
4　Namen van verscheijde vogelen. 諸鳥之名　一〇五語
5　naamen van verschijde viervoetige dieren en veelderlij wormen. 獣并虫類之名　一三四語
6　naamen van veelderlij vischen. 魚之名目　七八語
7　De zoorten van medicijn. 薬種類　六一語
8　zoorten van olij. 油之類　一七語

9	Naamen van Verschijde manuvactuuren en kleederen. 端物幷衣服之類	三九語
10	de zoorten van zijde stoffen. 絹物類	一四語
11	in zoorten van taffaselassen. 奥縞之類	三四語
12	de zoorten van hinne goed. 木綿類	九語
13	oudetijd aanbrogte《(マヽ)》 stofagies. 古渡端物類	一一語
14	de zoorten van Chineesche stoffen. 唐渡端物類	一五語
15	van de kleederen. 衣服之類	一六語
16	namen van hoogdelens《(マヽ)》 ampt en tot verde klijnebedieninge.	四五語
17	de twaalfteeken van zodia. 十二宮ラテイン語ヲランダ語	一二語
18	de vier voornaamste Reviere. 四大河名目	四語
19	de uweelen en ectel gesteentens. 珠玉幷美石名目	一二語
20	naamen van verschijde ziektens. 諸痛之名目	二一語
	計	九二〇語

各語は『Holland Woorden Boek』『西語名寄』とほぼぴったり一致しているが、ただ語数が半分以下である。これは表題の order of tweeden（下即第二）とあるところから、ほかに over of eersten（上即第一）とでも呼ぶべき同数語の一冊があったものと考えられる。したがって、これは前二点と同系統の写本といえる。

4『阿蘭陀名目語』はもと子爵松平定晴氏所蔵、毛筆墨書和紙横帳一冊で、現在天理図書館の所蔵である。その内容項目は、

de Naamen van jaarlijks aanbrengene hollandsche koopmanschappen. 年々持渡阿蘭陀商売物之名目

de stoffagies zijn 反物には

De soorten van wolle stoffen 毛織之類　六〇語

De soorten van zijde stoffen 絹物之類　六四語

de oude tijd aangebragte stoffagies 古渡反物には　一一語

de soorten van Chineesche stoffen 唐反物之類　八語

de soorten van specerijen 乾薬之類　六語

deese soorten zijnde hollanders specerijen genoemt worden en andere medicamenten 此類阿蘭陀人

乾薬ト云フ其外之薬種ニハ　八四語

阿蘭陀名目語　三四四語

計　五七七語

と以上のごときものである。それぞれの単語もしくは語群に対して片仮名による発音と、漢字による和解を註しており、その発音の比較的正確なることと、配列・訳語の記述に統一性のあることからして、当時貿易外交の衝にあった長崎阿蘭陀通詞の手になったものと覚しく、もしも「楽翁公手沢本」なりとの伝えに信頼をおきうるならば、奥州白河城主松平定信の同時代にその成立を求め得べく、更にその家臣にして長崎通詞の職を経験した、わが蘭日辞典の嚆矢たる『江戸ハルマ』の訳者石井恒右衛門が、本書の入手もしくは作成に関与したとも臆測されるものである。(7)

上記の四史料を各部門別に比較してみると、そこには、かなり多くの重複がみられることと、多少の出入りのあることがわかるのであって、まずこれを表示すれば第8表の通りである。

第8表「西語名寄」「一箇言」「阿蘭陀名目語」収録語数比較表

Holland Woorden Boek (西語名寄)			一箇言（下）			阿蘭陀名目語	
1	総テ天地ノ間ニ有物ノ名目	一三一（一三三）				阿蘭陀名目語（1～35）	三四四
3	七金ノ名	一三					
4	四方	四					
9	親戚門	一二一	1	親族	三三		
24	衣服之部	四六	15	衣服之類	一六		
25	女服門	五一（五〇）					
29	van 't huijs Raad	三八					
30	daar is in de keuken	一八					
33	食盤門	一六					
34	家屋門	一六二（一六一）					
35	書具	四二					
6	十二宮	一二	17	十二宮	一二		
7	四大河名目	四	18	四大河名目	四		
8	Namen van hoog-Edelens ampt en tot verder kleine bedieninge	五七	16	Namen van hoog-edelens ampt en tot verde klijne bedieninge	四五		
10	端物衣類ノ部	三八	9	端物并衣服之類	三九	毛織之類	六〇
11	絹物類	四八（四九）	10	絹物類	一四	絹物之類（10・11）	六四
			11	奥縞之類	三四		

12	木綿類	九	12	木綿類	九		
13	古渡端物	一四	13	古渡端物類	一一	古渡反物には	一一
14	唐渡端物類	一二	14	唐渡端物類	一五	唐渡反物類	八
15	諸鳥ノ名	一〇六（一〇四）	4	諸鳥之名	一〇五		
16	獣并虫類之名	一三三	5	獣并虫類之名	一三四		
17	魚之名目	八〇	6	魚之名目	七八		
18	青物野菜菓芋類	八四	2	青物地果之多名	七六		
19	薬種類	一〇五	7	薬種類	六一	乾薬之類	六
20	油之類	一六	8	油之類	一七	其外之薬種	八四
26	人体之部	一八七（一八六）	3	人体之部	一八四		
36	bijbbemee	一二二	20	諸痛之名目	二一		
2	日算号	七					
5	十二ケ月ノ名	三二					
21	船具之名目	七五					
22	職人之部	九四					
23	片輪者并生レ損シ	二三					
27	樹木門	二三					
28	Van de Bloemen	三七（三八）					
31	酒肆門	四					
32	櫪櫛門	三五					
			19	珠玉并美石名目	一二		
	計	一九九九（一九九八）語		計	九二〇語	計	五七七語

第9表「古渡反物」の対比

阿蘭陀名目語	Holland Woorden Boek 西語名寄
小紋海黄	小紋海黄
畦紋海黄	畦紋海黄
嶋紋海黄	島紋海黄
こんてれき	こんでれき
古渡算崩しま	古渡り算崩島
弁柄糸	弁柄嶋
紐糸	組糸
類違同	違類組糸
縫糸	色まかい糸
色まがい	木綿紐
木綿紐	木綿糸
	緯
	白糸
	貫経

これをみるに、毛織物・絹物類は『阿蘭陀名目語』の方が語数が多く、『Holland Woorden Boek』『西語名寄』『一箇言』は同じである。古渡端物・唐渡端物類については『阿蘭陀名目語』は少なく、他の三点の方が多い。ただし、若干の出入りはみられる。薬種・油類は『Holland Woorden Boek』『西語名寄』の方が多い。『一箇言』のみにみられる項目は「珠玉丼美石名目」一二語で、『Holland Woorden Boek』『西語名寄』のみにみられるものは表示のごとく、2・5・21・22・23・27・28・31・32の各項目三三〇（三三一）語である。ちなみに、『Holland Woorden Boek』『西語名寄』は『阿蘭陀名目語』の三・五倍の語句を収録している。

さらに、収録単語の内容をみるに、『一箇言』の単語がほとんど全部ぴったり『Holland Woorden Boek』『西語名寄』と重複する。その記載方法も各部門内においては同じ順序になっているから同種・同系統の写本とみることは動かない。これはすでに述べた。次に『Holland Woorden Boek』『西語名寄』と『阿蘭陀名目語』とを対比してみるに、例えば古渡反物の部門をみると、第9表にあるごとく、まことによく似ている。他の部門においても似ており、『阿蘭陀名目語』中の「阿蘭陀名目語」においても、大体その順序と語群は『Holland Woorden Boek』『西語名寄』の該当各部門の語群の抜萃といった具合である。

右のようなわけであるから、『阿蘭陀名目語』と『Holland Woorden Boek』『西語名寄』とは同系統の写本といえよう。語数は『Holland Woorden Boek』『西語名寄』の方が断然多いが、若干の出入りがみられるところから『一箇言』も含めて、これら四種の写本のもととなったものは、もっと多くの語数であったかもしれない。いずれにしても、単語の内容は、いわゆる『江戸ハルマ』や『ヅーフハルマ』からの抜萃といったものではなく、オランダ語原書『アベブック』『レッテルコンスト』にみえる単語の引用だけでないことは一見して明白である。すなわち、毛織物・古渡反物・唐渡反物や将軍・老中・通詞・目利など、江戸時代の当時、彼我貿易・交渉の間に広く使用されていた独特の用語が含まれていることからも容易にうなづけよう。つまり、これらは単なる辞典や原書の利用・抜萃ではなく、当時長崎で貿易・外交の衝に当っていた阿蘭陀通詞の手になった日用語の単語集・単語帳といったもので、それが通詞家の間で、すすんでは蘭学者の間で転写されていったものといえよう。だから日用手軽に役立つことが第一の目的であったから、その型も本来は小さな袖珍の型であったものであろう。このことは『Holland Woorden Boek』『阿蘭陀名目語』が横帳で、『西語名寄』がやはり小型で簡単に綴じてあるだけであることからもうなづける。

そこで、日蘭貿易・文化交渉において、日蘭両国人がその実地の衝に当っている間に慣用的に用いていた言葉で、しかもいわゆる蘭日辞典などからは見出すことのできない、鎖国時代の特殊な言葉に注目しておきたい。

まず、『Holland Woorden Boek』『西語名寄』にみえる役職名に関する部門を紹介しよう。（ ）内は『西語名寄』にみえる表記。

Namen van hoog Edelens ampt en tot verder(e) kleine bedieninge.

Geestlijk erf k(e)ijzer	帝
keijzer	将軍
kooning	大名
landsheer	同
prins	同

rijksraad	御老中
raadsheer	同
gouverneur	御奉行
gouverneur van nagasakij	長崎御奉行
rentmeester	御代官
reekenmeester	御勘定
reparagie meester	御普請役
eerste secretalis	御家老
tweede secretaris	御用人
opperbanjoos	御検使
onderbanjoos	下検使
opperburgermeester	町年寄
comissaris der geld kamer	会所調役
opper rapperteur burgerme(e)ster	年番年寄
pancaat	宿　老
wijkmeester	町乙名
geldkamers bedienders	会所役
burgermeester van 't Eijland	出島乙名

出島組頭 同　町人	caceelos
阿蘭陀通詞	hollands tolk
目　附	dwars kijker
御用物方	k(e)ijzerlijk zaakbezorger
大通詞	oppertolk
小通詞	ondertolk
小通詞並	vies ondertolk
小通詞末席	provisseneer ondertolk
手　伝	assisteerder, bijstander
稽古通詞	leerling
稽古通詞見習	leerling schunde (secunde)
内通詞小(組)頭	particulier tolk
大通詞年番	opperrapperteur tolk
小通詞年番	onder rapperteur tolk
唐通詞(マヽ)	chinees tolk
薬種目利	medicein kennislieden
端物目利	stoffagie kennis lieden (luijden)
油目利	olij kennis luijden

munte meester	銀座役
schrijver	筆　者
bootschapper	小　使
poortwagters	門　番
voel man	探　番
coelij meester	日雇頭
comprador	諸色売込人
kok	料理人
coelij	日雇ノ者
bokman	草切ノ者
stoffman	端物屋
kraamman	細物屋
postrijn man	焼物屋
dienaar	部屋附
boode van de straat	日行使
waakers	門　番

右はいずれも日蘭貿易・文化交渉史上に登場するわが官憲の役職名などであって、それをオランダ語でかく表現されていたのであり、今日においてもオランダ側の諸記録・諸史料をみるうえに役立つ名詞と信ずる。なお、静嘉堂文庫

の大槻文庫中には『和蘭称謂』という写本が一冊あり、内容は月名・四時・ナンハン（南蛮）ノ月名・称呼・在館和蘭職掌・船方役名・教法・度・里・畝などに関する単語が集められ、あるものには略解が付いている。このうち「在館和蘭職掌」と「船方役名」の両項目の単語はオランダ語を仮名書に表わし、その下に該当の日本語を当てている。全文紹介し、現代綴の相当オランダ語を註記してみることにする。

在館和蘭職掌

ヲツフルホーフト　カピタイン	加比丹即頭人	kapitein
ヲツフルコープマン出島ニテヘトルヲ称メ云フ　コープマン	へとる、加比丹ニ次候者、船二艘来候節ハ二番船ヲ預ル	koopman
デイスペンシール	勝手方諸雑費ヲ主ル者	dispensier
商売帳面預　ニゴシーブックホウドル	商売方勘定役	negotieboekhouder
シキリーバー	筆者頭	scriba
オツプルメイストル	上外科	oppermeester
立合役　アシステント		assistent
シケレイフル	筆　者	schrijver
オンドルメーストル	下外科	ondermeester
台所　ホフメーストル	料理人	hofmeester
営夫　テンムルマン	大　工	timmerman

船方役名

シキツプル	船頭 船方ノ加比丹ナリ	schipper
舵取夫 オツプルステュールマン	上案針役	opperstuurman
舵取夫 オンドルステュールマン	下案針役	onderstuurman
三番目 デルデワーカ		derde waker
オツプルメイストル	上外科	oppermeester
オンドルメイストル	下外科	ondermeester
第三 デルデメイストル	外科手伝	derde meester
ボーツマン	惣水主支配幷枝船船頭	bootsman
〃ノ仲間 ボーツマンスマアト	同手伝	bootsmansmaat
シキーマン	荷物入レ所幷帆綱支配仕候者	schieman
コンスターブル	石火矢役幷洋中ニテ碇綱支配スル者	konstabel
コンスターブルスマアト	右手伝	konstabelsmaat
ボツトリール	勝手方酒幷食用之品支配スル者	bottelier
ボツトリールスマアト	右手伝	botteliersmaat
煮ルヿ コック	料理人	kok
コツクスマアト	同手伝	koksmaat

テンムルマン	大工	timmerman
帆作 セイルマーケル	帆縫	zeilmaker
スミツツ	鍛治	smid
コイプル	桶結	kuiper
四半分ノ乛 クワルデイルメーストル	端船支配幷水主共夫々ノ場所エ遣 候儀支配スル者	kwartiermeester
トロンペツトル	喇叭ヲ吹者	trompetter
以上		
黒　　若者 スワルト　ヨンコ	黒坊ジヤカタラノ人ナリ 余ノ国ヨリ来ルモアリ	zwart jong
マストロープル	マタロスノ加役	mastlooper
マツトロース	水主ノ乛	matroos
ランツマン	田舎人ト云乛	landman
フレホウスト フタノクソカキ	罪人ニ手テヤウヲ入ルモノナリ	
ゴウフルニウル	奉行	gouverneur
邑預 スタツトホウドル	同上	stadhouder
レンテメイストル	代官	rentemeester
ヲツプルヒユルゲルメイストル	年寄	opperburgemeester
バンカート	宿老	poncard
ヒユルゲルメイストル	出島乙名	burgemeester

ヱイキメイストル	乙名	wijkmeester
トハルスケイケル　横視人（ケイキト云ハ見ルヿケイケルト云ヘハ見ル人ト云ヿナリ）	通詞目付	dwarskijker
ヲツプルトルク	大通事	oppertolk
ヲントルトルク	小通事	ondertolk
ヒイスヲントルトルク	小通事並	vice ondertolk
プロヒシヨネールトルク	小通事末席	provisioneele tolk
レイルリンギ	稽古通事	leerling
レイルリンキセコンデ	同見習	leerling seconde
パルトキリウル	内通事	particulier
ヲツプルカセールス	出島組頭カセールスハ町人ト云ヿ	oppercaceelos
テウエーホウブル	両組番二本ザシト云ヿ	
ケーステレイケンヱルフケイツル	天皇ノ御事	geestelijke erfkeizer
ウエーレルトレイキケイツル	公方家	wereldlijke keizer
クホサマ	公方家ノ称号トス	
ケイツルレイキワクト　御番		keizerlijk wacht
ケイツルスワクト　番		keizers wacht

右に紹介したそれぞれは、いずれも江戸時代の長崎を中心とする日蘭交渉史上に登場する日本側・オランダ側両役職名であって、オランダ語・日本語で慣用的にかく呼んだのである。次に、オランダ東インド会社組織のうち、バタヴィア総督府のオランダ役職名を江戸時代の日本人は、どのように日本語を当て呼んでいたであろうか。東北大学の狩野文庫には『異国事情』と題する写本があって、阿蘭陀通詞馬場為八郎・名村多吉郎両名の記録である。各項目の終りには、「和解仕奉差上候」とあるから、命をうけて長崎奉行所もしくは江戸の長崎奉行へ提出したものの控かと判断される。数項目のうち「咬𠺕吧官吏之次第」は注目をひく項で、これは名村多吉郎の担当分と思われる。それによれば、

咬𠺕吧官吏之次第

一　ゴウフルニユールゼネラール一人 東印度惣都督阿蘭陀国より命令を受軍事国政諸商館交易方等司候役ニ御座候

一　ヱールステ、ラート、ヱン、テイレキテユール、ゼネラール　一人

第一ノ評議役

一　ラードヘール、八人　評議役 瓜哇国ノ子ルドキユスト奉行一人 公事方頭一人 兼勤仕候

一　ラルディナール、ラード　三人　評議役 ヲルデイナールとは常並与申義ニ而下評議等仕候役ニ御座候

一　ゼネラール家老職　弐人

一　同　密書方　一人

武方之部

（中略）

船方之部

一　コマンデール、テル、ゼー　一人　軍船惣司

一　カピテイン、テル、ゼー　五十人　船頭
一　カピテイン、ロイナント　九十人　按針役
右之外下按針役小役之者石火打之類数多有之候
右船頭按針役之内諸国交易ニも渡海仕候

国政幷交易方役之次第

（中略）

遠国役人之部

（下略）

などあって、オランダ側の記録によく登場する役職名である。

日蘭交渉の主たる業務はもちろん貿易にあり、その貿易品については、どういい現わされるか、一寸見当しにくいものも多々ある。『Holland Woorden Boek』『西語名寄』から若干紹介してみよう。

Naamen van verscheijde manuvactuuren en kleederen　端物幷衣類之部

wolle waaren	毛類
laaken schaijrood	猩々緋
laaken	大羅紗
laaken zwart	黒大羅紗
laaken witte	白大羅紗
laaken geel	黄大羅紗
laaken oranjegeel	紅爵金大羅紗

laaken groene	萠黄大羅紗
laaken ligt groene	薄萠黄大羅紗
laaken donker groen	濃萠黄大羅紗
laaken olijkleur	茶色大羅紗
laaken purper	紫色大羅紗
laaken blaauw	花色大羅紗
laaken asgraauw	鼠色大羅紗
laaken violetkleur	桔梗色大羅紗
laaken ponpodeur	椛色大羅紗
laaken bruijn	鳶色大羅紗
laaken gebloemde	形付大羅紗
drap d'damas	薄手大羅紗
laaken goude	金入羅紗
laaken donkerblaauw	紺色大羅紗
laaken rassen	小羅紗
laaken rassen schaijrood	緋小羅紗
laaken rassen zwart	黒小羅紗
laaken rassen groen	萠黄小羅紗

laaken rassen geel	黄色小羅紗
kroon rassen	羅脊板
kroon rassen schaijrood	緋羅脊板
kroon rassen zwart	黒羅脊板
kroon rassen blaauw	花茶色羅脊板
perputuaanen	へるへとわん
perputuaanen zwart	黒へるへとわん
perputuaanen-geel	黄色へるへとわん
Inperiaal	類違さるせ
Inperiaal blaauw	花色さるせ
Inperiaal groen	萌黄さるせ
Inperiaal violet kleur	
blauwagtige purper	桔梗色さるせ

De zoorten van zijde stoffen 絹物類

armozijn	海　黄
armozijn evene	大海黄
armozijn gestreepte	立島大海黄
armozijn geruijte	碁盤島大海黄

armozijn evene laagzoort	尺長大海黄
armozijn evene waterkleur	水色大海黄
armozijn evene rood	緋大海黄
armozijn evene weerschijnkleur	玉虫色大海黄
armozijn evene geel	黄色大海黄
g'kleurde armozijn	色海黄
chioucoutassen zijde	しゅくたす嶋
chercha nisse zijde	しゅりしや嶋
dherrijze zijde	たあれす嶋
taffaceelas	奥　島
taffaceelas verbeterde	上奥島
taffaceelas extra fijn	新織奥島
allegiasse zijde	あれしや嶋
taffaceelas ordinaire	並奥島黒手也
taffaceelas extrafijne geruijties	算崩奥島
damast	緞　子
gekleurde damast	色緞子
zatijn	繻　子

satijn zwart	黒繻子
peelang	綸　子
portsooij	呉　羅
grof greijn	ころふくれん
fijne greijn	絹ころふくれん
zijde gereijn	同
water gerijn	ちようけん
fluweer	天鵞絨
gebloemde fluweel	紋天鵞絨
Pruijs fluweel	毛長天鵞絨
brocadus	繻　珎
salumpoelis	大金巾
palkaal	小金巾
hamans fijn	極上金巾
Salumpoelis fijn gebleekte	上白大金巾
Salumpoelis gemeene gebleekte	並白大金巾
palkaal fijn gebleekte	上白小金巾
palkaal gemeene gebleekte	並白小金巾

gimgam evene	無地ぎがん
gimgam gestreepte	ぎがん嶋
taffasseelasse d'herrijs	弁柄島
gimgam gaarne geruijte	かるね嶋
chits	皿　紗
goude chits	金皿紗
chitsen vergulde	同
chitsen cassen basaars	一番皿紗
chitsen patanas	二番皿紗
de zoorten van linnegoed 木綿類	
dongers	並白木綿
guijnees gemeene gebleekte	並白大木綿
guijnees blaauwe	紺木綿
bastassen	はぶた木綿
betilles	かわさ木綿
guijnees rouwe taturarijns	細美木綿
lijwaat gekeepelde	綾木綿
zeil doek	帆木綿

persenning　ちゃん木綿

De oudetijd aangebragte stoffagies　古渡端物

maaij poste　小紋海黄

armozijn geblokte　畦紋海黄

peequijs zijde　島紋海黄

tessers allegias　こんでれき

sestienes custe　古渡り算崩嶋

zijde bengaalsch　弁柄嶋

zijde mogta　組　糸

florent gaar　違類組糸

gekleurde naaij gaar　色まがい糸

catoen gaar　木綿紐

gaaren　木綿糸

scheering　緯《タテイト》

zijde chineese　白　糸

inslag　貫　経《ヌキイト》

de zoorten van chineesche stoffen　唐渡端物類

gieram　縮　緬

gieram witte	白縮緬
gieram roode	緋縮緬
cantons damast	広東緞子
gaas	紗
pancis	紗 綾
gebloemde pancis	紋紗綾
alcatif	毛 氈
spreije	花毛氈
peelang tonquinsche	東京綸子
peelang evene	絹綸子
pinas cors	木綿高ノ羽嶋

次に、このような長崎の阿蘭陀通詞が身につけたオランダ語の単語の知識が江戸の蘭学者に与えた直接的影響を一、二の実例を通じて確認しておきたい。

例一、新井白石は潜入イタリアの宣教師シドッチを阿蘭陀通詞を通じて尋問した人である。オランダ人にも関心が高かった。その白石が持ち得たオランダ語についての知識は、新井家に保存されている『外国之事調書』という、白石自筆の覚書の中にみえるオランダ語のメモによって具体的に知ることができる。(8) このオランダ語メモは四つの群からなる。第一群は、「南　ソイテ、北　ノヲルト」など、日本語をあげて、それにオランダ語の訳語を示しているもので、加うるにラテン語も示されているものもある。第二群は、「アンジリイル　石竹、カンダイラ　蠟燭」など、オランダ語その他をあげて、それに日本語訳を付けたものである。第三群は、主としてオランダ語などの発音とその表記法についてのことが書かれているもので、全体で一五〇ヵ条ほどの発音表記が示されている。第四群は、「天ヘーメル」から「下ノ事　スラキト」まで二〇〇余語、きちんと整理された形の日蘭対訳語彙集である。全体の内容は先人の研究[9]にゆずるが、第一群の末尾に「英成訳」、第四群の末尾に「右阿蘭陀のことは承度如此書付の下にかなにつけ可被下候頼入存候以上」とあり、さらに、その少し後に、「丙申十二月廿日和蘭通事今村源右衛門英生訳」とあることに注意しておきたい。丙午すなわち享保元年（一七一六）十二月二十日に、今村英生によって訳語が記入されたものであることがわかる。今村英生は、白石がシドッチ尋問の際に長崎から付き添って江戸に出て、通訳に当った大通詞であった。白石は尋問の翌日、通詞を私邸に呼んで、尋問内容について不明な点や彼の地の様子について聴取するところがあった。白石の西洋知識・オランダ語知識が大通詞今村源右衛門英生によって提供された点の大きいことが理解できる。

例二、青木昆陽は、将軍の命によって、参府のオランダ人を定宿の長崎屋に訪れ、江戸番通詞を介して質問におよび、オランダ人・通詞らからオランダ語を学んだ人である。昆陽の著したオランダ語学書のうち、『和蘭文訳』は、昆陽が最も長い歳月をかけてまとめた作品である。本書の内容については、現存する自筆本と写本とによって、収録されている単語そのものの紹介はされてきた。[10]しかし、収録単語の由来、組織、不可解な訳語などについて不明な点の多くは検討されることもなく残されたままであり、かつ、本書が依拠した原書の存在したらしいことも指摘されながら、それが確認されることもなく過ぎてきた。[11]このほど、ようやく原書をオランダに求め、遺された各集の内容を仔細に点検・検討する機会を得た。詳細の再論はさけ、ここでは、判明し得た点だけを列挙しておきたい。[12]

○青木昆陽が寛延二年（一七四九）から宝暦八年（一七五八）まで十年の歳月をかけてまとめた『和蘭文訳』全十集は、

オランダの教科書である、ハッカホールド文法書 B. Hakvoord : Oprecht Onderwys van de Letter-konst. の Tweede Afdeeling. Van de Letter-greepen (Zyllabens.) すなわち、第二章音節の説明例語として収載されている全一二〇六語の単語に由来し、これを訳出した蘭日単語集であることが判明した。したがって、江戸の学者がはじめて学習したオランダ語の本としては思いのほか組織だったものであると同時に、当時の日本の社会ではあまり耳にしない言葉の混入している事情もこれでうなづける。

○昆陽の学習は阿蘭陀通詞に負うところが大きかったことが歴然としている。本書成立に深く関係した通詞は第5表（一八九頁参照）のごとき、江戸番大小通詞たちであった。なかんずく、第三集の二語について「コレハ吉雄幸左衛門説」とか、第十集において「大通詞西善三郎曰ボルトは椽ナリ」などと註記しているごとく、大通詞から教示を得た点が大きかったようである。また、その通詞を介してオランダ人に教示を受けた点の大きかったこともわかった。それらのことは収録されている単語の読み、綴り、訳語を仔細に検討することによってはじめて明らかになったわけである。さらに、すでに通詞の手許にあったハッカホールド文法書によって作成された単語集（帖）をも利用したらしいことも判明する（具体的には、第二集作成過程で、大通詞吉雄幸左衛門が手控え本として所持していたハッカホールドの文法書によって作成された蘭日単語集を、昆陽が実際に見せてもらい、利用していることをさす）。

○昆陽の『和蘭文訳』における学習語数は未発見の四・五・七集があって判然としないが、昆陽が依拠した原書の収録語数からして、およそ一一〇〇余語におよぶものであったであろうと考えられる。

右によって、阿蘭陀通詞がオランダ語の原書によって蘭日単語集を作成していたことが確認できる。ことにハッカホールド文法書の書名中に Letterkonst の文字を含んでいることは、大槻玄沢らが伝える、通詞らが「レッテルコンスト」中にみえる単語を初学の通詞らに授け数百言を憶えさせる、と記す点と符合し、その伝の正しいことを立証するものといえる。

以上列挙した実例によって、阿蘭陀通詞らが長い年月をかけてオランダ人・先輩から聞き伝えたオランダ語の単語を集積し、類別・部門分けして整理し、すすんではオランダ語原書を利用して蘭日単語集を整理していった様子を理解することができる。

三　サーメン・スプラーク

サーメン・スプラークを翻字すれば Samen Spraak となり、会話のことである。

杉田玄白が『蘭学事始』の一節で、

（前略）安永七八年の頃、長崎より荒井庄十郎といへる男、平賀源内が許に来れり。これは西善三郎がもとの養子にして政九郎といひて通詞の業をなせし人なり。社中蘭学を興すの最初なれば、翁が宅へ招き淳庵などと共にサーメンスプラーカを習ひしこともありし。（下略）

通詞出身の荒井庄十郎から玄白・淳庵ら江戸の初期蘭学者が「サーメンスプラーカ」を習ったというのである。当然、荒井庄十郎は長崎にいた西政九郎（雅九郎）(13)時代に「サーメンスプラーク」を習得していたわけである。玄白の書きぶりからして、単に口頭で「会話」を習ったというよりは、正式書名を記さないで、「ターヘルアナトミア」とか「シュルゼイン」などといっているように、オランダ語の会話例を書き集めた小冊子を荒井庄十郎が所持していて、それを習ったというふうにも受け取ることもできるが、もとより記述が簡潔すぎて断定的なことはいえるはずもない。しかし、少なくとも、長崎で通詞が「サーメンスプラーカ」を身につけ、江戸の蘭学者が「蘭学を興すの最初」にあた

ってその通詞出身者から「サーメンスプラーカ」を学んだという、この具体例は、とりもなおさず、通詞間における
オランダ語会話の学習の存在と、それが江戸蘭学界に与えた順序・影響を伝えている好例といえる。
右は、オランダ語会話を身につけた通詞が江戸に出てきておよぼした影響の例である。次には、長崎遊学の江戸の
蘭学者が、彼の地で学び、やがて、それを記録した、影響の例をみてみたい。
静嘉堂が所蔵する大槻文庫中に、『蘭語九品集・訂正蘭語九品集・助字考・蘭語撰』と表紙に書かれた写本がある。
内容としては、五種の語学作品が一冊にまとめられたものである。第一は表題を欠いているが、中野柳圃の作品で、
内容から題をつければ「諸時・諸法」とでもなろう。第二は同じく柳圃の「蘭語九品集」、第三はそれを馬場佐十郎
が訂正した「訂正蘭語九品集」、第四は柳圃の「助字考」である。第五にして最後の「蘭語撰」に当るものは誰の作
品か、にわかに判明しない。筆跡は、長崎に遊学した大槻玄幹のそれと思われるもので、この写本全体を通じて同じ
筆である。このうち、「助字考」の大尾に、

　文化丙子仲夏上浣　於芝蘭堂謄
　　原文誤字俟追校矣

とみえるから、この分は文化十三丙子年（一八一六）の筆写に係ることがわかる。
さて、ここでとりあげたいのは最後の「蘭語撰」に当る内容である。内容は、

Eersteｰ Samenspraak　（六六例）
Tweede Samenspraak　（三六例）
Derde Samenspraak　（四三例）
Vierde Samenspraak　（〇例）

というオランダ語の会話例で、日本語訳はついていないものである。他の第一〜四の作品が、いずれも通詞の語学作品を筆写したものであるから、この「蘭語撰 Samenspraak」も通詞の作が筆写されたものとみられる。どんな内容か、Eerste Samenspraak のみを読んでみる。

Eerste Samenspraak

Uwe dienaar mijn heer.
ik ben de uwe.
hoe vaart gij al ?
tot uwen dienst.
en gij mijn heer ?
feel wel, om u te dienen.
ik ben tot uwen dienst.
ik ben tot den uwen.
ik ben verblijd dat ik u sie.
ik bedank u seer onderdaniglek.
hoe vaart mijn heer uw neef al ?
hij vaart wel goed dank.
Waar is hij ?
hij is op het sand.(1)
hij is in de stad.

hoe vaart mevrouw ?

Zij vaart wel.

hebt gij mijn heer P. gesien ?

ik zag hem oven (r) eenige dagen.

ik zag hem in de voorleden weke.

ik hebbe hem van dezen dag gesien.

hoe vaart hij al ?

Zeer wel.

hebt gij 't hof geweest ?

ik was daar gisteren.

Kent gij mijn heer P. ?

ik kenne hem wel.

ik kenne hem niet.

ik kenne hem iets.

ik kenne hem van aansien.

ik kenne hem van agting. (agtbaar replitatie) (reputatie)

ik hebbe de eere van hem te kennen.

ik hebbe de eere niet van hem te kennen.

Kend gij mevrouw ?

ik kenne haar wel.

ik kenne haar niet.

ik kenne haar van aansien.

ik hebbe de eere niet van haare te kennen.

Wanneer hebt gij haar gesien ?

ik zag haar gesterem (i).

het u (is) langen tijd geleden.

hoe laat is het ?

Wat uur is het ?

het is een uure.

ik weet niet (het) het (niet).

Waar komt gij van daar (vandaan) ?

ik kome van het hof.

Wat is dat nieuw (nieuws) ?

ik hebbe de courante niet geleesen.

Waar gaat gij ?

na den (D) hage (H).

na het hof.

na het land.

na de Comedie.
na V(F)rankrijk.
tot mijn heer……
tot mevrouw……,
naar onfant.　（これは不明）
na de kerk.
hier digt bij.
naar huistot.　（tot は不要）
naar de markt
mijn heer besoeken.
ik bidde god dat. (hij u geleide.)
uitgeleiden.
hy u geli(ei)ede　｝（前行と１体になるべき）

最後の Vierde Samenspraak は表題だけで、会話例は書き留められていない。筆写のもとになった冊子には、おそらく会話例が記載されていたものと想像される。となると、第五以下の会話例もあったかもしれない。

したがって、本書により、長崎の阿蘭陀通詞の間では、いわゆるサーメンスプラーク Samenspraak というものが、オランダ語会話学習のテキストとして、このようにいくつにも課を分けて用意されていたことがわかる。

本書の筆録者と考えられる大槻玄幹は長崎に遊学して中野柳圃に師事した経験があり、また、馬場佐十郎とは同門であり、江戸でも接触の機会があったであろうし、江戸に出て来て江戸の蘭学者にオランダ語会話を教えた西雅九郎（荒井庄十郎＝森平右衛門）から教えを受けた大槻玄沢の子息であったから、このいずれかの経路によって、本書が筆写されたものと考えられる。かつ、写本の表紙にみえる「蘭語撰」が Samenspraak に当る題ということになると、その題のつけ方は、馬場佐十郎の書名の付け方、すなわち、かの「西語訳撰」「蘭語訳撰」の題を想起せしめる。

右の例はややまとまった例である。前野良沢は長崎遊学から帰った翌年、すなわち明和八年（一七七一）秋、『ターヘル・アナトミア』訳読の同志にオランダ語を教示するに際して、テキストとして書いた『蘭訳筌』において、日常会話一七例を盛り込んだ。うち、

ik wensch u gouden《(e)》 dag, mijn heer

ik ben u dienaar

Ouden sal men eeren, jongen sal men leeren

Wit Raven vind men zelden, alzoo zelden men trouwen.

の四例は、のち『蘭訳筌』の増訂版である『和蘭訳筌』に再録され、さらに弟子の大槻玄沢が天明八年（一七八八）に出版した『蘭学階梯』にも引用・収載されている。

Hij is een gehoorzaam kend《(i)》

Hij is een oprecht knegt

men kan een man met zijn ommegang

Veel vraagen en wel onthouden

't haastig spoed is zelden goed

の五例は、『和蘭訳筌』に再録されたが、『蘭学階梯』には引用されなかった。

Hij brengt gansche nagten met Leezen door

ik heb al mijn kragt in 't werk gestelt, om 'er een eijnde wat maaken

't zou jemmerlijk weesen, zo een schoone gelegentheijt te verzuymen

の三例は、良沢自身は『和蘭訳筌』に再録しなかったが、玄沢は『蘭学階梯』に引用した。残る四例は、『和蘭訳筌』に再録されず、良沢は変えて他の一六例を新しく収載した。それらはいずれも『蘭学階梯』には引用されていない。『蘭学階梯』はこのように師良沢の『蘭訳筌』『和蘭訳筌』からの引用が多いが、三例だけ新しい例を収載して独自性を持たせている。

いずれにしても、これら『蘭訳筌』『和蘭訳筌』『蘭学階梯』にみえる合計三六の会話（Samen Spraaken）例は、その内容からして、通詞から教示を受けて録したものとしか考えられない。その推定を裏付ける証として、馬場貞由の『蘭学梯航』は注目に値する。京都大学図書館蔵の『蘭学梯航鈔録』でみても、「各辞弁類上」の項目の「Beknopte en leer Zaame Saamen Spraaken」の例として、

Eerste Saam Spraak

ik wensch u goeden dag, mijn heer

ik ben uw dienaar（以下略）

とみえる二例は、ともに『蘭訳筌』『和蘭訳筌』『蘭学階梯』のいずれにも引用・収載された冒頭の二例である。さらに、この二例は、蘭学者の間によく知られていたマーリンの文法書 Marin, Pieter: Nieuwe Fransche en Nederduitsche Spraakwijze. Amsterdam, 1762. の一四三頁にみえる、Beknopte en Leerzaame Samenspraaken の Eerste Samenspraak 冒

頭の二例である。「各辞分類下」の例としては、

Mijn heer N: naam

ik verzoek mijn Compliment aan de heeren N: en N:, en gelieft over mijn Zaak wel te Sch（以下略）

と、例示しているが、このあとに「以下十八枚略之、蘭人ヨリ日本人ニ贈リタル書翰数通ヲ載ス」と注記している。このような例から、通詞が集めた「サーメンスプラーカ（会話）」の例はオランダ語文法の原書や実際の書翰文などから蒐集されたものも含まれていることが判明する。

以上によって、第一課・第二課と、「サーメンスプラーカ」の例が沢山出来上っていくまでには、多くの通詞が実地の修業と経験を生かして、順次増補していったことが判明し、時間のかかった成果ということができる。

第三節　辞書編纂と阿蘭陀通詞

オランダ語の学習がすすみ、より難解な翻訳を新たに試みようとすれば、数多くの言葉を組織的に検索できる蘭日辞書が要求されることは自然のなりゆきである。わが国における蘭日辞書の発達については諸先学によって紹介・検討されていて、細部にわたる残された問題はさておき、大筋において付け加えることはほとんどない。

ここでは、それぞれの蘭日辞書が作成されるに際して関係した阿蘭陀通詞の役割の大きかったことを整理しておくにとどめたい。

一　西善三郎の蘭日辞書編纂

大槻家旧蔵『法爾末和解』第一冊にある張紙に「寛政十一年己未夏　槲蔭　磐水子録」と記した大槻玄沢の一文に、

先是三十年所長崎ノ和蘭訳司西善三郎トイフ人同業初生徒ノ為ニ「マーリン」ノ言辞書ヲ解釈セントス、稿ヲ起メコレヲ果サス、其AB二三韻諸言ヲ訳スルモノヲ見タリ（下略）

とあることによって、西善三郎が蘭日辞書の編纂に着手していたことを知り得る。寛政十一年（一七九九）から三十年まえといえば、明和六年（一七六九）となり、西善三郎が歿した明和五年の翌年となってしまうが、ヘルマン・クリスチアーン・カステンス Herman Christiaan Kastens の商館日記一七六七年（明和四）七月一三日の条(14)によれば、確かに善三郎が出島の勤務を休んで蘭日辞書の編纂に従事していることが伝えられている。してみると、大通詞西善三郎がマーリンの原書によって蘭日辞書編纂の企ては、着手間もなく、当人の死去によって終ったことを察し得る。

二　前野良沢の蘭日辞書編纂計画

前記大槻玄沢の文に「後我良沢前野先生モ亦徒弟蒙生ノタメニ此訳語ノ書ヲ撰ントメ尚未タ業ヲ卒ヘス」とあって、前野良沢の蘭日辞書編纂計画も日の目を見ずに終った。と同時に、このとき、通詞が関与の有無も詳らかでない。

三　『江戸ハルマ』と石井恒右衛門

大槻玄沢の芝蘭堂に「寛政四年壬子閏二月廿四日」[15]の日付で署名入門した因州医官稲村三伯が遊学期間に年限があるとして、「マーリンノ翻訳」を得て帰郷すべく師玄沢に請うた。玄沢は云々をもって自らその業に当ることを固辞した。しかし、玄沢は「天明丙午（六年、一七八六年）長崎遊学ノ帰途」「同行」して、以来交際を続けている元通詞の石井恒右衛門（今庄助、元馬田清吉）が「西氏（善三郎）釈語ノ企」を「継述」したい「素志」のあることを三伯に語り、三伯の入門方を石井に「懇請シ」た。三伯は、宇田川玄随・岡田甫説も誘って「釈辞」を受け、「筆記」に従事した。ところが、「年ナラス」して石井が君侯に陪して白河に到ることとなったため、三伯は玄沢に「ハルマ」の原本を乞うて石井に託した。石井はそれを「携テ其国ニ到リ、遂ニ功ヲ竣テ、翌歳帰邸〆三伯等ニ授」けた。諸子はこれを「集成」し、三伯・安岡玄真らは「彼此校讐」し、「年ヲ積テ全本」を成し、この後、三伯が出版に尽力して出来上ったのがいわゆる「江戸ハルマ」で、一本を贈られた大槻玄沢が寛政十一年夏に一文を草してこれに加えた、というわけである。[16] 勝俣銓吉郎氏旧蔵本最後の頁には、

de quansy 8 jaar. agttiende dag van tweede maand.

とあって、寛政八年二月十八日に完成されたことがわかり、『蘭学逕』の「凡例」に「寛政八年始テ活板ト為シ三十余部ヲ社友ニ配与ス、字ヲ植ヘ匠ヲ使フ榛斎子特ニ労勤セリ」と記すこととも符合する。

右の話の筋から、三伯の石井塾入門が何年のことか判然とはしない。しかし、三伯が芝蘭堂入門後に玄沢の紹介で石井塾に入門したのであるから、寛政四年をさかのぼることはあり得ない。「江戸ハルマ」完成が「寛政八年二月十

八日」で「寛政八年始テ活板ト為シ」と異口同音にいわれているから、この年は動かない。となれば、その間最大限をとってみても四年である。三伯が芝蘭堂入門後、石井塾を紹介されるまでの期間、および訳語の原稿を授けられてから「諸子」の「集成」「校讐」して「年ヲ積」んだ期間を差し引くとなると、石井恒右衛門が専心この仕事に従事した期間は思いのほか短いことになる。(17) さすれば、石井が、もともと「西氏釈語ノ企」の「継述」を志していた、とあるから、すでに相当の語学上の蓄積を持っていて、それを投入したということになろう。

いずれにしても、「江戸ハルマ」完成の間における、語学的役割は元通詞の石井恒右衛門にかかっていたわけで、稲村三伯らは「筆記」「集成」「校讐」と出版に尽力したのであることが判明する。これはちょうど、『ターヘル・アナトミア』訳読の主力が前野良沢にあって、その成果『解体新書』公刊への努力を杉田玄白がはらったこととよく似ている。

四　『ヅーフ・ハルマ』と阿蘭陀通詞

ヅーフ Hendrik Doeff が緒言で述べているところによれば、文化八、九年頃より私に通詞家数輩と相談してハルマの蘭仏辞書第二版（一七二九年）に準拠して蘭日辞書の編纂をはじめたが、これは「通詞家をして其学に進ましめんと欲するのみなり」というものであったという。ヅーフが初稿を長崎奉行に呈するにおよび、幕府は通詞一一名に命じて校訂・謄写に当らしめた。小通詞助中山時十郎・小通詞並吉雄権之助・小通詞並西儀十郎・石橋助十郎・名村八太郎・小通詞末席名村八十郎・猪股伝次右衛門・西甚三郎・植村作十郎・志筑長三郎・稽古通詞三島松太郎の面々で、うち中山・吉雄の二人がもっとも力を致したということである。(18) これらの人々は文化十二年九月六日より日々ヅーフの許に参集・従事し、翌年一部分を脱稿したが、その全部はヅーフ帰国後に属する天保四年のことであった。オランダ人指導のもとに通詞らの共同作業にかかる、この「ヅーフ・ハルマ」が「江戸ハルマ」を超えて、その後の蘭学者間に重用されたことは、適塾における利用振りを一つ想起するだけでも十分である。(19)

五　中津辞書『蘭語訳撰』と馬場佐十郎

いわゆる中津辞書『蘭語訳撰』と呼ばれている辞書の書名は、その「凡例」中に「コレヲ題メ蘭語訳撰トイフ」というによる。しかし、タイトル・ページの正式なる記載は、

Nieuw Verzameld Japans en Hollandsch WOORDENBOEK Door den Vorst van het Landschap Nakats Minamoto Masataka 1 Deel, gedrukt bij zijn dienaar Kamija Filojosi, 1810.

というものである。実に、最初に公刊された日蘭辞書である。全七〇七二の語句がイロハ引きになっており、そのイロハ各部の語をさらに一九門に意義分類したものである。一九門とは、

天門（天文）・地理・時令（時運）・数量・宮室・人品・家倫・官職・身体・神仏・器用・衣服・飲食・文書・銭穀・采色・人事・動物・植物

である。蘭文書名を訳せば、

新集日蘭辞書《(典)》中津領主ミナモトマサタカ（源昌高）による、彼の家臣カミヤヒロヨシ（神谷弘孝）刊、一八一〇年（文化七）

となる。これによると、出版地は記されていないが、本書は蘭癖大名の一人中津藩主源（奥平）昌高の編にかかり、

家臣神谷弘孝の出版ということになる。ところが、本書にはオランダ文の「Voorrede（序）」がついている。その筆者は「Ba. Sadajosi.（馬場貞由＝佐十郎）」で、日付・場所は、「te Jedo Aº 1810 of 't nengo Boenkwa 6de Jaar. 江戸にて一八一〇年すなわち年号文化六年」とあり、肩書は「Keijzerlijk Translateur van hollands taal te nangasakij 長崎における将軍のオランダ語通訳官」とある。実に語学の天才馬場佐十郎貞由が江戸に呼ばれた翌年の一文である。馬場が本書との関係を述べている後段の部分を訳出すれば次の通りである。

将軍の命で昨年より江戸の官衙にある署名者（＝馬場佐十郎）は、あるとき上記の侯（＝昌高侯）からオランダ語を学ぶ楽な方法、そのための手段を見付けてくれるように請われた。私（＝馬場）は御用繁多で時間の余裕とてもなかったが、侯の熱意に大いに満足して、暗記していた全ての単語を侯の高貴なる家臣の神谷弘孝をして書き取らせた。そのあと、侯自身編輯され、人々が知ることの出来るこの本を著わされたのである。

右によれば、全収載単語の訳は馬場佐十郎の記憶にかかり、神谷弘孝はその筆記者であり、奥平昌高侯は編輯を行なった人ということになる。

ここで、まえにも登場した越後の蘭学者森田千庵の筆写にかかる一写本を引き合いに出したい。その書名は、

Hollandisch en Japansch Woordenboek. 西語訳撰

といい、二二四頁からなる一冊である。表紙の下欄には特に「Vertaalen door Ba. Zazuro」と明記し、裏表紙には「M：Sennan」と森田千庵が署名して、千庵愛用の印四顆も捺している。「Vertaalen door Ba：Zazuro」とは「馬場佐十郎による翻訳」という意味である。各頁は縦に二分し、それぞれ横一八段に日蘭対訳語を記しており、毎頁三六語で、全七〇〇〇余語にのぼる。この各語をイロハ分けにし、さらにそれぞれイロハ各部を、天分・地理・時令・数量・宮室・人品・家倫・身体・器物・衣服・飲食・銭穀・采邑・人事・動物・植物、など一六門に分類している。この『西

第10表　以部の単語比較

馬場：西語訳撰		昌高：蘭語訳撰	
ondergaande zon	納日《イリヒ》	Ondergaande Zon	納日《イリヒ》
donder	雷	Donder	雷《イカヅチ》
blexem	雷《イナヒカリ》	Blexem	雷《イナビカリ》
noord west	乾《イヌイ》	Noord west	乾《イヌイ》

第11表　寸部の単語比較

馬場：西語訳撰		昌高：蘭語訳撰	
Water limoen	西瓜《スイクワ》	Water limoen	西瓜《スイクワ》
narris	水仙《スイセン》	Narcis	水仙《スイセン》
porselein	馬歯莧《スベリヒユ》	Porselein	馬歯莧《スベリヒユ》
Zuuring	酸模《スンボウ》	Zuuring	酸模《スカンボウ》
Sappan hout	蘇木《スワラ》	Sappan hout	蘇木《スワウ》
Snij boon	美人豆		

語訳撰』はそのオランダ文表題からすれば蘭日辞書のように読みとれるが、その組織は『蘭語訳撰』と酷似している。内容はどうか。そこで、試みに『西語訳撰』冒頭の「以」部の「天文」および大尾「寸」部の「植物」と、『蘭語訳撰』冒頭の「伊」部の「天文」および大尾「植物」の単語を比較してみれば第10表、および第11表の通りである。

これを見て同内容でないという人があるであろうか。馬場佐十郎が『蘭語訳撰』に寄せた蘭文の序文において「私が暗記していた全ての単語を侯の高貴なる家臣の神谷弘孝をして書き取らせた」という一節に符号することが明白に証明されるわけである。

しかも、このような「馬場佐十郎訳」と明記した同一形式・同内容の写本が存在するということは、単に「暗記していた」単語を順序不同に口述伝授したのではなく、すでに馬場が纏めておいた草稿本ともいえるものを筆写させたことをも推測せしめるものである。これは、写本『西語訳撰』と刊本『蘭語訳撰』の時間的前後関係がいずれであってもいい得ることである。単語数に若干の出入りがみられ、表記やルビの付け方に若干の相違が認められても、筆写経路は幾通りにも考えられる余地を残しており、現段階で前後関係を単純に言い切ることは不可能である。新しく傍証史料の見付かった段階で考察を深めたい。

いずれにしても、要は、中津侯源昌高の名において著名なる日蘭辞書『蘭語訳撰』もまた、その内容のほとんどが阿蘭陀通詞の語学力に負っていることが証明されただけで、ここでは十分である。

以上の主要なる蘭日・日蘭辞書が直接・間接にその後の蘭学界に影響をおよぼしたことは枚挙に暇ない。一切、省略したい。

第四節　阿蘭陀通詞の文法理解と文法書

さて、通詞が日常会話のコツを会得し、習熟して、やがて、次にはオランダ語文を作る段階に移る。「ヲップステルレン Opstellen 作文」がこれである。大槻玄沢は『蘭学階梯』の「修学」の項において、作文の学習について「文章ヲ書キ習ヒ」といっている。作文およびその説明を、また手本・テキストとする文章を、正確に理解するためには、文章の構造が理解されなければならない。ここにおいて、当然、文法の理解が要求されることになる。

オランダ語の文章にみえる規則・法則に気付き、理解しはじめたのも、当然のことながら阿蘭陀通詞であった。以下、長崎の阿蘭陀通詞がオランダ語文章中にみえる規則や法則に気付き、理解していった大筋を把握してみたいと思う。

一　本木良永と「和解例言」

かかる観点から、ややまとまった知識を書き留めた通詞としてまず指を折るべきは、本木良永（一七三五―九四）かと思われる。彼の訳業については別稿[20]にゆずるが、「勤学刻苦[21]」の実があがって、多くの訳書をものした間に、彼がまとめ得た注目すべきことに、オランダ語の文法に関する知識がある。

良永の最初の訳業『翻訳阿蘭陀本草』（明和八・一七七一年九月）をみると、今日われわれのいう促音のニュ・ウェ・テュなどのュ・ェを今日とは逆の左方に小文字を以て、ニュ・ウェ・テュのごとく示している。このような試みは、続く『阿蘭陀地球図説』などにおいても、たとえば拗音キュを「キユ」というふうに、今日とは逆にキを小さくユを大きく書いて表現している。このようなことを、彼がいつから気付いて工夫・案出しはじめたかは知る由もない。史料としては、右にみたごとく、明和八年の初作からみえている。ちなみに、明和八年秋といえば、江戸で前野良沢・杉田玄白らが小塚原での観臓後『ターヘル・アナトミア』の会読を開始して半歳もたたない頃である。

先輩・知友・オランダ人からの知識を吸収しながらも、右のような注意と創意工夫とをもって訳読に励んだ良永のオランダ語文法に関する知識を綜合的にみるとすれば、病歿二年まえの寛政二年（一七九〇）の筆になる『星術本原太陽窮理了解新制天地二球用法記』に付けられた「和解例言」をおいてほかにない。

まず和蘭文字二六字を説明している。アベセレッテル A, B, C, Letter というのは日本の伊呂波四八字というがごときもので、字は三体あり、其一はメルキ・レッテル Merk Letter 印文字、其二はデリュック・レッテル druk Letter 板行文字、其三はシケレイフ・レッテル Schrijf Letter 書牘文字がそれである。また別にセイヘル・レッテル Cijffer-

Letter という算数文字があって、これに二体ある、といった文字の説明からはじまり、和蘭言語の音声（発音）を日本の片仮名で表記する際に、「濁音」には「〻」の二点を加え、「其ノ余ノ異ル音声（半濁音）」には「。」をつけ、あるいは文字を合せ二字に記し、また「促呼スル音声（促音）」には「ツ」の字を接し、「長ク引ク字音（長音）」には「ー」を記すことなどを述べている。しかし、結局、片仮名文字で表記するのは「彼邦ノ語音ニ叶ヒ難シ」といっている。これは、鎖国下にあって、実際にオランダ人に接してその発音を耳にする通詞にしてはじめて実感の得られることであったと思われる。

ついでキリンキ・レッテル Klink Letter 韻字（母音）ＡＥＩＯＵ五韻と、メーテ・キリンケル Meede Klinker 助声字（子音）二一字をのべ、語をなすその組み合せを「聯合反切」といっている。そして「日本五十韻」で「和蘭韻」を考え、ウをオランダ人はユと発音するので、日本のアイウヱオの五韻をアヱイヲユと訛るとして、彼我の五十音を比較掲載している。ついで、ＣＱＸ、ＣＫ、ＤＴ、ＩＪ、ＩＹ、ＦＨ、ＬＲ、ＳＺの用法をのべている。一例を示せば、ＬＲについて、

日本ラリルレロノ韻ハ和蘭ニ二韻アリ、二韻共ニ和蘭人ラレリロリュト訛リ、其一Ｌ《エル》ノ字ニ因リテ唱フル韻ハ舌ヲ上腭ニ着テ唱ヱ、其二Ｒノ字ニ因リテ唱ヱル韻ハ舌ヲ転シテ唱フルナリ

などと説明しているといった具合である。以下、母音と子音の組み合せについて縷説して「和蘭ＡＢＣ二十六字ノ大略」を終っている。

次に、「和蘭左行横文字聯合反切帰納ノ字韻唱法幷ニ唐韻仮借文字」ということについてのべている。これは要するに、音節についてオランダ語表記、その発音、その発音に当てはめる漢字について述べているのであるが、これを前述のＡＥＩＯＵ五韻に配して第12表のごとき一表にまとめている。

これは表の一部である。音節のオランダ語表記、たとえば、AAB，その下についている〈アアベ〉というのはA・A・B一文字ずつの読みで、AABという音節の発音を表記しているのではない。音節AABの発音はその下欄の右についている〈アーブ〉である。この〈アーブ〉に当てた漢字が〈阿歩〉である。この「和蘭文字ノ語音ニ漢字ヲ合セ記ス」作業には唐通事石崎次郎左衛門の教示を得た点が大きかったようである。

第12表　音節の表記・発音と配当漢字表

A《ア》	AA《アア》	AAB《アアベ》	AAC《アアセ》
曷《ア》	阿（アー）	阿歩《アーブ》	阿郭《アーク》
E《ヱ》	EE《ヱヱ》	EEB《ヱヱベ》	EEC《ヱヱセ》
悦《ヱ》	野《ヱー》	野歩《ヱーブ》	野郭《ヱーク》
I《イ》	II《イイ》	IIB《イイベ》	IIC《イイセ》
逸《イ》	以《イー》	以歩《イーブ》	以郭《イーク》
O《ヲ》	OO《ヲヲ》	OOB《ヲヲベ》	OOC《ヲヲセ》
屋《ヲ》	窩《ヲー》	窩歩《ヲーブ》	窩郭《ヲーク》
U《ユ》	UU《ユユ》	UUB《ユユベ》	UUC《ユユセ》
由《ユ》	猶《ユー》	猶歩《ユーブ》	猶郭《ユーク》

次には、「一字一韻ヲ出ス文字」として、

第13表　「一字一韻ヲ出ス文字」の表記・発音と配当漢字表

B《ベ》	歩《ブ》
C《セ》	郭《ク》
D《デ》	掇《ト》
F《ヱフ》	桴《フ》
G《ゲ》	古《グ》
K《カ》	郭《ク》
L《ヱル》	而《ル》
M《ヱム》	無《ム》
N《ヱン》	尹《ン》
P《ペ》	甫《プ》
R《ヱラ》	耳《ル》
S《ヱス》	数《ス》
T《テ》	鐸《ト》
V《イハ》	孚
W《ドベルトイハ》	武
X《ヱキス》	吉数《キス》
Y《ヱイ》	以《イ》
Z《セダツト》	世《ス》

第13表の文字をあげ、このあと、国名にラテン語とオランダ語の二表記があることなどをのべ、続いて「翻訳」の苦心点に移って、「和蘭語ヲ日本語ニ翻訳スルニハ各形状アル者ハ其形状ニヨリテ其名義ヲ識ルト雖𪜈其余無形ノ言語ニ至リテハ何ニ因リテカ習フ事ヲ得ンヤ」とその困難性を指摘して次のような例をあげている。

一二三ノ数ハ一言一言相当ルト雖𪜈、和蘭ニ一十百千ト云フ語アリテ万ト云フ語無ク、万ト云フヲ和蘭語遆尹無《テイーンメ》逸扇掇《ギュイセン》ト云フナリ、此ニ十千ト正訳ス、此ノ如ク、万ヲ十千ト云ヒ、十万ヲ百千ト云ヒ、百万ヲ密立猶尹《ミリューン》ト云フナリ、日本ノ言語ニ密立猶尹《ミリューン》ト云フ言語コレナシ（下略）

その結果、「故ニ万語万言一々的当ノ翻訳ヲナシ難シ」としている。

右のような、アベセ二六文字の三体、数字の二体、発音の表記、母音・子音、音節のことなど、その例示の仕方は良永以後の通詞や蘭学者に大きな影響をおよぼしたのであるが、ここでは深入りしない。ここでは良永の気付いたオランダ語知識の特徴を理解するにとどめ、詳細は他日を期したい。

まず、良永の意識はＡＢＣ二六文字・数字の表記と発音、それに漢字を当てる作業にとどまって、いわゆる品詞の分類・理解というような文法理解の段階までには達していない、ということが指摘できる。もっともこれは良永が依拠したオランダ語に関する参考書によることであるかもしれない。

次に、良永の解釈の仕方をみるに、まず日本語の文法知識を基礎において、それにオランダ語をあてはめ、あるいは比較して理解しようとしていることである。アイウエオ五十音図にオランダ語をあてはめようとしていることなどその好例であろう。通詞・蘭学者がこのような考え方から解放されるのはしばらくのちのことである。

推測されることは、おそらく良永が初歩的なオランダ語の文法書を用いていたであろうということである。それがいかなる書物であるか、まだ確証は得られていない。いずれにしても、そのようなオランダ語文法書の利用とともに、実際の翻訳作業の過程で気付いたり理解し得た法則を加味して、良永は独自の工夫をこらして翻訳に従事していた模様である。彼の初期の訳書『和蘭地図略説』に「セプテンテイリヨ」「カルデイナーレス」「ヲーステンゥイント」などと表記上の工夫をしている。今日のわれわれは「セプテンティリヨ」「カルディナーレス」「ヲーステンウィント」と表記しているところである。はやくから良永が創意工夫をこらしていた一斑である。

二　中野柳圃とセウェル文法書

稽古通詞志筑忠次郎忠雄がその職を退いたのは、養父の跡職を継いでから一年ばかりした翌安永五年（一七七六）のことであった。「病身に罷り成り」[22]が退職の理由で、それは病歿の文化三年（一八〇六）行年四十七歳の過去帳[23]の記載から逆算して彼が十八歳のことであった。その後の彼は、多病の故に世人との交通を謝絶して独り学んで過したと伝えられる。[24]いずれの頃からか、本姓の中野に複している。その学の分野は、遺された訳著からして、天文力学と世界の地理歴史学にあったこと、およびオランダ語文法の研究にあったことがわかる。[25]

志筑忠雄がオランダ語学書の訳著に力を入れたのは、彼の後半生のことに属する。彼の語学書の教示を得た門弟たちが、いずれも「柳圃中野先生撰著」とか「中野柳圃」と、その署名の仕方を伝え、彼自身「柳圃書」とか「柳圃著」と署名をしていたことからもうなづける。現在、遺教として伝えられているものも含めて、一〇種類のオランダ語学書を挙げることができる。そのうちで、成立年のわかるものは「文化二年二月　柳圃書」もしくは「文化二歳在乙丑春二月　柳圃著」と巻末に記されている『四法諸時対訳』一点だけである。同書には「予が三種諸格」「予が生前父として自著二点の引用がみえているから、この二点は『四法諸時対訳』より以前の成立ということになろう。さらに、

『蘭学生前父』には「助詞考」の引用自著名がみえるから、『助字(詞)考』は『生前父』より早く成立した作品ということになる。宇田川玄随の『蘭学秘蔵』に「志築(マヽ)忠次郎助辞考」とその書名が見え、これが長崎遊学より天明六年（一七八六）江戸に帰った大槻玄沢からの教示とすれば、存外はやい成立ということになり、少なくとも天明の初年ころには成立していたことになろうか。(26) 未発見の『和蘭詞品考』は、柳圃の弟子馬場佐十郎の言により、文化元年（一八〇四）の成立か、と推定されてもいるが、(27) いまだ確定をみていない。『蘭学凡』『西音発微』はいずれも、享和三年（一八〇

第14表　中野柳圃のオランダ語学書一覧

	書名	署名等	備考（作品中にみえる引用書名等）
1	柳圃中野先生文法		
2	助字考	柳圃先生遺教	
3	蘭学凡	柳圃先生ノ遺教	（玄幹ハ享和癸亥（一八〇三）遊学、文化乙丑二年に東都に帰る）。「蘭学事始」「蘭学或問」「蘭学階梯」「セイデラール文科全書」
4	西音発微	中野柳圃先生遺教　大槻玄幹著	
5	三種諸格編	西肥崎陽　柳圃中野先生撰著	「スプラーカコンスト」「ウォールデンブーク」「レーデンコンスト」「アベブーク」「ケール、ナチュールキュンデノ序」
6	蘭学生前父	柳圃著	「大槻カ蘭学階梯」「本居翁ノ言葉の玉ノ緒ニ」「助詞考」
7	和蘭詞品考	文化元年（一八〇四）カ	
8	四法諸時対訳	柳圃書	W. Sewel: Nederduitsche Spraakkonst, Amsterdam, 1708.
9	柳圃先生虚詞考	文化二年（一八〇五）二月	「三種諸格」「生前父」
10	九品詞名目		

三）から文化二年（一八〇五）にかけて長崎に遊学、親しく口授された大槻玄幹の筆録になるものとすれば、前掲の諸書とほぼ同じか、ことによったらそれ以前の成立にかかるものかもしれない。『柳圃先生虚詞考』『九品詞名目』『柳圃中野先生文法』の三点は、目下のところ、その成立年を察する史料をもっていない。

以上、一〇点のオランダ語学作品を、未確定ながら、右の考察を踏えて列挙すれば、およそ第14表の通りである。

次に中野柳圃が学び得たオランダ語文法の学習方法を検討してみたい。

大槻如電翁は『新撰洋学年表』において、『暦象新書』の翻訳中に「自力の発明もて蘭文に語格詞品ある事を覚」ったものであるといわれた。しかし、柳圃が全く「自力」でオランダ語文法に開眼したわけでないことは、代表作の一つ『蘭学生前父』において「以上二十七則ノ語ハ余カ作為ニ出タレ氏各本ツク所ナキニ非ス」と、「本ツク」文献の存在したことを明言している。柳圃に師事した馬場貞由は『和蘭文範摘要』の例言中で、

　（馬場が柳圃に対して）一日就テ問ヒ、先生嘗テ此文式ノ要領ヲ得タルノ由ヲ聞クニ、答曰、余曾テ和蘭人泄物爾《セウエル》トイヘル人著セル所ノ「ガラマチカ」トイフ書ヲ閲シ、日夜研究シ、後聊カ得ルトコロアリ、今吾子等ニ授ルトコロコレナリ

と、師の柳圃が「セウエル」の「ガラムマチカ」なる原書を利用していることを伝えている。大槻玄沢も『蘭訳梯航』の中で、「彼邦ノ雅称ニ『ガラムマチカ』、和蘭ニテ『スプラーカキュンデ』トイフコトアリ」「柳圃専ラ此書（＝ガラムマチカの書物をさす）ニ研精シテ其要領ヲ得タリ」といっている。写本『四法諸時対訳』[28]（江馬本）の表紙には、

　本文ハ Sewel, Spraakkonst ニ取ル

と明記されているし、『三種諸格編』には、「スプラーカコンスト」「ウォールデンブーク」「レーデンコンスト」「アベブーク」「ケール、ナチュールキュンデ序」などと参考とした蘭書の名がみえ、大槻玄幹が「柳圃先生ノ遺教」の

書として書き留めた『蘭学凡』には「セイデラール文科全書」という蘭書名もみえる。
中野柳圃がオランダ語文法を理解していく過程で利用した、これらの原書のうち、彼が最も大系的理解に用いた原書は以下にみるごとく「セウエル」文典であった。

柳圃の門人馬場佐十郎は幕府に召され、蛮書和解御用の訳官となった人である。文化十一年（一八一四）の春、参府随行の江戸番通詞石橋某（この年の年番大通詞は石橋助次右衛門、年番小通詞は末永甚左衛門で、石橋助十郎が見習として東上したから[29]、おそらく石橋助次右衛門であろう）が佐十郎を訪れて一写本を示した。そのときの有様を佐十郎は『訂正蘭語九品集』[30]の「緒言」に次のように記している。

近ロ崎陽ニ於テ蘭語九品集ト題セル書編成レリ、足下聞クヿアリヤト、余不知ヲ以テ答ヘ、且懇ニコレヲ請フ、生為メニ其写本ヲ以テ予ニ借与ス、因テ即コレヲ謄写シ、後コレヲ熟察スルニ、恐クハコレ柳圃先生ノ詞品考ニソ、彼ノ西某ナル者一二ノ追補ヲ下シ、別ニコノ名ヲ命セシモノナランカト、尓後コレヲ熟読スルニ、或ハ写誤多キニ似テ、亦或ハ某文章更ニ解シ難キモノ多シ、コレ必ス訳ヲ為スノ誤解ニ出ツ、且ツ其編次序ヲ失ス、体裁ヲナサス、其説前後ヲ為スモノ少カラス、初学ノ徒若シコレヲ取テ規則トナストキハ、却テ益惑ヲ生スルヿアランヿヲ知ル、予未タ作者ノ意ヲ弁セストイヘドモ、或ハ先生ノ遺書ナルトキハ地下ノ恨如何ン、故ニ今其誤リヲ正シ、亦本文ニ就テ増減シ、別ニ改写ヲナシテ、以テ社中ノ諸生徒ニ示ス、敢テ自ラ揣《ハカ》ラス、新ニ本編ニ訂正ノ二字ヲ冠ラシムルヿ然リ

右にみえる柳圃の「詞品考」について、佐十郎は長崎にいた頃からその名を聞き及んではいたものの見たことはなかった。その理由は、

予弱齢崎陽ニ在ルノ時、柳圃先生和蘭詞品考ト云フ著書アルヲ聞ケリ、但先生漫ニ他人ニ示スヿヲ許サス、思フ

ニコレ未タ草案ニ属シ、或ハ誤謬アランヿヲ恐レ、再訂ヲ謀リタマフテナルヘシ、コレ恒ニ先生此業ニ於ケル、深ク謹慎〆、苟モセサル所以ナリ、幾クモナクシテ先生逝ケリ、恨クハ再ヒコレヲ索ムルニ由ナシ、然ルニ歿後コレ等ノ艸稿数種悉皆ナ門人西某ナル者受得タリト聞ケリ、コレ亦深ク秘スルヲ以テ容易ニコレヲ窺フヿヲ得ス

というわけであった。

次に川本幸民の筆写にかかる『訂正蘭語九品集』によって内容をみれば、次の通りである。まず、

Verzaameling der
Negerderleie Spraakdeelen
van het hollandsche taal, als
蘭語九品集

ledekens, of geslacht woorden	発声詞（冠詞）
Naam woorden	静詞〈実静詞（名詞） 虚静詞（形容詞）
Voornaam woorden	代名詞（代名詞）
Werkwoorden	動詞（動詞）
Deelwoorden	動静詞（分詞）
bijwoorden	形動詞（副詞）
Te Zaamen Voegzees, of Voegwoorden	連属詞（接続詞）
Voorzetzels	所在詞（前置詞）
Tusschen Werpzels	歎息詞（間投詞）

とあって、九品詞それぞれの説明とその例示を行なっている。（ ）内は現行の品詞名である。「連属詞」の項の説明文中で、

貞由按スルニ此九品集ハ「セウエル」人名ノ著述セル学語全書ヲ以テ作レルモノ也

と明記している。

以上が『訂正蘭語九品集』の前半に当る。続いて、馬場は、

貞由曰、蘭語九品ノ解、大略ハ右ニ尽セルナリ、左ニ又文章ノ諸法幷ニ現在過去未来等ノ諸時規則ヲ出セリ、但シ先生ハ頗ル和学ニ達シ給ヒシナレハ、其訳文ニ和語ノ「テニヲハ」ヲ用ヘリ、予此ノ学ニ心ヲ用ヒシヿナケレハ、其意ヲ弁セザルヿアリ、故ニ今写セントスル書ニ誤写アルトモ、其是非弁スルヿ能ワサレバ、其儘ニ茲ニ写ス、唯其次序ノ前后セル者ヲ改メ記スルノミ

とことわったあと、「諸法」「諸時」についての規則について説明と例をあげている。これが後段の半分に当る。近時、斎藤信氏の研究(31)によって、この後段半分「諸法・諸時」の部分は柳圃の『四法諸時対訳』に相当することが明らかにされた。

『訂正蘭語九品集』の「緒言」において馬場佐十郎が伝えるところによれば、師柳圃が「帳中の秘書」としてみだりに見せなかった「詞品考」は、歿後、門弟の西吉右衛門の手にわたり、「一二ノ追補」が加えられて「蘭語九品集」と呼ばれるものとなり、ついで、馬場佐十郎が「誤リヲ正シ」「増減」「改写」の手を施して『訂正蘭語九品集』となったものであるという。したがって中野柳圃の「詞品考」は依然として「まぼろしの書」ではあるが、『訂正蘭語九品集』の記述から西・馬場両人によって手の加えられた部分を判別して、もとの「詞品考」を窺い知ることはできないものであろうか。その試みとして、『訂正蘭語九品集』にみえる記述のされ方について一、二検討してみたいと思う。

まず、江馬家でみつかった柳圃の作品『四法諸時対訳』（写本）本文冒頭と『訂正蘭語九品集』の該当内容の部分とを比較してみれば次の通りである。（相違している所に—を付してみる）

＜江馬本『四法諸時対訳』＞

諸時　三時ニ細分ある故ニ諸時と云ふ

tegenwoordig, tijd　現在

onvolmaakte voorleeden tijd,　過去ノ現在

事跡ニ常ニ用ユ

tijd volmaakte voorleedje ———　過去

meer dan volmaakte voorledje tijd　過去ノ過去

此ハ事跡ニノミ用ユ

Toekomende tijd　未来

tweede toekomende tijd. of onbepaalde tijd der aanvoegende wijse.　不限時

derte toekomende tijd, of onbepaalde tijd, der aan voegende wijze.　不限時

tweede onvolmaakte voorleden tijd of onbepaalde tijd der aanvoegende wijse.　過去ノ未来

tweede toekomende tijde.　未来ノ過去

諸法

ann toonende wijse,　直説法

gebiedende wijze　使令法

aanvoegende wijze ______	死語法
__wenschende wijze	
onbepaalde wijze	不限法
<『訂正蘭語九品集』>	
○ Van de Wijzen 諸法	
aan toonende wijze	直説法
gebiedende wijze	使令法
aanvoegende wijze, of Wenschende wijze	分註法
onbepaalde wijze	不限法
○ Van de Tijden 諸時	
tegen woordigtijd	現在
on volmaakte voorledentijd	過去之現在恒ニ　事跡ニ用ユ
Volmaakte voorledentijd	過去
meer dan volmaakte voorledentijd	過去之過去事跡ニノミ用ユ
toe komende tijd	未来
tweed toekomendetijd, of onbepaalde tijd [deraantoonende Wijze]	不限貞由按スルニ　未来之不定
derde toekomentijd, of onbepaalde tijd [der_Voegende wijze]	不限貞由按スルニ　去過之不定
tweede onvolmaakte voorledentijd, of onbepaalde tijd [der aan voegende wijze]	過去之未来

Tweede voekomende tijd　　　　　　　　　　未来之過去

この両者を比較して判明する点を列挙する。

1　内容は全く同じである。
2　諸事と諸法が、諸法と諸事に入れかわっている。
3　「諸法」「諸時」の見出しに原語が付け加えられた。
4　「死語法」が「分註法」と表記替えされた。
5　「貞由按スルニ……」が二ヵ所加わっている。
6　分註法の原語中に of の字が加わっている。
7　過去の原語表記方法が改められている。
8　不限時が不限と表記替えされている。
9　不限時の原語表記中 aanvoegende が aantoonende と改められている。これは誤りを訂正しているのである。
10　過去ノ現在の注記において、語順が入れ替っている。
11　過去ノ過去の注記において「此ハ」の語が落ちている。
12　不限のところで、der aanvoegende wijze が der voegende wijze と aan を落している。

この一二点を検討してみたい。1の内容が同じである点は馬場が師の作品の内容を忠実にそのまま伝えようとしていることを示している。2・3・6・7・8は馬場がいう「次序」を正しくし、表記・表現を整理し、「増減」「改写」した点に該当すると思われる。10・11・12はケア・ミスに属することである。ただし、馬場らの責任が問われるところか、写本成作者の筆写の際の不注意か区別出来ない。4・9は意識的に変えたところであるが、4は単に名称の変更であるのに比して、9の指摘訂正の意味は大きい。このような点の誤りが放置されていた場合、馬場がいう「誤解」が生じ、「初学ノ徒」の「惑ヲ生スルコト」になるわけで、馬場の学力を示している訂正箇所である。5のような点も馬場の配慮の現われである。二種類の意味のことを単に「不限時」と同じ表現で説明されても読者にはその相違がわかるはずはない。そこで、新たに区別の説明を「貞由按スルニ」として付け加えたのである。師の作品の形はそのまま尊重しておき、自説は区別して付加したもので、馬場の学者的態度が表明されているところである。

両書とも、続いて「Leeren 学ぶ」という言葉を例にした文章に移っている。冒頭部分を同様に比較してみよう。

（□および―線部分が相違点である）

＜『四法諸時対訳』＞

Leeren　学ブ

学びてん学ひつなとのてん又はつの類ハ詞によれり、行くなといふ詞なとハ行なん行ぬなといふや

aantoonende wijze

直説

現在

ik leer, gij leert

我学ぶ　汝等学ふ

此ノ如キ ik, hij gij, なとによりて動詞の格異なる事及ヒ aan voegende wijse によりて異なる事幷に予が三種

諸格の後に見たるを以て此には ik のミを表して他は略セリ事跡なとに　といふハ我昔を語る也

＜『訂正蘭語九品集』＞

○ Van de Aaantoonende(ママ) wijze 直説法

Tegenwoordig tijd 現在

ik leer　我学フ

gij leert　汝学フ

如是 ik gij, hij ナドニ依リテ動詞ノ格異ナルヿ及ヒ aanvoegende wijze ニヨリテ異ナルヿハ、予カ三種諸格ノ後ニ見タルヲ以テ、此ニハ ik ノミヲ表メ、他ハ畧セリ、事跡ナトニ ik ト云フハ我昔ヲ語ル也

貞由按スルニ、右動詞ノ格異ナルトイヘルハ、仮令ハ leeren ト云フ動詞ヲ右ノ如ク或ハ leer トシ、或ハ leert ト首尾ヲ転シ、異ニスルヲ云フナリ、又三種諸格トイヘルハ先生著述中ノ一書名ナリ

両者比較して気付く点をあげると、

1　『四法諸時対訳』の冒頭の一文が『訂正蘭語九品集』では除かれている。これは、師にして原著者の柳圃自身が未解決のまま疑問として残した点は、読者がいらざる混乱におちいることのなきよう削除したものと思われる。

2　「aantoonende wijze 直接」が「Van de Aantoonende Wijze 直説法」と表記・表現が整えられている。この方がよい。

3　「現在」が「Tegenwoordige tijd 現在」と表記・表現が整えられている。これも、この方がよい。

4　gij leert の訳として「汝等学ふ」とあったのを「汝学フ」としている。単・複数とも同形・同変化であるから、どちらも誤りではないが、「ik leer 我学ぶ」に続く例文であるから、ここでは単数とみるべきである。したがって、馬場の訂正が常識的で正しい。

5　柳圃の説明文中の「幷に」が「ハ、」と変えられている。前後の文の続き具合からして馬場の訂正文の方がよい。

6　原著柳圃の文とは区別して、一段下げて、馬場佐十郎は「貞由按スルニ」として一文を付け加えている。

右の諸点からして、読者が混乱しそうな点を削除し、不完全・不自然な表記・表現を改め整えて、説明不足と思われる点は原文とは完全に区別して加筆したことがわかる。したがって、「貞由按スルニ」として付言した馬場の文を除くと、まずまず、原著者中野柳圃の原文に近いものになるのではないかと考えられる。

さて、柳圃の原文に近い文を、いま原書セウェル文法書 W. Séwel: Nederduytsche Spraakkonst. の一七〇八年版[32]で比較してみると、九品詞の解説である前半部分の文は、原書の忠実な訳というのではない。たしかに、九品詞の説明はしてあるが、その文は柳圃がセウェル文法書を基本としながらも、諸本から得た知識をも頭において作った文である可能性が強い。にわかに確定はできない。

後半の「諸法諸時」の部分は、内容から「四法諸時」といった方が適切であり、もとづく原書の文は内容からして動詞の解説部分であるセウェル文法書の動詞一二五―一七五頁に含まれているわけであるが、柳圃が訳出・利用したのは、そのうちのわずか一四四―一五四頁の部分であるにすぎないことが判明した[33]。それも、原書が各人称・単複数の変化形を例示しているのに対して、柳圃は ik, gij, hij などによって変化が異なることは「予が三種諸格の後」に述べてあるから、ここでは ik だけを示す、といったような抄訳による例示説明に終っている。かつその説明の仕方、理解の仕方が、馬場が削除した「leeren 学ぶ、学びてん……などいふや」の一文をみてもわかるように、柳圃の頭の中には日本語の表記・表現に関する知識、ひいては語法・文法的知識があらかじめ強く存在し、それに合せるような仕方で原書を利用・抄訳していることが理解される。この特色は中野柳圃の他のオランダ語文法書にも共通してみられる特色である。(34) これは馬場が「先生ハ頗ル和学ニ達シ給ヒシナレバ」と指摘している点に起因しているものと思われる。

第五節　オランダ語学の成立
——馬場佐十郎のオランダ語学——

序

オランダ語文法の本格的研究に手を染めたのは阿蘭陀通詞出身の中野柳圃（志筑忠雄）であった。その柳圃に教えを受け、さらにその大系的整備に努めた人は阿蘭陀通詞馬場佐十郎であると思う。殊に、馬場は、長崎だけにとどまった柳圃と異なり、江戸に出て天文台に勤務のかたわら、江戸の蘭学者に直接教授する機会があった。その結果、大槻玄沢をして「都下ノ旧法廃シテ新法正式ニ一変」したといわしめるほどの成果をあげ得た。しからば、馬場佐十郎が修得したオランダ語文法と、その大系はいかなるものであったであろうか。

すでに馬場佐十郎の経歴とその業績などについては概観したことがあるし、特に、彼の語学に関する業績としては、彼の著訳にかかる文法書と、会話書・単語集とを列挙・紹介したことがあるので[35]、本節においては、もっぱら馬場佐十郎が身につけたオランダ語文法の組織大系を追究してみたいと思う。

一　馬場佐十郎のオランダ語文法書

そこで、改めて馬場佐十郎の著訳にかかるオランダ語文法書を検討してみなければならない。彼のオランダ語文法書について、現在までに判明しているものは次の通りである。

1　蘭語冠履辞考　二巻　文化五年（一八〇八）秋月成。
2　蘭語首尾接詞考　一冊　文化五年秋月成。
3　和蘭辞類訳名鈔　一冊　文化七年（一八一〇）訳。
4　西文規範　一冊　文化八年（一八一一）訳。
5　訂正蘭語九品集　一冊　文化十一年（一八一四）成。
6　和蘭文範摘要　上下二冊　文化十一年成。
7　蘭学梯航　六巻　文化十三年（一八一六）。

右のうち、『蘭語冠履辞考』と『蘭語首尾接詞考』とは馬場のオランダ語文法理解の一端を示す訳著ではあるが、大系的なものではなく、本節の目的からしてここでは必要がないので省略する。『和蘭辞類訳名鈔』は文法用語について、マーリンの一八類とハルマの一四類との訳語を案定したものである。したがって、これをもって文法上の組織・大系を示し得るものではないから、これも本節にとって直接必要としない。

次は『訂正蘭語九品集』と『和蘭文範摘要』とで、共にオランダ語文法書であるが、このうち『訂正蘭語九品集』は馬場の師中野柳圃の著作にかかる『和蘭詞品考』と『四法諸時対訳』とを合せて成った『蘭語九品集』に馬場が訂正を加えたものである。(36)『和蘭文範摘要』は柳圃の『詞品考』の原典とみなされているセウェル Séwel のオランダ語文典 Nederduitsche Spraakkunst. の大要を訳したものである。馬場の序文によれば、原典の所蔵者である通詞の西某に懇請して五日間を限って借り受け「最要ノ諸説」を書写・訳出したが終らず、さらに二、三日の延長を請うてその大要を写し、「略訳」を行なってできあがったものが本書の原稿で、その後、江戸で門人の請によって、訂正を加え、口授して門人杉田恭卿と高須松斎に筆録せしめて成ったものが『和蘭文範摘要』であったという。したがって、その分類・記述において『訂正蘭語九品集』に似た点の多く認められるのは当然であろう。これより先、数年もさかのぼる時点で、後述する『西文規範』という詳細にして整った内容の文法書を訳出し得るほどの語学力と文法知識とを身につけていた馬場であるから、セウェル文法書の要綱訳出ごときは、いとも易きことではあったであろうが、『蘭語九品集』の「訂正」作業と『和蘭文範摘要』の成稿が同じ文化十一年である点は注目すべきである。すなわち、『訂正蘭語九品集』と『和蘭文範摘要』との成稿は、あくまでも、彼の師中野柳圃のオランダ語文法に関する知識の吸収と大系化の成果である点に意義がある。

さて、次にとりあげる『西文規範』と『蘭学梯航』とは、前者がパームの文典の翻訳で後者がハルマ・マーリンを参考にして著したオランダ語文法書であるが、『訂正蘭語九品集』『和蘭文範摘要』が柳圃の業績を発展させたものという点からすれば、この『西文規範』『蘭学梯航』の二書こそは馬場佐十郎が独自に成し得たオランダ語文法の大系的理解の成果ということができよう。

そこで、以下、この二書の内容を検討してみたいと思う。

二　『西文規範』について

1　現存写本

『西文規範』は写本で伝わっており、現在までに管見に入ったところは次の三本である。

1　江馬庄次郎氏所蔵本　乾坤　二冊
2　松村明氏所蔵本　一冊
3　京都市立西京商業高等学校図書館所蔵本　一冊

この三種の写本の間において、内容構成上相違はみられない。ただ江馬本のみが乾坤二冊に分けているが、分けている場所が内容構成上、必ずしも適切な箇所とはいいがたく、単なる便宜的な分冊にすぎないと考えられる。

2　内容構成

その内容構成の大綱を示せば次の通りである。

まず、表紙に続いて最初に六ヵ条からなる「凡例」があり、「文化八年辛未夏　穀里馬場貞由識」と明記している。次にオランダ文原書にみえる Voorreede（序文）をそのまま書写している。このオランダ文の最後には「右原本ノ首ニ載セタル序例也別ニ訳稿ヲナス」と断っているが、この訳稿は本書中には見当らない。

いよいよ内容に入って、「西文規範首巻第一第二篇抜訳」として、四ヵ条の問答体を訳出し、それに続いては「以下撮要抜訳スル也」として抄訳を載せている。この首巻が終ったところで、「原書ノ巻尾ニ詩アリ爰ニ写シ置ク」としてオランダ詩四行を書写しているが、これには訳文は付けられていない。これは、原書 VIERDE STUKJE の大尾である一一〇頁にみえるものである。比べてみると、原文四行の形式を無視して、改行もしないで書き写している。
次に「和蘭文学問答」を「巻之一」「巻之二」「巻之三」の三巻に分ち、各巻には目次を掲示したあと各章を収めている。巻と章との関係は、「巻之一」には第一章から第七章までを収め、「巻之二」には第八章から第十二章までを収め、「巻之三」には第十三章から第十八章までを収めて終っている。いま、これを江馬本によって表示すれば次の通りである。(37)

西文規範　乾

凡例

Voorreede

西文規範首巻第一第二篇抜訳

原書ノ巻尾ニ詩アリ爰ニ写シ置ク（蘭詩）

和蘭文学問答　巻之一

目次

〃　第六章
〃　第七章
和蘭文学問答　巻之二
目次
和蘭文学問答　第八章
西文規範　坤
和蘭文学問答　第九章
〃　第十章
〃　第十一章
〃　第十二章
和蘭文学問答　巻之三
目次
和蘭文学問答　第十三章
〃　第十四章
〃　第十五章
〃　第十六章
〃　第十七章
〃　第十八章

3　パーム蘭文原書

さて、「凡例」の第一条をみると、

此編ハ和蘭ノ Kornelis van der Palm トイヘル人ノ著述ニメ、題号ヲ Nederduitsche Spraekkunst voor de Jeugdt. ト云フ、此ヲ訳スレバ幼学須知文家必要ト云ハンカ如キ義也、訳成テ後暫クコレヲ西文規範ト仮題ス原本板行ノ年ハ彼暦数一千七百七十四年也、我安永三年甲午ニ当ル

とみえる。この原書をオランダ国に求めてみると、アムステルダム大学が所蔵している、Kornelis van der Palm : Nederduitsche Spraekkunst, voor de Jeugdt. Rotterdam, 1769. を利用することを得た。[38] 馬場は一七七四年版を用いたと記している。この本の初版は一七六九年ロッテルダム版で、以後二十版くらい版を重ねた由である。[39] 本節では、初版本を用いるが、以下で加える比較検討によって、内容的には一七七四年版とほとんど相違は無いものと見受けられる。

「凡例」の第二条は次の通りである。

原文分テ四篇トナセリ、第一篇ハ彼ＡＢＣ文字ノ訳《ワケ》及其連続《クサリ》等ノヿヲ説キ、第二篇ハ詞品科ヲ説キ、第三篇ハ諸辞ヲ連続運用法ヲ載セ、第四篇ハ彼国字ヲ合併シ、辞ヲナスノ例ヲ顕セリ、予コレヲ通読スルニ第二第三篇ハ専ラ我党ノ須知有益ノヿヲ説ケリ、第一第四ハ所謂字読《チクサリ》及其連続シテ一辞ヲナシタル例ヲ顕スモノニシテ、我党ニ益少シ、故ニ第一ト第四篇ハ此首巻ニ抜訳シ、第二第三篇ハ悉ク有益ノヿドモ載タレバ、一条一章ヲ省略セズ始メヨリ終リニ至ルマテ訳述セリ、即其第二篇ヲ西文規範前編ト名ケ私ニ分テ三巻トナス、又其第三篇ハ西文規範後編ト名ケ、コレモ亦私ニ上下二巻ニ分ツ

右に断るところによって原書との関係を比較表示すれば第15表のごとくなろう。

第15表と現存の『西文規範』とを比べれば、第15表の首巻（原書の第一篇・第四篇の抄訳）と前篇（原書の第二篇の全訳）とが知られていて、後篇（原書の第三篇）は未発見ということになる。

第15表　原書と訳本の構成比較表

パーム原書	西文規範	
第一篇・第四篇	首巻　抜訳	（抄訳）
第二篇	前篇｛第一巻・第二巻・第三巻｝	（全訳）
第三篇	後篇｛上巻・下巻｝	（全訳）

そこで、これを原書に当ってみると、

EERSTE STUKIE 1—7 HOOFDSTUK
TWEEDE STUKJE 1—18 HOOFDSTUK
DERDE STUKJE 1—19 HOOFDSTUK
VIERDE STUKJE 1—5 HOOFDSTUK

となっていて『西文規範』と付合する。

4　蘭文原書による内容検討

次に改めて『西文規範』の全記載内容をパームの原書と比較検討してみよう。

「凡例」は馬場が原書翻訳後に付したものであるから原書に見えるはずがない。

写本の Voorreede 三丁半は原書の EERSTE STUKJE の最初に八頁にわたってみえており、このオランダ語文を馬場は忠実に書写したのである。(40)

「西文規範首巻第一第二篇抜訳」はどうか。訳文会話四ヵ条と、それに対する原書の原文会話四ヵ条とは、それぞれ、

○問　何ヲカ Spraakkonst ト云フヤ

答　spraakkonst ト云フハ letteren《文字》ト sprake《言語》トヲ知ルノ法ヲ云

Vr.　Wat is de *Spraekkunst* ?

Antw.　De Spraekkunst is eene kennis van de Letteren en Sprake.

○問　Spraakkonst ヲ若干ニ分別スルカ

答　コレヲ woordgronding品詞ト Woordvoeging連辞法トノ二ツニ分ツ

Vr.　Uit hoe vele deelen bestaet de Spraekkunst ?

Antw.　Zy bestaet uit twee deelen, namelyk, de *Woordgronding* en *Woordvoeging*.

○問　Woordgronding品詞ト云フハ何ヲ学ブヿナルヤ

答　Woordgronding ト云フハ辞ノ起因《ヲヽルスプロング》　性質《エイゲンシカツプ》　変化《アフレイジング》　併合等ヲ学ブ也

Vr.　Wat leert de Woordgronding ?

Antw.　De Woordgronding leert den Oorsprong, de Eigenschap, Afleiding en Verdubbeling van enkele woorden.

○問　コレヲ学ハンニ何ヲ以テ要トスルカ

答　コレヲ学フニ要トスルヿハ第一ニ文字ヲ学ブ也、コレヲ併セテ辞ヲ読ル、コレヲ spelling読法ト名ク、第二ニハ連読法ヲ学ブ、コレヲ uitspraak ト名ク、コレヲ以テ真語真辞ヲ知リ得ル也

Vr.　Wat wordt daer toe vereischt ?

Antw.　Daer toe wordt vereischt: vooreerst, eene kennis der letteren, waar uit de woorden t'samengestelt worden, 't welk de *Spelling* genoemt wordt, ; en ten tweede, een onderzoek der lettergrepen, dat is, hoe die recht uit-tespreken zyn, 't welk men de *Uit spraek* noemt.

とあって、この書物の内容が問答体で著作されていることが判明する。これを点検するに、馬場は問答体の内容を逐

条原文に即して正確に翻訳していることがわかる。この四ヵ条の逐条訳を施したあとは「以下撮要抜訳スル也」と断って、抄訳している。江馬本でみれば、抄訳文は片面一〇行詰で七丁ほどにわたっている。抄訳文の最初の二、三を例示し、それぞれ原書に当って、抄訳の仕方を検すれば次の通りである。

　CノKノ音ナルハAOUノ上ニ在ル𪜈也

　EIYノ下ニ在ルCハ皆Sノ音也

とあるのは、原書九頁にみえる、

　Vr.　Waer op moet men dan acht slaen, om den rechten klank der C uittedrukken?

という問に対する答、

Antw.　Men moet in aenmerking nemen dat de C den klank van eene K heeft, wanneer zy voor eene A, O of U staet; doch van eene S, wanneer zy door eene E, I of Y gevolgt wordt.

を意訳したものであることがわかる。次に、

　chトスルモノGヨリ其音強シ読音差別アルベシ意亦異ナル也 lach ハ lagchen ナリ lag ハ liggen ナリ schoon ヲ sgoon トハナラス schrijveren ヲ sgrijven ト書クヿハナラズ

とあるのは、原書九頁にみえる、前条に続く一問答を省いて、その次にみえる、

　Vr.　In welke woorden kunnen wy de C in 't geheel niet missen?

という問に対する答、

　Antw.　De C moet noodwendig gebruikt worden in zulke woorden, waer in een scherper klank, dan men door de G kan uitdrukken, gehoort wordt. In dit geval wordt zy met de H gepaert, en vormt een letterteeken *ch*, 't welk wy *che* noemen. Dit onderscheidt van klank wordt gemerkt in *lach*, van *lagchen*, en *lag*, van *liggen* komende ;(*) en allerduidelykst in de woorden *schoon*, *schryven*, enz, waer voor men geen *sgoon*, *sgryven*, enz. spellen kan.

の意を訳出したものである。ただし、そのうち *schryven* を *schrijveren* と書き誤っている。また次に、

chノ noch ハ無ナリGノ nog ハ尚　マダナリ仮令ハ mij broeder noch ik hebben op de beurs geweest ノ noch ハ不無ナリ hij heeft nog twee broeders ノ nog ハ尚　マダナリ

とあるのは、原書一一ページにみえる、

Vr.　Wat onderscheidt is er tusschen ***noch*** en ***nog***?

という問に対する答、

Antw.　Als het woordt *noch* met Ch gespelt wordt beteekent het eene ontkenning ; by voorbeeldt, *myn broeder* NOCH *ik hebben op de beurs geweest*. Doch wanneer het met G wordt geschreven, geeft het eene vermeerdering te kennen ; by voorbeeldt, *hy heeft* NOG *twee broeders*, enz.

を意訳したものである。

このように、馬場が「以下撮要抜訳スル也」と断って抄訳した部分は、原書にみえる各問答のうちから、必要と思われるものを選び、かつ、その撰択した問答の文章の大意をもって意訳したものであることが判明する。

さて、次は馬場が「我党ノ須知有益ノ叓ヲ説ケリ」と重要視した原書第二篇に相当する主内容である。すなわち「和蘭文学問答」巻之一—三に当る計一八章である。

この馬場の訳定した翻訳章題と原書にみえる章題とを対比・列挙し、その内容が何ヵ条の問答から成っているかを表示すれば第16表の通りである。（ ）内は筆者の補記。

第16表　訳書・原書間にみえる章題・問答数の対照表

西文規範 章題	問答数	パーム原書 章題	問答数
一、Van de Spraak deelen 詞品科ト訳ス	10	Van de Spraekdeelen (品詞分類)	10
二、Van de naamvallen 変格六法	41	Van de Naemvallen (格変化)	41
三、aanmerking over de naamvallen 運用規格的実	4	Aenmerking over de Naemvallen (格変化注意)	4
四、Van de lid of geslachtwoorden 発声詞	13	Van de Lid- of Geslachtwoorden (冠詞)	13
五、Van de naamwoorden 静詞門	13	Van de Naemwoorden (名詞と形容詞)	13
六、Van de buigingen der zelfstandige naamwoorden 実詞変化	16	Van de Buigingen der Zelfstandige Naemwoorden (名詞の性数格の変化)	16
七、Van de buiging der toevoegelijke naamwoorden 虚詞変化	8	Van de Buiginge der Toevoegelyke Naemwoorden (形容詞の性数格の変化)	8
八、Van de trappen van vergelijkinge 比較級階	10	Van de Trappen van vergelykinge (形容詞の変化)	10
九、Van de voornaamwoorden 代名詞	17	Van de Voornaemwoorden (代名詞)	17
十、Van de Werkwoorden 動詞	31	Van de Werkwoorden (動詞)	31

西文規範		パーム原書	
章題	問答数	章題	問答数
十一、hoe de hulpwoorden, in tijdvoegingen, den werkwoorden hulp bijzetten 助詞因時世扶助動詞	6	Hoe de Hulpwoorden in de Tydvoegingen den Werkwoorden hulp byzetten (助動詞の動詞への作用)	6
十二、Van de buijging der hulpwoorden 常用動詞変化	4	Van de buiging der Hulpwoorden (助動詞の変化)	4
十三、Van de buijging der werkwoorden met de hulpwoorden 動詞与常用変化	5	Van de Buiginge der Werkwoorden met de Hulpwoorden (助動詞を持つ動詞の変化)	5
十四、Van de deelwoorden 動静辞	7	Van de Deelwoorden (分詞)	7
十五、Van de onveranderlijke en in 't bijzonder van de bijwoorden 属用辞前訳形動詞	13	Van de Onveranderlyke en in 't byzonder van de Bywoorden (副詞)	13
十六、Van de voegwoorden 助辞	6	Van de Voegwoorden (接続詞)	6
十七、Van de voorzetselen 冠辞	3	Van de Voorzetselen (前置詞)	3
十八、Van de tusschenwerpingen 嗟嘆辞	2	Van de Tusschenwerpingen (感動詞)	2

5　翻訳方針

右一八章の翻訳の仕方について、馬場は「凡例」の第四条・第五条において述べている。

一編中訳文ヲナスモノ、内ニ彼邦ノ書キ取ノ儘ヲ我片仮名文ニ訳シテハ少モ其意下ラザル所アリ、コレハ其蘭文ニ関ワラス我国ノ人ニ解シ易キ様ニ其意味ヲ主トシテ訳セリ、コレ杉田立卿ガ眼科ノ書ヲ訳セシ例ニ傚フテ也、或ハ又別ニ予ガ註ヲ下ス所アリ、以テ原文ノ意弁論セシメントシテ也

一編中ニ名目辞甚ダ甚《ヲヽ》シ、コレ先師柳圃君ノ訳例ニ倣フモアリ、又未タ訳名ヲ施シ給ハザルモノハ今新ニ訳名ヲ充ツ、コレ唯通読ニ便ナラザランヿヲ思フテ也、実ハ訳名ヲ施スニモ及ハズ、蘭名ヲ記臆スルヲ良トスレ𪜈、朝夕唱フルニ蘭名ハ冗長ニシテ不便ナレバ也、漢字ナドヲ以テリッパニ命名セントシテ骨ヲ折ルヿハ無益ノ至リト云フベシ、仮令ハ何ナル立派ナ支那字ヲ充ルトイヘトモ、訳辞ノ面目ニテ其意ノ性意ガ明ラカニ知ルルト云フ程ニハ至ルマジ、然レバ猶蘭名原称ヲ記臆スルヿ大ニ勝レリト云フベシ、尤モ今予ガ施セシ訳名字ハ取ルニ足ラス、唯記号《フチヤウ》ニソメッポフニ書キ記セバ、唱ヘ易ク句調ノヨキ字モアラバ、随意ニ改名スベシ、予ガ意ハ猿ト云フ𪜈、猫ト云フトモ、唯其辞ノ意サヘ理会スレバ良シトス

すなわち、第四条ではいわゆる意訳をしたところがあることを断り、また自分が私的に註記を施したところのあることを断っている。第五条では、名目辞（品詞等の用語）は先師中野柳圃の訳例を用いているが、いまだ訳例のないものについては新訳名を充当したことを断っている。

6　翻訳振り一斑

右のような翻訳方針で訳出した馬場の翻訳振りの一斑をみてみたい。例は各章の第一番目の問答を採りあげてみる。ここでは原文を先に、馬場の訳文を後に掲げる。

第一章における第一番目の問答の原文は次の通りである。

Vr.　Wat noemt men in de Spraekkunst de *Spraekdeelen*?

Antw.　Spraekdeelen noemt men de onderscheidene soorten der woorden, waer uit eene tael wordt tesamengestelt.

右に対する訳文は次の通りである。

問　文字中に spraakdeelen ト称スルモノアリコレ何ヲ云ヤ

答　spraakdeelen ト称スルモノハ一句一語ヲ成ス諸品ノ辞ヲ惣称シテ云フ也

第二章第一問答

Vr.　Wat zyn de *Naemvallen*?

Antw.　De Naemvallen, die zes in getale zyn, werden eertyds van allen gemeenlyk genoemt met de volgende woorden, uit de Latynsche benamingen getrokken, en niet zeer met den aert' der zaken overeenkomende; te weten, *Noemer**, *Teler*†, *Gever*‡, *Aenklager*ǂ, *Roeper*§, en *Nemer*¶ dan men heeft thans woorden, die deze veranderingen duidelyker aentoonen, in derzelver plaets gestelt.

* Nominativus.　† Genitivus.　‡ Dativus.　ǂ Accusativus.　§ Vocativus.　¶ Ablativus.

問　naamvallen 運用規格ト云フハ如何ナルモノナルヤ

答 naamvallen ノ数凡テ六ツアリ第一ヲ羅甸語ニテ nominativus ト云フ和蘭ニテコレヲ noemer ト訳セリ第二ヲ genitivus ト云フコレヲ teeler ト訳セリ第三ヲ dativus ト云コレヲ geever ト訳セリ第四ヲ accusativus ト云フコレヲ aanklager ト訳セリ第五ヲ vocativus ト云フ是ヲ roeper ト訳セリ第六ヲ ablativus ト云フ是ヲ neemer ト訳セリ然レドモ此訳其本意ニ的当セサルニ因テ当時ハ此訳ヲ改メテ其本意ヲ明ラカニ知ルベキノ訳名ヲ施セリ

第三章第一問答

Vr. Zyn de Naemvallen tot de kennis eener tale niet ten hoogste noodig?

Antw. Tot de rechte kennis eener sprake zyn de Naemvallen ten uiterste noodig; zoo om dat men daer door eene onderscheidenheid der zaken, als duidelykheit in het uitdrukken van zyne gedachten verkrygt: ook is de onkundigheit van dezelven de oorzaek, dat zoo weinige lieden eenen behoorlyken styl weten te schryven.

問 言語ヲ学フ者ハ naamvallen ヲ知ルヲ要トスルニ及ハサルカ

答 言語ノ真意ヲ尽スニハコノ naamvallen ヲ知ルコト最モ肝要也 即コレヲ以テ種々ノコトヲモ詳ラカニ語リ明ラカニ諭スヘキ也 又文中混雑不分明ナルモノハ皆コノ法ヲ知ラス謾リニ記スルモノナレバ也

第四章第一問答

Vr. Wat zyn de *Lid-* of *Geslachtwoorden*?

Antw. De *Lid-* of *Geslachtwoorden* zyn woorden, die in onze tale voor de naemwoorden gestelt worden, om aen te wyzen of dezelven van het *mannelyke*, *vrouwelyke* of *onzydige Geslacht* zyn.

問 lid woorden 一名 geslagt woorden ト云フハ何ナルモノナルヤ

答　lid woorden 一名 geslacht woorden ト云フハ実詞ノ頭ニ冠ラシメテ陽詞陰詞中詞ナルヿヲ知ラシムルノ詞也

第五章第一問答

Vr. Wat zyn de *Naemwoorden*?

Antw. De *Naemwoorden* die tweederlei zyn, te weten, *Zelfstandig* en *Toevoegelyk*, zyn zodanige woorden, welke zaken of derzelver hoedanigheden, te kennen geven.

問　何ヲカ naamwoord《静詞》ト云フヤ

答　naamwoord ニ二種アリ一ヲ zelfstandig naamwoord《実詞》ト云フ又一ヲ Toevoegelijk naamwoord《虚詞》ト云也即支物或ハ性質形状ヲ著ス詞ナリ

第六章第一問答

Vr. Hoe vele *Buigingen* zyn de Zelfstandige Naemwoorden onderworpen?

Antw. Gelyk men in alle talen onderscheidene Buigingen (dat is verschillende wyzen op welke de Naemwoorden veranderen) heeft; zoo heeft men in de Nederlandsche sprake, aengaende de Zelfstandige Naemwoorden ook drieërlei Buigingen.

Vr. Hoe geschiedt de eerste Buiging?

Antw. De eerste Buiging doet de woorden zoo wel in het *meervouwige* als in het *enkelvouwige* veranderen, en geschiedt op de volgende wys.

Enkelvouwig.		*Meervouwig.*	
1 Man	4 Man	1 Mans	4 Mans
2 Mans	5 Man	2 Mannen	5 Mans
3 Manne	6 Manne	3 Mannen	6 Mannen

問　Zelfstandige naamwoorden実詞ノ変化スル凡ソ其数幾箇アリヤ

答　諸国ノ方詞ニ変化アル如ク我カ和蘭詞ニモ亦然リ即実詞ニ三種ノ変化アリ其第一種ノ変化ト云フハ単復(マヽ)共ニ変異ヲナス左ニ出ス例文ノ如シ

	単　詞	復(マヽ)　詞
第一格	man	mans
第二格	mans	mannen
第三格	manne	mannen
第四格	man	mans
第五格	man	mans
第六格	manne	mannen

第七章第一問答

Vr.　Wat moet men by het Buigen der *Toevoegelyke Naemwoorden* in acht nemen?

Antw.　By het Buigen der Toevoegelyke Naemwoorden slaet men gade, van wat Geslacht het Zelfstandige woordt, waer by het Toevoegelyke gevoegt wordt, zy; naerdien de Buiging der Toevoegelyke Naemwoorden, naer die der Zelfstandigen geschikt wordt.

問　虚詞ノ変化ニハ何ヲ以テ心得ヘキノ的実トナスヤ

答　虚詞ノ変化ニ心ヲ留ムヘキヿハ先ツ何種ノ実詞ナルカ何処ニ虚詞ヲ置クヘキカト云フヿニアリ何ントナレハ虚詞ノ変化ハ皆其属スル所ハ実詞ノ種類ニ因テ異ニスレハ也

第八章第一問答

Vr. Wat zyn de *Trappen van Vergelykinge?*

Antw. De Trappen van Vergelykinge zyn de veranderingen, die de Toevoegelyke Naemwoorden, door het vergelyken van het eene Zelfstandige Naemwoordt, met het andere moeten ondergaen.

問　何ヲカ de trappen van Vergelyking ト云フヤ

答　コレ棠詞ト実詞トヲ比較スルヲ以テ其属スル虚詞ニ変化ヲナスヲ云フ也

第九章第一問答

Vr. Welk is het derde *Veranderlyke woordt?*

Antw. Op de Naemwoorden volgen, als een derde Spraekdeel, de *Voornaemwoorden*, die mede veranderlyk zyn.

問　何レカ第三ノ Veranderlijke woord 有変調ト訳ス第三トイヘルハ上巻詞品ノ中ニ第三ノ有変詞ヲ代名詞ト云ト既ニ云ヒタルヲ以テ也宜ク上巻ト照シ見ルベシ ナルヤ

答　静詞原名 naamwoord ニ続ヒテ第三ノ詞品代名詞モ共ニ有変詞也

第十章第一問答

Vr. Wat zyn *Werkwoorden?*

Antw. De Werkwoorden zyn veranderlyke woorden, die een *doen*, *lyden*, of *zyn* beteekenen, dienende dus om aen te toonen wat iemant doet, of wat aen hem gedaen wordt: by voorbeeldt, *Slaen* is een Werkwoordt, dat eene daedt veronderstelt, namelyk, van hem, die slaet; doch *geslagen worden* beteekent een lyding te ondergaan.

問　何ヲカ Werkwoorden《動詞》ト云フヤ

答　Werkwoorden ト云フハ叓ヲ行ヒ又人ヨリ行ワルヽトコロ或ハ物ノ有在ヲ云著スノ詞ナリ譬ヘバ Slaan ト云フ詞アリコレ人ノ為ストコロヲ云フノ詞ニシテ即 Werkwoorden 也又 geslaan woorden ト云詞アリコレハ人ヨリ行ハルヽトコロノ werkwoord 也皆時所ニ因テ変化ヲナス

第十一章第一問答

Vr.　Komen ook de Hulpwoorden in de Werkwoorden te pas?

Antw.　Naerdien de Werkwoorden door hunne veranderingen, niet in staet zyn de onderscheidene *wyzen* en *tyden* aen te toonen, hebben zy om dit te verrichten de hulp der *Hulpwoorden* noodig.

問　hulpwoorden モ動詞ニ添ヘ用ユルヿアリヤ

答　動詞ノ変化ノミヲ以テ wijzen と tijden トヲ明ラカニ著スヿ能ワス悉ク hulpwoorden ノ助ケヲ以テ明カスナリ

第十二章第一問答

Vr.　Hoe wordt het Hulpwoordt *zyn* gebogen?

Antw.　Het Hulpwoordt *zyn* buigt men op de volgende wys:

Aentoonende Wys.

Tegenwoordige tydt.

Eenvouwig.	*Meervouwig.*
Ik ben.	Wy zyn.
Gy zyt.	Gylieden zyt.
Hy, Zy, het is ⋮	Zy zyn.

問　hulpwoord ノ zijn ハ如何変化ヲナスヤ

答　hulpwoord ノ Zijn ノ変化ヲナスヿ左ニ出ス例ノ如シ

直説法現在之例

単	複
ik ben	Wij zijn
gij zijn	gijlieden zijt
hij, zij, het is ⋮	zij zijn

第十三章第一問答

Vr.　Op welk eene wys wordt het personelyk bedryvend Werkwoord *Beminnen* gebogen?

Antw.　Men buigt het personelyk bedryvend Werkwoord *Beminnen* op de volgende wys:

AENTOONENDE WYS.

Tegenwoordige tydt.

Eenvouwig.	*Meervouwig.*
Ik bemin.	Wy beminnen.
Gy bemint.	Gylieden bemint.
Hy, *Zy*, het bemint.	Zy beminnen.
⋮	

問　persoonlijk bedrijvende Werkwoord beminnen ハ如何変化ヲナスヤ

答　其変化ノ例左ニ出スカ如シ

直説法現在

単	複
ik bemin	Wij beminnen
gij bemint	Gijlieden bemint.
hij, Zij, het bemint	Zij beminnen
⋮	

第十四章第一問答

Vr.　Wat zyn de *Deelwoorden?*

Antw.　De Deelwoorden zyn woorden, die even gelyk de Werkwoorden te kennen geven wat een persoon doet of lydt.

問　何ヲカ deelwoorden ト云フヤ

答　deel woorden ト云フハ werkwoorden動辞ト相同シク人ノ所為《ドウド》又被為《レイト》ヲ顕シ示ス辞也

第十五章第一問答

Vr. Welk is het eerste Onveranderlyk Woordt.

Antw. Het eerste Onveranderlyke Woordt noemt men het *Bywoordt.*

問　何レカ第一ノ onver anderlyke woord ナルヤ

答　按ニ初巻ノ始メ詞品科ノ弁論中ニ有変詞ト無変詞トニ類アルヿヲ云フタリ而メ bijwoord ヲ以テ無変詞ノ首ニ置キタリ故ニ爰ニ第一ノ云々トアリ即以下ノ三章共ニ無変辞也

第一トイヘルニ外ニ義理ナシ

第一ノ onver anderlijke woord《無変化詞》ヲ bijwoord《属用辞》ト云フナリ

第十六章第一問答

Vr. Wat zyn *Voegwoorden?*

Antw. De Voegwoorden zyn onbuigzame Woorden, dienende om eene rede te samen te voegen, en aeneën te schakelen, by voorbeeldt, *en, mitsgaders,* enz.

問　voegwoorden トハ如何ナルヲ云フヤ

答　voegwoorden ト云フハ変化スルヿナキノ辞ニメ一句一言ヲ相連ヌルノ用ヲナス即 en, mitsgaders 等ノ類ナリ

第十七章第一問答

Vr. Wat zyn de *Voorzetsels?*

Antw. De Voorzetsels zyn onbuigelyke woorden, die dus genoemt worden, om dat zy voor andere woorden, die zy in hunne Naemvallen beheerschen, geplaetst dienen, om verscheidene omstandigheden van personen of zaken uitte drukken.

問　何ヲカ voorzetsels ト云フヤ

答　voorzetsels ト云フハ変化スルヿナキ辞也　是ハ人身《ペルソール》支物ノ動揺ヲ云ヒ顕ス諸辞ノ前ニ置ク辞ナル故ニ此ヲ voorzetsels ト名ク也

第十八章第一問答

Vr.　Wat noemt men *Tusschenwerpingen?*

Antw.　Men noemt eene Tusschenwerping een onbuigzaam woordt, dat uit zich zelven eenen zin uitmaekt, én zoo genoemt wordt, om dat men het tusschen de rede inwerpt, om door het zelve eene hartstocht uittedrukken.

問　何ヲカ tusschenwerpingen 嗟嘆辞 ト云フヤ

答　tusschenwerpingen ハ変化スルヿナリ且一辞ヲ以テ思意《ハルトトクト》ヲ述ヘ著ス辞也　蓋シ此辞ハ毎々句中ニ置ク故ニ此ヲ tusschenwerpingen 間置辞 ト名クル也

各章の第一問答例だけとはいえ、引用が長くなってしまった。しかし、従来、原書を得て比較検討されたことはなかったから、まず原書と訳書の内容をみてみる必要があると思ったからである。これらの例をみると、次のような点がみられる。第一章第一問答例は全訳で、第二章第一問答例においては原文の脚註も含めて全訳である。第三章から第五章までの各第一問答例は全訳である。第六章においては原文の第一問答と第二問答を併せて訳している。この場合、原文の第二問目を省略し、第一答と第二答を合せて全訳している。第七章から第十八章までの各第一問答はそれぞれ全訳である。第九章第一問答の問いの訳文と、第十五章第一問答の問いの訳文には訳者の註記が入っている。前者は単に割註で挿入し、後者は特に∧按ニ∨と断って、本文より下げて註記している。以上によって、馬場佐十郎の「和蘭文学問答」と題した本論各章の訳文は原文に対してほぼ忠実な全訳であることが判明する。

7　未発見の「後篇」

さて、続く「凡例」にいう「後篇」に当る翻訳内容はいまだ一本の写本も発見されておらず現段階では知る由もない。しかし、前述もした通り、それはパーム原書の第三篇に当る分で、馬場が「凡例」で述べている文面に信を置くとすれば、第二篇の分と同じように全訳を終っていると思われるものである。

馬場が全訳を完了していたとすれば、江戸天文台下の三新堂塾においてオランダ語学を諸生に講じた際に、前篇と同様、この後篇をもテキストとして使用していたであろうことは容易に察せられる。

万一、それほどまでに訳稿が完了していなかったとしても、「凡例」の文面からして、馬場自身は全篇を読了してパーム文法書の全内容を大系的に把握していたことだけは確かである。したがって、馬場が読了したパーム原書の第三篇を知り、彼が把握していたパーム文法書の全貌を知るうえからも、また『西文規範』後篇探索の手懸りを得ておくうえでも、第三篇の各章題を紹介しておくことは意味のあることと考えられる。よって、次に示す。

DERDE STUKJE.

EERSTE HOOFDSTUK.

Van de Woordvoeging.

TWEEDE HOOFDSTUK.

Aenmerkingen over de Geslachtwoorden.

DERDE HOOFDSTUK.

Van de t' samenvoeging der Zelfstandige en Toevoegelyke Naemwoorden.

VIERDE HOOFDSTUK.

Van het plaetsen der Voornaemwoorden.

VYFDE HOOFDSTUK.

Van de schikking der Naem- en Werkwoorden.

ZESDE HOOFDSTUK.

Van het plaetsen der Bywoorden.

ZEVENDE HOOFDSTUK.

Van het plaetsen der Voegwoorden.

AGTSTE HOOFDSTUK.

Van de beheersching', der woorden in 't algemeen.

NEGENDE HOOFDSTUK.

Van de beheersching' der Zelfstandige Naemwoorden in 't byzonder.

TIENDE HOOFDSTUK.

Van de beheersching' der Werk- en Deelwoorden in 't byzonder.

ELFDE HOOFDSTUK.

Van de beheersching' der Voorzetselen.

TWAELFDE HOOFDSTUK.

Van de beheersching' van sommige Naem- en Werkwoorden.

DERTIENDE HOOFDSTUK.

Noodige waernemingen in de Woordvoeging'.

VEERTIENDE HOOFDSTUK.

Van de Schriftscheidingen.

VYFTIENDE HOOFDSTUK.

Van het Punt en de Zinsnede.

ZESTIENDE HOOFDSTUK.

Van het Zinsnydingspunt en het Tweepunt.

ZEVENTIENDE HOOFDSTUK.

Van het Vraegteeken, Verwonderingsteeken en Tusschenstellingsteeken.

AGTTIENDE HOOFDSTUK.

Van het Scheiteeken, het Wegneemingsteeken en het t' Samenbindingsteeken.

NEGENTIENDE HOOFDSTUK.

Byzondere aenmerkingen over de verandering in eenige woorden.

8　『西文規範』の意義

馬場の翻訳方針と翻訳振りを点検してみて気付く点を二、三指摘しておきたい。

一、原文に即した翻訳であること。

原書の第一篇第四篇についての抄訳はさておき、第二篇すなわち本『西文規範』の主内容は全訳であって、原文に即した翻訳であることが判明する。この翻訳振りは馬場の師中野柳圃の翻訳振りと大いに異なる点である。柳圃の翻訳振りについて、彼の文法上の著作を点検してみると、「彼が Sewel の文典を読んだにも拘らず、原書の翻訳という方式のものではない。彼は先ず『日本語』を中心にすえ、その日本語に対応する『オランダ語』を示して説明しようとするふうである」(41)。これに対して、馬場の翻訳は、あくまでも原文に即した翻訳である。文法用語の翻訳一つをとってみても、『和蘭辞類訳名抄』を点検したところで指摘したように、異なる原書にみえる用語の相違は、そのまま原書にみえる用語を異なったまま示すといったような慎重なる態度を示しているのである。

二、馬場佐十郎における初の大系的オランダ語文法書であること。

馬場が一つのまとまりのあるオランダ語文法書に依拠して独力で訳出し得た成書であることの意義は大きい。この点について、彼自身「凡例」の最後の条において、

（前略）我師柳圃「セウヱル」トイヱル人ノ著セル「スプラーカコンスト」ト云フ書ヲ読テ創テ彼学ノ目ヲ知リ漸ク綱目共ニ明識セリ、コレ亦八九年以前ノヿ也、然ルニ柳圃君ハ文化四丁卯ノ七月九日ニ卒セリ、先生在命ノ時トイヘ𪜈多病ニシテ其全編ヲ訳了ルヿヲ得給ハズ故ニ予今師ノ念ヲ次テ其訳稿ヲナス（下略）

と、その抱負を語っている。すなわち、中野柳圃のセウエル文典による訳著によってオランダ語文法の綱目を知ったが、それが未完であるので、〈師ノ念〉を継いでこのパーム文典の訳稿を成したというのである。もちろん馬場はこの三年後において師が未完のまま仕残したセウエル文典訳出の整備・大系化に努めるのであるが、それに先だつ、この年に、師とは別個の原書から、独力でオランダ語文法の大系を獲得することに成功したのである。よって、

私はこの『西文規範』訳出をもって馬場佐十郎におけるオランダ語文法の大系的理解が確立したとみなすものである。

三、内容の記述が会話体であること。

パームの原書が全篇にわたって会話体で著述されているから、原文に即して翻訳を行なった馬場の訳文も会話体になっているのは当然である。各章題に「和蘭文学問答」と名付けているのは、いみじくもこのことを雄弁に物語っている。そして、このことは馬場佐十郎の活躍を考える場合にすこぶる重要な点である。彼がオランダ商館長ヅーフやブロムホフから直接指導を受けて実力を養った通詞であったとはいえ、やがて他の追随を許さぬ会話力にすぐれた応接通詞[42]として成長していった裡には、本書完成の過程において正確なる大系的オランダ語文法に立脚した会話体の文章を大量に体得したことが馬場佐十郎の自信を強固ならしめたに相違ない。

四、塾生に与えるテキストとして適切であること。

「凡例」の第一条に述べているごとく、パーム原典の書名からして、「幼学須知文家必要ト云ハンカ如キ」内容程度であって、かつ会話体による叙述という取り付き易さであったから、馬場が江戸の天文台に勤務のかたわら、官舎内で開設した三新堂塾において諸生教導[43]のテキストとしてこの『西文規範』を用いた場合、それは親しみ易く、理解し易いものであったのではあるまいか。やがて、大槻玄沢から驚嘆の賛辞をもって受け入れられ、杉田玄白からは最大級の期待を寄せられることになったことは、馬場佐十郎によって行われた諸生教導の効果が顕著にあがったことを物語る以外の何ものでもなかったことを意味する。

三　『蘭学梯航』について

1　現存写本

『蘭学梯航』は馬場佐十郎の墓誌銘にその書名がみえ、写本で伝わっているものであるが、近時、杉本つとむ氏が詳しい国語学的研究を発表されて、(44) 世に知られるようになった。

1　京都大学附属図書館所蔵本『蘭学梯航鈔録』一冊
2　京都大学文学部言語学教室所蔵本『蘭学梯航』一冊
3　杏雨書屋所蔵本『蘭学梯航』六冊

京大図書館本写本一冊は「一」から「六」までの、いわゆる六巻からなる本である。ただし、各巻とも省略部分が多く、抄録されているのは各巻とも冒頭一部の例示にすぎない。このことは本文の終ったあとに「大正四年十二月十日」付、「京都帝国大学図書館」名で付けられた本写本の由来を書いた文中に、

一高橋景保ノ撰セル穀里馬貞由碑文中ニ「蘭学梯航」ノ著アルコトヲ記スト雖𪜈近時其書ヲ見シモノアルヲ聞カズ昨大正三年夏館員山鹿誠之助平戸ニ帰省ノ際同地嵐山家ノ蔵書ヲ閲シ仝書ヲ発見シ本年夏之ヲ携ヘ帰ル全部六冊ノ半紙形写本ニシテ和蘭語学ノ入門書ナリ今其部門ノ冒頭数項宛ヲ謄写シ其体裁ノ一斑ヲ知ルノ用ニ供セリ

とあることによっても知られる。したがって、本写本筆写人は特に表題に「鈔録」と断ったもので原本にはなかったものと考えられる。しかし、右のような筆写の仕方であるので全体の内容構成を推定することは十分可能である。

京大言語学教室本『蘭学梯航』は、内容的には「一」の部分のみの端本である。ただし、その内容は図書館本の「一」の部分を補足できる点に意義がある。武田薬品株式会社の杏雨書屋の冊本は未見である。六巻六冊が完本と考えられるから、(45) 書写内容に省略がなければ、馬場佐十郎の『蘭学梯航』の全内容を知ることができよう。

2　内容構成

ここでは『蘭学梯航鈔録』によって『蘭学梯航』の内容構成をみてみたい。写本に即して各巻の内容を示せば次の通りである。（　）内は筆者の補足。

蘭学梯航　一

和蘭国字

Trek Letter

Hoofd letter

Merk letter

Sijllaben

（九品詞）

一　Ledekens of geslacht Woorden　発声詞（冠　詞）

二　Naam Woorden　名目詞（名　詞）

三　Toevoeglijke naamwoorden　（形容詞）

四　Voornaam Woorden　（代名詞）

五　Werk woorden (Werkende)　動　詞（動　詞）
六　Deel woorden (daadelijke)　（分　詞）
七　Bijwoorden　（副　詞）
八　Saamen voegzelen　（接続詞）
九　Voor zetsls　（前置詞）

蘭学梯航　二
　凡例
　各辞辨類上
　各辞分類下
蘭学梯航　三
　単復（マヽ）三種
蘭学梯航　四、五
　六格
蘭学梯航　六
　続文四法

これをみると、第一巻は二部の内容から成っている。第一は「和蘭国字」と題して、ＡＢＣの Trek Letter（小文字筆記体）、Hoofd letter（大文字筆記体）、Merk letter（大文字活字体）三体と Sijllaben（音節）の例示、第二は九品詞の概念例示である。第二巻は、「文化十三丙子仲秋」の日付をもつ「凡例」に続いて、これまた二部の内容から成っている。

第一の「各辞辨類上」は Beknopte en leerzaame Saamen Spraaken なる日常会話例を示し、第二の「各辞分類下」では書翰文を例示している。「凡例」において、

> 此編最初ニ Samenspraak ヲ出シ後ニ和蘭人往復ノ書翰ヲ出ス

といっている通りである。

第三巻は「単復三種(マヽ)」と題を付けているが、単は語の単数、復は複数、三種は男・女・中の三性を意味している。日本人には馴染みづらいオランダ語の数と性について例示したものである。第四・五巻は「六格」と題し、主格・目的格など格の例示である。第六巻にもまた「文化十三丙子九月」付の「凡例」があり、「続文四法」と題した内容が盛り込まれている。このことについては凡例でよく説明している。

> 和蘭ノ文法ニ四体アリ　其一ヲ Aantoonende wijze ト云ヒ　其二ヲ Aanvoegende wijze ト云ヒ　其三ヲ onbepaalde wijze ト云フ　其四ヲ gebiedende wijze ト云フ　此外ニ vraagende wijze □□(虫損跡の筆写あり) アリ　是ハ右ノ aantonende(マヽ) wijze ニ属スルモノナリ　又 in vallende reede ト云フアリ　是ハ右ノ aanvoegende wijze ノ中ニ属スベキモノナリ　抑此編ハ九類ノ辞品ヲ取テ作レル諸体ノ文例ヲ出ス　元来文ニ体裁ノ別ヲナスハ辞品位置ノ法ヲ異ニスルヨリ起就中 werkwoord ノ所在ニ係ル也（下略）

すなわち、

aantoonende wijze　（直説法）
aanvoegende wijze　（死語法）
onbepaalde wijze　（不限法）
gebiedende wijze　（使令法）

の四法を例示したものである。（ ）内の翻訳用語は中野柳圃の『四法諸時対訳』にみえる名称であって、内容的にも馬場佐十郎が師中野柳圃のオランダ語学を継承している点が証せられる。

3　引用書と参考蘭文原書

全体の内容構成は、右にみたごとく、読みとることができる。しかし、全体にわたって、例示内容の省略部分が多く、本書の出典もしくは蘭文原書を確認するためには手懸りが少なく不便である。

このうち、九品詞で想起されるのは、中野柳圃の「詞品考」に通詞の西吉右衛門が手を加え、さらに柳圃の『四法諸時対訳』から「諸法」と「諸時」の部分を追補し、馬場佐十郎が訂正を加えた『訂正蘭語九品集』である。

『訂正蘭語九品集』にいう「九品」とは、

Ledekens of geslacht woorden	発声詞
Naam woorden	静　詞
Voornaam woorden	代名詞
Werkwoorden	動　詞
Deel woorden	動静詞
Bij woorden	形動詞
To zaamen Voegzels, of Voegwoorden	連属詞
Voorzetzels	所在詞
Tusschenwerpzels	歎息詞

の九品詞であった。これと『蘭学梯航』の九品詞を比較してみると、「梯航」には「九品集」にみえる Tusschenwerpzels が欠けて、Toevoeglijke naamwoorden（属名詞、現今の形容詞）が増えているほかは両者一致する。しかし、Toevoeglijke naamwoorden は「九品集」においては Naam woorden の一種として扱っているから、実質的には Tusschenwerpzels が欠けているほかは両者一致することになる。さらにその例示内容を比較してみると、例示数が少なく断定は避けるけれども、

㈠　Ledekens of geslacht woorden における De, Het, Een. の例示は「九品集」の De, Het, Een, Eene の例示と対応している。

㈡　Naam woorden における、

Zon	日	Maan	月
Ster	星	hemel	天
mensch	人	aard	地

の例示は「九品集」の Naam woorden のうちの Zelfstandige naam woord 実静詞の項の例示の冒頭にみえる。

zon	日
maan	月
Ster	星
mensch	人

と一致する。ただし、hemel, aard はみえない。

㈢　Toevoeglijke naam woorden における、

Wit　白《キ》　Zwart　黒《キ》
Wijs　賢《キ》　gek　愚《ナル》

の例示は、「九品集」の Toevoeglijke naam woord 虚静詞の項の例示の冒頭にみえる、

Wit　白《キ》　Wijs　賢《ナル》
Gek　愚《ナル》　…………
…………　Zwart　黒《キ》

に対応している。

㈣　Voor naam woorden における、

ik　吾《ハ》《カ》　mijn　吾《ノ》《カ》　mij　吾《ニ》《ヲ》
gij　你《ハ》《カ》　uw　你《ノ》《カ》　u　你《ニ》《ヲ》

の例示は、「九品集」の Voornaam woorden のうちの Aanwyzende Voornaamw: の冒頭の例示、

ik　吾《ハ》《ガ》　mijn　吾《ノ》《ガ》　mij　吾《ニ》《ヲ》
gij　你《ハ》《ガ》　uw　你《ノ》《ガ》　u　你《ニ》《ヲ》

と一致している。

㈤　Werk woorden における、

beweegen　動《カス》　Eeten　食《フ》
leezen　読《ム》　drinken　飲《ム》

の例示は、「九品集」の Werkwoorden のうち Werkende Werk woorden 動他詞にみえる例示諸語のうちの、

leezen　読ム　　　Drinken　飲ム
……
Eeten　食フ

と対応しているが、beweegen はみえない。「九品集」は、onzijdig werkwoorden 自動詞の項で、

Zig beweegen　動ク

と例示している。beweegen の一語については両者一致していない。

㈥　Deelwoorden における、

hoorend　聴ケル　　　naaijend　縫ヘル
leerend　学ベル　　　werkend　働ケル

の例示は、「九品集」の De Deelwoorden の例示の冒頭、

hoorend　聴ク　　　naaijend　縫フ フテイル
geleerd　学ヒタル　　　werkend　細工スル シテイル

とほぼ対応している。

㈦　Bywoorden における、

weinig　少ク　　　maatiglijk　度《ホドヨク》
luttel　少ク　　　alte　過《アマリ》

の例示は、「九品集」の De Bijwoorden の例示にみられる、

weinig　少ク　　　alte　太《ハナハダ》

luttel　少ク　　maatiglijk　摘宜《ホドヨク》

とほぼ対応している。

(八)　Saamen voegzelen における、

en, ende　及○且○而即　　midsgaders　並ニ

ook　同《ヲナシク》○亦　　ingelijks　同《ヲナシ》ク

の例示は、「九品集」の de voegwoorden のうちの Zamen heijtende Voegwoorden 接属詞の例示の冒頭、

En　及○而○即　　midsgaader　(並ニ)同ク

ook　同○亦　　insgelijks　如是

に対応している。

(九)　Voor Zetsels における、

van　之　　tot……toe　至ルマテ

halve, om　ノタメ

の例示は、「九品集」の De voorzetzels の例示中の、

om　為メ○周《メクリ》○経《メ》《フリ》　　tot　迄

にはほぼ対応しているが「van カラ」とは一致していない。

次に、第二巻については手懸りがある。すなわち、「各辞辨類上」の例示については、杉本氏の指摘される通り、P・マーリンの文法書を利用していることが推定される。まず、馬場の例示したオランダ文をみると、

Beknopte en leer zaame
Saamen Spraaken
Eerste Saamen Spraak
ik wensch U goeden dag, mijn heer.
ik ben UW dienaar

とある。これに対してマーリンの文法書[46]にも、

SAMENSPRAAKEN. 143
BEKNOPTE en LEERZAAME
SAMENSPRAAKEN
over allerhande stoffen

DIALOGUE PREMIER	EERSTE SAMENSPRAAK
Je vous souhaite le bonjour, Mousieur.	Ik wensch u gouden dag, Myn Heer.
Je suis votre Serviteur.	Ik ben uw Dienaar.

とみえ、まったく一致している。「以下十六枚半略之」とある日常会話例も、おそらくは、同様にして引用紹介したものであろう。

次の「各辞分類下」と題する実用書翰の文例は、マーリンの文法書が日常会話例の後に掲載している書翰例とは異

なっている。「以下十八枚畧之」としたあと、特に、

蘭人ヨリ日本人ニ贈リタル書翰数通ヲ載ス

と断っている点からして、実際にオランダ人が日本人に宛てた書翰のうちから数例を例示したものと察せられる。したがって、マーリンの文法書にみえないのは当然といえる。かつ、第一例の冒頭にみえる「Mijn heer N: naam ノ略語」の N: ならびに本文中の de Heeren N: en の N: は日本人の誰々を指しているのであろうか。例示の本文がわずか二行で判然とせぬが、ことによったら中野柳圃のN、あるいは通詞の西・名村・中山・楢林といった、頭文字にNのつく通詞たちかもしれない。いずれにしても、実際に用を果した実用書翰を例示したことだけは確実である。

4 『蘭学梯航』の意義

内容の検討によって気付くことの二、三を指摘しておきたい。

一、出典・原書は一種ではない。

すでにみたように、和蘭国字の三種の字体と音節の記述は初歩的なオランダ語文法書にはよく見受けられる。九品詞の概念例示には、多分に師中野柳圃の『詞品考』がもととなって発展した『訂正蘭語九品集』を引き継いでいる点が濃厚である。実用会話例の後に実用書翰文を例示するという構成はマーリンの文法書と同じであるが、例示そのものは実例を選んで盛り込んでいる。

二、したがって、本書の内容構成は、馬場佐十郎が独自に編集・著作したものであることが判明する。

三、オランダ文字のことから始まって、オランダ語文法の中心たる九品詞の概念を例示し、日本人には馴染みづらいオランダ語の特色点たる、数・性・格・諸法などについて解説を与えるといった、かかる内容構成は、阿蘭陀通詞

出身の馬場佐十郎が塾中において諸生を教導するに最も効果的にして、段階を踏んだ大系的テキストとして、いかにもふさわしいものとなっていると判断される。まさに本書は書名のごとく、蘭学学習のための梯航の書ということができる。

結

以上の考察からして、阿蘭陀通詞馬場佐十郎におけるオランダ語学は文化八年（一八一一）に訳成した『西文規範』をもってオランダ語文法の大系的把握に成功し得たとみなし得る。そして、文化十三年（一八一六）の『蘭学梯航』六巻は大系的オランダ語文法の基礎と豊富な経験とを生かして樹立せられた、いわゆる馬場オランダ語学ともいうべきものの発展的・綜合的成果ということができる。

この大系的オランダ語文法に立脚した馬場佐十郎の指導を得ることとなって、江戸の蘭学界は一変したのである。すなわち、文化十一年（一八一四）に稿成った『蘭学事始』において、斯界の長老杉田玄白は「わが子弟孫子、その教へを受くることとなれば、各々その真法を得て、正訳も成就すべし」と期待の言葉を贈った。同十三年、江戸蘭学界の中心的存在たる大槻玄沢は『蘭訳梯航』において「都下ノ旧法廃シテ新法正式ニ一変セルナリ」と言い切ったのである。

註

（1）　前野良沢『和蘭訳筌末編　附録草稿』（天明六年）の「訳文家法」。
（2）　桂川甫斎『類聚紅毛語訳』の「題言」。
（3）　Dirk de Haas: Dagregister gehouden in 't Comptoir Nagasackij, 1676—1677.
（4）　松村明「近世のオランダ語学」（『日本思想大系　洋学上』）。

（5） 写本『Holland Woorden Boek』若林正治氏所蔵。
嵐山春生甫菴が馬場佐十郎の作品を筆写している例が他にもある。例えば、早稲田大学図書館蔵未整理本中の、馬場佐十郎著『和蘭文範摘要天』は「春生・白蟾」の印をもち、嵐山春生の筆写にかかるという（杉本つとむ「馬場佐十郎著『蘭学梯航』の研究――その文法論と文法用語の問題――」〔近世文学史研究の会編『近世中期文学の諸問題二』昭和四十四年、文化書房博文社、所収〕参照）。

（6） 伊吹山一草亭「馬場佐十郎の系譜」（『書物展望』三ノ九、昭和十八年九月）。

（7） 板沢武雄校訂『松平楽翁公手沢本阿蘭陀名目語』。および、日蘭交渉史研究会の複製本にみえる「解題」。

（8）（9） すでに栗田元次「新井白石の著書に就いて」（『名古屋大学文学部研究論集I史学篇』）、宮崎道生「『外国之事調書』について」（『史学雑誌』六六編四号）、同「蘭学の開創者新井白石」（『芸林』八巻一号）などによって紹介され、近くは松村明「近世のオランダ語学」（『日本思想大系　洋学上』）によっても紹介・解説され、よく知られているものである。

（10）（11） いずれも『日本思想大系　洋学上』（昭和五十一年十一月、岩波書店）に松村明氏の校注により収録されている。特に、一集・二集の内容は写本によって松村明氏がはじめて紹介されたものである。

（12） 片桐一男「青木昆陽の『和蘭文訳』とその原書について」（岩生成一編『近世の洋学と海外交渉』所収、昭和五十四年九月、巌南堂書店刊）、本書「附録」参照。

（13） 片桐一男「阿蘭陀通詞西雅九郎と江戸の蘭学界」（『白山史学』一五・一六号、昭和四十六年三月）、同「阿蘭陀通詞西雅九郎（荒井庄十郎＝森平右衛門）補遺」（『蘭学資料研究会研究報告』二四七号、昭和四十六年六月）。

（14） Herman Christiaan Kastens: Dagregister gehouden in 't Comptoir Nagasackij. 1766—1767.

（15） 板沢武雄「蘭学塾の入門帳その他」（『日蘭文化交渉史の研究』昭和三十四年、吉川弘文館、所収）。

（16） 板沢武雄「辞書および文法書の編纂と蘭学の発達」（『日蘭文化交渉史の研究』所収）。

（17） 板沢武雄博士は註（16）において、「着手を天明三年とすれば足掛け四年でできたわけで、約十三年を費してできたのである」といわれたが、この点は意見を異にする。板沢博士の紹介文によると、天明六年長崎より出府した石井恒右衛門が、それより二年もまえの天明四年に白河へ君侯陪駕することになり矛盾を来たしておる。

（18） 板沢註（16）参照。

(19) 長与専斎『松香私志』。
(20) 片桐一男「阿蘭陀通詞本木良永の訳業分野」(『日本歴史』三八六号、昭和五十五年七月) 参照。
(21) 「墓碑銘」。
(22) 「長崎通詞由緒書」。
(23) 古賀十二郎『長崎洋学史』上、昭和四十一年、長崎文献社、三三〇頁。
(24) 馬場佐十郎蘭文序(藤林普山『和蘭語法解』所収)、馬場『西文規範』序、大槻玄沢『蘭訳梯航』、安部龍平『二国会盟録』など。
(25) 沼田次郎氏は、天文暦学上の業績、蘭語蘭文法の研究、世界地理の研究、の三分野に大別されている(「志筑忠雄とその時代」(日本歴史学会編『歴史と人物』昭和三十五年、吉川弘文館、所収) 参照)。吉田忠氏もこれを継承しておられる(「志筑忠雄『万国管闚』について」(『長崎談叢』五三輯、昭和四十七年七月) 参照)。
(26) 杉本つとむ『江戸時代蘭語学の成立とその展開』I、昭和五十一年三月、三六五頁。
(27) 馬場佐十郎蘭文序(藤林普山『和蘭語法解』所収)、同『訂正蘭語九品集』、斎藤信「『柳圃中野先生文法』について」(『名古屋市立大学教養部紀要　人文社会研究』第一四号、昭和四十五年五月)。
(28) 片桐一男「オランダ提供『洋学二百年記念展』出品解説」(『蘭学資料研究会研究報告』二八七号、昭和四十九年十月)。
(29) 鷹見泉石『蘭人訳官出府名簿』。
(30) 日本学士院蔵、川本幸民資料所収本による。
(31) 斎藤信「中野柳圃の『四法諸時対訳』について」(『名古屋市立大学教養部紀要　人文社会研究』一七巻、昭和四十八年三月)。
(32) 註(28)参照。
(33) 斎藤信「Wᵐ Séwel の『オランダ語文典』が柳圃の『四法諸時対訳』に与えた影響について」(『蘭学資料研究会研究報告』三一一号、昭和五十一年十月)。
(34) この点は斎藤信氏も「一体、柳圃の文法上の著作は、彼が Sewel の文典を読んだにも拘らず、原書の翻訳という方式のものではない。彼は先ず『日本語』を中心にすえ、その日本語に対応する『オランダ語』を示して説明しようとするふうである」（註(31)参照）と指摘されているが、全く同感である。

(35) 片桐一男「阿蘭陀通詞馬場佐十郎の天文台勤務とその業績」（『法政史学』第二一号、昭和四十四年三月）。

(36) 註(31)参照。

(37) 江馬家は、前野良沢の高弟江馬蘭斎とその子孫の蘭学者達を輩出させた名家である。本書の自由な閲覧の便宜を与えられた現当主江馬庄次郎氏に深甚なる謝意を申し上げたい。

(38) パームの原書は、現在日本に遺存していない。在オランダ国の C.M. Steegers 氏の好意に深甚なる謝意を表する。

(39) A.J. van der Aa: Biographisch Woordenboek der Nederlanden. Haarlem, 1872. 10de deel bld. 198.

(40) ただし、江馬本によって原本と校合してみると、約六〇ヵ所ほどスペルの誤字が見受けられる。これは馬場佐十郎の誤写か、写本作成過程で生じた誤写か。ここでは深入りしない。

(41) 註(31)参照。

(42) 片桐一男「幕末における異国船応接と阿蘭陀通詞馬場佐十郎」（『海事史研究』第一〇号、昭和四十三年四月）。

(43) 片桐一男「阿蘭陀通詞馬場佐十郎に受益の江戸の蘭学者達」（『法政史学』第二二号、昭和四十五年三月）。

(44) 杉本つとむ「馬場佐十郎著『蘭学梯航』の研究――その文法論と文法用語の問題――」（『近世中期文学の諸問題二』昭和四十四年一月）。

(45) 註(26)参照。

(46) P. Marin en J.J. Gilbert: Nouvelle méthode pour aprendre les principes & l'usage des langues; François et Hollandoise. Amsterdam 1790.

結　言

序説に掲げた目的——問題意識——のもとに、阿蘭陀通詞の綜合理解に努めてみた。その結果、得ることのできた主要なる知見は次の諸点に要約できる。

第一、江戸幕府の鎖国政策がすすみ、鎖国体制が確立するにともなって、外国人通訳にかわって、日本人通訳の必要性が増大し、いわゆる南蛮通詞から阿蘭陀通詞が誕生し、特異な技能職集団に成長していった。

第二、ほぼ江戸時代を通してみられた阿蘭陀通詞について、組織的に概観することができた。それは、通詞の職階・姓・家数・基本的職務などについてである。これによって、身分としては長崎町人で、長崎町年寄のもとにある町役人として、長崎奉行所とオランダ商館に奉仕する、技能職集団の基本を把握し得たかと思う。

第三、右が阿蘭陀通詞の基本的理解であるとするならば、そのうえに、通詞の諸加役について追究・考察することができた。この問題については、従来、関係史料の紹介もきわめて少なく、断片的で、まとまった研究のあることを寡聞にして聞かない。もっぱら新史料の発掘に努め、諸加役のうち主要なもの五種を追究してみた。うち、年番通詞と江戸番通詞は二大加役というべきものと判断できる。

年番通詞の考察によって、鎖国時代唯一の貿易港長崎の現地における対外・貿易交渉の実務・実況を知ることができ、加えて、多忙なる通詞の年間にわたる生活状況をも観察することができた。

江戸番通詞の考察によって、オランダ商館長の江戸参府の実況を具体的に、かつ細部にわたって理解を深めることができた。と同時に、江戸の蘭学界に及ぼした文化的影響の大なることをも具体的に知ることができた。寛政二年から江戸参府が五ヵ年目と改定されたことにともなって、その休年に、オランダ商館長にかわって半高《はんだか》の献上・進物を江戸に届けた通詞を参府休年出府通詞と名付けたが、この通詞の追究によって、江戸の蘭学界が東上出府する通詞によって如何に裨益せられたか如実に知ることができた。

御内用方通詞の変遷をみ、彼らの取扱った仕事を具体的に追ってみた。その結果、アヘン戦争の情報が伝わるや将軍以下幕閣たちが敏感に反応を示して武器・軍事書を発注し出すなど政治史のうえで、正規の貿易たる本方《もとかた》・脇荷《わきに》以外のこれが高額に及ぶという貿易史のうえで、多彩な注文品がみられ蘭学の発達および蘭学趣味の助長に影響を及ぼすなど文化史のうえから、それぞれの面ですこぶる示唆に富む注目すべき要素を持つ通詞であることが判明した。江戸の蘭学発達のうえでも直接・間接に関係が深かったことが理解できる。

天文台詰通詞は比較的若い有能な通詞で、幕府の対外政策・文教政策に深く関わっていること、および、江戸の蘭学界に及ぼした影響が直接的ですこぶる大きいことが判明した。

さきの基本的理解を縦糸とするならば、これら加役内容の解明は通詞理解の横糸の役目を果すといえるようで、この組み合せ、綜合の間に通詞の活躍の場が展開し、そのうえに華麗なる蘭学の花を載せ得たということができる。

第四、通詞の役料を概観して、技能職としての通詞が長崎諸役人中において高位置にあったことが理解できた。

第五、通詞のオランダ語修得について、学習の方法・段階を具体的かつ組織的に理解し得た。その成果たる、通詞の手になる単語集・会話集・辞書・文法書がいずれも蘭学界に多大な影響を及ぼしていることが判明した。江戸の蘭学界は通詞の語学学習の成果・完成のうえにはじめて本格・組織的な活動を展開し得たということができる。

付録　青木昆陽の『和蘭文訳』とその原書について

序

青木昆陽のオランダ語学書としては『和蘭話訳』『和蘭文字略考』『和蘭文訳』の三点が知られている。[1]このうち、『和蘭文訳』は昆陽が最も長い歳月をかけてまとめた作品である。本書の内容については、従来、現存する自筆本と写本とによって収録されている単語そのものの紹介はされてきた。[2]しかし、収録単語の由来、組織、不可解な訳語などについて不明の点の多くは検討されることもなく残されたままであり、かつ、本書が依拠した原書の存在したらしいことも指摘されながら、それが確認されることもなく今日にいたっている。[3]

本付録においては、オランダから原書を得て、本書収録の単語ならびにその訳語が原書のどの語に由来しているかを検討して、成立の過程や事情などを明らかにし、かつ、未発見の各集の単語の内容をも推定して、昆陽が『和蘭文訳』において企てた学習の全容を組織的に明らかにしてみたいと思う。さらに、本書成立の間に介在したオランダ人・阿ラ陀通詞の本書に対する関与の仕方についても検討してみたいと思うし、草創期の江戸の蘭学界における位置付けをもしてみたいと思うものである。

一　現存する各集

青木昆陽のオランダ語学書『和蘭文訳』は、昆陽が寛延二年（一七四九）から宝暦八年（一七五八）までの一〇年間、毎春江戸に滞在した江戸参府中のオランダ商館長一行について阿蘭陀通詞を介して聞き書きした単語集である。第一集から第十集まであり、毎年一集ずつ一〇年間の歳月がかけられた成果である。ただし、現在、その全部は伝わっていず、現存の各集は次の通りである。

昆陽自筆本『和蘭文訳』……第三集、第六集、第八集、第九集、第十集

写　　本『和蘭文訳』……第一集、第二集

昆陽自筆本は静嘉堂文庫所蔵の大槻文庫に含まれる一本である。写本『和蘭文訳』は無窮会図書館所蔵の神習文庫にある『和蘭話訳』と題する写本に含まれている「和蘭文訳　巻之下」という内題のもとに伝わっているものである。なおこの写本は巻頭にある序文に相当する文の終りに「文政戊寅年仲夏」とみえるから、文政元年（一八一八）五月に成立した写本ということが判る。

したがって、現在のところ、第四集、第五集、第七集の内容は不明である。

二　日蘭単語集か蘭日単語集か

本書の内容は一見してわかるように単語集である。この単語集を日蘭単語集とみるか、蘭日単語集とみるか、この

点も従来明確ではなかった。松村明氏は「本書は日蘭対訳の単語集である」と明記されている。(4) はたしてそうか。

いわゆる「ハルマ和解」と同様、原書からの抜萃によって出来た単語集であれば、蘭日単語集ということになるし、原書は利用しても、昆陽が主体的に日本語の単語を選定し、それに原書にみえるオランダ語の単語を与えたものであれば日蘭単語集ということができる。はたして、どちらであろうか。

そこで、各語を検討してみると、例えば、

amt　此語解シガタシ
elst　沓縫ノ道具、キリノ如ク長モノ
fij　此辞知レカタキユヘ本書ニナシ
fruijt　粕漬ノルイ
kaas　牛ノ乳ニテ製シタル食物
lap　絹布ノ類ノキレ
maegd　和解ナリガタシ
nut　和解ナリガタシ
noot　用ト云意ニシテ、和解ナリガタシ
nop　用ト云意ニシテ、和解ナリガタシ
ankerstok　イカリノ横ニツクル木

などと記載されている。これから判断するに、曖昧な訳語や、訳語でなく説明的な注記にとどまっている単語があり、「和解ナリガタシ」といっている語も散見され、なかにはオランダ語だけで、それに対する和語が添えられていない

ものもあるなどの点からして、本書はやはり原書を主体にした抄訳による蘭日単語集というべきものであることが判明する。

三　各集の成立年と関係江戸番通詞

現存する各集の巻頭には短い序文があり、それには日付が明記してあるので成立年度を知ることができる。それによって、現存各集の成立年月日を列記すれば次の通りである。

第一集　寛延二年（一七四九）三月十五日
第二集　寛延三年（一七五〇）三月十五日
第三集　寛延四年（一七五一）三月二十日
第六集　宝暦四年（一七五四）四月十日
第八集　宝暦六年（一七五六）四月二十一日
第九集　宝暦七年（一七五七）四月三日
第十集　宝暦八年（一七五八）三月十八日

これによって毎年一集ずつ出来ていったことが判明する。したがって、欠けている四集、五集、七集についても、

第四集　宝暦二年（一七五二）春
第五集　宝暦三年（一七五三）春
第七集　宝暦五年（一七五五）春

と推定することができる。

次に、昆陽がオランダ人に付いて問い質す際に通弁に当り、かつ本書の成立に深く関係した参府付き添いのいわゆる江戸番通詞を各年度毎に列挙して、各集との関係を対比して一表にまとめてみれば本文第5表（一八九頁参照）の通りである。(5)

各年の江戸番通詞のうち、大通詞・小通詞どちらが主として関係したか、にわかに確証を得ない。しかし、昆陽が幕府の命令を帯びて宿所長崎屋を訪問のうえ、対談に及んでいる点を考慮すれば、やはり主たる通弁は大通詞が当り、小通詞が補佐したものと考えられよう。本書成立における関与の仕方においても、ほぼ同様のことが推定されると考える。それが証拠には、第三集の二語について「コレハ吉雄幸左衛門説」(6)とか、第十集において「大通詞西善三郎曰ボルト椽ナリ」などと小通詞ではなく、大通詞から教示を得ていることによっても首肯される。

四　原書はスペルコンストもしくはレッテルコンスト

『和蘭文訳』第一集の序文は次の通りである。(7)

阿蘭陀のスペルコンストと云書は、我　国の節用集のいろは寄のごとく、阿蘭陀文字《アベセデナリ》を以て部を分たる書にして、スペルは文字を寄合てくさる事なり。コンストは術といふ事也。阿蘭陀人と談する日数すくなければ、全部を訳する事を得ず。唯アベテの部を訳し、和蘭文訳と名附。幸ひに数年を経て全部を訳せんことを希なり。

寛延二年三月十五日　　　昆陽青木敦書識

右の文から昆陽が「スペルコンスト」なる蘭書に拠ってオランダ人と対談のうえ本書を成したことが判明する。これは巻頭「和蘭文訳　巻之下」という内題の次に、「Spel《スペル》 konst《コンスト》 蘭書之名也」と記している点と符合している。そして、序文の後に「Spel《スペル》 konst《コンスト》 一名 letter《レッテル》 konst《コンスト》 レッテルは文字といふことなり」という注記を添えている。

松村明氏も、

本書がスペルコンスト（Spelkonst 綴字法・正書法。ここでは Spelkonst という語を書名にもつ本で、綴字法学習のためのもの）によって学習した結果をまとめたものであることがわかる。

とされている。(8)

しからば、ここにいう「スペルコンスト」もしくは「レッテルコンスト」なる語を書名にもつ蘭書とはいかなる本であるか。全く不明のまま今日にいたっている。

五　原書ハッカホールド文法書による確認

そこで、なが年この原書を探索していたところ、このほど『和蘭文訳』の原書とみなし得る文法書を確認することを得たので、以下、原書と『和蘭文訳』とを比較検討してみたいと思う。

まず、その原書とは、

B. Hakvoord : Oprecht Onderwys van de Letter-Konst.

という一書で、オランダのライデン大学図書館の所蔵にかかる。本書は普及した教科書とみえ、Utrecht, Amsterdam など各地で出版され、版を重ねた様子である。

しからば、昆陽はその第何年版を使用したものであろうか。昆陽自身は何も断っていない。しかし、のち昆陽にオランダ語の手ほどきを受けた前野良沢が訳著『和蘭点画例考補』において、このハッカホールドの同書一七二七年版を用いているところをみると、昆陽が依拠したものもまた一七二七年版である可能性がつよい。

いま、筆者が利用し得たのは一七四三年のウトレヒト版と一七七〇年のアムステル版である。[9] それぞれの書名を示せば次の通りである（第1図参照）。

B. Hakvoord: Oprecht Onderwys van de Letter-Konst. Bequaam om alle Persoonen in korten Tijd wel ende volkomelijk

OPRECHT ONDERWYS
Van de
LETTER-KONST.
Bequaam
Om allè Persoonen in korten Tijd welende volkomelijk te Leeren Spellen en Leezen; alwaar 't ook datze in haar Jeugd nog A/ nog B/ Geleerd hadden.
Ten dienst van alle Gemeyne Schoolen en Schoolmeesteren. Beknoptelyk t'zaamen gesteld,
Door B. HAKVOORD.
Van nieuws Overgezien, Gecorrigeerd, ende Verbeterd.
Tot UTRECHT,
By WILLEM JAN REERS, Ordinaris 's Lands Drukker/ by de Bakker-brug/ 1743.

第1図　ハッカホールド原書のタイトルページ

te Leeren Spellen en Leezen ; alwaar 't ook datze in haar Jeugd nog A／nog B／Geleerd hadden. Ten dienst van alle Gemeyne Schoolen en Schoolmeesteren. Beknoptelyk t' zaamen gesteld. Utrecht, 1743. p. 56.

B. Hakvoord : Opregt Onderwys van de Letter-Konst. Bekwaam om alle Persoonen in korten Tijd wel ende volkomelijk te leeren Spellen en Lezen ; alwaar 't ook datze in haar Jeugd nog A／nog B／geleerd hadden. Ten dienst van alle gemeyne Schoolen en Schoolmeesteren. Beknoptelijk t' zamen gesteld. Amsterdam, 1770. p. 56.

両版において、誤植の異同など末梢的な点を除いて、構成・内容ともに同じである。一七二七年版においても、以下で検討してみてわかるように同一とみなされよう。

六　『和蘭文訳』の典拠は原書の第二章

原書は七章からなっている。現在、『和蘭文訳』にみえる単語は、のちに検討するように、すべて Tweede Afdeeling. Van de Letter-greepen (Zyllabens.) すなわち、第二章音節についての説明中にみえる。まず、あらかじめ、この第二章の内容を示しておこう。便宜上、番号をつける。

(1)　Woorden van een Letter-greep volgens d'order van A, B, C.
(2)　Woorden van twee Letter-greepen, ook op order van 't A, B, C.
(3)　Nu volgt een ander A, B, C. van Woorden met drie Letter-greepen.
(4)　Woorden van Vier Letter-greepen.
(5)　Woorden van Vijf Letter-greepen.

すなわち、(1)は一音節の語、(2)は二音節の語、(3)は三音節の語、(4)は四音節の語、そして(5)は五音節の語を例示したものである。それぞれ例示された語はＡＢＣ順に掲げられている。

七　第一集の検討

『和蘭文訳』第一集には「aノ部」九語、「bノ部」一八語、「dノ部」一八語の計四五語が収録されている。これ

8　OPRECHT ONDERWYS

in de Woorden meer of min / na dat de zaaken die door de Woorden werden beteekend uytgedrukt het zelve komen te vorderen: 't welk uyt deze navolgende Woorden klaarlijk te zien is.

Woorden van een Letter-greep volgens d'order van A, B, C.

A.
Ampt
Arm
Aard
Arg
Aal
Angst
Aap
Als
Aar

B.
Baak
Brand
Bed
Bloed
Brief
Boom
Bier
Band
Braad
Beeld
Bruyn
Blad
Brood
Bies
Buyk
Borst
Baas
Berg
Bark

C.
De c is geen Duytse letter.

D.
Daad
Dreg
Dienst
Dood
Duym
Droom
Dweyl
Darm
Deel
Dier
Dorp
Duyt
Drop
Dwaald
Dag
Dsend
Doof
Druk

E.
Eb
Eed
El
Elst
Eens
Ernst
Eer
Eens
Ey
Erf

F.
Floers
Feyl
Fy
Fors
Fluks
Fruyt
Fles
Fraay
Feyt

G.
Gaan
Groot
Geest
Gort
Git
Graat
Gal
Goud
Gek
Glad
Grond
Gat
Gom
Graan

H.
Hals
Heer
Huys
Ham
Heyr
Hof
Hier
Hek
Huur
Haak
Hoofd
Helm

第２図　原書　一音節の単語の例示

を原書についてみると、一音節の説明に例示された語群の中に見出すことができる（第2図参照）。

ここでは、便宜上、原書の語順にしたがって列挙し番号を付ける。『和蘭文訳』が記載する綴りと訳はその下に対比せしめ、語順は()付の番号で示す[10]（以下、各集の検討もこの要領で行なう）。

（原　書）		（和　蘭　文　訳）		
	A		a《ア》ノ部	
1	Ampt	(5)	amt《アムト》	此語解シガタシ
2	Arm	(2)	alm《アルム》	貧者
3	Aard	(1)	aard《アアルト》	地
4	Arg	(6)	arg《アルク》	賢
5	Aal	(7)	aal《アアカ》	ウトキ（ウナギ）
6	Angst	(3)	angst《アンクスト》	危
7	Aap	(8)	aap《アアフ》	猿
8	Als	(4)	als《アルス》	若ハト云弁ナリ
9	Aar	(9)	aar	

これによれば、原書の「A」の語群を「a《ア》ノ部」と呼び、各語の大文字の書き始めを小文字にしていることに気付く。これらのことは以下同様である。次に、この項では原書の九語全部を採り[11]、うち最後の(9) aar を除く八語に読みと訳とを加えている。(2) alm は arm（腕）の誤記。したがって訳語も違ったわけである。(5) amt については、一七四三年版では ampt, 一七七〇年版では amt であって、一七二七年版でも amt であったものであろうか。かく、原

書そのものが誤植による誤字であったためか、「此語解シガタシ」としている。(7)は読みを誤っている。アアルとなるべきである。訳語の「ウトキ」は「ウナギ」の誤写であろう。

B　b《べ》ノ部

1	Baak	(1)	back《ベアク》	舟ノ目当ノ火
2	Brand	(2)	brand《ベラント》	焼
3	Bed	(3)	bed《ベト》	寝所
4	Bloed	(4)	bloed《ベルウト》	血
5	Brief	(5)	breef《フリーフ》	書状
6	Boom	(6)	boom《ホヲム》	木
7	Bier	(7)	bier《ヒイル》	酒ノ類
8	Band	(18)	band《バント》	帯
9	Braad			
10	Beeld	(9)	buld《ブールト》	人形
11	Bruyn	(10)	bruin《フロケレ》	茶色
12	Blad	(11)	brat《ブラート》	葉
13	Brood	(12)	boord《ホラルト》	物ノフチ
14	Bies	(13)	bies《ヒス》	蒲
15	Buyk	(14)	buik《ホイク》	衣服

16　Borst　(15)　borst《ボルスト》　胸
17　Baas　(16)　baas《バアス》　頭役
18　Berg　(17)　berg《ベルク》　山
19　Bark　(8)　bank《バンク》　腰カケ

原書のB項一九語のうち Braad を除く一八語が採られている。ただし、(8)「bank 腰カケ」は「Bark 三檣の帆船」の誤記による訳である。(12)・(14)も同類の誤りである。原書の語に対する訳としてはほぼ当っているのに、綴りを誤記してしまったものは(1)・(5)・(9)・(10)である。(10)・(14)のようにyをiとする例は以下多数見受けられる。一七四三年・一七七〇年両年版ともyとなっている。一七二七年版もおそらくyであったと思われる。それをiと書き変えてくれたとなれば通詞ではなくオランダ人自身であろう（現在はiが通行している）。また(11)のようにrとl、tとdの混同も以下においてまま見受けられる。(9)・(12)のような誤り方は、昆陽の学習が通詞を介してのものであったことを考えあわせると、全く通詞の責任になるであろう。

「Cノ部」がないのは、一見、昆陽もしくはオランダ人ないしは阿蘭陀通詞が故意に省略したもののようにも考えられるが、そうではなく、原書によれば、

C.

De c is geen Duytse letter.

と断ってあって、無いのである（第2図参照）。

D　d《デ》ノ部

1　Daad　(1)　daed《グアト》　ワサ

2 Deeg (2) daeg《デーク》 剣

3 Dienst (3) dienst《デインスト》 勤

4 Dood (4) deod《ドヲト》 死

5 Duym (5) deum《トイム》 大指

6 Droom (6) droom《トロヲム》 夢

7 Dweyl (7) dwell《トウエイル》 ゾウ巾

8 Darm (8) dorm《ダルム》 大腸

9 Deel (9) deel《デール》 分

10 Dier (10) dier《デール》 獣

11 Dorp (11) dorp《トレフ》 村里

12 Duyt (12) duit《トイト》 銭

13 Drop (13) drop《ドロブ》 痰切

14 Dwaald (14) dweellt《ドワアルト》 悉

15 Dag (15) dag《タク》 昼

16 Diend (16) dient《ゲイント》 勤

17 Doof (17) doof《ドヲフ》 聾

18 Druk (18) druik《トリユイク》 押ス

原書D項一八語のすべてが採られている。(2)は誤記にもとづく訳。訳はほぼよいのに綴りを誤ってしまったものは

(1)・(4)・(5)・(7)・(14)。(12)と(16)は前述もしたyi、dtの異同例である。(3)と(16)は共に「勤」としている。(3)は名詞、(16)は動詞の変化形。区別がついていない。(12)の「銭」の訳は粗雑である。Duyt（Duit）は昔の銅貨で〇・八セント、もしくはオランダ領東インドの銅貨（1/100ギルダー）であるものを、所詮説明しても理解されがたいとみてオランダ人が説明を簡単にしたものか、それとも説明をうけた通詞もしくは昆陽がかく簡単に記したものか、興味深いところであるが、にわかにはわからない。

(8)のdorm《ダルム》については、ダルムと発音を明記しているところをみると、当年の江戸番大通詞吉雄幸左衛門は正しくDarmを発音してあげ、昆陽もその発音をダルムと書き取りながら綴りをdormと誤記してしまったことになる。このようにみてくると、誤りのすべてを通詞の責任にしてしまうわけにはいかないわけで、この種の例は以下にも多い。それにしても、Darmを大腸ときめつけてしまったのはどうしたことか。大腸はdikke darm, 小腸はdunne darmと呼び分けることから、darmならば単に腸としておくべきであったのである。

吉雄幸左衛門は通詞職のかたわらオランダ流医師としての名も高かった人であることを考え合せると、ここはやはり通詞の責任が強く問われるようである。もっともオランダ商人にかかる専門的区別ができなかったのかもしれないが。

八　第二集の検討

『和蘭文訳』第二集のeノ部一〇語、fノ部七語、gノ部一二語、hノ部一五語、iノ部五語、kノ部二〇語、計六九語は、同じく原書の一音節の説明に例示された語群のうちに含まれている。

（原書）　　　　　　　　　　　（和蘭文訳）

E　　　　　　　e エノ部

原書	和蘭文訳	和訳
1 Eb	(1) eb エッフ	汐
2 Eed	(2) eed エエト	誓
3 El	(3) el エル	部
4 Elst	(4) elst エルスト	沓縫ノ道具、キリノ如ク長モノ
5 Eens	(5) eens エエンス	一度
6 Ernst	(6) ernst エルンスト	寔
7 Eer	(7) eer エエル	尊
8 Eens	(8) eers エエルト	肛門
9 Ey	(9) eij エイ	鶏卵
10 Erf	(10) erf エルフ	遺物

原書E項の一〇語が全部採られている。うち、(8)の eers は Eens の誤読・誤記によって訳も誤っている。(5) eens 一度と同じ語である。(9)は y と ij の相違だけである。

F　　　　　　　f フノ部

原書	和蘭文訳	和訳
1 Floers	(7) floers フロールス	
2 Feyl	(1) feijl ヘイル	ヤスリ
3 Fy	fij ヘイ	此辞知レカタキュヘ本書ニナシ

4　Fors　(2)　fors《ホルス》　強
5　Fluks
6　Fruyt　(3)　fruijt《フリユイト》　粕漬ノルイ
7　Fles　(4)　fles《フレス》　角フラスコ
8　Fraay　(5)　fraaij《フラアイ》　美
9　Feyt　(6)　feijt《ヘイト》　強

原書F項の九語のうち七語が採られている。うち、(7)の呼び掛けの言葉である間投詞の Fy を「此辞知レカタキユへ本書ニナシ」としている。ここにいう「本書」とは、わかりづらい表現であるが、原書をさす言葉でないことだけは確かである。原書でなく、昆陽が『和蘭文訳』作成過程で利用した本ということになれば、通詞吉雄幸左衛門の手もとにあった本をさす可能性が強くなる。その通詞の手控え本とは、ハッカホールドの文法書によって作成された蘭日単語集であったわけである。それに Fy の訳語が与えられていなかったため、昆陽がかく注記したものと推定される。したがって、このことは昆陽の学習過程を考察するうえで重要な意味をもってくる。すなわち、昆陽は長崎屋で通詞を介してオランダ人に問うて、聞き書きをしたと同時に、すでに通詞が作成のうえ所持していた蘭日単語集をも見せてもらって筆写している事実のあることをも意味することになるからである。(1)・(3)・(5)・(6)・(7)はyとijの相違だけである。

G　g《ゲ》ノ部

1　Gaan
2　Groot　(2)　groot《ゴロヲト》　大

3	Geeft	(3)	geeft《ゲフト》	給ル
4	Gort	(4)	gort《コルト》	麦
5	Git			
6	Graat	(5)	grood《ガラアト》	骨
7	Gal	(6)	gol《ガル》	胆
8	Goud	(7)	goud《ゴウト》	金
9	Gek	(8)	gek《ゲッキ》	二男
10	Glad	(9)	glad《ガラット》	滑
11	Grond	(10)	grond《コロント》	地
12	Gat	(11)	gat《カット》	穴
13	Gom	(12)	gom《ゴム》	脂《ヤニ》
14	Graan	(1)	graan《ガラン》	穀物

原書G項一四語のうち一二語が採られている。うち、(5)・(6)は読みは正しかったのに綴りを誤っている。このような例は昆陽が責められそうである。

H　h《ハ》ノ部

1	Hals	(1)	hals《ハルス》	首
2	Heer	(2)	heer《ヘール》	公
3	Huys	(3)	huijs《ホイス》	家

4	Ham	(4) ham《ハム》	家猪ノヲカン
5	Heyr	(5) heet《ヘト》	暑
6	Hof	(6) hof《ホフ》	城
7	Hier	(7) hiet《ヒート》	ナヅクル
8	Hek	(8) hak《ヘッキ》	垣
9	Huur	(9) huur《ヒユール》	借
10	Haak	(10) haak《ハーク》	釣針ノ様ナルカキ(ギ)
11	Hoofd	(11) hooft《ホヲフト》	頭
12	Helm	(12) helm《ヘルム》	膝アテ
13	Hut	(13) hut《ヒユット》	舟ノトモノヤカタ
14	Hand	(14) hand《ハント》	手
15	Hoer	(15) hajir《ハアル》	髪ハイルと可読ヲ読くせにてハアルと読

原書H項一五語の全部が採られている。うち、(5)・(7)・(15)は誤読・誤記によって訳も違っている。(8)は読みとその訳は正しいが綴りを誤っている。

I　j《イ》ノ部

1	Jaar	(1) Jaar《ヤアル》	年
2	Jnkt	(2) Jnkt《インキト》	ヲランダノ墨
3	Jeugd	(3) Jeugd《ユーク》	幼

4	Jagt	(4) Jagt《ヤクト》	狩
5	Jong	(5) Jong《ヨンゴ》	幼
6	Jak		
7	Jent		

原書のI項七語のうち五語が採られている。原書においてIとJが共通であるため、『和蘭文訳』において混同した表記がみられる。

K　k ノ 部

1	Kaal	(1) kaal《カアル》	禿ル
2	Kist	(2) kest《キスト》	箱
3	Kok	(3) kok《コック》	厨人
4	Kind	(4) kind《キント》	子
5	Kaak	(5) kalk《カルク》	石灰
6	Keel	(6) keel《ケール》	咽
7	Klier	(7) klier《キリール》	皮ノ下ニテ骨ノツガイヲマトフ白キモノ
8	Kroes	(8) kloes《クルウス》	
9	Kelk	(9) kelk《ケルキ》	(サ)アカカホ形ノコップ
10	Kam	(10) kam《カム》	櫛
11	Kleed	(11) kleed《ケレート》	衣服

12	Kalf	(12)	kolt《カルフ》	牛ノ子
13	Kerf	(13)	kerf《ケル》	刻
14	Kunst	(14)	kunst《キユンスト》	術
15	Koe	(15)	koe《クウ》	牡牛
16	Kaas	(16)	kaas	牛ノ乳ニテ製シタル食物
17	Kram	(18)	kram《カラム》	鈴ノ道具
18	Kuyl	(19)	kuijl《イル》	洞
19	Krank	(17)	kroek《カラアク》	氷ナトヲ踏テナル音
20	Kreyt	(20)	kryt《ケレイト》	白墨
21	Kalk			

原書のK項二一語のうち二〇語が採られている。うち、誤読・誤記によって訳も誤ったものは(5)・(17)。読みと訳はよいのに綴りを誤ったものは(2)・(12)。(8)は Kroes（杯・湯呑・コップ）といった簡単な語を誤読したためにわからなくなり、訳語をつけていない。(20) Kryt は原書では、一七四三・一七七〇年両版とも Kreyt となっていて、原書の誤植である。原書の誤植を Kryt と正しく読みとったとなれば、通詞の語学力を超えた力の持ち主である。それは、おそらくオランダ人ということになろう。読みも訳語も正しい。(7) klier の訳語が説明的文章になっている点は蘭学史のうえで意義深いものがある。すなわち、この語の訳をめぐって、のち明和末年に前野良沢・杉田玄白らが「ターヘル・アナトミア」を訳出した際に、まだこの語に当てる日本語を見出し得ず、

機里爾《キリイル》と曰ふは語の当つ可き無く、義の解す可きは、則ち訳して機里爾と曰ふ、直訳是なり。

といって、発音通り漢字を宛てたことを想起する。[12] したがって、昆陽の段階では、もちろん、この語の訳を得ていないのは当然のことであろう。それにしても、玄白が『解体新書』の原稿の電覧を請うた相手が吉雄幸左衛門であり、それに先だつ昆陽が同じく吉雄幸左衛門からキリールの説明を得ていようとは、吉雄幸左衛門にとってもキリールは因縁浅からぬ言葉ということができよう。

九　第三集の検討

『和蘭文訳』第三集のLノ部一五語、mノ部一四語、nノ部一四語、計四三語は、同じく原書の一音節の説明に例示された語群に含まれている。

（原　書）		（和蘭文訳）	
L		L《エラ》ノ部	
1	Lak	(1) Lak《ラック》	漆
2	Ligt	(2) Ligt《リキト》	軽
3	Look	(3) Look《ローク》	子ギ
4	Lap	(5) lap《ラップ》	絹布ノ類ノキレ
5	List	(6) List《リスト》	サトキコト
6	Lof	(7) Lof《ロフ》	誉
7	Land	(9) land《ラント》	国

8　Leer　(10)　leer《レール》　皮

9　Lont　(11)　lond《ロント》　火縄

10　Lam　(12)　lam《ラム》　痿《なえ》

11　Lief　(13)　lief《リーフ》　悦

12　Laan　(14)　laat《ラアト》　遅

13　Lust　(15)　Lust《リュスト》　好

(4)　Lek《レッキ》　泄ル

(8)　luij《リュイ》　無精者

原書のL項一三語が全部採られている。かつ(4)・(8)の二語は原書にみえないものである。これは単にオランダ人もしくは通詞から聞いて補充したものか、他の書物によってオランダ人もしくは通詞から訳してもらったものか、このような例はこれだけで他に例がなく、にわかに判明しない。(11)は前述もしたtdの異同。(14)は誤読・誤記によって訳語も違ったものになった例である。

M　m《エンマ》ノ部

1　Maag　(1)　maeg《マーガ》　胃ノ腑

2　Mist　(2)　mist《ミスト》　霞

3　Merk　(3)　merk《メルコ》　印《しる》シ、或ノ云ク、樹木ノ内ノ朽タルナリ

4　Mand　(4)　maand《マアンント》　日月ノ月ニアラズ、年月ノ月ナリ

5　Meer　(5)　meer《メール》　多

6 Mout (6) mout《モウト》 麴ノ類
7 Muts (7) muts《ムウツ》 帽子
8 Mier (6) mier《ミール》 蟻
9 Mof (9) mof《モフ》 手袋
10 Melk (10) melk《メルコ》 乳汁
11 Moet (11) moer《ムウル》 酒ノモロミ
12 Mat (12) mat《マット》 莚
13 Mild (13) mild《ミルト》 脾ノ臓
14 Maagd (14) maegd《マーゴト》 和解ナリガタシ

原書M項一四語が全部採られている。(1)・(14)のようにaaをaeと表記しているのは許容される。この種の例は以下にもあろう。(4)・(11)は誤読・誤記によって訳語も違ってしまった例。

N n《エンナ》ノ部

1 Nagt (1) nagt《ナクト》 夜
2 Neef (2) nest《子スト》 鳥ノ巣
3 Nut (3) nut《ニュット》 和解ナリガタシ
4 Naald (8) naakt《ナークト》 裸
5 Nigt (4) nigt《ニキト》 姪
6 Naam (5) naem《ナーム》 名

7	Nijd	(6)	nijd《子イト》	恨ミ、悪ム意
8	Nap	(7)	nop《ノップ》	縮
9	Net	(9)	net《子ット》	網
10	Nood	(10)	noot《ノヲト》	用ト云意ニシテ、和解ナリガタシ
11	Nop	(11)	nop《ノップ》	用ト云意ニシテ、和解ナリガタシ
12	Nier	(12)	nier《ニール》	腎ノ臓
13	Neus	(13)	neus《子ウース》	鼻
14	Naad	(14)	naed《ナート》	モノノ合目　ツギ目
			nop	羅紗《らしゃ》抔ノ毛 コレハ吉雄幸左衛門説
			nut	用 コレハ吉雄幸左衛門説

原書N項の一四語が全部採られており、かつ吉雄幸左衛門から教わった二語が追加収載されている。(5)・(14)はaaとaeの表記異同例。(10)はｄｔの表記異同例。(2)・(7)・(8)は誤読・誤記によって訳語も違ったものになった例。

一〇　第六集の検討

『和蘭文訳』第六集の序文の次、すなわち本文冒頭に、

Neu《ニウ》 volgt《ホルクト》 een《エーン》 andel《アンドル》 a《ア》, b《ベ》, c《セ》, woorden《ウヲールデン》 met《メッテ》 drie《デリイ》 Letter《レッテル》 grepen《ゲレーペン》

とある。次に右の文の各語の切意を、

ニウは新なり。ホルクトは記のきみなり。エーンは一のことなれど、こゝにてはアンドルと云辞を云んための助語なり。アンドルは別、又は外と云ことなり。アベセは阿蘭陀文のアベセなり。ハンはよりのきみなり。ヲヽルデンは語なり。メッテはトのきみに用レ𪜈、こゝにてはヲのきみなり。デリイは三なり。レッテルは文字なり。ケレーペンは発のきみなり。

と述べたあと、次のように和訳している。

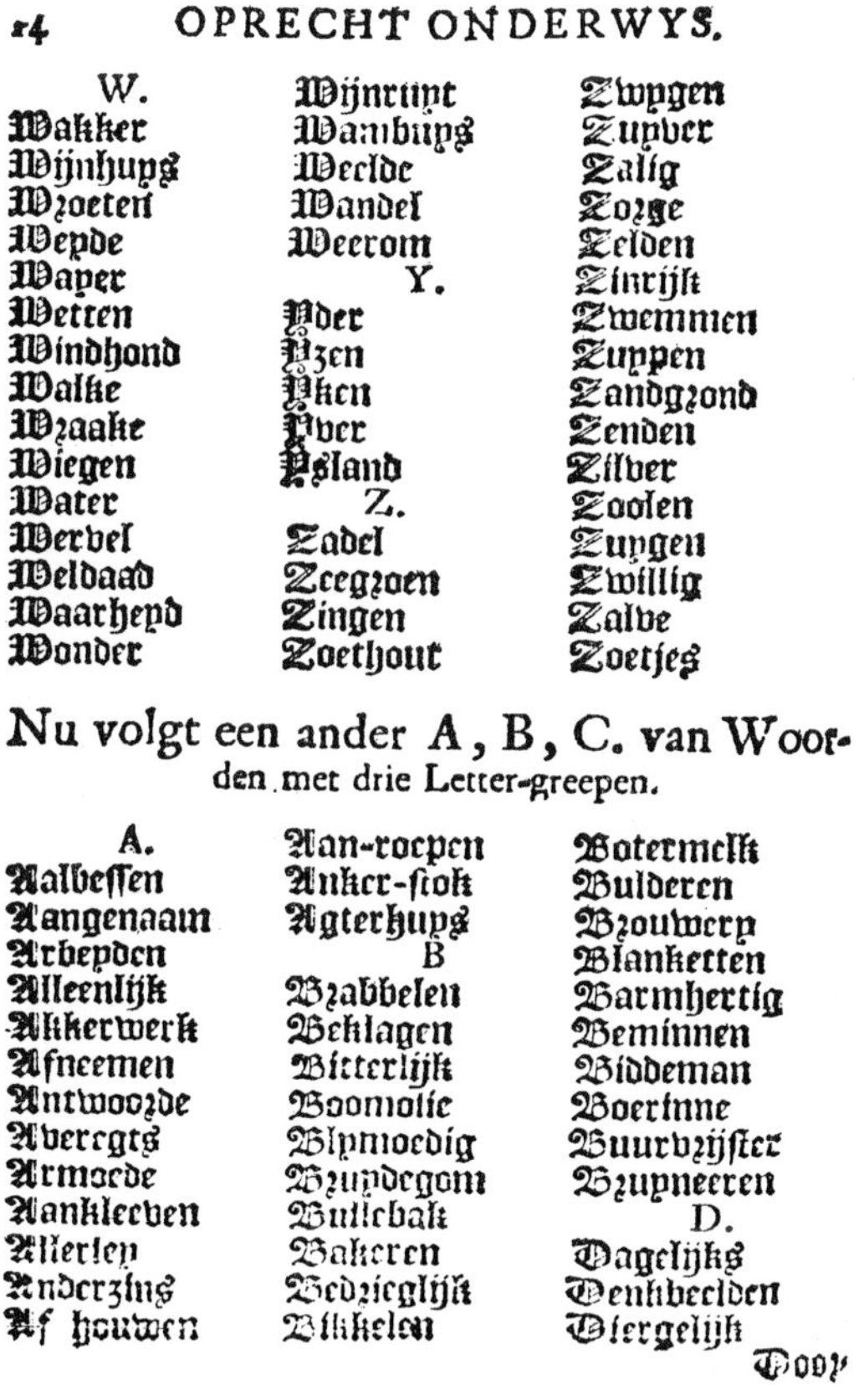
14 OPRECHT ONDERWYS.

W.	Wijnruyt	Zwygen
Wakker	Wambuys	Zuyver
Wijnhuys	Weelde	Zalig
Wroeten	Wandel	Zorge
Weyde	Weerom	Zelden
Waper	Y.	Zinrijk
Wetten	Yder	Zwemmen
Windhond	Yzen	Zuppen
Walke	Yken	Zandgrond
Wraake	Yver	Zenden
Wiegen	Ysland	Zilver
Water	Z.	Zoolen
Werwel	Zadel	Zuygen
Weldaad	Zeegroen	Zwillig
Waarheyd	Zingen	Zalve
Wonder	Zoethout	Zoetjes

Nu volgt een ander A, B, C. van Woorden met drie Letter-greepen.

A.	Aan-roepen	Botermelk
Aalbessen	Anker-stok	Bulderen
Aangenaam	Agterhuys	Brouwery
Arbeyden	B	Blanketten
Alleenlijk	Brabbelen	Barmhertig
Akkerwerk	Beklagen	Beminnen
Afneemen	Bitterlijk	Biddeman
Antwoorde	Boomolie	Boerinne
Avereghts	Blymoedig	Buurvrijster
Armoede	Bruydegom	Bruyneeren
Aankleeven	Bullebak	D.
Allerley	Bakeren	Dagelijks
Anderzins	Bedrieglijk	Denkbeelden
Af houwen	Bikkelen	Diergelijk

Door

第3図　原書　三音節の単語の例示

コレハ、アベセノ三字ニヨッテ、新ニ別ニ発キ記ノキミなり。

右の訳文のうち、「コレハ」と「ノキミなり」は昆陽の地の文章で、それにはさまれた部分が訳文である。原書では次の通りである（第3図参照）。

Nu volgt een ander A, B, C. van Woorden met drie Letter-greepen.

したがって、昆陽が記している各語の綴りに若干の誤りが認められ、脱字もある。すなわち、

Neu──→Nu
andel──→ander
a, b, c,──→A, B, C.
──→van（この脱落については、切意には見えており、松村明氏も「書き落しか」とされていた。まさにその通りであった）
Letter grepen──→Letter-greepen.

原書の文によって、大意を読みとれば、

三音節をもつ単語がまた別にＡＢＣ順に後に続く。

ということにでもなろう。したがって「六集」には三音節の例としての単語が収載されていることになる。

『和蘭文訳』第六集のａノ部一六語、ｂノ部二〇語、ｄノ部一二語、ｅノ部一二語、ｆノ部四語、ｇノ部二一語、ｈノ部一七語、Ｊノ部一〇語、ｋノ部一二語、Ｌノ部一二語、Ｍノ部一三語、Ｎノ部一六語、ｏノ部一六語、ｐノ部一二語、kwノ部五語、計一九八語は、同じく原書第二章の三音節の説明に例示された語群に含まれている。

(原書)		(和蘭文訳)		
	A		a ノ 部	
1	Aalbessen	(1)	aalbessen《アアルベセン》	覆盆子《いちご》
2	Aangenaam	(2)	aangenaam《アアンゲナアム》	愛
3	Arbeyden	(14)	arbeiden《アルベイデン》	業
4	Alleenlijk	(9)	alleenlijk《アレーンレイキ》	独
5	Akkerwerk	(8)	akkerwerk《アッケルウェルキ》	農業
6	Afneemen	(6)	afnemen《アフ子ーメン》	ハナス　トル
7	Antwoorde	(13)	antwoorde《アントヲヲルデ》	答
8	Averegts	(16)	averegts《アーヘレキツ》	違《タガウ》
9	Armoede	(15)	armoede《アルムウデ》	貧
10	Aankleeven	(3)	aankleven《アアンケレーヘン》	粘ナドノヘバリツク
11	Allerley	(10)	allerly《アッレルレイ》	諸
12	Anderzins	(11)	anderzins《アンデルシンス》	他
13	Af-houwen	(5)	afhouwen《アフホウエン》	切ル
14	Aan-roepen	(4)	aanroepen《アアンルウペン》	呼
15	Anker-stok	(12)	ankerstok《アンケルストッケ》	イカリノ横ニツクル木
16	Agterhuys	(7)	agterhuijs《アクトルホイス》	ウラ屋

原書A項一六語が全部採られている。(3)・(6)はeeのeを一つ落しただけのこと。(7)はijとyの相違。(14)はyとiの相違。(4)・(5)・(12)はハイフンを落しただけのこと。(10)はeを落していて誤りであるが、読みも訳も誤っていない。(13)はantwoordenが正しく、原書も誤っていた。読みも誤った表記に従っている。

B　bノ部

1	Brabbelen	(14)	brabbelen《ブラブレン》	ドモル
2	Beklagen	(4)	beklagen《ベカラーゲン》	訴
3	Bitterlijk	(8)	bitterlijk《ビッテルレイキ》	苦
4	Boomolie	(11)	boomolij《ボヲヲムヲーリ》	ポルトガルノ油ノコト
5	Blymoedig	(10)	blijmoedig《ブレイムウデキ》	悦
6	Bruydegom	(17)	brunijdegom《ブリニイデゴム》	聟
7	Bullebak	(19)	bullebak《ブュレバック》	ヲニメン
8	Bakeren	(1)	bakeren《バーケレン》	産
9	Bedrieglijk	(3)	bedrieglijk《ベテリーゲンイキ》	偽
10	Bikkelen	(7)	bikkelen《ビッケレン》	ビツケルと云遊器ヲナラス
11	Botermelk	(13)	botermelk《ボートルメイキ》	乳味
12	Bulderen	(20)	bulderen	颪ノ音ノツヨキヲ云
13	Brouwery	(15)	broewerij《ブロウウェレイ》	酒造
14	Blanketten	(9)	blanketten《ブランケッテン》	白粉

15　Barmhertig　(2)　barmhertig《バルムヘルテキ》　仁

16　Beminnen　(5)　beminnen《ベミン子ン》　憐

17　Biddeman　(6)　biddeman《ビッデマン》　導者

18　Boerinne　(12)　boerinne《ブウリン子》　イナカ女

19　Buurvrijster　(18)　buurvrijster《ブウウルフレイストル》　室女、ヘヤズミノ女

20　Bruyneeren　(16)　bruijneeren《ブリウイ子ーレン》　人ヲ打タヽク

原書B項二〇語が全部採られている。うち、(10)・(15)・(16)・(17)はijとyの相違、(11)はieとijの相違である。(15)は読みも、訳もよいのに綴りのみを間違っている。昆陽の不注意か。(17) brunijdegom《ブリニイデゴム》 については一寸複雑である。原書には Bruydegom とある。これを通詞が「ブリニイデゴム」と発音したのであれば通詞の誤りである。綴りにもnが入っているからその公算は大きい。brunijdegom という語はなく、したがって聟という訳を与えられるはずもない。松村氏は、brunijdegom を bruidegom と書き替えられただけで訳語を与えておられない。なぜ bruidegom といいかえられたのか説明もない(13)。いずれにしても昆陽は「聟」という、まずまず当った訳語を与えられているわけである。したがってオランダ人が正しい綴りに発音と訳語を伝えたにもかかわらず、通詞が訳語の「聟」だけを昆陽に正しく伝え、綴りと発音を誤って伝え、それをそのまま昆陽が筆記したものと考えられる。オランダ人と通詞、通詞と昆陽との関係を考えるうえで、これは示唆に豊む誤りといえよう。

次にCノ部がないのは原書にないからである。

D　　dノ部

1　Dagelijks　(1)　dagelijks《ダゲレイキス》　平生

2	Denkbeelden	(5)	denkbeelden《デンキベールデン》	譬喩
3	Diergelijk	(7)	diergelijk《ディールゲレイキ》	コノトヲリ　如是ノ類　コレニニタルモノ
4	Doorbreeken	(9)	doorbreken《ドヲルブレーケン》	破
5	Duysternis	(11)	duijsternisse《デュイステルニッセ》	瞳
6	Draag-boomen	(10)	draagboomen《タラアクボヲメン》	荷ヲ担コト
7	Dwaal-sterre	(12)	dwaarsterre《ドワアルステルレ》	五星
8	Dardehalf	(2)	derdehals《デルデハルス》	三ガ二
9	Deernisse	(4)	deernisse《デールニッセ》	イタミ
10	Dienstbaarheyd	(6)	dienstbaarheid《ディーンストバアルヘイト》	勤功アル人
11	Donderen	(8)	donderen《ドンデレン》	雷
12	Doordringen	(3)	duurdringen《デウールデリンゲン》	人ヲヲシハライ通ルコト

原書D項の一二語が全部採られている。⑾はyをijと、⑹はyをiと、⑼はeeをeと書き、⑽はハイフンを落しただけで語に誤りはない。

⑵ derdehals は derdehalf の誤りであるが、原書には dardehalf と誤植がある。原書の誤植を訂正して読みとり、正しい発音と訳を与えたとなれば、やはり、それはオランダ人ということになろう。それにもかかわらず、通詞もしくは昆陽がこれをわざわざ derdehals と綴り、「デルデハルス」と読んでいるのは随分初歩的な誤りである。⑶ duurdringen は Doordringen の誤りである。訳はよいが、読み（発音）と綴りは誤りである。ちなみに、松村氏が「duur は継続の意」と解説されているのは、むしろ昆陽筆記の訳語中の「…通ル…」という方が door に相当するよい訳であ

る。⑾ duijsternisse は duysternis の誤りである。

	E		e ノ 部	
1	Edelman	(1)	edelman《エーデルマン》	高位ナル人
2	Eerbaarheyd	(3)	eerbaarheid《エエルバアルヘイト》	貴ベキ人
3	Eendragt	(2)	eendragtig《エエングラクテキ》	一統
4	Eyeren	(12)	eijeren《エイエレン》	鶏卵
5	Elleboog	(9)	elleboog《エッレボヲク》	臂
6	Eergierig	(5)	eergister《エエルギステル》	一昨日
7	Ergeren	(11)	ergeren《エルゲレン》	患
8	Eenzaamheyd	(4)	eerbaarlijk《エエルバアルレイキ》	丁寧
9	Elendig	(8)	elendig《エレンデイキ》	哀
10	Eyndelijk	(7)	eindelijk《エインデレイキ》	漸
11	Erfgenaam	(10)	erfgenaam《エルフゲナアム》	家督相続ノ子
12	Eygenaar	(6)	eigenaar《エイゲナアル》	主《ぬ》シ

原書E項の一二語が全部採られている。(4)・⑿はyをijと、(3)・(6)・(7)はyをiと書きかえただけで語としては誤りではない。(2)・(4)・(5)は読み、綴り、訳ともに違っている。したがって原本未見の松村氏解説も違っている。このような例は他にも多い。

F　　f ノ 部

1	Fatzoenlijk	(1)	fatsoenlijk《ハツーンレイキ》	丁寧
2	Fimelen	(2)	fimelen《ヒメーレン》	麻ノ類　サバク
3	Firmament	(3)	firmament《ヒルマメント》	空
4	Flikkeren			
5	Flaauhertig	(4)	flaauhertig《フラアウヘイルティキ》	虚弱

原書F項の五語のうち四語が採られている。

G　　g ノ 部

1	Gestadig	(8)	gestadig《ゲスタデイキ》	平生
2	Gordynen	(15)	gordijnen《ゴルデイ子ン》	幕又蚊帳
3	Grootvader	(18)	grootevader《コロヲト ハーデル》	祖父
4	Glimmende	(13)	gliemmende《ギリンメンテ》	ヒカリ
5	Gunstelinge	(21)	gunsteling《ギュンステリンキ》	捨子
6	Gebergte	(1)	gebergte《ゲベルクテ》	山
7	Gierigheyd	(10)	gierigheijd《ギーリキヘイト》	欲フカキ人
8	Gordelen	(16)	gorgelen《ゴルゲレン》	薬又水ヲ含デ咽喉ヲ洗
9	Gedenken	(3)	gedenken《ゲデンケン》	思
10	Gisteren	(12)	gisteren《ギステレン》	キノフ

11	Gemeenlijk	(5)	gemeenlijk《ゲメーンレイキ》	オヲヨソ
12	Goedaardig	(14)	goedaardig《グウトアアルデキ》	心ヨキ人
13	Geneezen	(7)	genezen《ゲ子ーセン》	シタシム
14	Guychelen	(20)	guichelen《ギュイケレン》	狂言　戯言
15	Geneuglijk	(6)	geneuglijk《ゲ子ウクレイキ》	タノシム
16	Gortebry	(17)	gortebrij《ゴルテブルイ》	麦ヲ以テ作ル鳥ノ餌
17	Gezelschap	(9)	geselschap《ゲセルスカップ》	相伴
18	Grouwelijk	(19)	griuwelijk《ゴリュウェレイキ》	スサマシキ
19	Gebieden	(2)	gebieden《ゲビーデン》	イヒツクル
20	Gildehuys	(11)	gildehuijs《ギルデホイス》	
21	Gelukkig	(4)	gelukkig《ゲルユッキク》	サイハイ

原書G項の二一語が全部採られている。(10)・(11)・(15)・(17)はyとijの相違、(9)はsとzの相違、(20)はiとyの相違であるが語として誤りはない。(13)・(18)は一寸綴りを誤ったもの。(16)は読みも綴りも誤ったため、訳も誤ったものとなっている。「帯（複数）」となるべきところである。(19) griuwelijk は原書には Grouwelijk とある。しかし、訳に「スサマシキ」と示しているところをみると、これはオランダ人が原書の誤植を gruwelijk と正しく読みとり、通詞に教えてくれたものと思われる。この語の意味は形容詞・副詞の「ぞっとするような、身の毛のよだつほどに、怖ろしい」といった意味である。

	H		hノ部	
1	Hagelen	(2)	hagelen《ハーゲレン》	アラレ
2	Herberge	(10)	herberge《ヘルベルケ》	宿
3	Heydinne	(8)	heidinne《ヘイディン子》	諸国ヲメグル尼
4	Hoereeren	(14)	hoereeren《ウレーレン》	イタヅラ
5	Hinderen	(12)	hinderen《ヒンデレン》	トバリ
6	Haagedoorn	(1)	hagedorn《ハーゲドヲルン》	イバラノ名
7	Hartelijk			
8	Hoogmoedig	(13)	hoogmoedig《ホヲクムウデキ》	ヲゴル
9	Herzenen	(9)	herzenen《ヘルセ子ン》	膿
10	Handboomen	(4)	handboomen《ハントボヲメン》	ヲモキ物ヲアグルキ
11	Heymelijk	(7)	heiliglijk《ヘイリキレイキ》	正直
12	Hovaardig	(16)	hovaardig《ホハアルデキ》	ヲゴル
13	Hertelijk	(11)	hertelijk《ヘルテレイキ》	心底ヨリ
14	Handelen	(5)	handelen《ハンデレン》	商売
15	Huurcedul	(17)	huurzedel《ヒゥウルセーデル》	カシ鞍
16	Handgiften	(6)	handgifte《ハントギフテ》	売買ノ前銀
17	Hoenderen	(15)	hoenderen《フウンデレン》	鶏

18	Hakkemes	(3)	hakkemes《ハッケメス》	斧ノルイ

原書のH項一八語のうち一七語が採られている。一語採られなかったのは、Hartelijk と Hertelijk を重複とみたからであろうか。(1)は aa をa、oo をo としており、(8)は y を i としているが語そのものは誤っていない。(6)は単に n を不注意に落したものであろう。(11)の hertelijk は読みも「ヘルテレイキ」となっており、原書もこの通りである。すなわち、これは原書の誤植をそのまま書写しているのであって、hartelijk が正しい。訳語はこのままでよい。(7)・(17)は読みも綴りも誤ったため、訳語も誤ってしまった例である。

I		J ノ 部		
1	Jaar-merkten	(1)	Jaarmerkten《ヤアルメルキテン》	市
2	Jongeling	(8)	Jongeling《ヨンゲリンキ》	小児
3	Ingewand	(4)	Jngewand《インゲワント》	臓腑
4	Jubel-jaar	(9)	Jubeljaal《ユーベルヤアル》	
5	Inhouwen	(5)	Jnhouden《インホウデン》	タモツ
6	Juwelier	(10)	Juwelier《ユーウェリール》	珠玉ヲアキノフモノ
7	Inwendig	(7)	Jnwundig《インウュンデキ》	内
8	Innerlijk	(2)	Jnnerlijk《イン子ルレイキ》	内
9	Inktkooker	(6)	Jnktkoker《インキトコークル》	墨入ル器
10	Indigo	(3)	Jndigo《インディゴ》	草ノ名

Jノ部では原書のI項一〇語が全部採られている。IとJとでは一見対応しないようであるが、原本ではI・J共

通にしている。(1)・(9)はハイフンを落したもの。(2)・(3)・(4)・(6)はIとJを混同している。(5)・(7)は読みも綴りも誤り、訳語も誤っている。(9)に訳語がつけられていないのはどうしたことか。全く不明もしくは理解できない言葉であったから空白のままにしておいたものか。それともオランダ人もしくは通詞から説明を聞いて、理解したがゆえに、あえて訳語を記入しなかったものか。もちろん、説明もなく、説明のしようもない言葉と思われるのであるが。すなわち、この言葉は、「聖年」といい、カトリックで通例二十五年めごとに行われる大赦の年のことであったから、鎖国・禁教下において、昆陽がひそかにはばかって空欄としておいたものなのだろうか。もしそうだとすれば、この空欄の意味は重い。興味をそそられる箇所ではある。

	K		kノ部	
1	Kandelaar	(1)	kandelaar《カンデラアル》	蠟燭立
2	Kinderen	(6)	kinderen《キンデレン》	小児
3	Kernemelk	(4)	karnemelk《カル子メルキ》	乳味
4	Kikvorzen	(7)	kikvorzen《キッキホルセン》	ヒキガヘル
5	Kleederen	(8)	kleederen《ケレーデレン》	衣服
6	Koekendeeg	(12)	koekendeeg《クウケンデーキ》	ムシモノニ入アマは長崎辞ニテ、アマとは粥ヲ煮テム マシテ入ルコトナリ
7	Klokscheene	(10)	klopschene《コロップシケー子》	沓作リモツ器
8	Kalander	(3)	kalander《カランデル》	穀物ニツク虫
9	Kloekmoedig	(9)	kloekmoedig《クルウクムウデキ》	勇者

10	Koornbloemen	(11)	koornbloemen《コヲルンブルウメン》	菜ノ名
11	Kalkoenen	(2)	kalkoenen《カルクウ子ン》	鳥ノ名
12	Kinderspel	(5)	kindersfol《キンデルスヘル》	小児ノ戯

原書K項の一二語が全部採られている。(8)はeeをeと書きかえただけの違い。(4)・(10)は読みも綴りも誤り、訳語も誤っており不完全である。(5)は読みと訳は正しいのに、綴りを誤っている。昆陽の責任が問われるところであろう。

L		Lノ部		
1	Lanteerne	(1)	Lanteerne《ランテール子》	チャウチン
2	Lendenen	(6)	Lendenen《レンデ子ン》	ツガイ
3	Lindeboom	(10)	Lindeboom《リンデボヲム》	樹木ノ名
4	Luysteren	(11)	Luijsteren《リュイステレン》	キク
5	Lammeren	(2)	Lanmeren《ランメレン》	羊
6	Ligtelijk	(9)	Ligtelijk《リキテレキ》	ヤスキ
7	Lauwerboom	(3)	Lauwerboom《ラウェルボヲム》	樹木ノ名
8	Lekkerlijk	(5)	Lekkerlijk《レッケルレイキ》	味ノヨキ
9	Lusthoven	(12)	Lusthoven《リュストホーヘン》	遊亭
10	Letterhout	(7)	Letterhout《レッテルホウト》	樹木ノ名
11	Laveeren	(4)	Laveren《ラヘーレン》	舟マギル
12	Liedeboek	(8)	Liedeboek《リィデボウク》	ウタノホン

原書L項の一二語全部が採られている。(4)はeeをeと、(11)はyをijと書きかえただけで語そのものは誤っていない。(2)は読みも綴りも誤り、したがって訳も誤ってしまった。

	M		Mノ部	
1	Magerheyd	(1)	magerheid《マーゲルヘイト》	虚弱ナル人
2	Middelaar	(8)	middelaar《ミッデルラアル》	ナコフド
3	Moordenaar	(12)	moordenaar《モールデナアル》	賊
4	Minnelijk	(11)	minnelijk《ミン子レイキ》	愛
5	Meesteren	(4)	meesteren《メーステレン》	ツカサドル
6	Mosselman	(13)	mosselman《モッセルマン》	貝ウリ
7	Mindering	(10)	mindering《ミンデリンキ》	減スル
8	Mengelen	(5)	mengelen《メンゲレン》	マズル　マゼルコトナリ
9	Middelschot	(9)	middelschot《ミッデルスコット》	鼻柱
10	Maakelaar	(2)	makelaar《マーケラアル》	ナコフド
11	Metzelaar	(6)	metselaar《メッセラアル》	シャクワン
12	Meulensteen	(7)	meulensteen《メウレンステーン》	石臼
13	Mastboomen	(3)	mastbomen《マーストボーメン》	帆柱ノ木

原書M項の一三語が全部採られている。(1)はijをiに、(2)はaaをaに、(3)はooをoに書きかえただけで語として誤りはない。

N		Nノ部		
1	Nagelen	(3)	nagelen《ナーゲレン》	ツメ
2	Nijdigheyd	(16)	nijdigheid《子イデキヘイト》	羨
3	Nestelen	(8)	niestelen《子ーステレン》	鳥ノ巣　ヲク
4	Noodwendig	(13)	noodwendig《ノヲトウェルデキ》	入用ノモノ
5	Nagtegaal	(1)	nagtegaal《ナクトガアル》	ウグヒス
6	Negentig	(7)	negentig《子ーゲンテキ》	九十
7	Nieuwigheyd	(10)	nieuwigheid《ニーウウィキヘイト》	新シキ
8	Nooddruftig	(14)	nooddruftig《ノヲトテリュフデキ》	入用ノモノ
9	Nugteren	(15)	nugteren《ニュクテレン》	空腹
10	Naamelijk	(4)	namelijk《ナーメレキ》	イハユル
11	Nedrigheyd	(6)	nedriijheid《子ーテリキヘイト》	丁寧ナル人
12	Nimmermeer	(11)	ninmermeer《ニンメルメール》	無
13	Noodigen	(12)	nodigen《ノーデイゲン》	入用ノモノ
14	Neusgaten	(9)	neusgaten《子ウスガテン》	鼻ノ穴
15	Nachtlooper	(2)	nagtloper《ナクトローベル》	コヤシトリ
16	Nederland	(5)	nederlland《子ーデルラント》	紅毛ノ本国

原書N項の一六語が全部採られている。(2)はchをgと、ooをoと、(4)はaaをaと、(12)ooをoと、(16)はyをiと書き

かえただけで語として誤りはない。(8)はｉを余計に、(11)はｍをｎと誤ったのみ。(6)は読みが正しいのに綴りを誤っている。昆陽の責任が問われることになろう。

O

ｏ ノ 部

1	Ongezond	(3)	ongezond《ヲンゲゾント》	不快
2	Oorlogen	(13)	oorlogen《ヲヲルローゲン》	イクサ
3	Onkuysheyd	(4)	onkuisheid《ヲンキウイスヘイト》	イタヅラモノ
4	Oordeelen	(11)	oordeelen《ヲヲルデーレン》	ワキマユル
5	Ontfangen	(6)	ontfangen《ヲントハンゲン》	ウケトル
6	Overgaan	(16)	overgaan《ヲ　ガアン》	サムル　スグル
7	Ontkennen	(7)	ontkennen《ヲントケン子ン》	ウツリヲル　トドクル
8	Oorkussen	(12)	oorkussen《ヲヲルキウッセン》	釵ノサヤノコジリニアルカナグ
9	Ontbinden	(5)	ontbinding《ヲントビインディンキ》	人ノ臓腑ヲトク
10	Oeffenen	(1)	oeffenen《ウーヘ子ン》	コヽロガクル
11	Ontstigten	(10)	ontstigten《ヲントスティキテン》	縫ヲトク
12	Ouderdom	(15)	ouderdom《ヲウデルドム》	老
13	Ontkleeden	(8)	ontkleden《ヲントケレーデン》	衣服ヲヌグ
14	Ootmoedig	(14)	ootmoedig《ヲヲトムウデキ》	降伏ノ貞
15	Ontkoopen	(9)	ontknopen《ヲントコノーペン》	ムスビメヲトク

16　Oliboom　(2) oliboom《ヲーリボヲム》　ホルトガルノ樹

原書O項の一六語が全部採られている。(4)はyをiに、(8)はeeをeに、(9)はooをoとしただけで語として誤りはない。(5)は読み、綴り、訳語とも誤っている例。

P　p ノ 部

1　Pannekoek　(2) pannekoek《パン子クウク》　クワシノ名

2　Predikant　(11) predikant《プレディカント》　講ズル

16　OPRECHT ONDERWYS

Luſthoven	Nederland	Kwikzilver
Letterhout	O.	Kwaadaardig
Laveeren	Ongezond	Kwalijkheyd
Liedeboek	Oorlogen	Maar uytheemze
M.	Onkuysheyd	Woorden Speld
Magerheyd	Oordeelen	men met een
Middelaar	Ontfangen	Q
Moordenaar	Overgaan	Quadraten
Minnelijk	Ontkennen	Qualiteyt
Meeſteren	Oorkuſſen	Queſtieus
Moſſelman	Ontbinden	Quantiteyt
Mindering	Oeffenen	Quartynen
Mengelen	Ontſtigten	R.
Middelſchot	Ouderdom	Ragebol
Maakelaar	Ontkleeden	Regenen
Metzelaar	Ootmoedig	Rijkdommen
Meulenſteen	Ontkoopen	Roemertje
Maſtboomen	Oliboom	Regeeren
N.	P.	Raadkamer
Nagelen	Pannekoek	Regtveerdig
Nijdigheyd	Predikant	Rommelen
Neſtelen	Potaſſche	Rijkelijk
Noodwendig	Plonderen	Ruytery
Nagtegaal	Pargament	Rijsmantel
Negentig	Ploeg-yzer	Raadzeltje
Nieuwigheyd	Pennemes	Reynigheyd
Nooddruftig	Plotteren	Romeynen
Nugteren	Pijnigen	Ruſtbedde
Naamelijk	Pools-hoogte	S.
Nedrigheyd	Pols-ader	Salpeter
Nimmermeer	Paarde-merkt	Sleutelen
Noodigen	kw	Snateren
Neusgaten	Kwakzalver	Spinnewiel
Nachtlooper	Kwee-appel	Stamelaar

Struy

第4図　原書　三音節の単語の例示

3	Potassche	⑽	potassche《ポットアッセ》	
4	Plonderen	⑺	plonderen《プロンデレン》	
5	Pargament	⑶	pargament《パールガメント》	表紙ノ皮
6	Ploeg-yzer	⑸	ploeijijzer《プルウイエィセル》	農具　クワノルイ
7	Pennemes	⑷	pennemes《ペン子メス》	羽ノ筆ヲ切小刀
8	Plotteren	⑹	ploeteren《プルウテレン》	
9	Pijnigen	⑿	pijnigen《ペイニゲン》	セムル
10	Pools-hoogte	⑼	poolshoogte《ポヲルスホヲクテ》	極ノ高度　北極ノコトナリ
11	Pols-ader	⑻	polsader《ポルスアーデル》	脈
12	Paarde-merkt	⑴	paardemerkt《パアルデメルキト》	馬市

原書P項の一二語が全部採られている。

⑸の表記には誤りがあり、訳語も曖昧である。犁の刃が正しい。⑹ ploetern は原書には Plotteren となっているが、ploeteren の誤植であろう。オランダ人が正しく読みとって教えてくれたものであろう。⑴・⑻・⑼はハイフンを落したもの。

Kw　kw ノ 部

1	Kwakzalver	⑵	kwakzalver《クワックサルヘル》	合薬売《かふやくうり》ノルイ
2	Kwee-appel	⑷	kweappel《クゥエーアップル》	木ノ実ノ名
3	Kwikzilver	⑸	kwikzilver《クゥィッキシルヘル》	水銀

4　Kwaadaardig　(1) kwaadaardig《クヮアトアルデキ》　心ニクキ人

5　Kwalijkheyd　(3) kwalijkheid《クヮーレキヘイト》　アシザマ

原書のKw項五語が全部採られている。(3)はyをiに表記をかえただけ。(4)は一寸綴りに誤りが認められる。このkwノ部のあとに、

maar《マアル》 uit《ウイト》 heemse《ヘエムセ》 woorden《ウヲヲルデン》 spelt《スペルト》 men《メン》 met《メッテ》 een《エエン》

と説明文が付いており、その各語の意味を、

マアルはイヘ𪜈ノキミなり。ウイトヘームセは常語ニ非ズ、時行辞《ハヤリ》と云ことなり。ウヲヲルデンは語なり。スペルトは文字をくさることなり。メンは者のきみなり。メッテはとのきみなり。エーンは一なり。コレハ、語ト文字ノクサリハ一トイヘ𪜈、時行辞《ハヤリ》ノ此四語、今カドブルトイハト書と云コトナリ。hハはナリ。

と説明している。これを原書によってみると、

Maar uytheemze Woorden Speld men met een

とあって、昆陽の表記に若干の相違のあることが認められる（第4図参照）。大意は、しかし外来語は一つにかく、とでもいったものであろう。外来語を「時行辞《ハヤリ》」と表現しているところは興味深い。

一一　第八集・第九集の検討

第八集と第九集は、ともに原書の第二章中の五音節の語の例に含まれているので、あわせて検討することとする。語順は前と同じく原書の語順にし、それに『和蘭文訳』収載の単語を配列することにする。その場合、第八集と第九

集のなかでの語順を区別・明示するために、（8－(1)）（9－(1)）というような番号をつける。

本文冒頭に次のような見出しがついている。

Woorden《ウヲールデン》 van《ハン》 vijf《ヘイフ》 lettergrepen《レッテルゲレーペン》

これを原書によってみれば、

Woorden van Vyf Letter-greepen.

とあって、五音節の語、という意味の見出しである。

	（原　書）		（和　蘭　文　訳）	
1	Agterhoudinge	（8－(1)）	agtirhoudinge《アクテキホウディンゲ》	aノ部、貯ルコト
2	Godtverlochenen	（8－(2)）	godverloehnaer《ゴットフルロー》	gノ部、無法成者
3	Begraffenisse	（8－(3)）	begraffenisse《ベカラフニス》	bノ部、埋ムコト
4	Egyptenaare	（8－(4)）	cgiyte	c(マヽ)ノ部、エケビテ国ノ姓
5	Dubbelzinnigheyd	（8－(5)）	dubbelzinnigheijd	dノ部、二心未決ノ意
6	Overwateren	（8－(6)）	overwateren	oノ部、水ヲ渡ル
7	Kinnebakslage	（8－(7)）	kinnebakslagen	kノ部、人ノ腮ヲ打
8	Ongemakkelijk	（8－(8)）	ongemokkelijk	不自由
9	Machiavelist	（8－(9)）	machiavellist	mノ部、書物作者ノ名
10	Offerpenningen	（8－(10)）	offerpenningen	薬銭ト云様ナルコト
11	Oliachtigheyd	（8－(11)）	oliagtigheijd	油ツコキ脂

12 Ongebruykelijk （8－⑿） ongebruijkelijk 無用

13 Verontschuldigen （9－(1)） verontschuldigen《フルラントシキュルテイキ》 人ノ罪ヲ云ワケスルコト

14 Pulverizeren （9－(2)） pulveriseeren《ペユルヘルセールン》 粉ニスルコト

15 Heyligmaakinge （9－(3)） heijligmaakinge《ヘイルイキマキンゲ》 正シクスルコト

16 Verongelijken （9－(4)） verongelijken《ヘルヲンゲレイキ》 不同ナルコト

17 Waarzegginge （9－(6)） waarseggeresse《ワアルセゲルス》 占ヲスル女

22 OPRECHT ONDERWYS

Dog begeerd den Leezer datwe hier nog eenige Woorden van Vyf Letter-greepen zullen by voegen, dewylwe dog reeds aan 't Werk zyn, dat kan ons niet ſcheelen. Maar dezelve te ſtellen op order van 't A, B, C. zoo alswe de voorgaande geſteld hebben, zeeker dat zou te veel moeyten geven; alzoo wy reeds de Woorden zat zyn, en ons Hoofd al begind te drayen. Wy zullenze dan, om dat 'er dog weynig zyn maar romſlomp door malkander voorſtellen, zooze vallen zoo vallenze.

Woorden van Vyf Letter-greepen.

Agterhoudinge	Gevangeniſſe
Godtverlochenen	Menigvuldigheyd
Begraffeniſſe	Eeuwigduurende
Egyptenaare	Goedertierendheyd
Dubbelzinnigheyd	Rechtveerdigmaaking
Overwateren	Ongeregeldheyd
Kinnebakſlage	Onveranderlijk
Ongemakkelijk	Wiſpeltuurigheyd
Machiaveliſt	Onderdaniglijk
Offerpenningen	Admiralietijt
Oliachtigheyd	Betaamelijkheyd
Onge ruykelijk	Eerwaardigheyd
Verontſchuldigen	Iſmaëliten
Pulverizeren	Noodzakelijkheyd
Heyligmaakinge	Vermenigtvuldigt
Verongelijken	Wedergeboorte
Waarzegginge	Zaligmaakende
Onſtandigheden	Veranderinge

De

第５図　五音節の単語の例示

18 Omstandigheden
19 Gevangenisse
20 Menigvuldigheyd
21 Eeuwigduurende
22 Goedertierendheyd
23 Rechtveerdigmaaking
24 Ongeregeldheyd
25 Onveranderlijk
26 Wispeltuurigheyd
27 Onderdaniglijk
28 Admiralietijt
29 Betaamelijkheyd
30 Eerwaardigheyd
31 Ismaëlieten
32 Noodzaakelijkheyd
33 Vermenigtvuldigt
34 Wedergeboorte
35 Zaligmaakende

(9-(5)) omstandigheden《ヲムスタンディキヘーデン》

36 Veranderinge

すなわち、第八集と第九集において昆陽の学習は、原書の五音節の例として示されている三六語のうち、ちょうど半分の一八語を採っているのであって、原書についてみると、それは原書二二頁に左右二列に例示された三六語のうち、左の列一八語を採ったことが判明する（第5図参照）。（8－(1)）（8－(2)）（8－(4)）（8－(5)）（8－(7)）（8－(8)）（8－(9)）（8－(11)）（8－(12)）（9－(2)）（9－(3)）（9－(6)）において表記の違いが認められる。

一二　第十集の検討

『和蘭文訳』第十集に収載されている二五語を原書に求めると、第二章の一音節の説明に例示された語群のなかに見出すことができる。

（原　書）	（和蘭文訳）	
A		
1 Ampt	(1) arm《アルム》	肘
2 Arm	(2) aard《アアルド》	地
3 Aard	(3) arg《アルゲ》	不宜
4 Arg	(4) aal《アアル》	ウナギ
5 Aal	(5) angst《アンクスト》	アヤウイ
6 Angst		

7	Aap	(6)	aap《ァアプ》	猿
8	Als			
9	Aar			
	B			
1	Baak	(7)	baack《バァカ》	海上ノ目アテノ火
2	Brand	(8)	brand《ブランド》	焼
3	Bed	(9)	bed《ベット》	床
4	Bloed	(10)	bloed《ブルウト》	血
5	Brief	(11)	brief《ブリーフ》	書状
6	Boom	(12)	boom《ボヲム》	木
7	Bier	(13)	bier《ビール》	酒ノ名
8	Band	(25)	band《バント》	帯
9	Braad	(15)	braad《ブラアド》	焼
10	Beeld	(16)	beeld《ベールド》	人形
11	Bruyn	(17)	bruin《ブロイン》	茶色
12	Blad	(18)	blad《ブラート》	葉
13	Brood	(19)	boord《ボヲルト》	端
14	Bies	(20)	bies《ビース》	燈心草

15　Buyk　(21)　buik《ボイコ》　服
16　Borst　(22)　borst《ボルスト》　ム子
17　Baas　(23)　baas《バアス》　物頭役
18　Berg　(24)　berg《ベルゲ》　山
19　Bark　(14)　bank《バンカ》　腰かけ

大通詞西善三郎曰ボルトは椽ナリ

第十集の二五語は、原書の一音節の例示語のうち、A項九語のうちの六語と、B項一九語のうちの一九語全部を採ったものである。C項からZ項までは訳出されていない。B項の baack は Baak の、bruin は Bruyn の、buik は Buyk の誤りであるが、語としては誤りではない。boord は Brood の誤りである。したがって訳語も誤っている。Brood はパンである。次に、語順は原書の語順になっているが、bank と band の語順が入れかわっている。かつ bank は Bark の誤りで、訳語も三檣の帆船、もしくは小帆船とでもなるべきであった。

右のことからして、第十集収載の単語は第一集収載の単語と重複するものであることが判明する。なぜ、かかる重複を行なったのか、何ら説明されていない。

一三　比較・検討によって判断される諸点

自筆本および写本によって知られている『和蘭文訳』をその原書ハッカホールド文法書によって比較・検討してみた結果、判断される諸点を整理のうえ、列挙してみれば次の通りである。

1　各オランダ語単語の頭文字は、原書ではすべて大文字で書き出されているのに比して『和蘭文訳』ではLを除いて小文字で書き出されている。

2　オランダ語の綴りにおいて、次のような表記の相違が認められる。yをiと、ijをiと、aaをaと、eeをeと、ooをoと、yをijと、oeをeと、ieをijと、表記したり、tとd、sとzを混同し、rとlを書き違えたり、ハイフンを落したりしている点がまま見受けられる。

3　原書の単語を誤読（誤って発音）し、誤記（綴りを誤って筆写）したために、誤った単語となってしまい、訳語も別の意味になったり、不明となってしまったものがまま見られる。

4　読み（発音）、訳語はほぼ正しかったのに、綴りの筆写に誤りを生じた単語がまま見受けられる。このような例は、通詞の教示が正しかったのに昆陽が誤ってしまったことを示すよき証拠となろう。

5　訳語はよいが、読み（発音）と綴り（筆写）に誤りを生じてしまった例もまま見受けられる。このような場合は、通詞がすでに読みと綴りを誤っていて、それをそのまま昆陽が踏襲したものか。それとも通詞は正しかったのに昆陽が誤ってしまったものか。にわかに断定はできない。しかし、訳語が正しく出来ていたとなれば、やはり昆陽が責められる公算が大きくなりそうである。

6　原書に、すでに誤植があって、そのため「此語解シガタシ」と不明のまま残されたものがある。

7　原書に誤植があるのに、誤植のない正しい単語として読みとり、綴りも正しくして、訳語も正しく与えられている単語がまま見受けられる。このような例はオランダ人が原書の誤植を訂正して読みとり、教えてくれた好例といえよう。単語の内容・程度からして、通詞の語学力を超えたものが見受けられるから、一層そのように判断させられる。

8　オランダ人が原書の誤植を訂正して読みとり、教えてくれたため綴りも訳も正しく出来たのに、まま読み間違えたり、綴りを筆写し間違ったりした場合もある。通詞もしくは昆陽の責任であろう。

9　原書に誤植があって、その誤植のあるままのスペリングを発音（読み）、書写したにもかかわらず、訳語はほぼ正しいというものがある。これは通詞の語学力の功績ということになろう。

10　オランダ人もしくは通詞から聞いたか、あるいはハッカホールド以外の書物を参考にしてオランダ人もしくは通詞から教示を受けて補充された単語も若干ある。

11　昆陽の断り書きの書き振りからして、通詞がすでにハッカホールドの文法書によって作成した蘭日単語集を所持しており、それを昆陽が『和蘭文訳』作成に際してみせてもらっている、と判断される箇所がある。

一四　未発見第四集・第五集・第七集の内容

残っている自筆本と写本によって、『和蘭文訳』の単語を原書と比較してみた結果から、未発見の第四集、第五集、第七集の内容を推定してみたい。原書と『和蘭文訳』の内容・組織を比較、表示すれば次の通りとなる。

（ハッカホールド文法書　第二章）			（和蘭文訳）	
一音節の例語	A—D	四六語	第一集	四五語
〃	E—K	七六語	第二集	六九語
〃	L—N	四一語	第三集	四三語
〃	O—Z	一二〇語		

二音節の例語	A―Z	三五五語	第六集	一九八語
三音節の例語	A―Q	一九九語		
〃	R―Z	一一一語		
四音節の例語	A―Z	二二二語		
五音節の例語	三六語	一二語	第八集	一二語
		六語	第九集	六語
		一八語		
一音節の例語	A―B	二八語	第十集	二五語
		全一二〇六語		全？語

表示された組織・構成からして、未発見の第四集と第五集は一音節の例語としてOからZまでの一二〇語と、二音節の例語としてAからZまでの三五五語、計四七五語のなかから訳出されたものと考えられる。同様にして第七集は三音節の例語としてRからZまでの一一一語と、四音節の例語としてAからZまでの二二二語、計三三三語のなかから訳出されたものと考えられる。ただし、いずれの場合でも、全部訳出されたか、一部を選んで訳出されたかは、わからない。なぜ第十集において第一集の一部と重複した内容の単語を収録したのか、昆陽自身の説明がなく不明である。

現在判明している『和蘭文訳』の内容、すなわち一、二、三、六、八、九、十集（ただし十集は一集と重複）の全単語数は三七三語である。これの原書における単語集は三八〇語である。未発見の四、五、七集の原典となったであろう原書の単語数は八〇八語である。したがって、青木昆陽は一〇年の歳月をかけ、『和蘭文訳』において、およそ一一〇〇余語のオランダ語単語を学習したことになる。

結

○青木昆陽が寛延二年（一七四九）から宝暦八年（一七五八）までの一〇年の歳月をかけてまとめた『和蘭文訳』全十集は、オランダの教科書である B, Hakvoord : Oprecht Onderwys van de Letter-konst, の第二章音節の説明例語として収載されている全一二〇六語の単語に由来し、これを訳出した蘭日単語集であることが判明した。したがって、江戸の学者がはじめて学習したオランダ語の本としては思いのほか組織だったものであると同時に、当時の日本の社会ではあまり耳にしない言葉の混入している事情もこれでうなづける。

○昆陽の学習は阿蘭陀通詞に負うところが大きかったことが歴然としている。また、その通詞を介してオランダ人に教示を受けた点の大きかったこともわかった。それらのことは収録されている単語の読み、綴り、訳語を仔細に検討することによってはじめて明らかになったわけである。さらに、すでに通詞の手許にあったハッカホールド文法書によって作成された単語集（帖）をも利用したらしいことも判明する。

○昆陽の『和蘭文訳』における学習語数は未発見の第四、第五、第七集があって判然としないが、昆陽が依拠した原書の収録語数からしておよそ一一〇〇余語におよぶものであったであろうと考えられる。

○本書収録の単語が原書において、音節の説明のための例として示された語であったことをおもうとき、昆陽の代表作『和蘭文字略考』に収載されているオランダ語が音節ごとに朱線を入れて示されていることと、関係浅からぬものがあると考えられるが、この点は別に検討の機会を持ちたい。

また、各頁内において、左から右へ、上段から順次下段へと進む、いわゆる洋書の読み進み方に単語が配列されていることは、やがて『和蘭文字略考』において、巻之二・巻之三を左開けの頁立てにした点と考え合せ、当時としては新機軸であったと考えられる。と同時に、その発想がこのように蘭書の翻案にあったということも注目すべきことと思われる。

それにしても昆陽の学習が、のち、前野良沢が長崎屋に西善三郎を訪れてオランダ語の学習について質問におよんだ際に、ヴェテランの阿蘭陀通詞西善三郎が、

野呂・青木両先生など、御用にて年々客館へ相越され、一かたならず御出精なれども、はかばかしく御合点参らぬなり。(14)

と批評せざるを得ない状態であったこともまた判然としたようである。

註

（1）いずれも『日本思想大系64　洋学上』（昭和五十一年十一月、岩波書店）に松村明氏の校注により収録されている。

（2）同右。特に、第一集・第二集の内容は写本によって松村明氏がはじめて紹介されたものである。

（3）同右。

（4）同右、五七四頁。

（5）片桐一男「阿蘭陀通詞の研究」（箭内健次編『外来文化と九州』所収、昭和四十八年二月、平凡社）。

（6）第三集にあたる寛延四年（一七五一）に吉雄幸左衛門は東上していない。しかし、翌宝暦二年（一七五二）には東上しているから、このとき末尾に補足したものと考えれば矛盾しない。

（7）無窮会図書館神習文庫本『和蘭話訳』収録「和蘭文訳」による。

（8）松村氏前掲書、五七四頁。

（9）本書についてはすでに触れたことがある。片桐一男「『和蘭点画例考補』と『西文訳例』」（『青山学院大学文学部紀要』第一九号、昭和五十三年三月）参照。

(10) 次に一頁における単語の配列・順序について一言しておきたい。写本の第一集・第二集は(イ)のごとく、一頁に八語の単語が収められている。これをいかなる順序に読み進んだらよいか。これを問題にしてみたい。

松村氏は第一集・第二集の単語を(ロ)のような順序で読み取られた（『日本思想大系64』、五七六・五七七頁）。しかし、第三集以下は(ハ)のような順序で読み取られた。すなわち(ロ)は在来の和書の読み進み方であり、(ハ)は頁としては右頁から左頁へ進む和書と同じ順序であるが、各頁の中における語順は、左から右へ、上段から順次下段へと進む、いわゆる洋書の読み進み方である。

このような不統一な読み取り方をされたのは何故か。昆陽の原本が筆写され、写本が作成される過程で順序に変更を生じたものか、あるいは何か別の原因によるものか。

そこで、両者の配列・順序を仔細に点検してみると、松村氏が、このよう

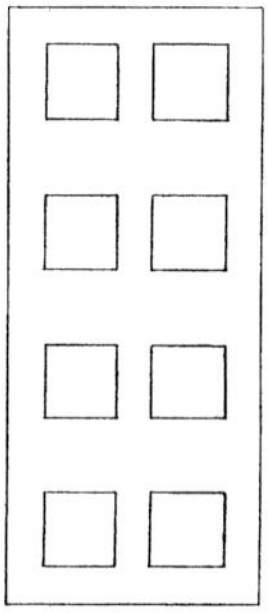
（イ）

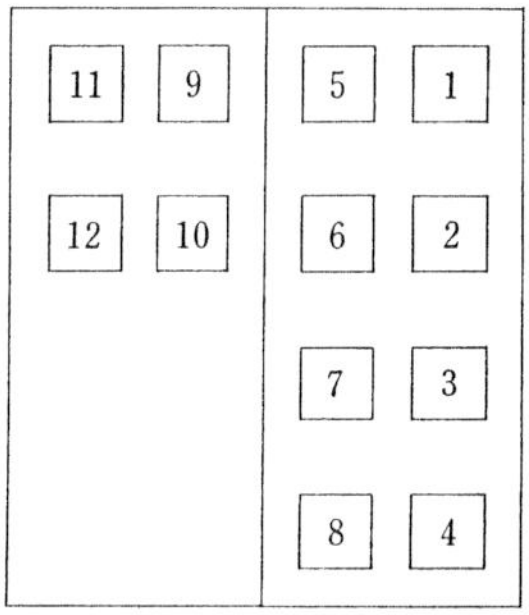

（ロ）

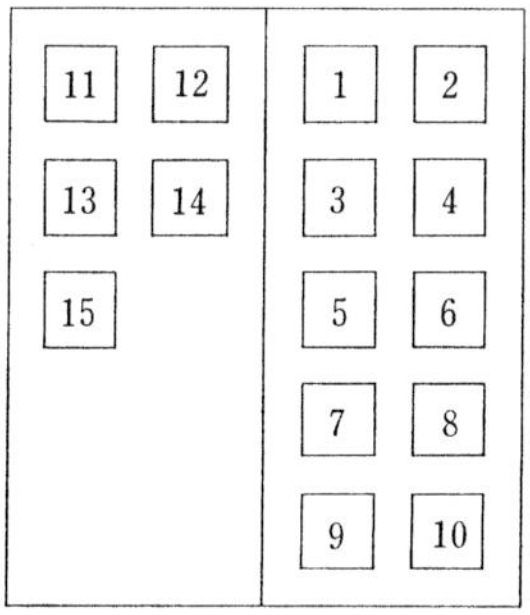

（ハ）

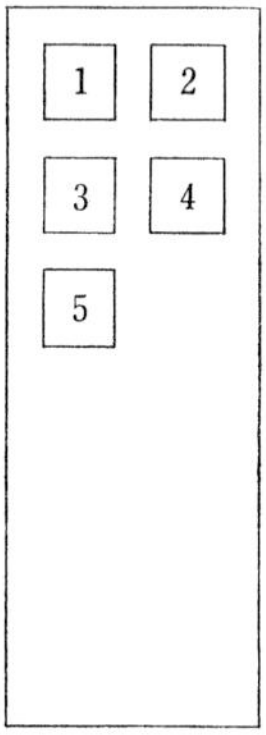

（ニ）

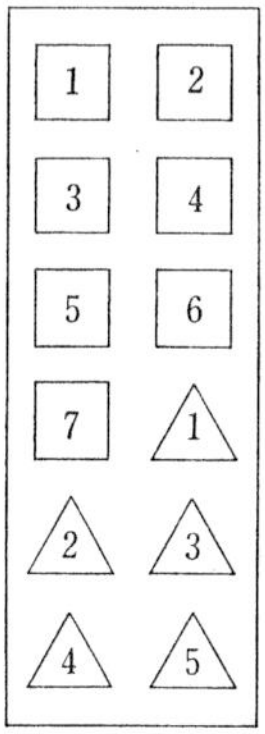

（ホ）

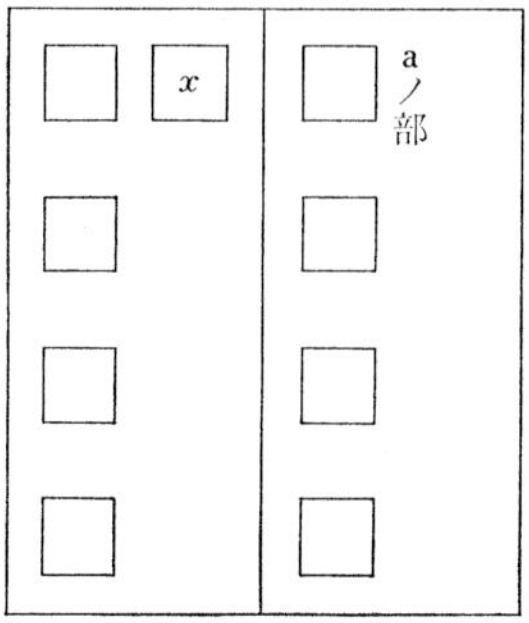

（ヘ）

に別々の読み取り方をされた無理からぬ理由もないではない。

すなわち、第三集以降においては、(ニ)のような配列の頁や、途中から異なる部の単語が(ホ)のような順序に配列されている頁があるから、当然、各頁内の単語を洋書と同じような読み進み方で読み取られたわけである。ところが、写本の第一集・第二集において、まず冒頭の「a ノ部」が、(ヘ)のごとき形式になっており、$\boxed{x}$ の箇所がちょうど見落された aar の語という配置になっている。したがって、仮に $\boxed{x}$ を除外してしまえば、誰しもこれを右頁タテに四語読んだあと、次の左頁をタテに四語読み進むであろう。そこで「b ノ部」以下も同じく、いわゆる和書と同じように、読み進まれたものと考えられる。かくて、写本第一集・第二集の読み取り順序と、自筆本第三集以下との読み取り順序とが不統一に相違してしまう結果になってしまったのである。

しかし、写本第一集・第二集の中では確かに(ホ)のような配列の頁は見当らないけれども(ニ)のような配列を示す頁は「b ノ部」以下に三ヵ所もある。松村氏はこれに気をとめていられないようである。

結局、自筆本第三集以下にしても、写本第一集・第二集にしても、どのような順序で読み進めばよいか。この問題の判定・結論は簡単である。それは、原書の配列・語順と『和蘭文訳』の配列・順序と比較してみれば一目瞭然である。いずれの集も(ロ)ではなく、(ハ)のような洋書の読み進み方をすべきであったのである。写本の第一集においても、「b ノ部」以下はそうなっている（(ハ)のような配列・順序になっている）。松村氏が判断の目安とされた「a ノ部」のみが、いかなる事情か、(ヘ)のような配列になって乱れていたのである。本付録において「第一集の検討」「第二集の検討」で整理しておいた通りである。

(11)　松村氏は最後の aar を見落された。前掲書、五七六頁。
(12)　片桐一男『杉田玄白』昭和四十六年三月、吉川弘文館、一二二頁。
(13)　松村氏前掲書、二二頁。
(14)　杉田玄白『蘭学事始』（岩波文庫本による）一八頁。

あとがき

四面海に囲まれたわが国が、古来、外来文化を受容して独自の文化を育んできたことはすでに知ってはいた。しかし、近世文化における外来文化、特に蘭学の占める要素の大きいことを具体的に知って、その内容の豊かさに魅力を感ずるようになったのは、大学院に入って、板沢武雄・岩生成一両先生の講義を受けるようになってからである。修士論文は「蘭学者の地域的・階層的研究」と題し、蘭学塾の入門帳を蒐集・分析してみた。昭和三十五年（一九六〇）のことであったから、はや二十数年も前のことになる。

それより少しまえになるかと記憶するが、設立間もない頃の蘭学資料研究会の例会を傍聴するようになり、会が主催する展示会などの催し物をみにゆくことが重なって、自然、会員となった。次いで、関係浅からぬ日本医史学会の会員ともなった。

当時の蘭学資料研究会は、共通課題として、⑴旧幕時代輸入蘭書の調査、目録の作成、⑵略解題付翻訳書目録の作成、⑶略伝付蘭学者名簿の作成、の三題を掲げていた。会の方針に沿って、各地の図書館や個人宅へ蘭書の調査に出向き、その度ごとに蘭書目録を作成して、報告を行なった。また、著訳書を持つ蘭学者名簿を作ってみたり、蘭学事始展が催されるたびに蘭学者の学系図や分布図を作成したことを思い出す。

一方、晩年の板沢先生は、受講生のうち、この方面に興味をもっている数人を集めて、法政蘭学研究会を作られた。会の仕事は二つあった。第一は、先生がかつてオランダ・ジャカルタ等の古文書館で筆写された調査ノートを提供され、注文書（アイス・ブック）を主要史料とした輸入蘭書目録の作成であり、第二は、先生が年来蒐集と研究を続けて来られた阿蘭陀風説書の集大成を目指して、史料の全面的再調査と、新たな史料蒐集ならびにそれらの校合・註記作業とであった。

第一課題の成果は『蘭学資料研究会研究報告』第七五号に「輸入蘭書目録稿」として報告されている。第二課題は広範な調査と手数のかかる作業が連続して行なわれた。そのため同人が手分けして全国的に調査におもむいた。蒐集史料の整理では、一同が研究室に夜遅くまで居残ることがたびたびで、先生もよく最後まで校合作業に加わって督励して下さった。蘭書目録の校正作業といい、風説書の校合作業といい、板沢先生を囲んで行なった長時間にわたる横文字と古文書相手の会合は、いつも充実した、張りのあるものであった。

しかし、その頃から病魔は先生の健康を徐々に深く襲っていたようだった。一時小康を得られたかにみえた病状は再び悪化、先生はついに、「阿蘭陀風説書の集大成」を法政蘭学研究会の同人に託し、日本歴史学会の依嘱を快諾して執筆を予定されていた「杉田玄白」を私に命じて昭和三十七年の夏帰らぬ人となられた。

幸い、風説書集成事業の方は、岩生成一先生にご指導を引き継いでいただけることとなった。諸写本の調査・校合・註記作業を同人と分担してすすめる一方、私自身は命ぜられていた解題執筆のための準備をもすすめた。というのは、風説書をめぐる諸問題を綜合的に解明してゆくには、風説書の写本そのものの蒐集・調査のみでは解決できず、どうしても関連した周辺の史料をも必要と痛感するようになったからである。そのため、たとえば、風説書をもたらしたオランダ船や唐船の長崎入港時の様子や異国船来航時の臨検の模様を、具体的に、詳しく知りたいと思うようになり、そのための史料を別に集めてみたり、すすんでは日本海事史学会に入って知識を吸収することに努めてみた。少し調査の手を拡げてみようと思ったためで、同様の目的で日本科学史学会に入ったのもその頃からであったかと思い出す。

一方、杉田玄白と彼をめぐる蘭学者たちに関する史料や知見をもとめて、蘭学資料研究会と日本医史学会の例会や大会にはつとめて出席し、縁の地にも歩をのばした。また、玄白の肖像を描き遺した旗本画家石川大浪の追究を通じて、近世の洋風画家たちの知的営みを知るようになったことは、思いがけない収穫で、この方面の専門家から随分教示を得たものである。それが契機となって、今もなお時折、私の好奇心を無性にさそう分野となっている。

板沢先生の出題はいつも魅力的な題であった。しかし、私にはどれも荷の重い論題ばかりであった。そのため、『杉田玄白』はようやく昭和四十六年春世に問うことができた。風説書の方は岩生先生のご指導と同人の一致協力で、昭和五十二年と五十四年に、通常の風説書分を『和蘭風説書集成』上・下二巻として、まとめることができ、これには、解題として「和蘭風説書の研究」を寄せることができた。

このように、改めて思いおこしてみると、「杉田玄白」と「風説書」の二つのテーマは、私にとって「蘭学史」と「対外交渉史」そのものであったような気がしてならない。玄白が草創期の蘭学者として最高峰に位置した存在であったから、その後の斯界に及ぼした影響力には量り知れないものがある。そのことが私をして蘭学史の全領域に眼を向けさせてくれるようになったからである。風説書が全鎖国期間を通じて、幕府が重要視した世界知識の源泉であり、その内容が豊富で多岐にわたっていることからして、問題も無限に豊かなひろがりをみせてくれると思えるようになったからである。

さて、右の二大テーマを中心に、派生する諸問題をも探って、あれこれ回り道をしてみたわけであるが、その間に出会った人物・書物・物品・事件などを調べてゆくうちに、必ずその背後に見え隠れするものが私の視野に入ってきた。阿蘭陀通詞はこんな具合にして私の歴史研究の視野のなかに、静かに、しかし、くっきりと浮んできたのである。意識的に気付いてみると――私にとっては一大発見であったのであるが――その存在は大きく、蘭学史・洋学史、対外交渉史のあらゆる場面に顔をのぞかせ、全領域に彼らの活躍の場が展開していた。

そこで、まず、この分野における先人の研究を求め、関係史料を蒐集することから第一歩を踏み出してみることとした。ところが、序説にも述べた通り、阿蘭陀通詞の存在は史上に歴然たるものであり、しかも、長期にわたり、多数の通詞が多岐にわたった活躍を展開していたにもかかわらず、そのうち幾人かの代表的通詞について個別に、あるいは或る事柄に関連してその一面のみ採り上げられる例はあっても、綜合的研究はとなると、ほとんど皆無に近いことが判明した。これは私にとって驚きであり、第二の発見であった。関係史料のまとまったものの皆無であることも驚きであった。と同時に、これは、当初、私をして絶望の淵に落し入れた。いくら魅力あるテーマと思っても、史料が得られなければ、歴史の研究は成り立たない。研究題目として、実際に実行可能なものかどうか、はなはだ危ぶまれたからである。

かといって、いったん取り憑かれたテーマを捨て去ることはできなかった。何としても、阿蘭陀通詞の世界を組織的に、綜合的に理解したいと思い、そのためには、零細な史料を時間をかけて採訪し続ける以外に方法はないと心にきめた。手探りで進める零細史料蒐集の間に、思わぬ別問題の史料を見付けて脇道にそれ、一時期それに熱中するということも一度ならずあって、覚めて時間の無駄遣いであったかと、くやまれることも間々あった。細ぼそと、しかも遅々とした史料採訪の歩みを続ける間、私が常に勇気付けられたことは、恩師の教導・激励と、前記諸学会の諸賢から親しく教示にあずかり得て、良好な史料にたどりつけたことである。想い出は数々あるが、特に記憶にのこる二、三をあげて、謝意を表したい。

その第一は、福岡ユネスコ協会が昭和三十九年から開始した「九州文化総合研究調査企画」に参加できたことである。これには岩生成一・箭内健次・沼田次郎三先生のご教導によるところが大きかった。何回も、長崎県立図書館・市立長崎博物館・九州大学九州文化史研究所をはじめとする九州諸施設への史料採訪の機会と便宜とが与えられたことは嬉しかった。これが、私の研究に大きなはずみをつけたからである。その成果は「九州文化論集」の第二巻に当る箭内先生監修の『外来文化と九州』に「阿蘭陀通詞の研究」と題して報告させていただくことができた。

第二は、昭和四十九年のことであるが、ライデン大学から日本に留学して長崎に滞在中のステーヘルス氏を岩生先生から紹介されたことである。阿蘭陀通詞のことを留学中の課題として勉強している由で、私がそれまでに書いた論稿の二、三をあげ、史料の所在などについて話してあげた。それがきっかけとなって、私の希望している文献のマイクロフィルムをアムステルダム大学やライデン大学の図書館から撮って送ってもらうことができた。これで随分助かった。

第三は、老中職にあって海防掛を担当したことのある古河藩主土井大炊頭利位に仕えた大の蘭癖家老鷹見泉石の関係史料を知り得たことである。大学院の史料採訪や蘭学資料研究会の見学会などを通じて、しばしば多数の史料を閲覧する機会に恵まれた。泉石の書き留めた通詞関係の史料は非常に組織だっており、豊富な内容であることがわかった。これを閲たとき、私は通詞研究の方針をより強固なものにすることができると思った。

阿蘭陀通詞に関する綜合的研究を目指した本研究において、意図したところは序説に述べた問題意識の四点である。阿蘭陀通詞の全体を、組織的に、かつ発生から終焉まで江戸時代を通じて概観したいと思ったのである。そして、いわゆる蘭学の発達に、通詞がいかなる役割を果したか、具体的にその大筋を把握してみたかったのである。

折に触れ発表してきた諸論文に新稿の諸論文を加えて、新たに再構成して、ようやく得ることのできた知見は、結言において列挙した諸点である。

第一章と第二章で、特異な技能職集団である阿蘭陀通詞を、江戸時代を通じて、組織的に概観してみた。通詞に課せられた多岐にわたる職務を九部門に大別したが、これは内外の史料による実証的検討から得た私の大別である。旧稿に加えて、通詞終焉のことに触れ、出島勤務の具体的一端を新たに盛り込んでみた。これらによって、技能職集団阿蘭陀通詞の通訳官兼貿易官としての基本を、ひとまず、把握し得たかと思う。

右が阿蘭陀通詞の基本的理解であるとするならば、そのうえに、通詞の諸加役について追究・考察した。通詞の諸加役については、従来、単独の論稿を眼にしない。関係史料の紹介もきわめて少なく、断片的であった。主要な加役五種を採りあげたが、江戸番通詞・参府休年出府通詞・天文台詰通詞は私において命名してみたものである。御内用方通詞が御用方通詞の後身であることの来歴を跡付け、年番通詞と江戸番通詞が二大加役制度と主張した。従来、顧みられなかった参府休年出府通詞が江戸番通詞とともに、いやそれ以上に、江戸の蘭学界に貢献した通詞であることを指摘し、天文台詰通詞を発見して、幕府の対蘭学政策ひいては文教政策の一端をも窺い知ることのできたことは幸いであった。御内用方通詞の職務内容は注目に値し、時代の推移とともに、大きなうねりを示していることを知り得た。このように、五種の加役通詞たちは、いずれも豊かな活躍の場をもっており、それに応えてくれた魅力ある通詞であることを知り得たので、本書では第三章をこれに当て、内外の新史料を用いて、もっぱらこれが解明に紙幅を割いてみたわけである。第四章は役料を手懸りに、通詞が長崎諸役人中で高位置にあったことを知るにとどめた。第五章は通詞のオランダ語修得の方法・段階を跡付け、通詞の手になる単語集・会話集・辞書・文法書を採りあげ、極力、オランダから原書を得て比較・検討を加えて、その発達の基本を把握することに努めてみた。そして江戸の蘭学界が通詞の語学学習の成果・完成のうえにはじめて本格・組織的な活動を展開し得たことを跡付けてみた。付録の一編は、通詞の努力・貢献が蘭学の発達にいかに深くかかわっていたかを示し得る実例として掲げてみたものである。

以上をもって構成した学位請求論文を、在外研究でオランダへ出立の直前に、青山学院大学大学院文学研究科教授会に提出、帰国後の昭和五十八年三月十七日文学博士の学位を受領した。審査に当られた貫達人・林巨樹・沼田次郎の三先生に対して深甚なる謝意を捧げる。

振り返ってみるに、江戸時代を通じて、あれほど沢山存在し、口と筆とをもって重要な史的役割を果した通詞たちであったにもかかわらず、これほど自己の記録を遺さず、それぞれの主張を表明することなく終った職業集団も珍しいのではないかと思えてならない。もちろん、職務上の帳簿や書類、あるいは訳稿などにはおびただしいものがあり、内外に散在している。しかし、そこから彼らのまとまった意見や主張を読みとることはほとんどできないのである。大多数の通詞が日常の通弁・翻訳事務に追われ通して終ったがためであろう。したがって、ひそかに期待していたにもかかわらず、通詞が江戸幕府の機構・制度のなかで、外交・貿易政策上の意見を述べて、大きな作用を及ぼしたなどということは、ほとんどみられないで終った。いずれも第一線に立つ末端の町役人として多忙のうちに終ったためである。こんな点が、研究者の眼を惹きつけにくくしてきた原因の一端かもしれない。

本論で採り上げた引用史料の多くは内外の未刊史料である。立ち遅れているこの研究分野に、関心を寄せられる新進の研究者があらわれ、利用して下さるならばと思い、紙幅の許す限り新史料を盛り込んでみた。また、一覧表を多数作成して、諸通詞や諸問題を通覧できるように努めてみた。さらに、索引を詳しいものにし、通詞については本書に登場する通詞を網羅的に、事項索引には書物・稿本・文書名・蘭船名・役職名などは極力落さないように、その他特色のある貿易品も拾って、検索の便をはかってみた。また、具体例を示したところの前後では、やや重複のきらいが眼につくところがある。しかし、それらは、たとえ同一の事例でも、それぞれの論述の過程で、異なった論証目的を持たせて掲げたつもりである。一史料が複数の論証価値を発揮する場合もあり得るわけで、切にご寛恕を乞うところである。

昭和五十六年から翌年にかけて満一ヵ年、青山学院大学の在外研究の機会に恵まれ、オランダで研究生活に従事することができた。ハーグの中央古文書館をはじめ、ライデンの民族博物館などで通詞の手になる蘭文史料を多数原文書で閲覧することができたが、出版に際して、そのうちの若干をここに盛り込むことができたことを喜んでいる。

本書の構成と、既刊諸論文の書誌と、新稿部分との関係を示せば、次のとおりである。

序　説　　新　稿

第一章　　「年番通詞と江戸番通詞の研究」(『日本学士院紀要』第二八巻第三号、昭和四十五年十一月)

第二章

第一〜四節　同　右(のち箭内健次編『外来文化と九州』(昭和四十八年、平凡社)所収)

第五節　　新　稿

第三章

一〜八　「年番通詞と江戸番通詞の研究」(『日本学士院紀要』第二八巻第三号、のち『外来文化と九州』所収)(ただし、第五項には「蘭船の乗船員名簿と阿蘭陀通詞」(『日本歴史』第四二三号、昭和五十

八年八月〕の一部を引く）
九　新　稿
第四章
第一節
一〜二　新　稿
三〜六　『年番阿蘭陀通詞史料』（昭和五十二年、近藤出版社）解題
第二節　「江戸番通詞の研究」（『青山史学』第六号、昭和五十五年七月）
第三節　「参府休年出府通詞について」（『日蘭学会会誌』第五巻第二号、昭和五十六年二月）
第四節　新　稿
第五節
序〜二　新　稿
三1・2　「阿蘭陀通詞馬場佐十郎に受益の江戸の蘭学者達」（『法政史学』第二三号、昭和四十五年三月）
3・結　新　稿
第五章　新　稿
第六章
第一〜四節　新　稿（ただし「阿蘭陀通詞・蘭学者の使用せる単語帳について」〔『文献』第一〇・一一号、昭和四十・四十一年〕、「阿蘭陀通詞・蘭学者の使用せる単語帳」〔『国語と国文学』第四四巻第四号、昭和四十二年四月〕を引用）

第五節　「阿蘭陀通詞馬場佐十郎のオランダ語学」（『青山史学』第五号、昭和五十三年三月）
結　言　新　稿
付　録　「青木昆陽の『和蘭文訳』とその原書について」（岩生成一編『近世の洋学と海外交渉』〔昭和五十四年、巌南堂書店〕所収）
（既発表の論稿の収録に当って、訂正・修正・加筆したところが多い）

長い期間にわたって行なってきた史料採訪において、お世話になった内外の図書館・博物館・研究機関と史料の個人所蔵者は多数にのぼる。それらの施設名・尊名は序説において掲げさせていただいたが、改めて、筆写・撮影など、私に心おきなく許された係員各位・所蔵者各位の特別な理解と好意とに対して深甚なる謝意を捧げるものである。
終に本書の出版に当って、昭和五十九年度文部省科学研究費補助金（研究成果刊行費）の交附にあずかった。当局並びに関係諸氏の高配に対して深謝する。また索引の作成には、青山学院大学大学院日本史学専攻博士課程の文学修士石田千尋君と同前期課程の吉田厚子さんをわずらわした。両君の労に対して謝意を表す。

昭和五十九年十二月九日

片　桐　一　男

阿蘭陀通詞の研究（オンデマンド版）

Digital Publishing

2019年9月1日　発行

著　者　片《かた》桐《ぎり》一《かず》男《お》

発行者　吉川道郎

発行所　株式会社 吉川弘文館

〒113-0033　東京都文京区本郷7丁目2番8号

TEL　03(3813)9151(代表)

URL　http://www.yoshikawa-k.co.jp/

印刷・製本　株式会社　デジタルパブリッシングサービス

URL　http://www.d-pub.co.jp/

片桐一男（1934～）

ISBN978-4-642-73115-7

著者略歴

一九三四年　新潟県生れ
一九六七年　法政大学大学院人文科学研究科日本史学専攻博士課程修了
法政大学文学部研究助手　東洋文庫研究員　文部省教科書調査官などを歴任
現　在　青山学院大学文学部教授　文学博士

主要著書

『杉田玄白』（一九七一年、吉川弘文館）
『鎖国時代対外応接関係史料』（一九七二年、近藤出版社）
『年番阿蘭陀通詞史料』（共編）（一九七七年、近藤出版社）
『和蘭風説書集成』上・下巻（共編）（一九七七・七九年、吉川弘文館）

阿蘭陀通詞の研究

昭和六十年二月十五日　印刷
昭和六十年二月二十五日　発行

著　者　片《かた》桐《ぎり》一《かず》男《お》
発行者　吉川圭三
印刷者　田中昭三
発行所　株式会社　吉川弘文館
郵便番号一一三
東京都文京区本郷七丁目二番八号
電話（八一三）九一五一（代表）
振替口座　東京〇―二四四番

（理想社印刷・誠製本）

索　　引

人　　名

〈邦文人名の部〉

あ

い

し

す

せ

そ

た

ち

つ

て

と

な

に

へ

ほ

ま

み

む

め

も

や

よ

ら

り

る

れ

ろ

わ

〈欧文人名の部〉

A

B

M

N

O

P

R

S

T

V

W

Y

Z

事　項

〈邦文事項の部〉

あ

い

う

え

お

か

き

さ

し

す

せ

そ

た

ち

つ

て

と

な

に

ね

の

は

ひ

ふ

へ

ほ

ま

み

む

め

も

や

ゆ

よ

ら

り

る

れ

ろ

わ

を

〈欧文事項の部〉

A

Den Aparten handel ……67
Het Archief van de Nederlandse Factorij in Japan 1609-1860, Den Haag. ……317, 331

B

Broedelet, Jacob: Historie van Keizerlyk Rusland, 1744. ……357
Burgemeester ……335～341
Busschietmeester ……334

C

Calten, T. A: Leiddraad by het onderrigt in de Zee-artillery, 1832. ……280
Capitaõ カピタン ……7
Charlotta シャルロッタ ……111
Chomel, M. Noel: Huishoudelyk Woordenboek, vervattende veele middelen om zyn goed te vermeerderen, en zyne gezondheid te behouden. 2 dln. (1743) ……403
't Collegie 通詞仲間 ……127
Commissarissen der Vreemdelingen 宗門奉行 ……175

D

Dagregister des Comptoirs Firado, 1631-1641 (平戸オランダ商館の日記) ……7
The Diary of Richard Cocks, 1613-1623. リチャード・コックスの日記 ……7
Dodonaeus, Rembertus: Cruydt-Boeck. Antwerp, 1644. ……190
Duikersklok ……273
Dwarskijker 通詞目附 ……34, 36

E

Enkel de woord ……454

F

Factuur van goederen welke gezonden zijn met het Nederlandsche Schip 's Hertogenbosch gezagvoerder J. F. Matthijsen. ……66
Feitor ヘトル ……7

G

Gouverneur ……332, 333

H

Hakvoord B, : Oprecht Onderwys van de Letter-konst. ……189, 566
Heister, Laurens: Heelkundige Onderwyzingen, 1755. シュルゼイン ……194
Hollandisch en Japansch Woordenboek (西語訳撰) Vertaalen door Ba : Zazuro 224頁，森田千庵自筆写本 ……393
Hollands tolk ……36
Holland Woorden Boek ……454, 458, 460, 462, 463, 472, 555
Hoofreis (De Hoofreis naar Jedo) ホーフレース ……147

J

Japansche Handel ……38
Japans dagregisters ……97
Jonstons, Jan: Nauwkeurige Beschryving van de Natuur der Viervoetige Dieren, Vissen en Bloedlooze Water-Dieren, Vogelen, Kronkel-Dieren, Slangen en Draken. Amsterdam, 1660. ……190

K

Keijzerlijk Zaakbezorger 御用方，御内用方 ……272, 352
Keijsers bootschapper 将軍御用方，御内用方 ……266, 352
De kort landweg 短陸路 ……169

L

Leerling ……36
Leerling secunde ……36
Letterkonst (Letterkunst) ……449

M

Marin, Pieter: Nieuwe Fransche en Nederduitsche Spraakwyze. Amsterdam, 1762. ……489
Monsterrol van het Schip Prinses Ma-